Champions Day:
The End of Old Shanghai

Champions Day: The End of Old Shanghai

•1941년•
챔피언의 날

옛 상하이의 종말

제임스 카터 지음 ｜ 신기섭 옮김

마르코폴로

목차

한국어판 서문   8

프롤로그   세계의 중심   10

1장   상하이의 아침   19

1부 · 상하이 시민 (1843~1937)

2장   유배의 즐거움   34

3장   상하이정착민들   49

4장   경마와 경마 대회   66

5장   중국인 상하이 정착민?   85

6장   중국인의 상하이 창조하기   106

7장   상하이 경마   126

8장   세계시민들   158

9장   새로운 상하이   179

2부 · 고독한 섬 (1937~1941)

10장   종말의 시작   192

11장   교차로   208

12장   재개된 경마   222

13장   마지막 가을   250

3부 · 경마의 날 (1941년 11월 12일)

14장	챔피언 결정전 날	270
15장	국부	275
16장	후베이 스테이크와 쓰쿵 스테이크	284
17장	중국에서 가장 부유한 여성	294
18장	우드나다타 컵, 신장 스테이크와 기수 컵	302
19장	뉴욕을 덮친 살인	310
20장	세계 끝에서 벌인 파티	318
21장	캐세이 무도장의 총격전	330

4부 · 끝 (1942~1945)

22장	마지막 바퀴	336
에필로그	옛 상하이의 유령	353
감사의 말씀		367
부록		373
주석		378
참고문헌		404
시각물 출처		417

고유 명사의 영어 표기에 관한 일러두기

이 책에서 많은 고유 명사, 특히 지명을 영어로 표기할 단 하나의 '옳은' 표기법은 없다. 독자들의 편의와 일관성 유지라는 두 가지 목표를 동시에 추구하면서, 중국인 이름은 일반적으로 중국인민공화국의 표준인 한자 병음 표기와 국제적으로 통용되는 용례를 따랐다. 하지만 공공 조계 당시 영어로 표기되던 상하이의 거리 이름은 당대의 표준 철자를 따르려고 했다. 단, 예외가세 가지 있다. 광둥(광저우: 옮긴이, Guangzhou 대신 Canton으로 표기), 홍콩(Xianggang 대신 Hong Kong으로 표기), 양푸(Yangpu 대신 Yangtszepoo로 표기)가 그렇다. 아주 가끔은 같은 지명을 맥락에 따라 다르게 표기했다. (오늘날의 상하이 거리를 지칭할 때는 난징 거리(Nanjing Road: 옮긴이)로 표시했지만, 1949년 이전 상하이 거리를 지칭할 때는 난킹 거리(Nanking Road: 옮긴이)로 썼다.)

이런 표기 방식 때문에 가끔 일관성이 깨진다. 대부분의 중국인 이름은 병음 표기에 따라 성을 앞에 쓰고 이름을 뒤에 붙였다. (예컨대, 푸샤오안, 마오쩌둥) 예외적으로 본인이 선호하는 영어 표기가 있는 사람의 이름은 그에 따랐다. 다유 둥(Dayu Doon)이 그 사례다. 그는 (영국식으로) 성을 뒤에 썼으며, 영어 표기도 표준과 다르게 했다. (병음 표기에 따르면 Dong Dayou로 써야 한다.) 때에 따라 다르게 표기한 지명과 달리, 인명은 처음부터 끝까지 일관되게 적었다.

옮긴이 일러두기

* 인명·지명 표기는 국립국어원의 외래어 표기법을 기준으로 삼았다.
* 본문의 괄호는 원문에 있는 것이며, 옮긴이가 추가한 경우는 따로 표시했다.

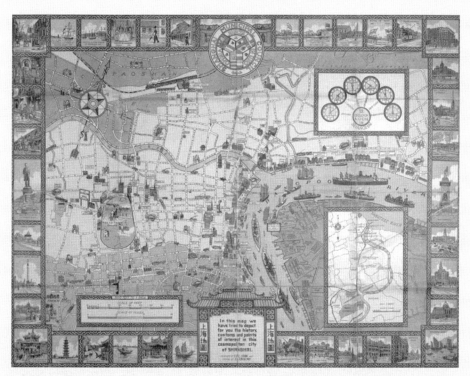

공공 조계에 초점을 맞춘 이 상하이 중심부 지도는 1935년 미국 언론인 칼 크로가 디자인하고 V. V. 코월스키가 그렸다. 경마장은 지도 중앙 왼쪽에 두드러지게 자리 잡고 있다. (경마장의 이전 위치 윤곽은 현 경마장 바로 동쪽에 표시되어 있다.) 아서 헨치먼의 사무실(홍콩상하이(H&S) 은행)은 푸저우 거리 강가에 있다.

한국어판 서문

◇◇◇◇◇◇◇◇◇◇◇◇◇◇◇◇

　중국과 다른 나라의 관계에 관심이 있는 중국 전공 역사학자인 내게 상하이는 자연스러운 연구 대상이다. 나는 새 책의 주제를 알아보기 시작하면서 상하이에 끌렸지만 구체적인 목표를 마음에 담고 시작하지는 않았다. 이 도시의 근대 역사는 아주 풍부하다. 서로 다른 나라와 중국 내 여러 지역 사람들이 여기서 삶의 경로를 넘나들었기에, 너무나도 많은 가능성이 있었다.

　저술 초기에 나는 특정한 날 하루에 집중하기로 결심했다. 이날의 리듬을 조용한 아침으로 시작해, 한낮의 활동을 거쳐 어둠이 내리는 밤으로 이어가면서 보여주는 것은 좋은 이야기 구조 같았다. 그러나 이야기의 내용은 무엇이 될까? 많은 나라 시민들이 얽히는 것이어야 했고, 이상적이라면 정치, 지리, 문화의 경계를 넘나드는 이야기가 되어야 할 터였다. 인상적인 볼거리도 필요했다. 상하이는 흥겹지 않으면 아무것도 아니다. 상하이를 진짜로 보여주려면 이야기가 흥겨워야 했다.

　나는 상하이에서 나온 신문들을 읽어 나가는 데서 작업을 시작했다. 이제는 상하이 공공 도서관 체계의 일부가 된 쉬자후이의 옛 예수회 도서관에서 대부분을 읽었다. 내가 찾던 날은 이 도시의 역사를 독특하고 흥겹게 조명해주면서도, 무엇보다 상하이만의 독특함을 드러낼 이야기가 있는 날이었다. 결국 내가 정착한 날은 이 도시의 많은 가닥들이 서로를 휘감으며 움직인 1941년의 어느 날이었다. 국가 영웅의 생일을 축하하고, 이 도시에 얽힌 인기 할리우드 영화 시리즈물이 개봉하고, 무엇보다 마지막 경마 챔피언 결정전이 열리는 날… 일본군이 침략해 20세기 초 상하이의 세계시민주의를 끝장낼 때로부터 고작 몇 주 전에 이 모든 일이 벌어지는, 그런 날을 말이다. 한 사람이 아침에 (중국 여성 갑부: 옮긴이) 리자 하둔의 장례식에 참석하고, 몇 시간 뒤에는 (중국의 국부: 옮긴이) 쑨원 기념식을 목격하고, 오후에는 영광을 위해 달리는 '하인드헤드'와 '클루니하우스', 두 말의 경마 대결을 본 뒤, 밤에는 상하이에서 개봉하는 영화 〈뉴욕을 덮친 살인〉을 관람한다는 발상… 그것도 온 세상이 불타오르고 그 불길이 공공조계(상하이 내 외국인들이 몰려 사는 지역: 옮긴이)의 위태로운 안전을 잠식해 들어오는 와중에 이런 하루를 보낸다는 발상은 몹시도 상하이다운 이야기였다.

한국의 독자들이 이 이야기를 접할 수 있게 된 것은 특히 기쁜 일이다. 물론, 한국은 1941년으로부터도 이미 한참 전에 일본의 팽창에 휩쓸려든 나라다. 한국 독자들은, 상하이 특유의 관점이 어떻게 전쟁과 동서양의 식민주의에 휩싸인 세상에서 이 도시의 위치를 더 폭넓게 이해하는 것으로 진전하게 되는지 볼 수 있을 것이다.

이 책이 불안하게 병치시키는 것은 전쟁의 고통 와중에 경마를 축하하는 모습과 종말로 향해가는 독특한 국제 도시 창조에 식민주의가 주도적으로 기여한 바를 기념하는 모습의 대비다. 전쟁과 식민주의가 끼친 고통은 한국의 독자들로선 너무나 익숙할 것이다. 이 책이 보여주는 대비가 전쟁과 식민주의의 전개 양상과 거기에 내재된 위험 모두를 다소라도 조명해주는 데까지 이르기를 바라는 것이 내 소망이다.

프롤로그

세계의 중심

상하이 경마를 만나려면 과거로 걸어 들어가야 한다.

이 도시 방문객 모두가 결국 찾게 될 강변에서 시작하자. 황푸강과 푸둥의 고층 건물에서 뒤로 돌아 난징 거리 동쪽을 따라가자. 거의 1마일(1.6㎞: 옮긴이)에 걸쳐 이어지는 군중들, 네온사인, 암표상들, 전광판들은 상업 활동이 상하이를 건설한 동력이며 상하이가 세계적인 시장으로 굳건히 자리 잡고 있음을 상기시킬 것이다. 눈길을 사로잡는 거리의 온갖 볼거리에 정신을 얼마나 빼앗기지 않느냐에 따라 걸리는 시간은 조금 다르겠지만, 걷다 보면 마침내 주변의 고층 건물들이 끝나는 지점에서 왼쪽으로 개방된 공간이 나타난다.

여기가 인민공원이다. 바로 옆에 인민광장, 교통 환승 센터, 시민센터와 만남의 장소가 자리 잡고 있다. 그 주변에는 건물이 많지 않다. 유명 극장, 박물관, 시 정부 건물 정도가 있다. 이 공원은 정신없이 바쁘고 때때로 탁한 공기로 오염되는 도시 중심부에서 가장 환영받는 녹지대다. 난징 거리와 공원이 만나는 곳 구석에서 보면 도로는 직선이 아니다. 도로는 둥글게 휘어져 있으며, 당신이 서 있는 곳에서 오른쪽으로 굽어졌다가 다시 왼쪽으로 굽는다.

인민광장은 사각형이 아니다.

직각으로 교차되는 도시의 도로들과 어울리지 않는 난징 거리의 휘어진 부분은 여기에 무엇이 있었는지 짐작하게 하는 단서다. 여기서 경마와 관련된 어떤 표식도 찾아볼 수 없겠지만, 이 곡선 도로는 주변의 다른 도로들과 연결되면서 타원형을 이룬다. 1862년 건설된 경마장의 경계다. 대형 쇼핑센터 하나가 과거 경마장 결승선 반대편의 직선 구간을 굽어보고 있으며, 난징 거리는 부와 명성을 기대하며 응원하는 관중들의 희망을 품고 달리던 말들의 궤적을 따라 뻗어 있다. 바로 동쪽에는 1850년대에 건설된 옛 경마장의 굽은 경주로를 따라 베이하이 거리가 휘어져 있다.

인민광장 지하철역 근처의 티벳 거리를 건너 스타벅스 매장 옆의 계단을 오르면 공원이 나온다. 한때 여기서 경주하던 말들이 사라진 지도 75년이 됐다. 마부와 조련사들이 말들을 출발선으로 데려가던 곳에서, 요즘은 부모들이 아기들을 데리고 산책하거나 쌍쌍을 이룬 이들이 서로의 손이나 각자의 아이폰을 잡고 거닌다. 이른 아침에는 광장에서 태극권 운동을 하는 이들을 볼 수 있고, 저녁에는 어쩌면 '춤추는 할머니들'과 그들의 군무를 만날지도 모른다.

조금 더 가서 위쪽을 올려다보자. 나뭇잎들 사이에서 벽돌로 된 시계탑을 볼 수 있다. 신고전주의 양식과 아르데코 양식이 혼합된 300피트(약 91m: 옮긴이) 높이의 이 시계탑은 '상하이 경마 클럽'의 상징이었다. 이 탑이 중국 현대사의 정치적 격동기에서 살아남은 것은 작지 않은 성과다. 1934년 경마 클럽의 새 클럽하우스와 함께 세워졌을 때 이 시계탑은 중국에서 유럽 식민주의 권력을 상징했기 때문이다. 당시 클럽회관은 전 세계에서 가장 크고 세련된 건물들 중 하나였고, 지배 계급의 화려한 은신처였다. 여기서 매일 아침 회원들은 짙은 나무로 장식된 벽에 둘러싸인 채 최신 경마 승률표와 전 세계와 상하이의 뉴스를 챙기기 위해 신문을 살폈다. 상하이에서 가장 화려한 파티와 무도회도 여기서 열렸다. 경마 대회 날이면 관람석은 10여 개 나라 사람 3만 명으로 북적이곤 했다.

이 곳은 비공식적인—그러나 결코 가볍지 않은—중국 내 외세의 중심지였다. 1840년대 상하이가 세계 거대 도시들 중 하나로 성장하기 시작한 때부터 경마 클럽은 독특한 장소로 자리 잡으면서 인종 차별과 억압, 그리고 세계시민주의와 흥분을 대변했다. 세계의 중심이었다.

이 책은 바로 그 세계와 그 세계의 마지막 날 이야기다.

1941년 11월 12일 세 무리가 상하이에 모였다. 서로 다른 장소에, 아주 다른 이유로 모인 그들은 중국을 집어삼킨 위기 와중에 일어난 거대한 변화를 대변했다. 이들 중 가장 규모가 작은 무리는 일본 군사 점령 세력과 그들의 중국인 협력자들의 강요 때문에 한데 모여, 과거 중국 혁명 정부의 건국일이자 새 정부의 건국일을 기념했다. 또 다른 무리는 중국인 중 가장 부자였던 여성 곧 리자 하둔을 마지막으로 보내는 의식을 치렀다. 리자는 중국과 프랑스 피가 섞인 불교 신자였으며 이라크 바그다드 출신 유대인 상인의 부인이다. 그녀의 죽음은 상하이가 국제적인 명성을 얻는 광경을 목격한 세대가 저물어가는 걸 상징했다. 가장 규모가 큰 마지막 무리는, 수십 년 동안 상하이를 규정하며 한 해 두 번씩 열린 의식 곧 챔피언 결정전 경마 대회를 속개하려고 경마장에 모인 이들이다.

이 세 무리가 모인 장소는 1941년 이 도시의 지형을 잘 보여준다. 상하이는 양쯔강(장강: 옮긴이)의 지류인 황푸강이 굽이치는 곳에 자리 잡고 있다. 황푸강은 도시 중심에서 북동쪽으로 몇 마일 거슬러 올라

1928년 상하이 경마 클럽. 영국인들이 상하이에 처음 선보인 경마에 온갖 국적과 계층의 사람들이 참여했다.

가 양쯔강과 만난 뒤 동중국해로 흘러들어 간다. 배를 타고 상하이에 오는 이들은 황푸강을 따라 들어와 ('피란했다'(영어 발음으로 '션드': 옮긴이)와 운이 어울리는 이름의) '번드'(제방 또는 부두라는 뜻: 옮긴이)에 내리게 된다. 번드는 중국보다는 영국 런던이나 미국 뉴욕을 더 연상시키는 유럽 금융계 사무실 건물들이 늘어선 지역이다. 오늘날 상하이에서 놓칠 수 없는 경관—21세기 중국의 로고 같은 경관—은 번드에서 바라보는 황푸강 너머에 있는 푸둥의 모습이다. 현재 푸둥에는 세계 최고 수준을 포함한 고층 건물들이 하늘로 치솟아 있다. 하지만 1941년 이 지역에는 강변의 창고 외에는 별다른 건물이 없었다. 그 너머에는 쌀을 재배하는 논과 작은 마을들이 바닷가까지 이어졌다. 1941년 당시와 그 이후 1990년대까지의 상하이 역사 대부분은 황푸강 서쪽에 집중되어 있었다. 11월 12일의 세 무리 또한 이 지역에 모였다.

하둔의 장례식장과 경마 클럽은 모두 상하이의 국제 공공 조계에 있었다. 공공 조계는 (남쪽에 붙은) 프랑스 조계와 함께 1860년대 이후 엄밀히 따지면 식민지는 아니지만 사실상의 식민지처럼 운영됐다. 미국 조계와 영국 조계가 하나로 합친 공공 조계는 외국 정부나 정부 관리들이 아니라 민간 전문직 인사들과 상인들이 운영했다. 운영 주체는 현지에서 선출된 외국인들 그리고 (1920년대 이후) 일부 중국인들로 구성된 시의회였다.

애초에 공공 조계는 더 넓었지만, 1941년에는 쑤저우강(현재의 우쑹강)을 남쪽 경계로 하고 황푸강을 동쪽 경계로 하는 좌우로 길쭉한 3평방마일 면적에 불과했다. 공공 조계의 강변 지역은 콘크리트와 석조 건물로 이뤄진 인구 밀집 지역이고, 경마 클럽 서쪽 상하이는 교외 지역이었다. 초기에 공공 조계의 서쪽 경계 지역은 전원에 가까운 농촌이었으며 위풍당당한 저택들이 곳곳에 지어졌다. 사일러스와 리자 하둔이 정원을 지은 곳도 여기다. 사일러스는 이 정원에 묻혔고 리자도 11월 12일 여기에서 안식을 취하기 위해 묻힐 예정이었다. 주택이 더 많은 지역의 북쪽이자 쑤저우강을 남쪽 경계로 하는 이 지역에는 대부분 중국인인 노동자 수천 명을 고용한 면직 공장 등 의류 업체들도 있었다. 중국인 노동자들은 상하이를 중국 산업의 중심지로 키운 역군들이다. 더 서쪽으로 가면, 1937년 일본의 침략 이후 일본·중국·유럽의 관할권이 겹치는 '불모지'와 만나게 된다. 이 지역은 무질서와 무법의 땅이었다.

공공 조계 남쪽으로는 '에드워드7세 애비뉴'를 경계로 하여 프랑스 조계가 자리 잡고 있었다. 이 지역은 공공 조계보다 면적이 좁으며 프랑스 영사관 관할 지역이었다. 애초에는 다른 나라들이 관할하는 지역과 통합되어 있었으나, 20세기에 들어서기 전에 떨어져 나갔다. 1941년에 이곳 '프랑스타운' 거주자들은 몇 구역 떨어진 공공 조계의 번잡한 도시와 달리 안락한 지역에서 넓고 숲이 우거진 가로수길을 누리며 살았다. 11월 12일 거리로 나온 세 부류의 무리 모두 프랑스 조계에 모이지 않았다. 물론, 프랑스 조계 거주자들도 경마장에는 갔다.

다시 황푸강을 따라 더 남쪽으로 내려가면, 1840년대 유럽인들이 도착하기 훨씬 전부터 상하이를 이루던 '중국인의 도시'가 나타난다. 성벽으로 둘러싸인 원형 모양의 이 도시는 아편전쟁 이전부터 양쯔강을 통한 무역을 통제하기 좋은 위치에 자리 잡은, 지역 내 중요 항구였다. 하지만 아편전쟁 이후에 이 지역은 외국인이 관할하는 다른 지역에 밀려 변두리가 됐다. 외국인이나 중국인이나 가릴 것 없이 누구든, 이런 상황이 중국의 쇠락을 대변한다고 여겼다.

중국 정부는 이런 생각을 바꿔 보려고 1920년대에 지역 내 관할권 개편을 시도했다. 중국 정부의 선택은 100년 이상 유지하던 황푸강 변의 성곽 도시 대신 북쪽 농지에 새로운 도심을 건설하는 것이었다. 새로운 상하이는 장완으로 불렸고, 1941년 11월 12일 여기서 중국 혁명가 쑨원(손문: 옮긴이)의 생일 축하 행사가 열렸다. 장완은 (부둣가 중심지인) 번드에서 몇 마일 떨어진 위치에 있었고, 상하이의 외국인 대부분은 이 지역을 도시 교외로 치부했다. 이런 인식은 상하이를 외국인들이 창조했다는 신념에서 비롯된 것이다. 장완 지역에는 1920년대와 30년대 건설한 본보기 도심 외에 농토와 작은 농촌 마을도 있었다. 광역 상하이의 나머지 부분도 비슷한 모습을 띠었다. 강변에 위치했으며 자체 경마장이 있던 양푸 지역 같은 소규모 개발지역이든, 유럽 예수회가 도서관, 고아원, 기상 관측소를 건설한 쉬자후이 지역이든 마찬가지였다. 장완 지역은—공공 조계를 뺀 나머지 상하이와 마찬가지로—정치적으로는 중국에 속했다. 이 지역에서 외국인들은 행정에 관여하지 못했다. 적어도 1937년 일본이 침공하기 전까지는 말이다.

1941년에 이르면 일본 제국은 조계 지역을 뺀 상하이 전체를 점령한다. 상하이 전체 중에서는 아주 작은 부분인 공공 조계는 엄밀히 따지면 중립 상태를 유지했다. 프랑스 조계는 공식적으로 비시 정부(독일의 괴뢰정부)의 식민지였기 때문에 일본·독일의 연합에 속했지만, 마찬가지로 일본에 점령당하지 않았다. 장완은 일본에 협력하는 중국인들이 다스렸으며, 일본은 군인과 무기로 지원했다. 1941년 상하이는 분단된 도시였다. 이 도시는 공식적으로 중국의 주권이 관철되는 영토였지만 전체가 외세 아래 있었다. 일부는 미국과 유럽인들이, 나머지는 일본인들이 장악했다. 경마장, 하둔 가문의 정원, 장완에 모인 무리들은 같은 도시에 있지만 전혀 다른 세계에 사는 이들이었다. 이 모두가 상하이다.

옛 상하이의 전성기는 아르데코의 풍요, 도박, 재즈, 전쟁, 범죄, 빈곤과 고급 패션의 시대였다. 인력거가 거리에서 패커드(미국 고급차: 옮긴이)와 다투고, 인력거꾼의 외침은 승객을 놓고 전차의 종소리와 경쟁했다. 깡패들은 '대반'(보통 외국 상사 지배인을 뜻함: 옮긴이) 곧 더 이상 양심적으로 사업하지 않지만 법의 보호를 받는 사장들을 밀치고 다녔다. 미국의 재즈 음악이 중국 경극과 나란히 밤 늦게까지 연주됐다. 연주회장에서 뿐 아니라 라디오와 축음기에서도 나란히 흘러나왔다. 도시의 음식 냄새도 국제적이었다. 노점상들은 찐빵과 채소 절임을 팔았다. 인도 향신료, 독일식 채소 절임, 우스터소스, 현지 생산 맥주는 전 세계와 중국 각지에서 새로운 삶을 찾아 몰려든 이주민들의 도시가 사랑한 맛이었다. 주로 영국인이고 남성이며 대체로 부유한 '상하이정착민'(상하이 거주 특정 국가 백인을 지칭하는 Shanghailander를 이렇게 번역함: 옮긴이)

이 도시를 지배했다. 중국 법률이 미치지 않는 삶을 산 이들은 아예 어떤 법률의 지배에서도 자유로운 듯 보였다. 중국의 다른 어떤 도시보다 상하이에 외국인이 많았지만, 상하이 거주자 대부분은 중국인이었다. 이들은 공공 조계 주민의 97%를 차지했다.

중국인은 상하이정착민으로 간주되는 일이 좀처럼 없었고 자기 나라인 이 곳에서 이류 시민이었다. 하지만 이 도시의 많은 중국인은 유럽인이나 미국인들과 마찬가지로 20세기 중국의 전형적인 생활 경험과 분리된 채 도시의 삶을 누렸다. (상하이에 사는 중국인을 지칭하는) 상하이 주민들은 다양한 계층으로 이뤄져 있었다. 이들은 "다른 중국 도시에서는 찾기 어려운 사치스럽지만 한적한 생활양식을 추구하려고 온 백만장자들⋯ 가까스로 살아남으려 거리를 떠도는 가난뱅이들⋯ 외국 조차지의 '안전지대'로 피신한 반정부 정치인들⋯ 중국 최대의 지하 세계에 참여한 범죄자들⋯ 갈구하던 자유를 이 도시에서 발견한 신여성들⋯ 구인 업자들의 감언이설에 속아 도시로 일하러 왔으나 매춘 업소에 팔린 순진한 농촌 소녀들"[1]이었다. 그들 모두는 이 세계를 이루는 데 필수적인 일부분이었으며, 많은 사람은 이 세계를 사랑하게 됐다. 한 상하이 기업가는 "상하이 주민의 행복한 운명은 실로 대단한 것이었다. 상하이를 내륙 지방과 비교하는 것은 낙원과 지옥을 비교하는 꼴이다."라고 썼다.[2]

그 어떤 제도나 조직도 상하이 경마 클럽보다 옛 상하이를 더 잘 보여주지 못한다. 그리고 1년 중 경마 클럽의 정점은 챔피언 결정전 대회 날이었다. 한 해에 두 번—봄과 가을—상하이는 그 경마 시즌의 승자들이 모여 치르는 최대 경마 대회를 보려고 몰려 들었다. 상하이 경마는 영국 함포대가 들어오면서 시작됐고 피란처를 찾는 중국 농민들로부터 얻은 땅에서 개최됐지만, 중국인들 사이에서도 인기를 얻었다. 경마는 중국인 말 소유자들과 기수들도 자신들만의 경마장을 지어 외국인들을 흉내 낼 만큼 상하이에서 확고히 자리 잡았다. 어떤 점에선 그들이 외국인들을 앞섰다. 그러나 구경거리의 중심에는 상하이 경마 클럽의 챔피언 결정전 대회 날이 있었다.

챔피언 결정전 대회는 19세기와 20세기 중국의 격동을 거치면서도 계속 이어졌다. 1880년대 프랑스와의 전쟁, 1890년대 일본과의 전쟁, 1900년 의화단의 난, 1911년 청나라 왕조의 붕괴를 거쳤다. 그 이후의 두 번째 혁명, 군벌의 부상, 공황, 일본의 침략, 상하이 시내 전투도 '챔피언 스테이크' 경기(챔피언 결정전)를 멈추지 못했다. 그러나 1941년에 이르면 그 수명도 끝을 맞는다. 이때까지 4년 동안 일본군이 한 줌의 땅, 공공 조계를 포위하고 있었고, 중국 해변에 자리 잡은 유럽인들의 '횃대'를 날려버릴 대규모 전쟁이 임박했다는 소문이 날마다 더 강하게 퍼져 나갔다.

경마장은 상하이의 중심이었고 상하이가 상징하는 것 전부였다. 경마장은 모양마저 태풍의 눈을 닮았다. 100여 년 동안 바로 그 모습이었지만, 1941년 챔피언 결정전 날 이후엔 그 모습을 유지하지 못했다.

1장

◇◇◇◇

상하이의 아침

"당신의 운, 당신의 가족, 당신 자신의 삶은 어떻게 될까?"라고 점쟁이가 물었다. 이어 "인류가 미래를 엿볼 필요가 있다면, 바로 지금이 그때다."라고 했다.[1]

때는 1941년 11월 12일이다. "투시력을 지닌 유명 점성술사" 마담 헬렌 파이퍼는 어떤 일이 닥칠지 궁금해 하는 도시를 향해 자신의 예측을 내놨다. 상하이는 수십 년 동안 불확실성에 돈을 걸었다. 위기 이후 또 다른 위기를 거치면서도 꾸준했고, 매번 조금 더 번영하는 동시에 더 위태로운 모습을 보였다. 이제 중국과 일본의 전쟁이 4년째 접어들면서, 마담 파이퍼는 기대를 뒤집는 동시에 그 기대에 확신을 갖게 해주는 모순의 장소, 환상을 실현시켜주는 세계에 자신의 "특이한 재능"[2]을 팔았다.

상하이는 동양과 서양의 융합을 자부했지만 관용의 피란처는 아니었다. 고된 노동과 편한 삶의 장소였지만, 보통 고되게 일하는 이들은 중국인이고 편하게 사는 이들은 서양인이었다. 진정으로 세계시민적인 도시라고 하기에는 백인 남성의 권력이 과도했지만, 그렇다고 상하이가 식민지는 아니었다. 영국인과 미국인이 이 도시 중심부의 공

1941년 11월의 상하이 경마 클럽 모습을 담은 엽서. 경마 클럽은 버블링웰 거리(오늘날의 난징 거리) 서쪽에 자리 잡았다.

공 조계를 운영했고, 당시에는 사방을 일본군이 포위하고 있었다. 그 럼에도 상하이 전체는 중국이 주권을 지닌 땅으로 간주됐다. 실제가 무엇인지 알기는 어려웠다. 심지어 마담 파이퍼도 가상의 인물이었 지만, 보이는 것이 실제와 일치하는 경우가 너무나 드문 땅에서 베라 허친슨이 이 가명을 쓴다고 해서 그 누가 못마땅하게 여기겠는가?[3]

홍콩상하이은행(HSBC)의 "역동적이고 과민한 관리자"[4] 아서 헨치먼 은 아마도 상하이 경마 클럽으로 향하는 와중에 아침 신문에 실린 마 담 파이퍼의 광고를 봤을 것이다. 이 점성술사가 그에게 해줄 수 있 는 얘기는 무엇이었을까? 헨치먼—모든 사람이 그를 헨치라고 불렀 다—은 중국 금융 체계에 대처하느라 애쓰면서 경력과 명성을 쌓은 인 물이다. 그는 무슨 일이 곧 벌어지리라고 확신했지만 그것이 무엇이 고 언제 벌어질지 꼭 집어 말할 수는 없었다. 쌀쌀한 수요일이었던 이 날은 더욱 그랬을까? 그는 아마 해가 뜰 녘의 어스름 속에서 자기 앞의 도로도 제대로 파악하기 어려웠을 것이다. 미래를 엿보는 것은 너무나 과한 희망이었다.

헨치먼은 도시 대부분이 아직 깨어나기 전 집에서 나와 버블링웰 거리를 걸어 내려갔다. 그전에 수백 번 반복한 일이지만, 이번엔 흔한 여정이 아니었다. 평소보다 더 많은 경찰이 순찰을 돌았고 몇몇은 기관총으로 무장하고 있었다. 임시로 설치된 아치형 문과 길가를 꾸민 불교 장식물은 리자 하둔의 장례식이 곧 시작된다는 걸 상기시켰다. 조문객들은 장례식이 곧 시작하리라는 기대를 품고 일주일 내내 하둔가의 정원 입구로 몰려 들었다. 헨치먼이 하둔 여사를 안 것은 분명하지만 서로 잘 아는 사이는 아니었다. 상하이에 사는 사람 모두 리자 하둔에 대해 알았다. 그녀는 중국인 어머니와 프랑스인 아버지 사이에서 태어났고, 상하이의 많은 부자 상인 가운데서도 부자에 속하는 사일러스 애런 하둔의 부인이다.

리자는 상하이와 더불어 도전에 맞서며 번영을 누렸다. 어떤 이들은 그녀가 아시아 전체에서 가장 부유한 여성이라고 말할 정도다. 그녀는 마담 파이퍼의 예언이 더 이상 필요 없었다. 리자의 주검은 이제 영국식과 중국식, 불교 양식과 유대교 양식이 이례적으로 혼합된 정원에 묻힌 남편 옆에 눕혀지기 위해 은으로 꾸민 관에 안치되어 있다. 이 정원은 사일러스가 1897년 회원으로 가입한 경마 클럽에서 채 1마일도 떨어지지 않는 곳에 있다. 남편을 먼저 보내고, 귀도 멀고, 앞도 거의 보지 못하게 된 리자 하둔은 최근 몇 년 사이 점점 더 은둔했다. 〈상하이 타임스〉 신문은 그녀를 "상하이에서 가장 신비한 여성"[5]이라고 부를 정도였다. 그럼에도 여전히 중국에서 가장 부유한 여성으로 명성을 유지했다. 그녀의 장례식에는 1만 명은 족히 몰릴 예정이었다.

헨치먼은 장례식에 가지 않을 참이었다. 그와 사일러스 하둔은 같은 상하이 경마 클럽 회원이었지만, 10년 전 사일러스가 숨진 뒤 하둔 가 사람들은 경마에 거의 참여하지 않았다. 챔피언 결정전 대회 날에 장례식을 치르는 것이 이를 증명했다! 공교롭게도 이날 날씨는 경마 보다 장례식에 더 어울렸다. 전날까지는 가을 날씨가 온화했는데, 밤 사이 한랭 전선이 몰려와 거리의 쓰레기는 물론 장례 장식품과 장례 용 향을 마구 흩날리고 있었다. 전단지들이 바람에 휩쓸려 흩어지기 도 했다. 이 중에는 중국인들에게 중국 망명 정부에 참여해 일본에 저 항하라고 촉구하는 전단지도 있었다. 평화운동을 지지하고 일본의 후 원을 받는 정부가 질서를 유지하는 걸 도우라는 내용의 정반대 주장 을 담은 전단지들도 있었다.

이 전단지들은 헨치먼에게 11월 12일이 중국 공화국을 세운 쑨원 의 생일이라는 사실도 상기시켰을 것이다. 4년 전 일본이 상하이를 침 공한 이후 처음으로, 상하이의 중국 시정부가 쑨원의 생일 기념에 나 섰다. 하지만 이는 반역을 기념하는 것인가 아니면 애국심을 기념하 는 것인가? 이 두 가지 주장이 공존했고, 각각의 주장을 옹호하는 무 장 파벌도 공존했다. 상하이는 선전선동대의 작은 충돌과 때때로 이 충돌에 이어지는 폭력에 이미 익숙했다.

중국의 미래를 둘러싼 싸움은 헨치먼의 운명에도 영향을 끼칠 것이 었다. 다만 그 누구—아마 마담 파이퍼도?—도 아직은 어떤 식으로 진 행될지 몰랐다. 하지만 헨치먼은 이날 아침 중국 정치를 걱정하지 않 았다. 챔피언 결정전 대회 날이었다. 그는 이겨야 하는 경주를 눈앞 에 뒀다.

상하이는 이날 오후 4시 다른 모든 걸 잊고 싶어 하는 도시에 2분 30초 동안 집중할 '챔피언 스테이크'라는 주목 거리를 제공하는 전통 을 이어갈 예정이었다. 챔피언 결정전 날은 상하이 그 자체, 곧 유행을 따르는 우아함과 음탕함, 편협함과 세계시민주의, 세련됨과 불결함이었다. 은행과 기업들은 중국인과 외국인 모두가 경마를 관람하러 갈 수 있도록 이날 하루 문을 닫았다. 헨치먼은 아시아에서 가장 중요한 은행의 가장 중요한 지점을 관리했지만, 이날만큼은 자신의 갈색 조랑말 '하인드헤드'가 다른 9마리의 말들보다 1.25마일(2㎞: 옮긴이)을 더 빨리 달리도록 하는 데 집중했다. 이날도 성공한다면, 그는 세 번 연속 챔피언 스테이크에서 우승하게 될 것이다. 3연패는 150번의 경기에서 딱 다섯 번뿐이었다. 명망과 전통이 충분한 동기가 되지 못한다면, 오늘날 돈의 가치로 8만 달러(약 9600만원: 옮긴이)에 이르는 상금이 충분한 동기가 될지 모르겠다.

많은 이들이 거창한 역사를 향한 헨치먼의 경주를 지켜보게 될 것이었다. 경마 클럽 회원들과 그들의 손님들은 정성 들인 식사와 자유롭게 넘쳐 나는 샴페인을 고대했다. 말 소유자 전용석에서는 최신 패션이 전시됐다. 모피는 이날 날씨에 너무 더웠지만, 그럼에도 자신의 새 코트를 자랑하려고 안달 난 명사라면 입을 만했다. 3만 명이 모일 예정이었다. 경마꾼들은 거의 500만 달러에 달하는 판돈을 걸 터였다.[6]

영국은 1840년대에 함포와 외교관을 동원해 자신들이 제시하는 조건으로 무역을 하도록 중국 개방을 강요한 이후 100년 동안 상하이를 지배해왔다. 경마장에서 헨치먼의 주요 경쟁자 역시 영국인 곧 스코틀랜드 출신 로버트 에이트킨헤드였다. 헨치먼은 런던의 부자집에서 자란 반면 에이트킨헤드는 글래스고 중류층 출신이다. 그는 공학을 전공하고 증기선 회사에서 일자리를 얻었으며 결국 상하이에 정착해 결혼하고 가정을 꾸렸다. 지금은 가족과 떨어져 혼자 상하이에 남아 있었다.

에이트킨헤드는 큰 딸이 대학에 들어갈 즈음 가족들과 스코틀랜드

동부 저지대의 작은 마을 클루니로 돌아가 정착을 시도했지만, 상하이를 떠날 수 없어 몇 달 뒤 홀로 돌아왔다. 그는 자신의 조랑말 이름에 스코틀랜드 지명을 붙임으로써 스코틀랜드를 곁에 두었다. 그가 이번 11월 12일을 기념할 만한 날로 만들어주기를 기대한 적갈색 말의 이름은 '클루니하우스'였다. 이 말은 전에 한 번 챔피언에 오른 바 있으며, 가장 유력한 우승 후보로 두 번이나 뽑혔으나 모두 약체로 꼽히던 헨치먼의 '하인드헤드'에게 패했다. 둘은 이번에도 우승 후보로 꼽혔고, 에이트킨헤드와 헨치먼은 이 도시의 화젯거리인 두 사람의 경쟁에서 승리할 방법을 찾으려 자신들의 조련사, 기수들과 함께 궁리했다.

헨치먼과 에이트킨헤드가 경주 전술을 놓고 머리를 짜내는 와중에, 거대한 전략이 챔피언 결정전의 무대 뒤에서 떠오르고 있었다. 상하이 사람 대부분에게는, '바로 당신의 삶'에 대한 마담 파이퍼의 질문이 과장 없는 문제였다. 중국은 전쟁 중이었다. 4년 전 일본군이 '베이핑'(베이징의 새 이름. 더는 중국의 수도가 아니지만 여전히 중국 북부에서 가장 중요한 도시)을 침략했다. 일본군은 항구 도시 두 곳 곧 독일이 식민지로 삼았으며 맥주로 유명한 칭다오와 톈진을 장악했다. 더 남쪽에서는, 중국인들이 시를 통해 가장 아름다운 도시라고 노래한 항저우와 쑤저우도 무너졌다. 1천 년 이상의 항해 전통을 이어 오며 중국과 서양의 핵심 연결고리 구실을 한 닝보와 광둥도 마찬가지로 무너졌다. 일본군은 난징에서 수십만 명을 강간하고 학살함으로써 당시 중국의 수도였던 이 도시를 잔혹함과 동의어로 만들었다. 중국 정부는 양쯔강 위쪽으로 도망가 충칭을 전시 수도로 삼았다. 이 도시는 1천 마일은 떨어져 있지만 일본군의 폭격을 피하지는 못했다.

1937년 여름 상하이도 전쟁에 휘말렸다. 몇 달 만에 도시가 결국 무너졌을 때(정확한 시점은 이번 챔피언 결정전 대회로부터 딱 4년 전), 일본군은 공공 조계의 경계에서 진격을 멈췄다. 일본군이 멈춘 곳은 경마장에서 단지 0.5마일 떨어진 지점으로, 공공 조계 거주자들이 "폭격의 잔해를 보기 위해 건물의 옥상으로 몰려들" 만큼 가까웠다. 이런 행동을 상하이시 자치 경찰은 "아주 어리석은 행위"라고 경고했다.[7] 당시는 유럽과 미국이 일본과 전쟁을 벌이지 않던 때였으며, 이 때문에 포위된 공공 조계는 중립 상태의 '고독한 섬'이 됐다. 쑤저우강을 따라 일본이 형성한 전선은 항구적인 것처럼 보였지만, 현재 상태가 지속될 수 없다는 건 누구나 알았다. 상하이는 화약통… 시한폭탄이었고… 면도날 위에 놓여 있었다. 이런 식의 비유는 끝없이 남용됐지만 틀린 것도 아니었다. 아마도 곧 이 상태는 종말을 고할 것이고 끝이 좋으리라고 생각한 이는 거의 없었다.

상하이 주재 영국 영사관은 헨치먼과 그의 아내 메리, 그들의 두 딸을 포함한 모든 영국 신민들에게 도시를 떠나라고 촉구했다. 영국은 이미 한 해 전 영국군을 철수시킴으로써 40년에 걸친 영국군의 중국 주둔을 끝냈기 때문이라는 게 그 이유였다. 그러나 헨치먼은 떠나지 않았다. 그는 홍콩에 있는 동료들에게 보낸 편지에서 "지난 10년 동안 탄약고에서 연기가 피어오르다 그치기를 반복했다. 이제 신중히 생각해보니, 성냥에 불을 붙였기 때문에 상황이 심화되어 앞으로 계속 이어질 것 같다."고 썼다.[8]

10여 개 외국 영사관이 자국민들에게 상하이를 떠나라고 권고하는 와중에 수백만 명의 중국인 피란민이 공공 조계로 몰려 들어 인구가 두 배로 늘면서 물자와 편의 시설 형편을 어렵게 했다. 사재기와 투기가 물가 상승과 물자 부족을 불렀다. 식품을 구하려는 폭동도 드물지 않게 됐다. 이 도시의 활력소이자 존재 이유인 상업은 일본이 원할 때만 가능했다. 서양 정부들은 수입을 제한했다. 상하이로 보내는 물품이 조만간 일본인들의 손으로 넘어가고, 전쟁이 번지면 자신들을 공격하는 데 활용될 것을 우려했기 때문이다.

공공 조계는 허약한 고립 상태에 있었기 때문에 공격에 완전히 노출되어 있었다. 헨치먼은 1937년 자신의 상사들에게 쓴 글에서 상하이의 때가 이제 거의 끝나가는 걸 느낀다고 말했다. 중국과 일본의 군대와 전투기들이 양쯔강 삼각주 지역에서 전투를 벌이는 동안 경마를 걱정하는 건 어리석어 보였지만, 결국 외국인 공동체는 자신들에게 오락물이 필요하다는 결론을 내렸다. 1937년 가을 챔피언 스테이크 경마 대회를 몇 주 뒤로 연기해 진행하기로 한 것이다. 그 뒤에도 도시 생활은 계속 이어졌다. 하지만 얼마나 더 오래 갈 것인가?

영국인이 위험에 빠진 유일한 외국인은 아니었다.

코넬 프랭클린은 미국인이었으며, 헨치먼이나 에이트킨헤드처럼 이번 11월 12일 챔피언 자리를 차지하고 싶어 했다. 이날 아침 〈노스차이나 헤럴드〉 신문 1면에 실린 만평은, 점쟁이의 어조 때문이 아니라 프랭클린 루스벨트 미국 대통령의 미 해병대 상하이 철수 명령이 임박했다는 소문 때문에 자신들의 미래를 걱정하는 외국인들을 묘사했다. 잠깐 군 복무를 했던 코넬 프랭클린은 특히 이 만평에 주목했을 수 있다. 그는 모험에 익숙했고 중국 해안 지대에서 부를 축적했지만 부를 잃기도 했다. 상하이 정착민 중 가장 노련하고 경험 많은 이들도 초조해졌다. 앞서 그해 8월 미국 국무장관은 미국 시민들의 본국 송환을 위해 상하이 주재 영사관에 대해 1만 달러—현재 가치로 약 15만 달러—의 대출을 승인했으며, 영사관은 이보다 2주 전 미국 국적 선박을 확보할 수 없게 되자 외국 국적 선박을 통한 여행을 허가한 바 있다.[9] 그러나 프랭클린은 남았다. 적어도 챔피언 결정전까지는 말이다.

이날 아침 프랭클린은 헨치먼보다 더 오래 걸려 경마 클럽에 도착했다. 그의 저택은 상하이의 번잡한 도심에서 꽤 떨어져 있어 한때 인기를 끌던 교외 지역에 있는데, 이제 이 지역은 공공 조계의 보호막 끝자락으로 바뀌었다. 프랭클린은 1920년대 상하이에 정착해 변호사 일을 시작했으며, 경계가 없어 보이는 중국 시장에 진출한 미국 기업들을 대변하며 부를 축적했다. 그는 두 가지를 모두 성공했으며, 상하이를 제2의 고향으로 삼았다. 그는 공

〈상하이와 북부 중국의 남성들〉에 실린 '판사 코넬 S. 프랭클린'.

공 조계의 시장 격인 상하이 시의회 의장도 역임했다. 그전에는 중국 내 미국인이 언제나 영국인보다 적었지만, 세계 무대에서 미국의 역할이 커지면서 상하이에서 미국인의 영향력도 함께 커졌다.

프랭클린 판사—그는 이미 한참 전에 판사를 그만뒀지만 호칭은 여전했다. 하와이에서 미국 순회 판사로 일하던 때를 상기시킨다.—는 상하이 거주 미국인들의 비공식적인 대표가 됐다. 해병대가 프랭클린의 애국적 자부심을 고취시켰겠지만, 해병대 주둔은 거의 상징적인 수준이었다. 해병대의 철수는 상하이의 전망을 생각하면 좋지 않은 징조였지만, 어차피 일본이 침공을 결정할 경우 무장한 1천 명의 병력으로는 공공 조계를 지키기 어려웠을 것이다. 아무튼 신경 쓸 건 없다. 이날 아침 프랭클린은 전 세계 안보에 대한 조국의 책무에 관심을 두지 않았다. 그에겐 상하이에서 가장 빠른 조랑말이 있었고 그의 마음은

온통 우승말 시상식장에 쏠려 있었다.

헨치먼이나 에이트킨헤드처럼 프랭클린도 이날을 모호크 거리에 있는 번잡한 마구간에서 시작했다. 이 마구간은 최대 750마리의 말을 수용할 수 있었고, 최근 몇 년 동안은 마구간이 거의 찼다. 침략군은 1930년대에 중국인들이 운영하던 경마장 두 곳—장완에 있는 '국제 레크리에이션 클럽'과 양푸에 있는 '중국 기수 클럽'—을 폐쇄하거나 파괴했으며, 상하이 경마 클럽은 두 곳에 있던 말들과 말 주인들을 공공 조계의 보호막 아래로 받아들였다. 그러나 경마장 관중석을 가득 매울 수만 명의 관중들은 마구간에 몇 마리의 말이 있는지 신경 쓰지 않았다. 그들의 관심사는 딱 10마리의 조랑말, 이날 오후의 핵심 경주에 출전할 말들이었다. 챔피언 결정전은 상하이의 안전을 보장하지도, 일본군을 덜 불길하게 보도록 해주지도 못했지만, 사람들이 바라 마지않는 관심 전환의 기회를 제공했다.

클럽 회원들은 유럽인과 미국인 상류층이었지만, 챔피언 결정전 날 경마장에 모인 사람 대부분은 부유하기는커녕 외국인도 아니었다. 이날 오후 모인 군중 대다수는 중국인이었다. 경마 클럽 회원 구성과 달리, 상하이 인구의 절대 다수는 중국인이었고 그들의 운명은 헨치먼, 에이트킨헤드, 프랭클린 같은 이들보다 훨씬 더 불확실했다.

중국어와 영어로 교육을 받은 인물인 잉 탕은 자신의 가족과 재산에 대해 예언해준다는 마담 파이퍼의 약속을 읽을 수 있었을 것이다. 그녀는 상하이 공공 조계 교외에서 태어나고 자랐으며, 어렸을 때부터 경마를 오락거리로 즐겼다. 그녀도 챔피언 결정전 날을 놓치지 않을 참이었다. 재력 있는 중국인들은 공공 조계 한가운데 경마장을 중심으로 형성된 외국인 사교계와 중국인 사교계를 오가는 중요한 위치에 있었다.

상하이의 중국인 공동체와 서양인 공동체에 모두 기여한 의사의 딸인 잉 탕은 이 부류에 속했다. 그녀는 사교 행사에서 빠질 수 없는 인물이었다. 여자여서 자신의 오빠처럼 미국 아이비리그 명문 대학 학위를 따지는 못했지만, 상하이의 최고 학교에서 교육을 받았으며 한때는 "상하이에서 가장 인기 있는 사교계 미인"으로 평가됐다.[10] 그녀는 경마장 근처에 고급 맞춤옷 가게를 열었고, 미국 뉴욕의 브로드웨이 연극계에 발탁되기도 했다. 비록 이 기회는 그녀의 첫 번째 결혼과 함께 물거품처럼 사라졌지만 말이다. 1941년 가을, 그녀는 경마장에서 몇 구역 떨어진 곳에 살았고 챔피언 결정전은 그녀에게 불확실한 현재와 몇 년 전 잃어버린 기회를 잊게 해줄 행사였다.

잃어버린 기회를 생각하지 않으려 애쓴 또 다른 인물로 왕나이즈가 있다. 외국인 친구들은 그를 네이츠 웡으로 기억했다. 그에겐 외국인 친구가 아주 많았다. 통역사, 번역가, 법률가, 편집자 그리고 아마추어 연기자인 웡은 상하이 안의 여러 세계를 꾸준히 옮겨 다녔다. 그가 맺은 관계가 항상 마음을 털어 놓을 수준에 이르지는 않았다. 영국 경찰은 적어도 한 번 이상 그를 경찰서로 불러 그가 관여한 잡지의 법 위반에 대해 해명하도록 요구했다. 그는 경마장에서도 일했다. 비록 중국인은 회원이 될 수 없었지만, 그는 이 도시의 문화간 교류를 촉진하기 위해 경마장 시설을 이용한 중국 전문가 협회의 창립 회원이다. 챔피언 결정전 경기장은 예이츠 거리에 있는 그의 집에서 잠깐 걸어가면 되는 거리에 있었다. 그가 사는 곳은 수많은 방이 중앙의 마당을 향해 배치된 집들이 밀집한 상하이의 전통적인 '룽탕'(골목길을 뜻함: 옮긴이) 구역이었다. 급격하게 늘어나는 인구를 수용하기 위해 19세기 말에 주로 지어진 이 구역의 집들은 서양식과 중국식 특징이 뒤섞여 있다. (유럽과 미국의 많은 도시처럼 집들이 일렬로 자리 잡았지만, 내부는 전통적인 중국 농촌 양식이었다.)[11] 중국과 서양의 영향이 뒤섞인 골목길 집들은 상하이를 상징했고, 세계 건축계는 이를 사라져가는 소중한 유산으로 평가한다. 하지만 역사가 루한차오가 표현했듯이 상하이의 중국인들에게는 "그저 대부분의 사람이 집이라고 부르는 장소"에 불과했다.[12]

상하이 경마 클럽이 결코 중국인을 회원으로 받지 않았지만, 경마 관람은 공공 조계에 사는 중국인 주민들에게 사회 구성의 한 부분이 됐다. 경마장에서 몇 구역 떨어진 주푸리 지역에서는 경마 대회 날이 중요한 사교 행사 날이었다. 분명 챔피언 결정전 날에는 신문 발행인 Y. S. 풍, 오페라 스타 청추추[13]같은 주민들이 경마장으로 향했다. 상하이 경마 클럽은 대부분 중국인으로 채워지는 공공 관람석 덕분에 많은 돈을 벌었다. 몇몇 클럽 회원들은 중국인 경마 단골들을 저급한 분류라며 싫어했지만, 경마장에 오는 많은 중국인들은 외국에서 교육받은 부유층이었다. 문자 그대로, 이들 중 일부는 상하이가 현재의 모습이 되도록 하는 데 기여했다.

다유 둥도 이런 인물들 중 하나다. 그는 날렵한 콧수염과 철테 색안경으로 꾸민 세련됨을 자랑하는 인물이다. 둥은 베이징의 칭화대학을 졸업하고 미국 미네소타와 뉴욕에서 건축을 공부했다. 중국으로 돌아와서는 공공 조계 북쪽에 위치한 장완 지역의 교외에 상하이의 미래를 꿈꾸며 세운 건축물을 설계했다. 둥이 설계한 근대적 유토피아는 건설 과정에서 두 번이나 폭격을 당해 불탔으며 준공을 거의 눈앞에 두고는 침략군에게 점령됐다.

둥이 꿈꾼 '새로운 상하이'는 이날 아침 일본군 통제 아래 있었고, 헨치먼이 버블링웰 거리를 지나가다 마주친 전단지들이 찬양과 비난을 쏟아낸, 쑨원을 기념하는 어색한 행사를 준비하고 있었다. 둥이 10년 전 설계한 광장에는 3천 명의 군중이 모일 예정이었지만 정작 다유 둥은 참석하지 않았다. 그는 외세가 다른 외세의 공격을 막아줄 수 있는 외국 조계에 있을 때만 안전했다.

마샹성도 공공 조계로 피신한 인물이다. 공공 조계에서 그는 흔히 영국식 이름인 C. S. 마오로 알려졌다. 그는 보호가 필요한 부류가 아니었다. 상하이에서 가장 악명 높은 범죄 조직인 '청방' 조직원들 사이에서 성장해 부와 권력을 얻은 그는 카지노, 극장, 경주말에 투자했다.[14] 말은 그가 열정을 쏟은 대상이었다. 그는 자신의 후원자인 '큰 귀' 두웨성이 일본군의 침공에 맞춰 탈출한 뒤에도 경마를 위해 상하이에 남았다. 마오의 마구간은 상하이에서 중국인 소유로는 최대였고, 그가 건설에 기여한 경마장이 전쟁으로 폐쇄됐지만 그는 여전히 시내 경마 클럽에서 주요 경기에 앞서 치르는 경주에 자신의 조랑말들을 참가시킬 수 있었다. 그의 말들은 이해 가을에 이미 몇 번 우승했고, 그 중 한 경기는 '클래식' 급의 중요 경기였다. 하지만 오늘 아침에 마오는 그냥 관람객으로 경마장을 찾았다. 그의 말들은 이번 시즌 최고 대회에 참가할 자격이 없었다.

관객에게든 경쟁자에게든, 이날은 역시 챔피언 결정전 날이었다. 마오는 둥, 프랭클린, 네이츠 웡, 잉 탕, 헨치먼, 에이트킨헤드 그리고 몇만 명의 상하이 경마장 구경꾼 무리에 합류했다. 이런 규모의 국제적인 광경은 몇 세대 전만 해도 상상할 수 없던 것이다. 1941년의 이 도시와 이 도시가 겪은 변화를 이해하려면, 100년 전으로 거슬러 올라가야 한다.

1부

상하이 시민

1843~1937

운명에 따라 극동 지역으로 유배된 유럽인들은
유럽에 있는 친구들이 생각하는 것만큼
동정 받고 싶어 하지 않을 것이다.

- 〈노스차이나 헤럴드〉, 1860년 11월 24일.

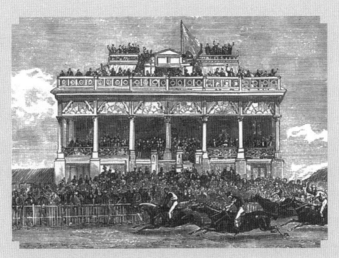

"1883년 중국 상하이 경마장." 상하이 경마 클럽 판화.

2장
◇◇◇◇
유배의 즐거움

〈차이나 프레스〉 신문이 표현한 "유배의 즐거움"[1]을 상하이 거주 유럽인들이 누리기 훨씬 전의 상하이는, 마담 파이퍼가 예언하던 상하이 모습과 아주 달랐다. 거리에서 수많은 언어가 뒤섞여 들렸지만, 대부분은 중국 각지에서 이주한 이들이 쓰는 언어였다. 이 언어들은 보통 서로 소통이 되지 않기에 흔히 말하는 '사투리' 딱지가 적절하지 않지만, 상하이의 다양성이 단순히 중국 대 외국의 문제가 아니고 유럽인 유입의 결과물도 아님을 보여준다. 경마장과 그 주변의 건물들—마구간, 사무실, 아파트, 호텔, 극장, 상점 등—이 자리 잡게 될 공간 곧 황푸강을 따라 성벽으로 둘러싸인 도시에서 몇 마일 밖의 공간은 농지와 늪지대였다. 이 지역의 건물들은 모두 저층이었다. 유럽의 면모는 전혀 찾을 수 없었다.

중국 지배자들은 몇몇 상인들과 예수회 사제들이 유럽의 이익 확대를 꾀하며 중국에 체류하던 1500년대부터 외국인과의 접촉을 세심하게 통제해왔다. 100여 년 동안 이 유럽인들은 중앙아시아와의 국경 무역이나 남중국해를 통한 해상 무역을 통제하기 위해 마련된 기존 분류 기준에 따라 임시로 관리되거나 이 기준에 통합돼 관리됐다.

유럽인들이 처음으로 장기 체류한 지역은 남쪽 끝 마카오의 포르투갈인 거주지였다.

유럽인들은 무역이나 선교에 집중했지만 말을 들여와 경주도 했다. 마카오에서 경마는 1637년 처음 시작됐다. 말은 유럽에서 가져오거나 필리핀 거주 스페인 사람들이 키운 것들을 들여왔다. 영국인들은 1790년대 마카오의 아레이아 프레스타 해변의 검은 모래에서 동인도회사의 기병대 말들을 이용해 경마를 했다. 당시의 경마는 규모가 작았고 고향에서 멀리 떨어져 사는 이들의 소일거리용 취미였다. 현지에서 말을 구해 경주를 할 여지가 없었다. 유럽인 정착을 규정한 조약은 정부의 공식 허가 아래 진행되는 무역 외에는 중국인 접촉을 금지했고, 중국 남부에는 말도 별로 없었다. 초원 지대에서 말들을 들여오는 대상(隊商)들은 마카오에서 북쪽으로 수천 마일 떨어진 곳까지만 오고 갔다.[2]

중국 내 유럽인들은 1644년 중국 전체를 장악한 청나라로서는 거슬리는 존재였다. 청나라는 오랜 기간 중국에서 가장 중요한 해상 무역 거점이었던 남부 광둥성의 광저우에서만 유럽인의 해상 무역을 허용했다. 이런 제한은, 해상 제국 확장과 중국의 거대한 잠재 시장에 자극받은 무역업자들의 욕구와 충돌했다. 무역업자들은 다른 항구에서도 무역 기회를 확보하려고 불법적인 시도를 계속했다. 청나라 관리들과 영국, 프랑스, 스웨덴, 네덜란드에서 온 상인들의 갈등은 계속 커졌다. 상인들은 분쟁 해결은커녕 불만을 제대로 드러낼 수도 없다고 불평했다. 유럽인들은 대표를 내세워 중국 정부 대표와 만나고 싶어 했다. 수도에서 만나는 게 가장 이상적이라고 이들은 주장했다. 그러나 청나라는 무역 분쟁을 지역 차원에서 다루고 싶어 했고, 아무튼 유럽의 외교 개념에 부합하는 조정 내 부서를 통해 처리하지 않으려 했다.

요구가 계속 커지자 청나라 관리들은 통제를 강화했다. 그들은 유럽인들이 광저우에서만 무역을 할 수 있다는 해상 무역 조건을 재확인했고, 1757년 '광둥 체제'로 알려지게 될 방식을 공식화하는 규정을 만들었다. 무역은 정부의 공식 허가를 받은 정부의 독점 기관들과만 할 수 있었고, 이 기관들이 거래에 부과될 세금과 관세를 산정했다. 무역이 가능한 계절도 제한됐으며, 영구 정착은 허용되지 않았다. 여성의 입국도 불허됐다. 가족 동반이나 무기 소지도 금지됐다. 중국어를 배울 수도 없었다. 외국인은 부동산도 취득하지 못했다. 중국의 황제들이 한 때 공식적으로 묵인하던 기독교 전파도 금지됐다.

유럽인 중 특히 영국인들은 광둥 체제가 억압에 가까울 정도로 제한적이라고 불평했다. 무역을 관리하고 서양인들을 바짝 감시하면서 일정한 거리 밖에 묶어 두는 것이 '바로' 이 체제의 의도였지만, 현실적으로 당시 광저우는 대부분의 국제 항구와 마찬가지로 자유롭고 개방된 곳이었다. (분명 소수였지만 영국인을 포함한 일부 인사들은 광저우의 무역이 런던의 무역보다 여러 면에서 자유롭다고 인정했다.)[3]

강점과 약점이 무엇이든 광둥 체제는 유럽과의 무역을 (또 1780년대 이후에는 추가로 미국과의 무역을) 촉진했다. 하지만 영국 상업 제국의 확장 야욕을 만족시키지는 못했다. 1790년대 베이징에 파견된 영국 대표단은 공식 외교관계 수립과 더 많은 항구 개방을 요구했지만, 건륭제는 중국은 "모든 걸 넉넉하게 보유하고 있고 국경 안에서는 부족함을 모른다"고 답했다.[4]

건륭제의 서신은 오래도록 황제의 편협함을 보여주는 사례로 거론됐지만, 최근 연구는 영국 제국주의 정책과 우선순위를 정당화하기 위해 이 서신의 중요성을 과장했을 가능성을 제기한다.[5] 아무튼 건륭제는 대사 교환과 무역 확대 요구를 거부했다. 건륭제의 태도는 무리도 아니다. 영국은 중국 제품, 특히 차 수요가 강한 반면 중국은 유럽에서 물건을 많이 사들이지 않았다. 유럽은 은으로 중국차와 도자기를 샀고, 중국은 18세기 말에 상당한 무역 흑자를 기록했다.

중국의 우위는 지속되지 않았다. 라틴 아메리카 곳곳에서 유럽에 맞서 독립 투쟁을 한 끝에 여러 나라가 독립하면서 은 유입이 줄어든 여파 등으로 전 세계 경제 침체가 나타났다. 중국 수출품에 대한 외국의 수요도 줄었다. 거의 동시에 영국이 무역 수지를 맞추기 위해 꾸준히 중국에 팔 물건을 마침내 찾았다. 영국 식민지 인도에서 생산된 아편이 바로 그것이다.

아편은 19세기 중국에 대한 인상을 지배하게 된다. 이런 인상은 잘못된 것인데, 아편이 중요하지 않아서가 아니라 아편 무역에 대한 과장이 더 큰 국내외의 흐름을 과소평가하기 때문이다. 중국 경제 성장이 18세기 말부터 몇 십 년 동안 둔화됐고, 영국과 청나라의 갈등은 아편보다는 무역에 대한 접근법 차이에서 비롯됐다. 영국 정부가 후원한 마약상들이 중국의 번영을 좀먹었다는 통념은 적어도 과장된 것이지만, 영국 상인들이 그 전에 중국에서 유통되던 것보다 중독성이 훨씬 강한 인도산 아편 판매 기회를 포착한 것은 사실이다. 청나라 정부가 마약을 금지했지만 시장은 급속도로 커졌다. 3각 무역도 형성됐다. 영국 상인들은 인도에서 아편을 확보해 중국에서 차 등의 물품과 교환했고, 이렇게 구한 차를 유럽으로 가져가 팔았다. 중국의 수출 감소와 아편 수입 증가가 겹치면서 무역 수지가 역전됐다.

중국 관리들은 과거와 마찬가지로 상업 규제와 통제 노력을 강화함으로써 대응했다. 반면, 영국 무역상들은 '재빠른 게'라고 불리는 배를 소유한 중국 밀수업자들과 손을 잡음으로써 광둥 체제와 마약 금지 조처를 피해갔다. 이는 불법 아편 무역을 가능하게 했을 뿐 아니라 중국 정부 독점 기관들에 납부해야 할 세금과 관세도 피하게 해줬다.
1839년 청나라 관리들은 (영국 업자들의 아편이 대부분이지만 미국, 네덜란드 업자들 것도 포함해) 아편을 대규모로 압수해 바닷가에 전시했다. 전시 현장에서는 아편 보관소에서 광저우 항구 앞바다로 아편이 흘러들어가 바다를 오염시킨 것을 바다 생물들에게 사죄하는 내용의 전통 중국 시가 낭송됐다. 집중 단속 조처의 하나로, 서양의 아편 거래상들은 아편을 모두 관리들에게 넘기고 불법 아편 무역을 중단하겠다고 약속할 때까지 구금됐다.

영국 무역상들은 자신들이 입은 손실에 대한 보복 조처와 무역 재개·확장을 위해 전쟁을 벌일 것을 요구하고 나섰다. 영국 의회는 뜨거운 논란 끝에 근소한 차이—전체 투표는 533표였으며 표 차이는 단 9표—로 전쟁을 승인했다.[6] 청나라 정부 관리들 중 선견지명이 있는 이들은 갈등을 피하고 싶어 했다. 그들은 건륭제가 45년 전에 했듯이 영국을 다시 물리칠 수 없을 것으로 봤고, 그들의 우려는 현실이 됐다. 세계 최초의 증기기관 철제 선박인 네메시스가 1840년 중국 해안에 도착했다. 선체를 철로 만들었고 증기기관을 동력으로 쓰며 6문의 대포와 하나의 로켓 발사대를 갖춘 이 선박은 중국의 방어망을 무력화시키며 청나라 해군을 무찔렀다.

네메시스가 중국에 도착한 지 2년이 채 안돼 난징조약이 체결되고 전쟁이 끝났다. 중국이 영국에 홍콩을 넘겨주고 광저우, 샤먼, 푸저우, 닝보, 상하이의 항구를 개방함으로써 광둥 체제도 해체됐다. 상하이를 포함한 5개의 '조약항'에서는 외국인의 활동에 대한 제약이 거의 없었다. 후속 조약을 통해 영국에 부여된 특권이 다른 '최혜국들', 특히 주로 프랑스와 미국에도 적용됐고 교회와 외국인 주거지 건설도 허용됐다. 외국인들은 입국 제한이 풀렸고, 언어도 배울 수 있었으

1842년 체결된 난징조약으로 1차 아편 전쟁이 끝났고, 상하이를 포함한 5개 조약항이 열렸다. 1847년에 제작된 이 그림은 상하이가 '조약항'의 하나로 개방되기 이전 모습을 표현한다. 일부분은 실제와 달리 묘사됐다. (예를 들어, 실제 상하이의 늪지대에는 이 그림에 등장하는 산이 없다.)

며, 현지 업자들과 직접 사업도 할 수 있었다. 원칙적으로는 땅을 살 수 없었지만―영국 직할 식민지인 홍콩을 뺀 지역에서는 임차만 허용됐다―실제로 외국인들은 원하는 만큼 얼마든지 땅을 확보할 수 있었다. 상업이 번창했고 중국의 주권은 무너졌다.

어떤 기준으로 봐도 상하이는 새로 개항한 항구들 가운데 가장 유망한 곳이 아니었다. 광저우는 무역량이 훨씬 많았고, 닝보는 오랜 해상 무역 역사를 지닌 곳이다. 그러나 상하이―한편으로는 덜 주목받는 항구였고 다른 편으로는 양쯔강 어귀라는 전략적 위치 때문에, 그리고 역사가들이 논하는 다른 몇 가지 이유 때문에―는 곧바로 조약항 가운데 가장 성공적이고 중요한 항구가 됐다. 세계 최강 제국이 이제 가장 인구가 많은 나라와 마주했고, 이는 둘을 모두 변화시켰다.

조약항의 기초이자, 아서 헨치먼을 포함한 상하이정착민들이 한 세기 뒤 누리게 될 특별한 지위의 근거는 바로 치외법권이었다. 치외법권은 아편 전쟁을 끝내는 조약을 통해 영국·프랑스·미국인에게 부여됐고 나중에 추가로 25개 나라 사람들에게도 적용됐다. 이는 중국에 있는 외국인들이 중국 법이 아니라 자국 법을 적용받게 해줬다. 치외법권과 함께 '조계'라고 불리는 식민지 성격의 작은 지역이 형성됐다. 이 지역은 외국인이 정착하도록 조약항에 설치됐다.

런던과 워싱턴의 관리들은 아시아와 아프리카의 '비기독교' 정부는 충분히 문명화하지 못해서 신뢰할 수 없다고 단언했다. 유럽과 미국 시민은 중국 관리가 아니라 자국 영사관을 통해 자국 법을 계속 적용받아야 한다는 것이다. 치외법권을 인정하는 조약 협상을 진행한 미국 외교관 케일럽 쿠싱은 이를 직설적으로 표현했다. 중국 내 미국 시민이 "중국 주민의 포악한 야만 행위"나 "정부의 편협한 정책"에 무방비로 노출되게 방치할 수 없다는 것이다. 그는 "이런 특성을 띠는 정부에 미국 시민의 삶과 자유를 맡기는 것은 안전하지 않다"고 썼다.[7]

치외법권은 중국 전역에서 적용됐지만, 부와 기회가 상하이에 집중된 것은 이 도시에서 외국인의 자치권이 훨씬 더 확대됐다는 걸 뜻한다. 치외법권의 보호 아래 새로 개방된 항구에 매력을 느낀 유럽인(대부분은 영국인) 상인들과 돈이 1843년부터 상하이에 들어오기 시작했다. 청나라 당국은 이들에게 성벽으로 둘러싸인 기존 상하이 도시 지역에서 조금 떨어진 황푸강 상류 지역의 땅을 임차할 권리를 부여했다. 중국인들과 영국인들은 서로 좀 더 분리되기를 원했다. 이것이 '공공 조계'로 변천하게 되는 '영국 조계'의 시작이다.

공공 조계는 결국 중국 내 서양 세력의 중심이 됐지만, 1843년에 처음 조성될 때는 그저 외국인들이 땅을 소유하지는 못해도 거주할 수 있는 공동체였다. 거주민 모두가 영국인도, 모두 남성도 아니었지만,

초기부터 여기 거주한 외국인들은 경마를 포함한 영국식 스포츠 생활을 중국에서 재현하고 싶어 했다. 1차 아편 전쟁(1856년에 벌어진 전쟁과 구별하기 위해 1840년의 전쟁을 1차 아편 전쟁으로 지칭한다.: 옮긴이)으로 내쫓긴 지 채 10년도 지나지 않은 시점에, 상하이의 영국인들이 황푸강과 쑤저우 강이 만나는 지점 근처에서 경마를 위해 모였다.

이보다 고작 몇 년 전, 중국 황제는 영국을 부적절하고 대수롭지 않은 나라로 치부하며 거부했고 상하이(와 사실상 중국 전역)에서 외국인을 추방한 바 있다. 이제, 최초의 영국 경마꾼들은—1941년 헨치먼, 에이트킨헤드, 프랭클린처럼—중국 법 밖에서 살면서 현지 당국을 거의 무시했다. 2세기 전 마카오에서처럼, 함장과 기병대 장교들은 자신들의 말을 달리게 할 평지를 찾기 시작했고 상하이에 넘쳐 나는 게 평지였다.

첫 번째 비공식 경마는 1845~1847년 사이에 번드 근처 황푸강 둔치 진흙땅에서 열렸다. 오스틴 코츠—영국 공무원이자 중국 내 경마 역사를 처음 쓴 인물—는 1840년대 경마 상황에 대해 이렇게 썼다. "상하이에 사는 거의 모든 영국인이 말을 소유했고 매일 말을 탔다."[8] (1850년 이전에 이 도시에 살던 영국인은 수십 명뿐이었기 때문에 이는 과장이 아닐 것이다.) 초기 경마는 부자들의 사교 행사였고, 말 소유자들이 보통 직접 말을 탔으며, 경주는 주로 오락이나 여가 활동이었다. 경마 대회가 공식적으로 시작된 것은 1848년이며, 상하이 경마 클럽은 1850년에 "회원들에게 말과 조랑말 경주를 권장하고 촉진하기 위해"[9] 세워졌다. 경마 클럽은 첫 번째 정규 경마장인 '옛 공원'을 난킹 거리와 허난 거리가 만나는 귀퉁이(현재 애플의 매장이 있는 곳) 근처에 건립했다. 1851년 4월 22일 '상해[원문 그대로] 공원 스테이크' 대회가 개최됐을 때 이 도시에 사는 외국인은 고작 200명이었고, 이들의 공동체는 생긴 지 채 10년도 지나지 않은 상태였다. 두 번째 경마 대회는 그해 10월에 열렸다.

클럽은 옛 공원 터를 팔아 얻은 이익으로 이보다 서쪽인 난킹 거리와 저장 거리가 만나는 지역에 새 경마장을 확보했다. 새 경마장은 1854년 문을 열었다. 상하이 내 여러 국가 당국이나 이해 당사자들의 조정 없이 땅을 조금씩 사들였고, 이 때문에 문제가 충분히 예상됐다. 경마장에 둘러싸인 일부 땅—뿔뿔이 나뉜 주택, 상점, 심지어 묘지 등—은 끝내 매입되지 않았다. 클럽 통제 밖에 있는 경주로 중간에 새로운 건물이 세워지기 시작했다.[10]

이 기간에 상하이에서는 누가 무엇을 통제하느냐가 제대로 정리되지 않았다. 외국인은 땅을 소유할 수 없고 임차만 가능하다는 규정은 균질적이지 않게 해석되고 적용됐다. 1845년 이후 영국 시민과 미국 시민은 땅을 '영구히' 임차할 수 있게 됨으로써 이 규정을 피해 갔다.[11] 중국 당국은 상하이에서 외국인의 행동을 제한했지만 행동을 강요하지는 못했다. 미국 조계(1848년)와 프랑스 조계(1849년)가 새로 생겼다. 혼란스런 상황은 쉽사리 그리고 때로는 의도적으로 잘못 해석됐고, 관할권 경쟁이 상하이에서 삶과 일의 기본이 되는 양상을 보였다. 치외법권은 상하이에 사는 대다수 유럽인에게 중국 법이 적용되지 않게 해줬지만, 외국 정부의 활동은 보통 현지 자국민 보호와 무역에 국한됐다.

1850년대에 광범한 유혈 양상으로 진행된 태평천국의 난이 변화를 불렀다. 태평천국 운동은 반란의 익숙한 동기인 사회 불안과 경제 불안을 활용했다. 이 반란 운동은 기독교, 공상적 사회주의, 족벌적 군주제를 결합시킨 독특한 이념을 만들었으며, 청나라를 완전히 무너뜨릴 만한 막강한 군대가 이 이념을 뒷받침했다. 자신을 예수 그리스도의 동생이라고 주장한 홍수전(홍슈치안: 옮긴이)은 군대를 이끌고 전쟁 초기 몇 년 동안 연전연승을 거뒀다. 1853년 그는 상하이에서 고작 200마일(약 320㎞: 옮긴이) 떨어진 난징을 장악해 '태평천국'의 수도로 삼았다. 많은 외국 논평가들은 태평천국의 승리가 임박했다고 예상했을 뿐 아니라, 자신들이 오래도록 마음에 품었던 이상인 기독교로 개종한 중국이 임박했다고 믿으며 환영했다. 하지만 이런 낙관론은 선교사들이 태평천국 지도자들을 만나 홍수전의 기독교가 기대보다 훨씬 이단적이라는 걸 파악한 뒤 사그라들었다.

태평천국의 난이 중국에 끼친 충격은 과장하기 어려울 만큼 컸다. 2천만 명 이상이 목숨을 잃은 이 전쟁은 중국 남부와 동부의 상당 부분을 초토화시켰다.[12] 태평천국 세력은 상하이까지 진격하지 못했지만, 상하이를 위협한 이 전쟁은 조계 내 외국인의 역할에 변화를 유발했고 그들의 자치를 확장시켰다. 상하이를 주로 위협한 것은 태평천국 그 자체가 아니라 '소도회'라고 불린 조직이었다. 이들은 전쟁이 유발한 혼란을 이용했고 1851년에는 잠깐 동안 청나라로부터 중국 관할의 상하이 시를 빼앗기도 했다.

태평천국이 청나라 왕조를 무너뜨릴지, 아니면 단지 법과 질서만 약화시킬지와 상관없이, 상하이의 외국인들은 청나라 정부로부터 확보한 자신들의 땅과 생활을 잃지 않을까 걱정했다. 그들은 자신들의 이익을 지키고 청나라 왕조가 약화된 틈을 이용해 외세의 권력을 강화하기 위해 뭉쳤다. 그들은 1854년 자신들의 거주지를 관리할 상하이 시의회를 결성했다.[13] 미국 조계와 영국 조계는 1855년 공식적으로 통합해 면적 약 9평방마일의 공공 조계를 이뤘다. 프랑스인들은 초기엔 태도가 불분명했지만 1862년 결국 공공 조계와 통합을 거부했다. 대신, 자신들의 조계를 프랑스 파리가 원칙적으로 직접 관할하는 프랑스 정부의 행정 구역으로 탈바꿈시켰다.

공공 조계는 식민지가 아니었다. 땅 자체는 중국의 주권 아래 있었다. 이 차이는 기술적인 것이며, 세부 조항과 무관하게 많은 거주민이 식민지로 간주하는 공공 조계의 식민주의 정책 측면에는 별다른 영향이 없었다. 식민주의를 구현하지만 식민지는 아닌 땅을 이해하기 위해, 역사가 이저벨라 잭슨은 상하이 공공 조계에 '반식민지적인' 또는 '유사식민지적인'이라는 표현 대신 '초국적 식민주의'라는 용어를 붙였다. 상하이의 식민주의가 구별되는 점은 상대적으로 약한 식민지 성격이 아니라 다양한 제국주의 주체들이 특정 제국주의 세력의 독단적인 행태를 막은 데 있다고 잭슨은 주장했다.[14]

식민지건 아니건, 시의회는 자신들의 새 땅을 지키기 위해 자체 군대 곧 상하이 의용대를 창설했다. 상하이 의용대는 영국 군인과 미국 군인이 뭉쳐서 싸운 사상 첫 군대라고들 말하지만, 이것이 사실인지와 별개로 그들은 경마장에 관련된 싸움, 곧 '진흙 평지의 싸움'만 수행했다. 이런 성격에 딱 어울리게도, 상하이의 주권 문제가 혼란스러운 상황에서 그들은 태평천국이나 소도회가 아니라 청나라 군대와 싸웠다. 청나라 군대는 외국인 주거지와 너무 가까이 주둔해 있어서, 소도회에 대한 그들의 공격은 공공 조계까지 위협했다. 청나라 장군들이 외국인 주거지에서 멀리 이동하기를 거부하자, 황푸강에 정박해 있던 영국과 미국 해군은 의용대에 합류해 청나라 기지를 공격했다. 딱 이날 하루의 사건이었지만, 경마장은 단지 은유가 아니라 말 그대로 전투의 현장이 됐고 외국 군대와 청나라 군대는 경마장의 직선 구간 너머로 포 공격을 주고받았다. 이 교전으로 청나라 군인 약 50명과 외국인 4명이 숨졌다.[15]

이 전투는 대규모가 아니었지만 공공 조계의 독립성을 주장하는 데 도움을 줬고 외국인들이 자신들의 사설 국가를 무력으로 지킬 것임을 웅변했다. 공공 조계에 사는 상인들과 전문직 종사자들은 자체 시의회를 선거로 구성하고 운영했다. 시의회는 자체 경찰력과 사법 시스템을 통해 치외법권을 지키는 데 더해, 세금을 징수하고 소방대를 운영하며 길을 건설하면서 지방 정부 기능을 수행했다. 전쟁 와중인 데다가 청나라 정부가 약해지자, 힘 있고 안전한 공공 조계는 중국 정부 관할의 상하이와 그 주변 지역에서 외국 정부의 보호를 받으려는 중국인들을 끌어 들였다. 외국 자치권이 확장·강화되면서, 상하이는 좀 더 중국적인—이 기간에 50만 명의 난민이 외국 조계로 들어왔고 그 이후 공공 조계 주민의 대다수는 중국인이 됐다—동시에 좀 더 외국적인 도시가 됐다.[16]

경마 클럽은 이제 더 체계적이고 야심 차게 땅을 사들일 수 있었다. 이제 사실상의 식민지에서 자유롭게 운영되는 클럽은 몇 년의 전쟁에 지쳐 보호막과 돈이 절실했던 중국 농민들로부터—암묵적인 무력 위협을 바탕으로 시장 가치보다 더 싸게—땅을 사들였다.[17] 경마장을 서쪽으로 옮기는 작업을 재개해, 버블링웰 거리와 만나는 난킹 거리 끝자락에 세 번째 경마장이자 최종 정착지를 만들어 옮겼다. 여기에 8분의 5마일(1㎞: 옮긴이) 길이의 잔디 경주로, 지붕 달린 관람석, 클럽 하우스가 세워졌다. 이는 두 개의 권력 중심지 곧 번드와 경마 클럽 사이 난킹 거리 1마일을 중심으로 형성된 상하이 공공 조계를 규정하는 시설이 됐다. 이 경마장은 1940년대까지 운영될 터였다. 간헐적 운영 끝에 마침내 상하이 경마 클럽이 확립된 것이다.[18]

1862년 4월 폭풍우가 며칠 동안 몰아친 탓에 새로 마련한 경주로가 "경마보다 돛단배 경주에 더 어울리는" 곳이 된 채 마침내 첫 번째 경주가 열렸다. 1930년대와 40년대를 예고하듯 상하이의 새 외국인 경마장은 전쟁을 배경 삼아 문을 열었지만, 〈노스차이나 헤럴드〉 신문은 "가까운 곳까지 다가온 반란군에 대응하기 위한 최근의 전쟁과 같은 군사력 과시도, 향후에 있을지 모를 강경 대응의 가능성도" 운동경기에 대한 대중의 열의를 꺾지 못했다고 독자들을 안심시켰다.[19]

상하이는 역사상 최악의 내전 끝자락에 처해 있었지만, 경마광들은 자신들의 경마장이 "공정함이라는 미소 아래 우리의 스포츠 친구들의 박수갈채를 받으며, 상하이의 마구간들이 승리의 종려 가지를 놓고 평화롭게 다투는" 안식처라고 상상하기를 즐겼다. 관중 대부분이 중국인이었지만, 〈노스차이나 데일리뉴스〉는 경마를 잉글랜드(영국은 잉글랜드 등 4개 나라의 연합왕국이며, '잉글랜드'는 영국과 구별되는 의미를 담고 있다.: 옮긴이)의 한 단면으로 여겼다. "경기에 임하는 영국인들이 친구들의 마구간을 믿는, 감동적인 확신 또는 구전된 마구간의 격언은, 우리 국가의 성격을 구성하는 가장 밝은 특징들 중 하나다. 잉글랜드인이 된다는 것은 말과 경마의 심판이 되는 것이라고 말할 수 있다." 새 경마장에서 열린 첫 번째 경주(창조적이지는 않을지언정 적절한 명칭인 '뉴 코스 스테이크' 대회)의 우승자인 니커보커는 앞으로 80년 동안 이어질 새로운 관습의 출범을 알렸다.[20] 그리고 조금씩 다가오는 전쟁—제국주의가 거의 막아내지 못했다—의 검은 연기를 뒤로 한 채 경마에 열광하는 수천 명의 관중이 만들어낸 광경은, 경마장 역사가 끝날 때까지 내내 되살아나는 분위기로 정착됐다.

'잉글랜드인 되기'가 경주말의 심판이 되는 것이라면, 초기 경마광들은 장차 목격하게 될 것을 어떻게 이해했을지 궁금해진다. 상하이 경마 대회—"많은 주요 도시들이 자부심을 느낄 만한 경주로와 관람석"[21]—만큼 인상적인 것은 출전하는 말들이 인상적이지 않았다는 사실이다. 엄밀하게 말하면, 말이 아니라 조랑말이었고 중국산도 아니었다. (역설적이게도 '중국 조랑말'은 중국이 아니라 몽골의 초원에서 키운 것들이다.)

흔히 '마부'라고 부른 중국인 사육사들이 조랑말들과 함께 단체 사진을 찍고 있다. 1880년경.

상하이에 등장한 '중국 조랑말'은 유럽, 미국, 오스트레일리아에서 경마에 나서는 서러브레드 종(오스트레일리아산 말: 옮긴이)보다 작고 연약한 말들이다. 미국의 3대 경마 대회에서 연속 승리한 '세크레터리어트'나 '저스티파이' 같은 말들은 땅에서 어깨까지 높이가 16핸드(5피트 6인치, 1.67m) 이상인 반면, 중국 조랑말들은 13핸드(4피트 8인치, 1.42m)를 가까스로 넘었다. 상하이의 말 소유자와 조련사들은 보통 자신들의 말보다 컸다!(오스트레일리아산 서러브레드 말들도 상하이 경주에 참가했지만, 더 작은 조랑말보다 인기가 덜했다.) 조랑말들이 구별되는 점은 작은 키만이 아니었다. 서러브레드보다 어깨가 벌어졌고 털도 많으며 지구력이 강한 이 조랑말들은 갈기 숱도 더 많고 꼬리는 더 아래쪽에 달렸으며 목은 짧은 반면 머리는 비정상적으로 컸다.

어떤 이들은 이 조랑말들이, 탐험가 니콜라이 프르제발스키가 19세기 탐험에 나섰다가 유럽으로 가져온 이후 그의 이름을 따 '프르제발스키 말'이라고 부른 몽골 원산 작은 말들에 가까운 종이라고 봤다. 작달막하고 털이 많은 중국 조랑말들은 "속도, 단단함, 견실함, 지구력"이라는 특성 덕분에 사람들에게 강한 인상을 남겼다. 상하이의 경마광들은 이 말들을 "작열하는 열기와 북극의 냉기를 모두 잘 견딜" 수 있는 "놀라운 수송 능력을 지닌 말"들이며 무엇보다 "진정한 경주마의 특징 곧 결승선까지 가장 먼저 도달하려는 의지력"을 지녔다고 칭찬했다.[22]

봄과 가을에 열리는 말 경매 시장에서 거래되는 중국 조랑말들은 논란의 여지는 있을지언정 상하이 경마의 핵심으로 자리 잡았다. 중국 조랑말을 정의하는 엄밀한 규정이 없고 서러브레드 경주말의 특징인 엄격한 순종 보호 노력도 없었기에, 경주말이 순종 중국 조랑말인지 증명하는 건 어려웠다. (비록 한 전문가는 나중에 "중국에서 경마에 관심이 있는 사람이라면 누구나 런던 거리나 팀벅투(캘리포니아의 한 지역: 옮긴이) 또는 북극 어디서든 '중국 조랑말'을 즉각 알아볼 것"[23]이라고 말한 바 있지만.)

어떤 조랑말이 경주를 압도하거나 다른 말보다 더 빠르거나 더 크면, 그 말은 유럽이나 아라비아에서 온 오스트레일리아 말의 잡종일 거라는 소문이 돌곤 했다. 그러나 이런 논란도 상하이 특유의 말에 대한 열정을 꺾지 못했다. 언제부터 이 말들이 조약항에 거주한 영국 경마광들의 주목을 받았는지 불분명하지만, 중국 해안에서 벌어진 경마는 초기부터 주로 중국 조랑말 경주였다. 그 말들의 정체가 무엇이든 말이다.

3장

◇◇◇◇

상하이정착민들

　첫 번째 영국인 정착민이 상하이에 도착한 것은 1843년 11월—난징조약이 체결되고 첫 번째 아편 전쟁이 끝난 지 1년 뒤—이며 그때 이뤄진 인구 조사를 보면 이 도시에 사는 유럽인은 단 25명이었다.[1] 10년 만에 외국인 공동체는 10배가 됐지만 전체 인구가 100만 명을 넘는 이 도시에 거주하는 외국인은 여전히 250명에 불과했다. 일부는 해안을 따라 조약항들—19세기 말에는 10여 곳이었다—을 옮겨 다니는 임시 거주자였다. 1865년에 이르면 상하이의 외국인은 2800명[2]으로 늘었다. 전부는 아니지만 일부는 자신들을 상하이정착민으로 여기게 된다.

　1886년부터 쓰인 '상하이정착민'이라는 용어는 이 도시에 사는 외국인으로 이해됐다. 보통은 유럽인이며 대다수는 영국인이었다.[3] 어떻게 정의하든 대체로 러시아인은 여기서 제외됐다. 러시아인 배제는 20세기 초 러시아 이주민들의 등장과 함께 더 두드러지게 된다. 임시 거주자와 영구 정착민이 중국과 전 세계에서 몰려든 이 도시에서 대세를 좌우한 것은 상하이정착민이다.

　해외로 나온 영국인이 상하이정착민의 이상적인 모습으로 굳어졌

에스메 '돌리' 허턴 포츠가 상하이 경마 클럽에서 우승한 말을 이끌고 있다. 1910년경.

지만, 상하이정착민 규정은 고정된 것이 아니었다. 한 예가 노르웨이 인이다. 닐스 몰레르가 1863년 여름 홍콩을 거쳐 상하이에 왔고, 붉은색과 흰색의 노르웨이 국기가 곧바로 상하이 경마 클럽에 게양됐다. 그는 우승 트로피를 기증했고 아마 말들도 소유했을텐데, 경마장에서 어떤 몫을 했는지와 상관없이 몰레르는 극단을 보여주는 인물이었다. 진보적인 기업가이자 비열한 사기꾼이었던 그는 '닐스 선장'으로 불리기를 고집했다. 이런 고집은 그의 사업 파트너들을 불쾌하게 만들었는데, 그가 해군 계급이 있는지도, 군함을 지휘했는지도 불분명했기 때문이다.

몰레르의 카리스마 넘치는 개성은 많은 무리를 끌어들였지만, 그의 매력은 오래 가지 않았다. 선박이나 화물의 손실, 계약 위반을 문제 삼으며 그를 상대로 제기한 소송과 상업적 분쟁이 끊이지 않았다. 소송은 영국 시민 관련 소송을 담당하기 위해 (중국과 일본을 관할하는 최고 법원으로) 1860년대에 만들어진 '중국을 위한 대영제국 대법원'에 제기됐다. 하지만 몰레르는 법정에 거의 출두하지 않았다. 그는 영국 국적 선박 일을 하거나 영국 선박과 거래를 했지만 영국 시민이 아니었다. 판사들도 스웨덴 시민은 자신들의 관할권 밖에 있다는 걸 줄곧 인정했다. 몰레르는 과거 스웨덴 시민권자였으며 당시도 스웨덴 시민권자로 인정됐다.[4] (노르웨이와 스웨덴은 1814년부터 1905년까지 한 나라였다.) 그러나 몰레르는 스웨덴과 노르웨이 영사관 내 법원의 소환에도 응하지 않았다.

닐스 몰레르가 관세 등의 문제를 피하려고 '(편의를 위한) 선박 등록국의 국기'를 활용한다는 지적에 대해, 그는 1891년에 쓴 글에서 20년이나 전부터 자신은 "스웨덴과 노르웨이 영사관의 관할권에서 벗어났다"고 말했다. 그는 이어 "그때부터 나는 상하이 시민 자격으로 사업을 하고 있다"[5]고 덧붙였다. 그는 자신이 유럽 시민권을 내세운 적이 전혀 없다고 항변하며 치외법권에 따른 보호도 거부했다.

닐스 몰레르는 특이한 사례다. 국적에 대한 그의 경멸과 중국인에 대한 공개적 애착은 상하이의 유럽인 대부분과 그를 구별 지었다. 스웨덴 영사는 "자기 권리를 자발적으로 포기하고 중국 같은 나라의 법에 따르겠다는 유럽인의 이상한 행태"에 충격을 받았다.[6] 몰레르는 중국인에 대한 영사의 '상스러운' 모독에 분개했다. 몰레르가 법정에 출두한 것은 이때가 마지막이 아니었다. 그는 잘못된 도로 하수 시설 때문에 자신의 건물이 피해를 입자 상하이 시의회의 책임을 물으려 했다.[7] 그 또한 잘못된 사업 거래 때문에 적어도 한 번 이상 자신의 자녀들에게 고소를 당했다. 자녀들은 몰레르 가문을 상하이에서 가장 중요한 가문 중 하나로 키운 장본인들이다. 이는 특히 경마에서 두드러졌다.

닐스 몰레르가 너무 괴팍하고 잉글랜드인도 아니어서 이상적인 상하이정착민으로 꼽기 어렵다면, 마찬가지로 경마 클럽 회원이며 상하이에 뿌리 내린 가문 출신인 오거스터스 화이트가 좀더 적합할 것이다. 몰레르처럼 화이트도 아편 전쟁이 끝난 뒤 이주한 유럽인들에 섞여 1860년대에 홍콩에 왔다. 홍콩은 중국과 영국의 에너지가 결합하면서 20세기에 국제 상업 중심지가 됐지만, 이런 면모가 본격 나타난 것은 2차 세계대전 이후다.

영국인들은 애초에 홍콩이 너무 외진 곳이라고 여겼다. 또 아편 전쟁을 끝내면서 변변치 못한 대가를 확보하는 데 그쳤다며 자국 협상 대표들에게 제재를 가했다. 영국이 홍콩을 넘겨받은 지 20년 뒤 오거스터스 화이트가 홍콩에 도착했을 때 현지의 유럽인은 전체 인구 12만5천 명 중 2천 명에 불과했다. 여러 제국의 끝자락에 위치한 이 식민지는 무엇보다도 중국스러운 곳이었다. 화이트는 잉글랜드인 식민지 개척자의 전형처럼 보였다. 그는 미들섹스(잉글랜드 남동부: 옮긴이) 출신이고, 영국이 식민지를 확보하고 자기 마음대로 무역 조건을 정할 수 있는 길을 열어 준 전쟁 직후 아시아로 왔으며, 영국 제국 확장과 함께 개인적으로도 부를 쌓았다.

화이트는 홍콩에서 중국 여성 써웨이 홍을 만났고 1864년 그들의 딸 패니가 태어났다. 유럽인과 중국인—보통 유럽 남자와 중국 여자—의 관계는 흔했다. 다만 아이가 생겨도 결혼하는 일은 드물었다. 화이트와 써웨이의 관계는 가볍지 않았다. 그들은 패니가 태어난 직후 홍콩을 떠나 상하이로 갔다. 두 사람의 관계 때문에 그들이 홍콩을 떠났음을 암시하는 징후는 없다. 사회적 낙인이 그들을 홍콩에서 몰아냈을 가능성은 물론 있지만 말이다. 이유야 어찌 됐든, 화이트, 써웨이 그리고 아직 걷지도 못하던 패니는 닐스 몰레르가 상하이에 도착한 때와 거의 동시에 상하이에 왔다. 화이트는 처음에 차터드은행 상하이 사무소에서 일했다. 이 은행은 중국 내 영국인들의 상업 활동이 성장하도록 금융적으로 뒷받침한 주요 은행 중 하나다.

화이트와 써웨이는 끝까지 결혼하지 않았지만 가족을 이루고 살았다. 상하이 도착 이후 10년 사이 7명의 자녀를 더 낳았다. 그 이후 써웨이 훙이 어떻게 됐는지는 모른다. (아마도 1877년 사망했을 것이다. 사망 당시 나이는 알려지지 않았다.) 1878년 화이트는 잉글랜드 여성 모드 프랫과 결혼했고, 프랫은 두 명의 자녀를 낳고 1883년 25살의 젊은 나이로 숨졌다. 화이트의 자녀 10명은 함께 자랐고, 상하이 사회의 특성을 잘 보여줬다. 8명은 절반이 중국인이고 2명은 그렇지 않은 구성은 특이했지만, 공공 조계의 관료체제가 감당하기 벅찬 건 아니었다. 중국인 피가 절반 섞인 8명의 자녀 모두 영국 영사관에 등록됐다. 써웨이 훙이 그들의 어머니이며 그녀와 화이트가 결혼하지 않았다는 사실도 함께 기록됐다.[8]

오거스터스 화이트는 1870년께 차터드은행을 그만두고 자신의 중개업체를 차렸다. '화이트 앤드 컴퍼니'라는 이름의 이 회사는 상하이와 함께 성장했다. 화이트도, 몰레르도 중국에 도착했을 때는 부자가 아니었지만, 그들은 여기서 부를 축적했고 한 무리를 이뤄 함께 달리며 자신들의 부에 걸맞게 여가를 즐겼다. 그들은 상하이 사격 클럽에서 함께 점토로 만든 비둘기 사격을 했고(몰레르의 사격 솜씨가 더 나았다), 경마장 경주로 안에 있는 '국제 레크리에이션 그라운드'에서 크리켓을 했다.

대가족을 이룬 화이트 가문은 상하이 금융계에서 가장 힘 있는 가문들에 속하게 됐으며, 사치스러운 파티를 열고 남들이 개최한 파티에도 참석하면서 신문 사회면에 등장하는 단골이 됐다. 오거스터스 해럴드—이 가문의 맏아들 이름은 언제나 오거스터스였으며 이 때문에 그들을 구별하려면 중간 이름이 중요하다—는 프랑스 조계 서쪽 농촌 지역의 쉬자후이 거리(나중에 '헤이그 애비뉴'로 이름이 바뀐다)에 '클래터 하우스'라는 이름의 건물을 지었다. 이 건물은 전형적인 영국식이자 식민 지식 건축물이다. 현관의 홀에 깔린 표범 모피 양탄자가 방문객을 맞았다. 또 거의 모든 방에 동물 모피가 깔렸고, 벽에는 사슴뿔이 걸렸으며, 영국 군인의 무모한 행태나 여우 사냥을 묘사한 그림이나 꿩, 말, 사냥개가 등장하는 그림이 일본의 예술 소품, 중국 꽃병, 가족사진과 나란히 걸려 있었다. 물론 상하이정착민들을 위한 바도 있었다. 여기에는 프랑스와 이탈리아산 베르무트(백포도주에 향료를 섞은 술: 옮긴이), 도슨(스코틀랜드 양조업체: 옮긴이)의 스카치, 일본 아사히의 라거 맥주, 기네스의 흑맥주가 준비되어 있었다.[9]

몰레르와 화이트는 상하이정착민 중 귀족의 이름이 됐고, 경마 클럽이 최후를 맞을 때까지 가장 두드러지게 활동한 가문이다. 상하이 사회의 핵심을 이룬 두 가문 모두 전형적인 상하이정착민에 걸맞지 않았다는 사실은 시사하는 바가 있다. 닐스 몰레르는 잉글랜드인이 아닌 데다가 국적을 거부했다. 그는 인종주의와 제국주의 덕을 보면서도 그 둘 모두에 악담을 퍼부었다. 화이트 가문은 영국 식민지 사회생활을 잘 보여주지만, 철저히 유럽과 아시아가 혼합된 유라시안이었다. 상하이 경마 클럽을 만든 상하이정착민들과 다른 클럽들을 포함한 그들의 놀이터를 잘 들여다보면, 이와 비슷한 배경이 규칙이라고 할 만큼은 아닐지언정 예외적이지도 않다는 걸 알 수 있다. 비슷한 양상을 보인 또 다른 가문으로 큐민 가문을 꼽을 수 있다.

큐민 가문의 첫 상하이 거주 세대—위니프리드 그리브스와 헨리 몬슬 큐민—는 중국에서 태어나 자란 스코틀랜드 계열이다. 그들의 부모는 닐스 몰레르와 오거스터스 화이트처럼 무역을 위해 중국에 왔다.

한 쪽은 차 무역을 위해 왔고, 다른 쪽은 배를 모는 선장으로 왔다. 위니프리드의 어머니인 조지핀 능은 중국 남부 광둥 출신이다. 헨리의 어머니가 누구인지는 불확실한데, 아마 상하이 출신의 중국인일 가능성이 높다. 부모의 출신 국가가 서로 다른 점 때문에 위니프리드와 헨리는 집중 감시 대상이었다. 이미 1860년대에 〈노스차이나 헤럴드〉는 "부상하고 있는 중간적 인종"이 유발하는 문제를 인식하지 못하면 상하이가 위기에 처할 것이라는 사설을 썼다. 사설은 이 도시가 '유라시아' 자녀들을 위한 잉글랜드식 기숙 학교를 세워 자녀들이 "외국인과 중국인 사이에 문명화된 연결고리" 구실을 할 수 있게 해야 한다고 촉구했다. 1870년 즈음에 설립된 상하이 유라시아인 학교는 "순수한 피를 지닌" 유럽인들과 분리된 채 "유럽식 기준을 최대한 복제하는" 큰 성공을 거둔 걸로 평가받았다.[10]

클럽보다 상하이정착민의 인종주의를 더 명백하게 보여주는 곳은 없다. 이미 19세기에 10여 개 클럽이 있었는데, 가장 먼저 생긴 상하이 클럽은 "설립 시기가 가장 앞설 뿐 아니라 지역사회에서 중요한 위치를 차지하기 때문에 사교 클럽 가운데 가장 탁월했다."[11] 1864년 번드에 세워진 이 클럽은 아시아 최대 길이를 자랑하는 '긴 바'를 갖췄고 "일부 냉소적인 이들의 표현을 빌리면, 마법이 발생하는 정오 시간에 마음을 진정시켜 주는 칵테일이나 선심을 사기 위한 셰리주와 쓴 맥주가 풍기는 묘한 매력의 기운 아래서"[12] 사업 거래가 이뤄지는 곳이었다. 상하이 클럽은 회원 면면을 볼 때 확실히 영국 중심이었다. 이 클럽이 최우선이었지만, 상하이정착민들에겐 다른 클럽들도 있었다. '클럽 콩코디아'(이곳 회원은 대부분 독일인이었다), '컨트리 클럽', '머소닉 클럽', '커스텀스 클럽' 등이 있었다. 물론 스포츠 클럽들도 있었고 그 중 가장 중요한 곳은 경마 클럽이었다.

상하이 클럽을 묘사한 어떤 이는 "철저히 세계시민적이고 모든 나라 사람이 회원으로 참여했다"[13]고 격찬했다. 회원은 백인 남성으로 제한됐다. 이는 상하이정착민들이 상상하는 '세계시민주의', 특히 공공 조계 초기 몇 십 년의 세계시민주의가 무엇인지 분명히 예시해준다. 세계시민은 상하이에는 존재하지 않던 평등을 의미하는 것이다. 도시 내 공원에 '개나 중국인 출입금지'라는 악명 높은 알림판이 있었다는 이야기는 근거가 미심쩍지만, 그 뒤에 깔린 정서만큼은 그렇지 않았다. (개와 대부분의 중국인이 '실제로' 공원 입장을 금지당했지만, 저 알림처럼 한 문장에 함께 거론되지는 않았다.)[14]

경마 클럽은 중국인의 경마 대회 구경을 허용하는 데서 더 나아가 구경을 적극 권장했지만—중국인이 거는 돈이 클럽 매출의 상당 부분을 차지했다—중국인이 회원으로 참여할 수는 없었다. 경마 클럽은 물리적으로, 재정적으로, 사회적으로, 그리고 문화적으로도 상하이정착민 세계의 중심이었다. 이 클럽은 비록 중국에 있었지만, 중국의 클럽이 될 생각은 없었다. 상하이정착민들은 새 경마장을 제국주의적 성취로 축하했다. 또 (1950년대 중국 공산당이 비난의 표적으로 삼았던 표현인) "낡고 쇠락했으며, '천조'(중국 왕조를 뜻함: 옮긴이)라는 잘못된 이름이 붙은 땅의 한 구석에 나타난 변화, '상하이 내 외국인'의 물질적 진보"[15]를 보여주는 본보기로 칭송했다.

19세기가 끝나갈 즈음 상하이정착민들은 자신들이 건설한 작은 영국에 자부심을 드러냈다. A. L. 로버트슨은 〈노스차이나 헤럴드〉에 쓴 글에서 "운명에 따라 극동 지역으로 유배된 유럽인들은 유럽에 있는 친구들이 생각하는 것만큼 동정 받고 싶어 하지 않을 것이다… 각 개인이 좋아하는 특별한 스포츠를 최대한 즐기도록 제공되는 시설은 아마 세계 어디에서도 누리지 못할 수준이라는 것을 그들은 알았고… 경마장 경주로는 완벽하고 평평하며 매끄러워, 마치 당구대 같았다."[16]

경마장 시설은 중국에서 가장 세련된 것일 수 있지만, 초기 경마 대회는 아마추어 행사였다. 전문 기수는 거의 없었고 말 주인이 대체로 직접 말을 몰았다. 영국 해군의 군악대가 대회에서 음악을 연주했지만, 군악대까지 승선한 배가 항구에 정박해 있을 때나 가능한 일이었다. 장식물 설치와 오락거리 제공은 클럽 직원들이 맡았다. 이렇게 수수하게 출발해 앞으로 오게 될 것의 기반을 쌓아 간 것이다.

경마 클럽은 (표면적으로는 무작위로) 중국 지명을 따라 각 경기 이름을 붙였다. 일부 이름은 후원자 개인이나 집단 이름을 따랐다. 상하이의 고위 중국인 관리는 '타오타이 컵'을 기증했고, 상하이 독일인 공동체가 '독일 챌린지 컵'을 위한 기금을 마련하는 식이었다. 새로 들여온 말들을 위한 '그리핀스(처음 출전한 말이라는 뜻: 옮긴이) 컵', 패자들을 위한 '콘솔레이션(위로라는 뜻: 옮긴이) 컵'처럼, 참가자들을 묘사한 경기 이름도 있었다. 초기 경마 대회에서 가장 중요한 경기는 '채틀리 스테이크'였다. 채틀리는 일부 클럽 회원들이 부를 쌓는 데 기반이 됐던 수출용 생사 중 가장 흔한 형태를 뜻한다. 1850년 채틀리 스테이크 상금은 100달러(현재 가치로 3000달러, 약 360만원)였다.

경마 클럽 회원들은 잉글랜드 스포츠 생활을 최대한 고스란히 흉내 내려고 가장 중요한 경기는 잉글랜드 대회 명칭을 따라 붙였다. 또 잉글랜드 관습을 유지하려고 가장 중요한 경기를 '클래식'으로 분류했다. 1776년 시작돼 가장 오래된 잉글랜드 클래식 경기로 꼽히는 '세인트 레저'와 같은 이름(북중국 세인트 레저)의 경기가 1851년 가을 상하이에서 시작되었다. 이 경기는 이때부터 항상 경마 대회 이틀째에 열렸다. '크라이티리언 스테이크'(같은 이름의 잉글랜드 경기는 1868년 서퍽주 뉴마켓에서 처음 개최됐다) 경기는 경마 대회 첫날 열리는 특별 행사가 됐다. '상하이 더비'는 1850년대에 처음 열렸지만, 1867년에야 정규 경기로 자리를 잡았다. (비슷한 시기에 경마가 시작된 홍콩에서도 상하이의 관습을 따라 '홍콩 세인트 레저', '홍콩 더비' 같은 경기를 진행했다.)

경기가 많아지면서 관중과 그들이 거는 돈의 규모도 커졌으나, 아시아에서 가장 중요한 경기로 자리 잡게 될 경마 경기는 1869년 수수한 형태로 시작됐다. 〈노스차이나 헤럴드〉는 곧 열릴 경마 대회를 상세하게 소개하면서 처음 열릴 '챔피언 스테이크' 경기에 대해 미묘하게 전했다. "대회 사흘째 날에는 각 경기 우승자가 모두 강제로 출전하는 '챔피언 스윕스테이크'라는 경기도 열린다."[17]라고 한 것이다. '챔피언' 경기는 1850년대에도 있었지만, 1869년 11월에 시작된 '챔피언 스윕스테이크'는 다른 경기에서 우승한 말이 모두 모여 겨뤄야 하는 첫 번째 경기였다. 강제 규정이 생긴 건, 누구의 말이 가장 빠른지 판가름하려는 스포츠적 욕구 때문만은 아니었다.

경마 초창기에는 몇 명 되지 않는 경주말 소유자들이 신사협정을 통해 가장 좋은 말들을 분배해 누구나 가끔 우승하게 결과를 손쉽게 조작할 수 있었다. 최상위급 경기에는 말 2~3마리만 참가했고, 어떤 때는 기수가 원하는 결과를 내기 위해 말을 억제하는 게 분명히 보일 정도였다. 상금을 사실상 나눠 갖는 말 주인들에게 경주의 진실성은 크게 문제가 되지 않았지만, 내기를 거는 쪽에서는 경기가 공정하게 진행된다는 믿음이 필요했다. 그리고 초창기부터 상하이 경마를 끌어간 것은 (다른 곳에서와 마찬가지로) 도박이었다. 신문들은—영어 매체든 중국어 매체든—승률과 배당금 정보를 실었으며, 관중들은 돈을 벌 기회를 노리며 관람석을 가득 메웠다. 경마가 조작된다고 생각하면 흥미—그리고 경마 내기—는 시들해질 것이다.

첫 번째 챔피언 스테이크 경기는 1869년 11월 5일에 열렸다. 첫 경기 우승말 '모로당'(재갈을 물어뜯고 반항한다는 뜻의 프랑스어)은 프랑스 세관원인 외젠 드 메리탕 남작 소유였다. (유럽인과 미국인이 중국 세관 업무를 넘겨받아 자국 사람들로 직원을 구성한 것이 조약항 체제의 일면이다.) 경주로 길이는 1과 4분의 1마일이었고 이는 그 이후 변치 않았다.[18]

이때부터 몇십년 동안 4개의 클래식 경기가 상하이에서 봄과 가을의 연례 행사로 자리 잡은 경마 대회의 특징이 됐다. 대회 첫날에는 크라이티리언 스테이크가 열렸고, 둘째 날에는 상하이 더비와 상하이 세인트 레저가 열렸다. 가장 중요한 챔피언 스테이크는 3일째 날에 열렸다. 다른 10여 개의 경기가 대회 기간 중 개최됐지만 관심은 클래식 경기, 그 중에서도 챔피언 스테이크에 쏠렸다. 이 경기는 전체 말들을 평가하는 기준점이 됐다. 챔피언 결정전 대회 날은 외국 조계의 휴일이 됐다. 챔피언 결정전에서 여러 번 우승하는 말은 대단한 유명세를 얻었다. 1873년과 1874년 우승한 '레이븐슈', 1875년 봄·가을 연패를 한 '틴광', 1878년과 1879년 우승한 '스트레이븐'이 그랬다. '블랙새틴'과 '프레주디스'는 각각 1870년대와 1880년대에 3번이나 우승했다. 헨치먼, 에이트킨헤드, 프랭클린을 비롯한 인사들이 챔피언 경기를 목표로 정했을 때, 그들은 1869년 '모로당'이 우승한 날까지 거슬러 올라가는 전통에 동참한 셈이다.

경마는 상하이와 함께 성장했다. 경기가 계속 추가됐고, 봄과 가을에 열리는 챔피언 대회를 보완하는 이른바 '번외' 대회들도 생겼다. 관중과 노름꾼은 늘어 갔다. 경마 경기가 경마광과 경주마, 돈을 점점 더 많이 끌어들였지만, 대다수 말 소유자들은 여전히 직접 말을 몰았고 다른 기수들도 대체로 아마추어였다. 1880년대에 이르러 경마는 전체 도시의 구경거리가 됐다. 그럼에도 여전히 경기 참가자 다수에게는 취미 활동이었다.

적어도 데이비드 사순은 취미로 경마에 관심을 기울이지는 않았다.

사순 가문은 상하이 외국인의 상업 활동과 경마 클럽의 성장사에서 아주 중요한 장을 쓴 가문이다. 면화와 아편을 기반으로 한 사순 가문의 사업은 미국 남북전쟁과 태평천국의 난 이후 상하이에서 최고의 수익을 내는 데까지 성장했다. 데이비드 사순(데이비드 일라이어스 사순(1865~1938)은 그의 종조부이자 사순 가문 설립자인 데이비드 사순(1792~1864)과 다른 사람이다)은 가족의 사업에 관심이 없었다. 가문의 돈을 쓰는 건 즐겼지만 말이다. 그의 친척들이 이사회 회의실과 주식 시장에서 성공을 거둔 만큼, 데이비드 일라이어스는 경마 클럽에서 전문가로 명성을 날렸다. 사순이라는 이름은 상하이의 사업을 변화시켰고, 데이비드는 가문의 이름이 변화를 일으킨다는 걸 경마 클럽에서 확실히 보여줬다.

사순 가문은 상하이가 이주민의 도시임을 보여준다. 이 유대인 가문은 1820년대 바그다드에서 상하이로 이주를 시작했다. 이라크 맘루크 왕조의 마지막 왕인 다우드 파샤의 유대인 학살이 이주를 촉발했다. 이주민 중에는 데이비드 사순도 있었다. 그는 1831년 인도 봄베이(현재의 뭄바이: 옮긴이)에 도착했다. 봄베이에는 6세기부터 형성된 유대인 공동체가 있었다. 사순으로서는 운이 좋게도, 그가 도착할 즈음 봄베이는 영국, 인도, 중국을 연결하는 면화 무역 덕분에 폭발적 상업 성장에 들어갈 채비를 하고 있었다. 1831년 당시 잉글랜드의 방적 공장들은 세계에서 가장 생산성이 높았으며―보호무역 관세와 인도 섬유 산업을 약화시키는 법률이 이를 가능하게 했다―세계적인 섬유 생산국인 영국은 원료를 해외 식민지와 옛 식민지에 주로 의존했다. 잉글랜드 방적 공장들은 미국 앨라배마나 서인도제도산 갖가지 면화를 선호했으나, 일부 업체는 미국산 면화가 촉발한 가격 상승 때문에 인도에서 더 싼 면화를 구했다.

사순이 봄베이에 도착한 당시는 영국 동인도회사의 인도 무역 독점이 끝나가던 때였다. 영국 의회는 1833년 독점을 완전 폐지시켰다. 아편 전쟁 이후 인도 섬유 생산업자들은 새롭게 열린 중국 시장에 자신들이 잉글랜드 경쟁자들보다 수천㎞ 이상 가깝다는 점에 눈을 떴다. 인도 기업가들은 영국 공장들과 경쟁하기 위해 공장을 세우기 시작했다. 봄베이의 첫 번째 면화 방적 공장은 1854년 준공됐다. 원료를 잉글랜드로 보내고 직물 완제품을 수입하는 대신 인도 면화 공장들은 이제 잉글랜드 랭커셔의 공장들과 직접 경쟁했다.

중동과 그 지역 무역망을 잘 알고 연줄도 있는 점이 사순 가문의 사업 성공에 중요했지만, 그들은 전 세계의 여러 사건들이 생각지도 못하게 합쳐진 덕도 크게 봤다. 미국 면화 가격의 상승, 새로운 면화 세척·순화 기계의 인도 내 보급, 동인도 회사의 독점 폐지가 모두 한 몫을 했으나, 세계 반대편의 정치 상황이 결정적인 요소가 됐을 것이다. 미국 남북전쟁 기간 중 북군이 남군 지역의 해상을 봉쇄하면서 남부 지역의 면화 수출이 95%나 줄었다. 면화 무역 붕괴는 남부연합국의 붕괴를 촉진했지만, 무역 붕괴의 여파는 영국 섬유 공장들에게도 거의 비슷한 충격을 줬다. 1860년대 초 랭커셔 '면화 기근'이 발생했다. 옷감 생산에 필요한 면화가 부족해지면서, 공장들이 가동을 줄이거나 문을 닫았다.

랭커셔가 침체에 빠지는 동안 봄베이가 떠올랐다. 인도의 면화 수출액과 판매 가격이 미국산 원재료 부족 탓에 상승했다. 인도인들이 영국에 가공용으로 면화를 수출하기보다 자체적으로 가공하면서 봄베이에서는 새로운 공장들이 문을 열었다. 미국 남북전쟁이 끝난 시점에 가동 중이던 공장은 10곳이었다. 수천만 파운드에 달하는 돈이 봄베이 경제로 쏟아져 들어왔다. 땅 투기가 거품을 키웠고, 전체 금융계는 거품을 더욱 키우는 데 매진했다. 1865년 1월 기준으로 봄베이에는 30개 이상의 은행과 60개 이상의 합자회사가 있었으며, 면화 업계에 보험·화물운송 등 각종 서비스를 제공하는 회사도 10여 곳이 영업 중이었다. 그러나 미국 남부군을 이끈 로버트 E. 리 장군이 항복한 뒤 몇 개월 만에 미국의 면화 수출이 재개됐고 랭커셔 방적 공장들은 인도산 면화에 등을 돌렸다. 봄베이의 면화 가격은 3분의 1 이상 떨어졌고 금리는 올랐다. '봄베이은행'이 무너졌고, 수천 명의 투기꾼이 파산했다. 그 해에 장차 상하이 경마 클럽에 변혁을 가져올 데이비드 일라이어스 사순이 태어났다.

'사순 앤드 컴퍼니'는 1860년대 호황과 거품 붕괴에서 살아남았다. 사순 가문은 면화를 사재기하지 않았기 때문에 가격 하락의 충격을 덜 받았다. 그들은 10년 동안 섬유 그리고 당시 영국 무역에서 두 번째로 중요한 상품이던 아편에서 막대한 이익을 얻어 상당한 현금을 확보하고 있었다. 덕분에, 높은 이자율로 돈을 빌리는 대신 수중의 현금으로 경쟁자들의 자산을 헐값에 사들일 수 있었다. 봄베이의 거품이 꺼졌지만, 1860년대 호황은 산업 개발의 기반을 다져 놨다. 사순 앤드 컴퍼니는 이제 영국이 지배하는 북대서양 경제와 새롭게 열린 중국 사이에서 중요한 축이 될 위치를 차지했다.[19]

아편 무역은 1839~42년의 전쟁이 끝난 뒤 싹 텄고 곧 막대한 이익을 낳았다. 중국에서 거래된 아편 거의 대부분은 영국이 지배한 인도에서 왔으며, 새로운 무역 회사들은 기존 사회기반 시설이 거의 없던 새 시장에서 새로운 기회를 노렸다. 사순 가문은 미국 남북전쟁 기간의 성공으로 용기를 얻고 재산도 쌓아 경쟁에 뛰어들었고, 1850년대에 상하이에 자리를 잡았다. 때때로 서로 경쟁하던 사순의 회사 두 곳은 면화, 아편, 부동산, 봄베이와 상하이 간 무역을 통해 번창했다. 그러나 젊은 데이비드 사순—데이비드 일라이어스—은 사업에 거의 관심이 없었다.

봄베이에서 태어난 데이비드 일라이어스는 1880년대 초 18살의 나이로 상하이에 왔다. 그는 사순 가문 회사 경영에 전혀 참여하지 않았지만, 가문 재산 중 자신의 지분 덕분에 아주 부유한 젊은이였다. 여가를 즐기는 잉글랜드인에 어울리게 그는 경마 클럽의 엘리트들 사이에 자리를 잡았고(그는 1886년 클럽 회원이 됐다), 자선활동 그리고 특히 말에 자신의 돈과 시간을 쏟아 넣었다. 그는 20살이 됐을 때 당시 챔피언이었던 '카운실러'를 포함해 가장 좋은 말들을 보유한 마구간을 샀다. 그가 이룬 성과는 그가 상하이에서 누구보다 말을 잘 평가한다는 걸 증명했다. 사순은 10년 동안 챔피언 대회를 지배하게 된다. '카운실러'는 3회 연속 우승했다. '제퍼'는 2회 연속 우승하고 2위와의 격차를 최대로 벌리는 신기록도 세웠다. '레비아단'(성서에 나오는 바다 속 괴물: 옮긴이)이라고 적절하게 이름 붙여진 사순의 마구간은 머지않아 이 도시에서 가장 큰 마구간이 됐다.

데이비드 사순의 레비아단 마구간은 상하이 경마 클럽을 지배했지만, 그의 성공은 정당하게 평가받지 못했다. 많은 클럽 회원은 사순을 스스로 성공을 일구기보다 돈으로 성공을 사고 약자를 괴롭힌 외부인으로 취급했다. 그에 대한 비판이 널리 퍼졌다. 〈노스차이나 헤럴드〉에 실린 어떤 투고 글은 사순이 경마를 지배하면서 경마 재미를 앗아갔고 관중도 줄었다고 불평했다.

[사순의] 마구간이 그 어느 마구간보다 더 많은 상을 받을 것이고 이는 경마의 흥을 깰 것이라는 게 일반적인 의견이다. 진정한 스포츠맨이고 용감한 기수로 평가받는 이 마구간 소유자에게 개인적으로 반감을 느끼는

사람은 없다. 그러나 겉보기에 무한해 보이는 그의 지갑이 경마의 영혼이라고 할 경쟁을 괴멸시키고 있다. 한 사람이 가장 좋은 조랑말을 몽땅 사들이고 가장 뛰어난 조련사와 기수들을 끌어 모을 수 있다면… 필연적인 결론을 계속 보기 위해 경마장 울타리를 찾을 사람은 없다.[20]

비판자들은 사순 개인을 모욕하지 않으려 했지만, 배타적인 영국 성공회 신자 회원들에게서 반유대주의 낌새를 피하기는 어렵다. 자신을 '페어플레이'라고만 밝힌 한 사람은 "친절한 '데이비드'는 언제 경마 윤리의 기본을 배우게 될까?"[21]라며 사순의 경마 전술에 시비를 걸었다.

레비아단 마구간 전성기의 정점에는 상하이 경마장의 역대 최고 말로 널리 인정받는 '히어로'가 있었다. 프랭크 댈러스가 1890년부터 1893년까지 7번의 대회에서 '히어로'를 몰아 6번 우승했다. 그가 승리하면 싸늘한 침묵이 흐르곤 했다. "사순이 네 번 연속 우승하자 관람석에는 완벽한 침묵이 흘렀다… 사순의 승리에 대한 침묵, 사순의 패배를 바라는 떠들썩한 열정"이라고 오스틴 코츠는 경마 클럽의 어느 날 오후 분위기를 표현했다.[22] 경멸하는 분위기는 외국인 관중 사이에만 국한된 것으로 보였다. 사순의 성공은 그 어느 때보다 많은 중국인 관중을 경마장으로 끌어들였고, 이 때문에 중국 여성들만을 위한 별도의 관람석 건설이 필요해졌다. 중국 여성들은 앞서가는 말들이 관람석을 지나갈 때 열렬하게 환호했다.

'히어로'는 분명 자신의 기록을 더해갈 수 있었을 테지만, 여섯 번째 상하이 챔피언 경기에서 이긴 뒤 배앓이 병에 걸리고 말았다. 크나큰 슬픔 속에 그 다음날 정오 '히어로'는 안락사 처리되었고, 이 말의 죽음은 공공 조계에 어두운 그림자를 던졌다.[23] '히어로'의 죽음을 전한 〈노스차이나 헤럴드〉의 기사는 이 말이 "세기의 조랑말"[24]이라며 애도했다. ('히어로'의 기수 프랭크 댈러스도 젊은 나이에 갑자기 숨졌다. 그는 40살이던 1905년 간 질환으로 세상을 떴다.)[25]

'히어로'가 죽은 뒤 데이비드 사순은 여기까지면 충분하다고 여겼다. 챔피언을 잃으면서 경마에 흥미를 잃었거나, 가혹한 비판과 경마 클럽 회원들의 불만 제기에 지쳤을 것이다. 어쩌면 상하이 경마를 정복하자 그냥 따분해졌을 수도 있다. 데이비드 사순은 맨 처음 자신의 말을 출발선에 내보낸 때부터 챔피언 결정전에서 승리했으며, 모두 16번 출전해 11번 우승했다. 또 크라이티리언 스테이크와 상하이 세인트 레저 경기도 지배했다. 그는 1894년 가을 갑자기 상하이를 떠났다. 〈노스차이나 헤럴드〉는 기쁨을 감추지 못했다. 이 신문은 "레비아단 마구간이 철수한 결과 주목받게 될 사실은 9개 경기를… 8개 마구간 소유자들이 나눠 가졌으며… 이 중 단 두 곳만 2승을 챙겼다는 점이다."[26]고 썼다. '히어로'의 챔피언 대회 6승 기록은 계속 도전을 받았지만, 누구도 따라오지 못했다.

4장

경마와 경마 대회

경마는 외국에서 들어왔지만, 상하이 사람들은 국적과 상관없이 모두 이를 받아들였다. 상하이 경마 클럽 관람석 입구에서 몇 야드(1야드는 0.9144m: 옮긴이) 떨어진 버블링웰 거리에 있는 조각상 두 개는 상하이 중국인들 사이에서 경마가 얼마나 꾸준히 인기 있었는지를 드러낸다. 경마 경기 날이면, 경마장으로 향하는 수천 명의 군중이 두 조각상을 지나간다. 운 좋은 날이 되도록 기원하기 위해 그 앞에 잠깐 멈춰 설 가치가 있었다. 많은 경마광—외국인은 드물지만—은 경마장에서 행운을 얻기 기대하며 금색의 조각상에 공물을 바쳤다.

경마의 시작은 제국주의의 대리인들을 위한 사교 클럽이었지만, 경마의 매력은 부유한 유럽인 집단 너머로 널리 퍼져 나갔다. 중국인 주민들은 경마를 사랑했다. 중국어 신문들은 경마장 진흙밭에서 진행된 경주에 대해 "하늘을 나는 구름"과 "전기 백열"[1] 같은 화려한 은유를 동원하면서 '서양인들의 경마' 소식을 고정적으로 전했다. 1870년대 경마 대회는 2만 명의 중국인 관객을 끌어 모을 수 있었다. 이 도시 중국인의 10%가 경마장에 나온 것이다. 19세기의 어떤 중국인 논평자는 상하이의 새로운 구경거리에 매료된 모습을 이렇게 보여줬다.

상하이 경마 클럽 입구의 조각상 두 개는 중국 경마팬들이 클럽에 들어가기 전에 찾곤 하는 것이다. 이 조각상은 몰려드는 군중 때문에 주기적으로 교통이 막힌다는 이유로 1948년 철거될 때까지 자리를 지켰다.

봄과 가을의 날씨 좋은 때에 [서양인들이] 경마 대회를 연다. 계절별로 한 번씩, 각각 3일 동안, 정오부터 오후 6시까지 진행된다. 가끔은 말 3~4마리가 경주를 하고 때로는 6~7마리가 나서기도 한다. 그들은 노랑, 빨강, 자주, 녹색 등 서로 다른 색으로 치장했다. 말 종류도 다양했다. 순수한 흑색 말, 노란 말, 갈기와 꼬리가 검은 적색 말, 갈기가 검은 흰색 말 등이다. 말들은 앞서거니 뒤서거니 하면서 바람처럼 잽싸고 번개처럼 빠르게 달린다… 대회 3일째에는 벽 넘기, 도랑 건너기, 울타리 넘기 등의 묘기까지 더해진다. 이날에는 고위 계층 신사부터 비천한 행상까지 모두들 인파 속에서 서로를 밀쳐대고, 늦게 도착하는 사람은 관람석에서 자리를 구하기 힘들다.[2]

초창기에 경마 클럽은 중국인이 관람석에 입장하는 것도 금지했기 때문에 경주로 주변으로 몰려든 관중들은 경기를 더 잘 보려고 목을 길게 빼곤 했다.[3] 하지만 곧 중국인을 포함해 모든 국적의 비회원들이 경마 대회가 열리는 날 입장료를 내고 경마 클럽 관람석에 앉아 내기를 걸 수 있게 허용됐다.

경마장에 몰려든 사람 대부분은 중국인이었지만 회원은 백인뿐이었다. 이런 인종주의가 명문화된 것은 아니다. 회원이 되려면 기존 회원의 추천을 받은 '법적 연령'에 이른 남성—무엇보다 오직 남성—이어야 하며 입회 여부는 회원들의 투표로 결정된다. 또 "클럽 간사들이 보기에 국적이나 정치적 지위가 회원 자격을 유지하는 데 부적합하다고 판단되면" 회원 자격을 박탈할 수 있었다. 그러나 구체적이고 상세한 규정은 없었다.[4] 경마 클럽 규정이 문서화됐든 아니든, 회원들은 중국인이 회원 후보로 적합하지 않다고 여겼다. 다른 면에서만 보면 회원 자격이 충분한 중국인 부자 상당수가 상하이를 고향으로 여기는 것이 현실인데도 말이다.

주바오싼이 이런 중국인들 중 하나다. 그가 백인이었다면 '상하이 정착민' 중에 좋은 위치를 차지하고 경마 클럽에서도 자신의 자리를 얻고 번드에 있는 상하이 클럽의 회원이 되었을 것이다. 하지만 중국인이었기에 배제됐다. 상하이에서 주바오싼이 쌓은 경력은 오거스터스 화이트 또는 후대의 아서 헨치먼 같은 이들의 경력을 닮았다. 중국무역을 통해 부를 쌓은 은행가이자, 부를 쌓는 과정에서 경마와 사랑에 빠진 사람들 말이다.

그의 가족은 닝보시에 사업 기반을 뒀다. 이 도시는 상하이에서 남쪽으로 80㎞ 떨어진 지점의 항저우만 남쪽 입구에 있다. 상하이가 아니라 닝보가 오래도록 이 지역에서 가장 중요한 항구였으며 어업과 운송, 금융 중심지였다. 이런 경제적 원동력이 닝보를 중국에서 (그리고 당연히 전 세계에서) 가장 부유한 도시들 중 하나로 키웠다. 닝보의 유럽인 정착지는 1522년 포르투갈 상인들이 중국에서 최초로 건설했다. 병원, 교회, 여관, 법정을 갖춘 이 정착지는 중국 군인들이 폭력적으로 철거하기 전까지 25년 동안 유지됐다. 철거 과정에서 유럽인 800명 가량이 숨졌고 포르투갈인들은 마카오로 옮겼다.[5]

닝보는 그 이후에도 여전히 두각을 나타내고 번성하는 항구였고 주바오싼 가문은 여기서 번창했다. 영국 동인도회사의 어떤 관계자는 이 도시를 "건물들이 질서정연하고 웅장하기로는 우리가 그동안 본 어떤 중국 도시보다 [우월하고], 상업의 명성도 추종을 불허한다."[6]고 묘사했다. 이런 판단에서 1842년 5개 조약항을 개방시킬 때 닝보도 포함시켰지만, 이때 이미 닝보는 퇴조하고 있었다. 더 남쪽에 위치한 푸저우와 광저우가 훨씬 더 효율적으로 해외 무역을 처리할 수 있었고, 양쯔강 어귀에 있는 상하이는 내륙 시장을 접근하기 쉬웠다.

닝보의 상업계와 금융계 대부분은 중심을 상하이로 옮겼다. 닝보는 많은 이들이 기대한 것처럼 조약항이라는 왕관의 보석이 아니라, 서양 영향권의 끄트머리에 있는 후미진 곳이 됐다. 실망한 한 영국 논평자는 닝보를 "해 아래서 가장 조용한 도시다. 한 줌의 상인들이 여기 살고 임종의 번거로움 없이 묻힌다."[7]고 묘사했다. 항구에서 무역상들이 쓰는 말인 상하이 혼성어로 "닝보 더 멀리"('닝보 너머'라는 뜻) 가는 것은 법이나 채권자의 영향권을 벗어나 중국 속으로 사라지는 걸 뜻했다.

전성기는 지났지만 닝보의 영향력은 여전히 중요했다. 1790년대 닝보 상인들은 상하이에서 가장 강력한 세력을 형성했고 그들의 향우회—흔히 '길드'로 번역된다—는 중요한 사회적·상업적 관계망을 제공했다. 닝보 출신자들에게 음식, 일거리, 주거부터 오락, 안전, 대출, 묘지까지 모든 것을 얻는 데 도움을 줬다. 향우회는 정치적인 역할도 할 수 있었다. 1874년과 1898년에 재 상하이 닝보 향우회는(닝보의 옛 이름 중 하나를 따라 '시밍회'라고 불렸다) 토지 관련 분규가 벌어졌을 때 프랑스 당국에 맞서는 항의대를 조직했다. 주바오싼과 저우진전을 비롯한 상하이의 닝보 공동체 지도자들은 이 도시 내 중국인 계층 구조에서 최상위를 차지했다.[8]

'상하이 상업계 왕자'인 주바오싼은 중국인을 회원으로 받는 첫 번째 경마 클럽인 장완의 국제 레크리에이션 클럽 공동 설립자다.

1860년대에 주바오싼은 도시 개발 자금 확보에 크게 기여했다. 그는 상하이가 건설에 투자할 자본이 시급할 때 '상업은행'과 '중화상업저축은행'을 확장했다. 그는 제조업과 운송에도 발을 들였으며, 공공 조계 내 중국상공회의소 회장이 됐다. 공공 조계를 다스리는 주체가 정부가 아니라 사업가들이기 때문에 이 위치는 특히 중요했다.

주바오싼은 공공 조계에서 중국을 대표하는 내부 대사 같은 몫을 할 뿐 아니라 닝보 향우회의 봉사 활동 범위를 더 넓히기 위한 조직 개편도 도왔다. (그들의 활동은 언제나 남성들에게 초점을 뒀다. 비록 나중에 여성 일부를 위한 봉사 활동도 했지만.) 그들의 활동 상당 부분은 자선 활동이었다. 그들은 도움이 필요한 이들에게 손을 내밀었지만, 빈민들을 위해 봉사하는 급진적인 조직은 아니었다. 향우회 지도자들은 정교하고 때로는 호화스러운 건축물도 지었다. 공공 조계의 티베트 거리에 세운 시밍회의 새 본부 건물이 대표 사례다. 5층짜리 서양식 건물인 본부에는 도서관, 연회장, 극장, 닝보산 제품 전시장이 있었다. 몇 구역 떨어진 곳에 있는 경마 클럽과 마찬가지로, 시밍회 본부는 남성들이 여가 시간을 보내고 인맥을 쌓고 연줄을 확보하는 공간이 됐다.[9]

시밍회 같은 조직을 좌우하던 상하이의 부유한 중국인들은 정교하거나 사치스러운 편의 시설을 이용할 수 있었다. 그러나 편의 시설 전부는 아니었다. 경마 클럽은 중국인 공동체와 백인 공동체의 난제였다.

상하이에서 경마는 외국에서 온 것이지만 관중 대부분은 중국인이었기 때문에 경마 문제는 처음부터 그들을 골치 아프게 했다. 중국인이 경마 경기를 구경할 수 있지만 클럽에 회원으로 가입하지 못하는 문제에 대해, 두 쪽 모두 완전히 만족하지 못했다. 경마 관중이 계속 늘면서 대부분이 중국인인 관중은 회원들의 골칫거리가 됐다. 누구도 관중들이 경마장에서 돈을 쓰는 데는 불만이 없었지만, 모이는 관중의 계층에 대해서는 불만이 제기됐다. 경마 클럽 회원들은 관람객들을 주바오싼 같은 신사들의 모임이 아니라 경마의 사교적 묘미에 관심이 없고 도박에만 힘을 쏟는 통제 불능의 무리로 여겼다.(이 묘사는 사실 국적과 상관없이 경마 구경꾼 대부분에 해당하는 것이다.)

모두 남성인 클럽 회원들은 자신들의 우려를 인종 차별이 아니라 공공질서의 보호로 규정지었다. 그들은 소란스런 경마 대회 날 모습이 (그동안 내내 회원 가입을 거부당한) 여성들의 경마 참여를 막는다고 걱정했다. 1897년 경마 클럽 총회에서 회원들은 경마 대회 분위기에 유감을 표시하고 중국인들의 만족할 줄 모르는 도박 욕구를 탓했다. 미드우드 씨는 "중국인들은 도박을 할 수 있는 한, 특정 조랑말이 우승하는지 여부에는 전혀 관심이 없다고 생각한다."[10]고 단언했다. 경주로 관리

담당자 중 한 명도, 중국인 도박꾼들 그리고 각 경주마의 승률과 판돈에 따라 배당금을 자동 결정하는(이 방식은 오늘날도 경마 도박의 기준이다) 기계인 '판돈 표시기' 도입 때문에 경마 클럽이 "그저 들끓는 군중!" 집합소가 됐다는 데 동의했다.

미드우드 씨는 "돌 하나로 두 마리 새를 잡기, 곧 중국인과 판돈 표시기를 모두 없애기"[11]를 제안했다. 경마장에 오는 많은 중국인은 서양의 상하이정착민 못지않게 고급스런 사람들이었지만, 미드우드 씨는 자신의 분노를 중국인에게 돌렸다. 그럼에도 말들의 경주가 아니라 경마가 이겼다. 대부분의 중국인을 경마장에서 배제하되 도박 덕분에 들어오는 수입은 유지하는 걸 노린 새 정관을 시행한 것이다.[12]

상하이 경마 클럽은 관람석 아래 설치했던 판돈 표시기를 철거했다. 이 기계 주변은 회원들이 불편하게 생각하는 '군중'이 모이는 장소였다. 판돈 표시기는 경주로 한 켠의 관람 구역으로 옮겨졌다. 회원들의 관람석과 떨어져 있는 이곳에서 관중들—대부분이 중국인이지만 모두 중국인은 아니었다—은 판돈을 걸고 경마 경기를 보도록 허용됐다. 대신, 경마 대회 날에 입장료를 내고 관람석에 들어오는 건 더 이상 허용하지 않기로 했다. 비회원이 (회원의 초대가 없는 한) 상하이 경마 클럽 시설에 접근할 수 없게 된 것이다. 새 정책은 그 자체로는 중국인—또는 다른 특정 국적자—을 금지하지 않았다. 하지만 중국인은 회원이 될 수 없고 매일 입장 허가를 받아야 했기 때문에, 이 변화는 사실상 중국인을 상하이 경마 클럽 경마장에서 배제한 것이다. 1897년 가을철 대회부터 시행된 이 조처는 맹렬한 반발을 불렀다. 〈선바오〉 신문 같은 중국어 매체들은 상하이 경마 클럽을 "백인종의 거만함을 위한 쾌락의 궁전"[13]으로 공격했다.

경마 클럽 입장이 거부당하자, 주바오싼과 닝보 출신의 또 다른 유명 상인인 쩌웅(T.U.) 이는 동참할 수 없다면 물리치기로 결심했다. 두 사람은 중국인을 회원으로 받는 새로운 경마 클럽을 위한 중국인 투자자 집단을 주도했다.

'국제 레크리에이션 클럽'(IRC)으로 알려지게 될 새 경마 클럽은 공공 조계 밖의 장완 지구에 설치될 예정이었다. 이 덕분에 사실상 식민지나 다름없는 공공 조계의 복잡한 정치 문제를 피할 수 있었다.

상하이 경마 클럽에서 몇 ㎞ 밖에 떨어지지 않은 장완 지역은 어떤 면에서는 동떨어진 세계였지만, 상하이 경마 클럽이 위협감을 느낄 만큼 가까운 곳이기도 했다. (상하이 경마 클럽이 이제 중국인 관람객을 받지 않기 때문에, 새 클럽은 국적과 상관없이 돈을 내는 모든 관람객을 환영할 터였다.)[14] 게다가, 더 엄격해진 상하이 경마 클럽의 입장 정책은 뜻하지 않은 결과를 초래했다. 〈노스차이나 헤럴드〉 신문은 새 규정을 "사실상 경주로 잔디밭과 울타리를 포기하는" 것으로 묘사하면서 이 규정이 "완전한 성공이라고 말할 수는 없다."고 보도했다.

> 큰 규모의 웃고 즐기는 비회원 무리가 사라졌다. 과거 경마 대회의 활기와 잔치 분위기는 사라졌고, 침체된 단정함이 압도했다. 회원과 그의 가족들이 넉넉한 시설의 사치를 즐길지언정 경마 대회와 떼어놓을 수 없는 걸로 여겨지던 재미와 생동감, 유쾌함은 볼 수 없었다.[15]

재미가 덜해지자—경제적 손실과 윤리적 고려는 걱정하지 마라—상하이 경마 클럽은 전형적으로 상하이다운 해법을 찾았다. 세계시민적이되 인종차별적이고 실용적이면서 협조적인 동시에 냉소적인 해법을 말이다. 경마 클럽 경마장에서 중국인을 배제하는 정책이 수정됐다. 입장료를 내는 관객은 다시 국적과 상관없이 경마 대회장에 들어올 수 있게 됐고 1908년부터는 중국인을 명예 회원 또는 사교 회원—실제적으로는 손님—으로 받아들이기로 했다. 그러나 상하이 경마 클럽 회원들은 주바오싼 등이 바라던 대로 중국인을 정식 회원으로 받아들이는 대신, 영국 무역회사 자딘매디슨의 대표인 존 존스턴 주도로 새로운 국제 레크리에이션 클럽을 승인했다. 문자 그대로 영국인 상하이정착민들이 새 경마 클럽을 사서, 이를 국제적이고 다문화적인 선의의 상징으로 부각시키는 일을 돕고 나선 것이다. 그러나 그들의 상하이 경마 클럽은 여전히 백인 전용으로 남을 터였다.

국제 레크리에이션 클럽은 1910년 봄 경마장이 완성되기도 전에 클럽 하우스부터 열었다. 상공회의소 회장 자리를 주바오싼에게서 물려받은 저우진전은 클럽 하우스 개장 연설에서 새 클럽을 중국 국가 재건과 연결시키려 했다. 이는 한 해 뒤 중국의 기존 왕조를 무너뜨리는 공화국 혁명을 미리 암시하는 셈이었다. 그는 "아마도 많은 사람은 말이나 조랑말 경주, 스포츠, 기타 여가 활동보다 훨씬 더 중요한 것이 많다고 생각할 것이다."라고 중국인과 외국인 고위 인사들 앞에서 말했다. 이어 "그러나 우리가 나라 재건 과정에서 건강하고 강건한 사람의 신체에 많이 의존하게 된다는 걸 잊으면 안되며, 나는 우리의 기획을 실현할 수 있으려면 이런 클럽을 확보하는 것보다 더 좋은 방법이 없다고 생각한다."고 덧붙였다. 저우에 이어 발언한 T. U. 이는 새 클럽의 국제적인 임무를 강조했다. 이 클럽은 외국인과 중국인 모두에게 개방될 터였다. 그는 "중국인과 외국인이 함께 조화롭고 영예롭게 경기를 할 수 있다고 느끼고 믿게 된다면, 사회·상업적 진전을 함께 이루기 위해 협력하는 더 심각한 연합이 이어서 등장할 것이다."[16]라고 말했다.

새 경마장 개장은 비 때문에 늦어졌다. 50년 전에 상하이 경마 클럽이 딱 그랬듯이 말이다. 첫 번째 경마 경기는 마침내 1911년 4월 15일 2000여 명의 경마팬 앞에서 시작됐다. 관객 가운데는 주바오싼, 위샤칭, 회장인 저우진전, T. U. 이의 가족 3명인 본인과 T. C., T. S.도 있었다. 몇몇 외국인이 출발 담당자와 시간 기록원 등 중요한 업무를 맡았다. 영어 언론들은 새 시설의 국제 협력 정신을 칭찬했다. "중국인 기수들이 아마도 경마 경험이 더 풍부한 외국인 기수들과 경쟁해 자신들의 입지를 아주 잘 지켜낸 점은 즐거운 점이었다."[17]고 보도해 우월감을 드러냈지만 말이다. 한 달 뒤 경마장이 공식 개장했다. 걸맞게도, 중국인 기수가 첫 번째 경기에서 승리했다. T. N. 이가 '피스톤'이라는 말을 몰아 '오스트레일리아'를 이끌고 출전한 에릭 몰레르보다 '말 길이'(마신: 옮긴이) 3배 차이로 먼저 결승선을 통과했다.[18]

새 경마장은 상하이의 모든 국적 거주자 사이에서 경마 사랑을 불러 일으켰다. 중국어 매체 〈스스 신바오〉(영어로는 차이나 타임스)는 새 경마장의 경마 광고를 싣고 경기 내용도 보도했다. 신문은 6월 1일의 첫 공식 대회를 위해 중국인과 서양인 관람객들을 가득 태우고 장완역에 도착하는 열차를 자랑스럽게 소개했다. (열차 승객 중에 서양 여성들도 있었다는 점을 강조했다.) 신문은 이날 대회를 상하이 경마 클럽과 국제 레크리에이션 클럽의 경쟁으로 부각시켰다. 공들여 만든 관람석과 잘 갖춰진 바, 광활한 잔디밭도 묘사했다. 이와 함께 서양인들과 중국인 말 소유자들의 경쟁도 소개했다. (서양인들이 약간 앞섰다.)[19]

상하이에 중국인 경마가 등장하면서 작은 세계에 큰 여파를 끼쳤다. 말안장 위에든, 관람석에든, 중국인과 영국인이 나란히 앉았다는 것을 아마도 이 도시의 많은 이는 혁명적으로 느꼈을 것이다. 그러나 평등한 새 오락거리의 여파는 양쯔강을 600마일쯤 거슬러 올라간 곳에서 시작된 진정한 혁명적 변화로 빛이 바랬다. 1911년 10월 10일

우창시에서 시작된 혁명 세포 조직은 1644년 이후 권력을 지켜온 청나라의 붕괴를 촉발할 연쇄적 사건을 이끌었다. 1912년 1월 1일 쑨원이 중국 공화국 건국을 선언했다. 청나라의 마지막 황제는 몇 달 뒤 물러났다.

그리고 상하이에서는? "통일된 중국 제국은 기원전 221년 건국됐다. 그로부터 2131년 만에 제국은 종말을 고했다. 이는 상하이 경마를 방해하지 않았다."[20] 오스틴 코츠의 이런 입심 좋은 묘사는 과거 중국 제국의 연속성을 과장해서 표현했지만, 상하이와 중국의 관계에 대한 많은 외국인의 인식, 다시 말해 상하이는 중국이라는 바다에 떠 있는 코르크 조각 같다는 생각을 잘 요약해준다. 물결이 밀려오면 상하이가 흔들리지만, 물결이 지나가면 도시는 변치 않고 남아 있다는 것이 그들의 인식이었다.

이런 그림이 완전히 잘못된 것은 아니었다. 청나라가 무너진 뒤 새 중국 공화국은 폭력, 내부 분열, 그리고 약탈하는 제국주의에 시달렸지만 상하이를 필두로 한 조약항들은 기록적인 추세로 성장했다. 이 항구들은—그리고 공공 조계도 마찬가지로—여전히 명목상 중국 영토에 속했다. 하지만 치외법권과 외국 경찰, 군인, 군함의 보호를 받는 외국인 거주자들은 당연히 공격당하지 않으리라고 느낄 수 있었다. 게다가 치외법권이라는 공식적 보호 장치가 없는 상하이 공공 조계 거주 중국인 다수도 대체로 중국 정부의 손이 미치지 않는 삶을 살수 있었다.

국제 레크리에이션 클럽은 공공 조계 밖에 있었지만, 상하이가 중국의 일부이되 분리된 지역임을 보여줬다. 나라가 허우적거리던 때도 장완의 경마장은 번창했다. 상하이나 중국 전역에서뿐 아니라 세계에서 가장 크다고 요란하게 선전된 새 관람석이 1923년 준공되면서, 단순히 일개 관람석이 아니라 국가적인 상징이 됐다. 개장식에서는 관람석을 가득 메운 군 간부들과 업계 지도자들이 내려다보는 가운데 군악대가 중국 국가를 연주했다. (중국이 다스리는 상하이가 속한) 저장성의 군정 장관인 허펑링 장군은 상하이에서 경마가 큰 성공을 거둔 것에 대해 '남성에 알맞은 스포츠'의 모범일 뿐 아니라 외국인과 중국인의 협력을 보여주는 모범이라고 말했다.

잉글랜드인이 설계하고 중국인이 건설한 6000석의 관람석은 몇 마일 떨어진 상하이 경마 클럽의 '시내 경마장' 관람석보다 더 크고 더 좋았다. 그리고 이 경기장은 허 장군의 생각을 구현한 장소였다. 허 장군은 휘날리는 국기 아래서 거대한 관람석을 배경 삼은 채, 클럽의 성공에 기여한 공로로 T. U. 이에게 은탑을 수여했다. 경마 클럽의 초기 건설 자금의 마련을 도운 무역회사 자딘매디슨의 존 존스턴 대표도 개장식에 참석했다. 그는 이어 말안장에 올라탔다. 그는 이날 경마에도 직접 참가했으며, 그의 말 세 마리는 '그랜드 내셔널 스티플체이스'를 비롯한 3개 경기에서 우승했다.[21]

국제 레크리에이션 클럽의 아르데코 양식 시설은 매주 일요일(상하이 경마 클럽은 일요일에 경기가 없었다) 공공 조계에서 장완까지 교통 체증이 이어질 만큼 많은 관중을 끌어들였다. 또 중국인과 외국인 말 주인, 그리고 기수들도 끌어 모았다. 두 경마 클럽의 회원은 원칙적으로는 구별됐지만 회원의 권리는 두 쪽 모두에서 인정됐다. 국제 레크리에이션 클럽 회원은 상하이 경마 클럽 회원 전용 구역 입장이 허용됐다. 이런 방식의 해법은 상하이 경마 클럽의 인종차별적인 회원 정책을 유지하면서 중국인에게 시설 접근 권한을 줬다.

상하이 경마 클럽의 중국인 배제 방침은 너무나 뿌리 깊은 것이다. '홍콩 기수 클럽'의 통합 정책에 반대한 이들은 홍콩에서 중국인을 회원으로 받으면 상하이의 보복을 부를 것이고 이렇게 되면 홍콩 식민지로 기수와 말들을 들여오는 게 힘들어질 것이라고 강변할 정도였다.[22] 이에 맞서, 클럽 입회를 요구하는 중국인들은 자신들의 주장을 뒷받침하는 근거로 장완의 클럽이 보여준 관용과 통합을 내세웠다. "상하이의 장완 지역에는 국제 경마 클럽이 있으며… 여기 회원은 중국인과 상하이 경마 클럽 회원들로 구성되며… 상하이 경마 클럽의 기수들은 늘 중국인들과 나란히 말을 탄다."[23]

국제 레크리에이션 클럽이 장완에 거대한 새 클럽 하우스를 개장하고 얼마 지나지 않은 때부터 상하이 경마 클럽은 시내에서 개최한, 세련된 연회에서만큼은 소박한 국제주의를 보여줬다. 상하이 중국인 공동체가 후원해 마련한 트로피를 주바오싼으로부터 받는 자리에서 H. E. 모리스는 중국이 인종 갈등과 국가적 갈등을 극복하기 위해서는 "중국 곳곳에 경마장을 만들고 경마장들을 최고급 철도로 연결하는 것"이 필요함을 넌지시 내비쳤다. 모리스는 주바오싼이 트로피를 건네자 "우리는 영국과 중국의 친선 관계를 거론하는 말과 글을 최근 많이 접했다."고 말했다. 박수갈채가 잦아들기를 기다렸다가 모리스는 "양측의 가장 좋은 점이 드러나는 자리는 바로 경마장이다."라고 덧붙였다. 이날 행사를 주재한 H. H. 리드는 '중국인 친구들'에게 건배를 제안하고 "중국인 친구들과 경마 클럽 회원들의 우호 관계와 스포츠맨 정신이 오래 이어지고, 우리가 모두 협력해 아마추어 경마가 모든 관계자에게 더욱 즐겁고 유쾌한 것이 되도록 만들어 갈 것"을 희망한다고 말했다. 두 사람 모두, 중국 곳곳에 건설하자고 제안한 경마장이 상하이 경마 클럽처럼 중국인을 회원에서 배제할지에 대해서는 언급하지 않았다.[24]

상하이 경마 클럽의 후원자들은 스포츠맨 정신과 우호 관계가 국제 레크리에이션 클럽의 초점이 되기를 바랐겠지만, 국제 레크리에이션 클럽은 이를 한참 넘어서는 것이었다. 장완의 경마장은 국가 의식이 고조되던 때(이 경마장이 상하이 경마 클럽의 중국인 배제 때문에 건립됐기 때문에 국가 의식은 훨씬 더 고조됐다) 상하이에 중국인이 통제하는 도시 공간을 마련했다. 장완에서 열린 모임은 단지 조랑말 경주가 아니었다. 1920년대에 들어 반일·반영국 시위는 일상이 됐고, 1925년 '5·30 사건'에 즈음해서는 더욱 잦았다. 5·30 사건은 상하이시 자치 경찰이 시위대에 발포해 중국인 9명이 숨지고 수십 명이 다친 사건이다. 이 사건은 상하이 경마 클럽에서 기껏 몇 백 야드 떨어진 곳에서 벌어졌다. 이날의 폭력 사태는 일본인 현장 감독에게 총을 쏜 혐의로 체포된 중국 노동자들의 석방을 요구하면서 시작됐다. 이 사건은 중국 내 반제국주의 정서를 확산시키는 촉매 구실을 했다. 사건 이후 몇 달 동안 외국의 제국주의에 항의하는 배척 운동과 시위가 온 나라로 퍼져 나갔다. 많은

1927년 상하이 경마 클럽의 공개 관람석.

시위대가 장완 경마장에도 집결했다. 중국 땅에서 일본이 전개한 군사 작전에 항의하는 1927년의 경마장 시위에는 3만 명이 운집했다.[25]

중국 민족주의의 분출은 상하이 경마 클럽에 대한 저항도 자극했다. 이 지역 상인들은 현지 중국 정부에 경마장의 도박 확대에 반대할 것을 청원했다. 상인들은, 중국이 정치적으로나 정신적으로 힘을 강화해야 할 때에 '도박 정신'은 나라를 약화시킬 뿐이라고 주장했다. 중국 젊은이들이 노인을 공격한 사건 같은 일회성 사건조차 경마 도박이 촉발한 사회 붕괴 현상으로 부각됐다.[26] 많은 서양인이 이상으로 여기는 '중국과 서양의 조화'와 대조적으로, 이 청원서 작성자들은 경마가 중국인들에게 이롭다는 전제부터 공격했다. 그들은 "우리가 경마를 환영하고 억제 시도를 전혀 하지 않으며 심지어 후원하는 것은, 경마가 서양 문화의 일부이기 때문인가?"[27]라고 물었다.

이런 반대 와중에도 중국인들은 상하이 경마 클럽이 만족스럽지 못할 때 다른 곳에서 경마를 계속할 대안을 찾았다. 상하이가 호황을 누리자, 중국인들은 양푸에 세 번째 경마장 '중국 기수 클럽'을 건설할 계획을 세웠다. 경마장 예정지는 상하이 경마 클럽의 북쪽이자, 국제 레크리에이션 클럽의 동쪽에 위치한 양쯔강 어귀였다. 외국인 공동체는 사실상 외국인 손에 넘어간 국제 레크리에이션 클럽에 대해 보인 반응과 달리, 새 경마장 건립 움직임을 깔봤다. 새 클럽의 관중석과 경주로 건설이 시작된 상황에서 〈노스차이나 헤럴드〉는 "우리는 이 의심스런 제안을 공개 지지하라고 권할 수 없다."는 사설을 실었다. 신문은 많은 외국인이 신뢰하는 스포츠에서의 신사의 윤리를 설명하면서 새 경마장은 "전적으로 상업적"이라고 조롱했다. 신문은 "상하이에는 세 번째 경마장이 들어설 여지가 없다."고 결론 지었다.[28]

겉보기에는 여지가 있었다. 외국인들에게만 그렇게 보이지 않았다.

상하이 경마 클럽에서 경마장 건설 자금을 조달하려는 시도가 막히자, 중국 기수 클럽은 중국인 경영자들과 투자자들에게 눈을 돌렸다. 이 중에는 청방(青幫)의 두목이자 경마 클럽 회원 중 고상한 이들이 좋아하지 않던 두웨성도 있었다. '큰 귀' 두웨성과 C. S. 마오는 중국 기수 클럽을 통해 상하이 사교계의 상류층 진입을 시도한 많은 범죄 조직원 중 대표적인 인물들이다.[29]

장완 경마 클럽을 이끈 인물 중 하나인 T. U. 이가 명예 간사를 맡았다. 양푸 경마장의 첫 번째 경마 프로그램은 1926년 3월 시작됐다. 이 클럽은 외국인에게는 준회원 자격만 줬다. "상하이는 여러 해 동안 상하이 경마 클럽[글자 그대로 '서양인의 경마 클럽']과 국제 레크리에이션 클럽에서 경마를 해왔으나 통제권은 대부분 외국인 손에 있었다."[30] 새 중국 기수 클럽은 이 문제에 대응할 터였다. "이 클럽은 중국인 단체로 공표됐으며, 클럽의 권한은 전적으로 중국인의 손에 있다."[31]

공공 조계 안에서는 우려를 제기했지만 양푸에서 열린 경주는 성공적이었다. 〈노스차이나 헤럴드〉는 초기에 제기했던 의구심을 마지못해 철회했다. 이 신문은 첫 번째 경기를 마친 뒤 "몇몇 사람이 마음속에 어떤 의구심을 품었든, 모든 징표는 이 클럽의 인기가 높다는 걸 보여줬으며 준비 상태도 문제가 없었다."고 전했다. 경마 대회 첫째 날에 약 5000명이 경마장을 찾았으며 "상하이 경마 클럽 관계자들과 유명 회원 다수"[32]를 뺀 대부분은 중국인이었다.

상하이 경마 클럽도 중국인들이 회원 자격을 요구하지 않으면서 경마에 더 많이 참여하게 하려고 중국인의 요구를 충족하는 데 공을 들였다. 20세기 초부터는 중국인이 상하이 경마 클럽의 정규 초대 손님으로 참여할 수 있게 됐고 국제 레크리에이션 클럽 회원들도 호혜성 차원에서 특권을 인정받았다. 경마 클럽에는 '제휴자' 클럽도 있었다.

이 클럽은 자신들의 지위를 중국 문화와 서양 문화간 이해를 촉진하는 데 활용해온 유력 중국인들로 구성됐다. (이들은 카드놀이 대회, 중국 오페라 공연, 마작, 당구 등 각종 문화 교류를 후원했다.)

1921년 주바오싼을 포함한 중국인 업계 지도자들은 과거 '상하이 스테이크'로 불리던 '중국 컵' 우승자에게 수여할 우승컵을 기증했다. 상하이 경마 클럽은 이 컵을 외국인과 중국인의 협력을 상징하는 것으로 보고 환영했다. 협력 관계의 성격이 어떻게 전개될지에 대해서는 두 집단의 생각이 서로 달랐지만 말이다. 상하이 경마 클럽 회장은 '중국인 친구들'과 '경마 클럽 회원들'의 구별을 강조한 기증식 발언을 마무리하면서 통상적인 절차로 자리 잡은 건배 제안을 '중국인 친구들'에게 했다.[33]

이때가 상하이 경마의 황금기였다. 3개 경마장은 늘 수천 명의 관람객을 끌어 모았고 한해 전체 누적 방문자는 100만 명가량에 달했다. 수백 마리의 조랑말이 각 경마장에서 경주를 했고, 일 년 내내 거의 매주 적어도 한 곳에서는 경기가 열렸다. 이 도시 신문들—중국어, 영어, 프랑스어 신문들—에는 3개 경마장에서 진행되는 경기 광고가 실렸다. 새 경마장 개장은 두 가지 중요한 결과를 낳았다. 첫째, 상하이에서 경마 대회를 관람하는 사람과 경마에 동원되는 동물이 크게 늘면서 아시아 최대 규모가 됐다. (세계 어느 대륙에서도 세계 수준의 경마장을 세 곳이나 내세울 수 있는 도시는 거의 없었다.) 둘째, 상하이 경마 클럽이 독보적인 지위를 유지할 수 있었다. 상하이 경마 클럽에 속한 말 주인들과 기수들은 장완과 양푸 경마장의 경기에도 참가했다. 다른 클럽 소속 중국인 말 주인 중 상당수가 상하이 경마 클럽의 고정 손님이었지만 '시내 경마장'의 회원은 여전히 백인으로 제한됐다. 상하이정착민들이 편협하고 따분한 곳이라고 깔본 홍콩조차도 1927년부터 중국인을 경마 클럽 회원으로 받아들였다.

경마장들은 시설을 계속 확장하며 서로 경쟁했다. 1929년에 국제 레크리에이션 클럽은 새로운 클럽 하우스를 완공했는데, 경마장이 있는 장완이 아니라 공공 조계의 중심부인 상하이 경마 클럽 인근 버블링웰 거리 126번지에 문을 열었다. 그해 5월 붉은 벽돌로 장식한 튜더 양식의 거대한 클럽 하우스에서 열린 개장 축하 행사에는 중국인과 외국인이 대거 몰려들어 연설을 들었다. 그들은 또 중국 국기와 영국 국기가 나란히 장식된 탁자 앞에서 술잔을 나눴다. 국제 레크리에이션 클럽 회장 브로디 클라크, 클럽 창립자 T. U. 이, 상하이 시장 장딩판이 주최한 이 행사는 내부 마무리가 채 끝나지 않은 클럽 하우스의 위풍을 살짝 내비칠 뿐이었지만, 이때 보여준 것만으로도 욕구를 자극하기에 충분했다.

당구장, 체육관, 그리고 클럽에 참여한 이들이 속한 국가들의 문장으로 꾸민 커피방을 갖춘 클럽하우스에서 주목을 끈 시설 중 하나는 바닥에 스프링 완충 장치가 설치되고 "별빛을 발하는 유리 천장"으로 꾸민 가로 70피트(21.3m: 옮긴이), 세로 40피트(12.2m: 옮긴이) 규모의 무도장이었다.[34] 〈노스차이나 헤럴드〉는 "새 클럽 방문객들은 그냥 감명 받은 정도를 넘어 거의 압도당했다."고 썼다. 신문은 "다른 클럽들이 갖춘 도서관, 수영장, 라켓볼 경기장은 없지만, 상하이에서 이 클럽에 비길 곳이 없다고 이구동성으로 평했다."[35]고 썼다. 상하이정착민들은 새 시설을 공공 조계의 '외국인' 영역으로 중국인을 초대할 때 이용할 만한 장소로 간주했다. "모든 나라 스포츠맨들이 함께 모일 진짜 핑곗거리"[36]로 본 것이다. 〈차이나 프레스〉는 새 건물이 "동양에서 가장 세련된 클럽 건물들 중 하나"[37]라고 격찬했다.

개장 행사 진행자들과 행사에 대한 평가자들은 국제 레크리에이션 클럽이 세계시민주의와 국제 협력 촉진에 큰 몫을 할 것임을 빼먹지 않고 강조했다. 경마 경기처럼 이 클럽하우스의 각종 시설이 사람 사이 그리고 나라 사이의 관계를 개선할 거라고 주장한 것이다. "경마장에서 안면을 익힌 중국인과 외국인은 더 밀접한 관계를 맺을 수 있게 됐다… 인종, 국적, 종교, 그리고 다수의 보이지 않는 걸림돌이 사라졌고 편견도 녹아내리면서, 세계의 단결과 진보에 필수적인 유대 관계로부터 형제애가 형성됐다. 이렇게, 우리는 조랑말과 경마에서 출발한 기관이… 국제 정치의 거친 모서리를 부드럽게 다듬고 그 거대한 세계의 수레바퀴가 듣기 좋은 소리를 내며 돌아가게 만드는 걸 보게 될 것이다."[38]

상하이 경마 클럽은 절대 중국인 회원을 받지 않았다.

5장
◇◇◇◇
중국인 상하이 정착민?

 잉 탕이 경마 클럽 회원이 될 수 없다면, 상하이정착민은 될 수 있었을까?

 경마 클럽이 중국인을 회원으로 받지 않았다는 사실은 차별이 상하이정착민 사회에 깊숙이 얽혀 있음을 예시해준다. 데이비드 사순과 그의 레비아단 마구간에 대한 불평은 또 다른 유형의 차별이지만, 사순은 경마 클럽 회원이 될 수 있었다. (그는 투표권 있는 창립 회원이었다.)[1] 여성이었던 잉 탕은 그렇지 못했다. 여성들은 언제나 경마 대회에 참석했으나—언론들은 "관중석과 잔디밭은 매력 있는 숙녀들 덕분에 아주 쾌활했다."[2]고 크게 다뤘다—클럽 회원은 그들을 장식품 취급하는 경향을 보였다.

 상하이에서 경마가 시작된 이후 몇십 년 사이 경마를 구경하는 여성이 꾸준히 늘었지만 여성은 회원이 될 수 없었다. 미국에서 여성이 참정권을 쟁취한 1920년에 상하이 경마 클럽은 여성을 제한적으로 받아들였다. '여성 경마 회원'은 상하이 경마 클럽 회원의 '부인 또는 친척'이어야 했고 그들에겐 완전히 자유로운 접근이 허용되지 않았다.[3] 예를 들면, 클럽의 커피방은 무도회와 파티가 열릴 때를 빼면 남성들

1928년 경마장을 찾은 중국 여성들.

만의 최후 보루로 남았다. 또 혼란을 피하기 위해 클럽의 규칙은 "여성 회원은 이 클럽의 경마 대회에서 말을 몰고 출전할 권리가 없다."[4]고 규정했다. 그러나 잉 탕이 성인이 됐을 때, 그녀는 중국 조랑말을 구해서 탈 만큼 재력이 확실했다. 그녀의 계급으로 볼 때, 만약 백인이었으면 거의 분명히 '여성 경마 회원' 후보가 됐을 것이다. 상하이 경마 클럽의 규칙에는 아무 조항이 없지만, 그녀가 클럽에 들어가는 걸 막은 핵심 걸림돌은 성별이 아니라 인종이었다.

상하이와 경마 클럽에서 인종 분류는 종종 자의적이고 때로는 유동적이기까지 했다. 데이비드 사순은 영국인 사회와 중국인 사회 양쪽에서 외부자였으며, 그의 가문이 바그다드에서 봄베이를 거쳐 상하이로 왔기 때문에 이런 위치는 설명될 수 있었다. 이에 반해, 거시(오거스터스 빅터) 화이트(오거스터스 해럴드 화이트의 조카이자 말 소유자이며 경주자)는 전형적인 상하이정착민이다. 부유한 잉글랜드인이며 몇 세대가 상하이에 살았고 중국 해안 지역에서 부를 쌓았다. 그리고 그의 가족이 '유라시아인'이라는 걸 누구나 인식했다. 달리 말하면, 화이트 가문은 순수한 백인이 아니었다. 큐민 가문도 마찬가지다. 다시 한 번, 이를 모두 염두에 두고 잉 탕은 상하이정착민이 될 수 있었나?

탕 가문 이야기는 닐스 몰레르의 표현대로 '상하이 시민'이 될 수 있는 이가 누구인가에 대해 근본적인 의문을 제기한다. 잉 탕의 아버지는 1873년 안후이성에서 태어난 탕나이안이다. 그의 어린 시절은 거의 알려진 게 없지만, 그는 톈진의 베이양 의대에서 영어와 의학을 공부했다. (아마도 이때 '아벨'이라는 영어 이름을 쓰게 됐을 것이다.) 아벨 탕은 청나라의 만주족 지배층이 제국을 개혁하며 근대화를 꾀한 청나라 말기에 고위 관리 자리에 올랐다. 의대에서 훈련한 덕분에 청나라 해군의 의무감이 됐다.[5] 1911년 청나라가 무너진 뒤 그는 홍콩에 있는 보험 회사의 건강 검사 담당 의사로 일하다가 상하이로 옮겨 왔다. 여기서 약국도 운영한[6] 그는, 본인이 내세웠는지 아닌지와 무관하게, '상하이정착민'의 삶을 살았다. 탕과 그의 부인 쉬이전은 공공 조계로 이사해 경마장 서쪽의 난양 거리에 집을 마련했다. 커다란 저택과 놀랄 만큼 잘 관리된 정원이 널린 동네였다.

아벨 탕이 중국인이며 공공 조계에 살았다는 건 이상하지 않지만—공공 조계 주민 대부분이 중국인이었다—부유층 동네에 사는 의사로서 탕은 그 동네의 많은 유럽인들보다 상위 계층에 속했다. (몇몇 소식통은 쉬이전이 난징의 유명한 학교인 군링 여학교에서 1학년을 마쳤다고 했지만 이는 사실이 아니다. 이름이 같은 여성이 같은 학년에 있었다.) 아벨 탕과 쉬이전은 외국 조계에서 중국인 및 외국인 친구들과 어울려 살며 두 세계 사이에서 딸 하나와 아들 하나를 키웠다.

많은 상하이 거주자는 이 도시와 마찬가지로 자신들도 서양과 동양을 잇는다고 상상했다. 탕 가문은 이런 특성이 상하이에 사는 외국인 뿐 아니라 중국인에게도 있음을 보여줬다. 1901년 2월에 태어난 그들의 아들 위루는 통상적인 상하이정착민의 인생 경로를 거쳤다. 이경로는 19세기 말에 상하이에 세워진 영국 성공회 계열의 대입 예비학교인 세인트존스 칼리지에서 시작됐다. 15살의 어린 나이에 미국으로 건너간 위루는 1921년 예일대학에서 역사와 경제 학위를 받고 졸업했다.[7]

세계에서 중국이 차지하는 위치와 중국과 서양의 관계는 위루 탕의 교육을 결정 짓는 기본 요소였다. 그의 아버지는 중국 정부의 지원으로 외국에서 공부한 최초의 유학생 무리에 속했지만 그를 후원한 정부는 무너졌다. 무너진 이유 중 하나는 유럽, 미국과의 관계를 관리할 능력이 없었다는 점이다. 1911년 신해혁명 이후에도 나아진 것이 별로 없었다. 청나라에 이어 새 공화국도 분열, 부패, 식민주의라는 도전에 직면했다. 이는 또 상하이에서 외국의 자율권을 계속 키웠다. 중국 국경 너머로 눈을 돌리면, 유럽도 세계대전으로 불확실한 미래에 직면했다. 중국에서 태어나 미국에서 공부한 위루 탕은 두 세계 모두에 익숙했고 중국이 격변하는 새 세계에서 자신의 위치를 찾는 데 기여할, 독특한 위치에 있었다.

오빠가 외국에 머무는 동안 잉 탕은 상하이 사회에서 자신의 자리를 찾았다. 성별은 20세기 초에 탕의 자녀들의 인생 경로를 좌우했다. 1903년에 태어난 잉 탕은 유년기에는 오빠처럼 교육의 특권을 누렸다. 아버지는 유명 중국인 가문과 외국인 가문의 진료를 담당하며 상하이에서 의료인으로 이미 성공한 인물이었다. 아벨 탕은 환자 진료비 중 일부를 자기 딸에게 잉글랜드식 교육을 포함한 예절 교육이나 사교 교육을 시켜주는 것으로 대신할 수 있게 했다는 소문이 돌았다.[8]

이런 수준의 교육을 마칠 만큼 성장하자 잉 탕은 여학교인 맥티어리 학교에 들어갔다. 상하이의 많은 요소들처럼 맥티어리 학교도 동양과 서양이 혼합된 곳이었다. (이는 학교의 중국어 이름 '중국-서양 여학생 아카데미'에서도 알 수 있다.) 고딕 양식 건물에서 진행된 이 학교의 교육 과정은 언어 장벽을 넘나들었다. 입학 뒤 2년 동안 학생들은 표준 중국어와 상하이어(사투리의 하나: 옮긴이)로 수업을 받았다. 3~4학년 때는 영어가 기본 언어가 된다. 다만 중국 문학 같은 과목은 예외적으로 표준 중국어로 수업을 진행했다. 이런 교육 방식 덕분에 "한 문장 안에 몇 개 언어와 방언을 섞어 활기차게 말하는"[9] 학생들이 탄생했다.

맥티어리는 세인트 메리 홀과 함께 상하이에서 가장 유명한 여학교였고,(인민공화국은 1952년 두 학교를 상하이 제3 여자중학교로 통합했다.) 맥티어리 졸업생 중에는 저명한 쑹 가문 자매들—아이링, 칭링, 메이링—도 있었다. 이들은 중국에서 가장 영향력 있는 여성들로 성장하여, 각각 재무장관 H. H. 쿵, 쑨원, 장제스(장개석: 옮긴이)와 결혼했다.[10]

잉 탕은, 문자 그대로는 아니지만, 자신의 오빠처럼 동과 서를 오갔다. 이름조차 중국식과 영어식을 번갈아 썼다. 외국 신문들은 중국식으로 그의 성인 '탕'을 먼저 쓰거나 영어식으로 뒤에 쓰곤 했다. 맥티어리를 졸업한 뒤 잉은 상하이 외국인과 중국인 사교계의 단골이 됐다. 오빠가 예일대학을 졸업할 즈음인 17살 때 그녀는 뮤지컬 논평, 패션쇼, 연회, 기타 사교 모임에 단골로 등장하는 인기인이 됐고 (류트와 비슷한 중국 현악기인) 비파를 연주하거나 노래했다.

1920년대 말에 이르면 잉은 신문 사교 소식면에 고정적으로 등장하는 인물이 됐고, 유명한 쉬즈모 시인 등 많은 중국인 예술가, 작가, 음악인, 철학자와 사귀었다. 그녀는 〈상하이 화바오〉(상하이 화보), 〈노스차이나 헤럴드〉, 〈차이나 프레스〉, 〈뤼쯔룬 화바오〉(보랏빛 화보) 등 상하이 안팎의 다양한 잡지와 신문의 표지를 장식했다. 그녀는 영향력 있는 화보 잡지인 〈량유 화바오〉(젊은 동료 화보), 〈베이양 화바오〉(톈진에서 발행된 '북부 화보')의 표지에도 등장했다. 두 잡지는 그녀를 "상하이 사교계에서 가장 인기 있는 숙녀"[11]로 표현했다.

1930년 27살 때 잉 탕은 국경을 넘나드는 또 다른 국제인 추파 리와 결혼했다. 추파 리는 1893년 상하이에서 태어났으며, 1919년 예일대학을 2등으로 졸업하고 얼마 전 중국으로 돌아온 참이었다. 나중에 '난징 학살'을 목격해 유명해진 미국인 선교사 조지 피치가 상하이 장로교회에서 이들의 결혼식 주례를 섰다.

잉 탕은 잡지 표지용 모델이자 명사로 머물지 않았다. 그녀는 자신의 유명세를 음악, 모델, 연기에도 활용한 디자이너이자 사업가였다. 상하이의 예술가, 디자이너들과 함께 패션 회사 '윈상' 설립에도 기여했다. 잉 탕은 자신의 집과 경마장 사이 버블링웰 거리에 있는 맞춤옷 가게에서 중국과 서양 양식을 결합해 주목받은 디자인 제품들을 팔았다. 이 가게는 8세기에 당나라(탕 가문의 성과 같은 이름의 국가로, 중국 문화의 황금기였다)에서 여성적 아름다움의 표준으로 여겨진 후궁 이름을 딴 '아뜨리에 양귀비'이며 중국어와 외국어 언론이 두루 사랑한 곳이었다. 〈차이나 프레스〉는 "순수하게 상하이에서 개발한" 디자인 제품 가운데 최고급이 1927년 가을 패션쇼에서 "전시되는데, 이는 버블링웰 거리에 있는 양귀비 숍의 제품이다. 이 곳에서 잉 탕 씨는 뚜렷한 중국 스타일이며 부분적으로 외국 스타일이 가미된 드레스를 제작했다."[12] 고 자랑스레 전했다.

그녀의 의상들은 경마장에 등장했다. 1920년대 중반부터 매 계절 챔피언 대회는 '패션 퍼레이드'를 선보였다. 이는 챔피언 대회 날이 그저 스포츠 행사만이 아니라 세련되고 때로는 동양적인 스타일의 공공 조계의 사교 현장이었다는 걸 강조하는 요소다. 1926년 가을 경마장에서 〈노스차이나 헤럴드〉의 '숙녀 통신원'은 "젊은 중국 숙녀가 입은 중국 스타일의 흰 공단 드레스는 마음의 눈에 영원한 인상을 남겼다."[13]고 평했다. (알 길은 없지만, 잉 탕을 묘사한 것일 수도 있다.) 중국인과 유럽인이 모두 모델로 나섰고, 이런 패션 퍼레이드는 온갖 국적의 여성들을 경마 클럽으로 끌어 모았다. 고급 패션은 상하이정착민들로 하여금 자신들의 경마 클럽이 롱샹(프랑스 파리의 경마장: 옮긴이), 처칠 다운스(미국 켄터키주의 경마장: 옮긴이), 부에노스아이레스(아르헨티나 수도의 경마장: 옮긴이), 턱시도 파크(미국 뉴욕주의 경마장: 옮긴이) 같은 국제적인 경마장들과 대등한 수준이라고 자부하게 했다. 언론들은 "어쩌면 여성적인 감수성이 너무 강한" 파리의 경마장과 구별되는 "상하이 경마장 풍경의 남성다움"을 강조했다.[14]

잉 탕은 가족끼리 잘 아는 친구가 회상했듯이 "아주 근대적인 상하이 숙녀였다. 그녀는 피아노를 연주하고… 말을 타고… 근대적 활동에 두루 참여했다."[15] 유명 사교계 인사로서 그녀는 한해에 가장 중요한 사교 행사를 빼먹지 않았을 것이고 어쩌면 자신이 직접 디자인한 드레스를 입었을 것이다. 그녀는 무리 중에서도 도드라졌을 테지만, 남은 사진들과 언론 보도들을 보면 1930년대 상하이 경마 클럽의 관중 절대 다수는 여전히 중국인이었음이 확인된다. 상하이 최대 볼거리로 자리 잡은 외래 행사를 보기 위해 관람석을 가득 메운 이 남성들과 여성들은 누구였을까?

상하이로 이주한 많은 중국인은 가난했고, 전쟁이나 개인적 문제를 피해 상하이로 온 이들이다. 그들은 하루 입장료 1달러—한두 차례 내기에 걸 돈은 말할 것도 없고—도 감당하기 힘들었겠지만 경마장에서 쓸 만큼 가처분 소득이 있는 중국인도 몇만 명은 있었다. 1930년대에

상하이의 공연자이자 사업가인 잉 탕 씨는 브로드웨이에서 출연 제안을 받기 전 경마 클럽의 챔피언 대회 날을 위한 옷을 디자인했다.

상하이에는 '사무직 종사자(즈위안)'가 30만 명 이상 있었고 그들은 모두 경마 대회에 참가할 만큼 돈을 벌었다.[16]

출판인이자 번역가인 네이츠 윙도 그 중 하나였다. 그는 적어도

1920년대부터 상하이에 살았다. 그가 언제 어디서 상하이에 왔는지는 모르지만, 서양 스타일의 양복과 넥타이 등으로—적어도 사진에 찍힐 때는!—아주 잘 차려 입었다는 건 안다. 그는 경마장에서 시간을 보냈으며 작가이자 번역가로 일하는 동안 경마 클럽에서 멀지 않은 곳에 살았다. 그가 기독교청년회(YMCA)에 가입한 것으로 미루어 짐작할 수 있다면[17], 그는 아마도 다른 이들보다 그 유명한 상하이 밤의 즐거움에 덜 탐닉했을 것이다.

네이츠 웡처럼 경마장을 방문하는 많은 중국인은 전혀 새로운 것을 창조하면서 중국과 서양을 서로에게 해석해주는 '상하이 스타일'(하이파이)을 창조하고 그에 몰두한 근대인들이었다. 우리는 몇몇 근대 상하이 작가들의 작품을 통해 이 스타일이 경마장에서 어떤 몫을 했는지 엿볼 수 있다. 예를 들어, 무스잉은 1932년에 쓴 자신의 단편 〈상하이 폭스트롯〉(상하이 더 후부우)에서 차를 몰고 도시를 가로지르는 젊은 상하이 중국인 커플의 세계시민주의를 구성하는 배경으로 경마 클럽을 활용한다. 소설은 두 사람이 공공 조계의 이 랜드마크를 지나갈 때 "붉은 달을 향해 발을 차는 듯한 황금색 말 '웨더베인'"에 대해 언급한다.[18]

같은 시기에 글을 쓴 작가 류나어우는 특정 중국인 계급의 사회생활에서 경마 클럽이 차지하는 몫에 대해 더 자세하게 언급한다. 이 중국인들이 모인 곳은

광활한 녹색 잔디밭이 내려다보이는, 높은 테라스였다. 이곳을 도박의 열기로 가득 채운 사람들은 테라스를 개미탑처럼 보이게 했다. 긴장감이 실망으로 변하게 만들고만 종이 조각들이 찢어진 채, 온 시멘트 바닥에 흩어져 뒹굴었다. 기쁨에서 요염함으로 기운이 바뀐 산들바람은 연인에게 바싹 기대어 있는 소녀들의 녹색 드레스를 살랑살랑 흔들어 열었다… 먼

지, 침, 숨은 눈물 그리고 말 배설물의 악취가 가라앉아 있는 공기 중으로 퍼졌고, 사람들의 결의, 불안, 절망, 공포, 놀람, 기쁨이 흠뻑 스며들었다. 그러나 쾌활한 영국 국기는 여전히 아름다운 쪽빛 하늘에서 자줏빛 미소를 지으며 펄럭였다. "저기, 출발한다!"[이 문장은 영어] 8마리의 엄선된 말이 앞으로 달려 나갔고, 1과 4분의 1마일을 달리는 오늘의 마지막 경기가 시작됐다.[19]

류의 주인공에게 경마 클럽은 근대 상하이의 전부를 구현한 것이었다. 도박과 경마의 흥분은 쉽게 연애사로 바뀐다. 경마장은, 상하이를 그렇게 한 것처럼, 어쩔 수 없이 들뜨고 근대적이지만 동시에 위험하고 전통 가치를 위협하는 등장인물들을 규정한다. 류의 인물들은 허구지만, 1930년대 경마 클럽에 대한 그의 묘사는 경마장이 중국인과 서양인이 결합된 도시에서 흥청대는 근대인의 사교 중심지임을 보여준다.

1930년대 초에 이르면, 회색 플란넬 옷을 입고 관람석을 가득 메운 사람들 사이에서 도드라져 보이는 밝은 색 옷의 무리들 가운데 잉탕의 밝은 자홍색, 녹색 그리고 붉은 의상들도 섞여 들었다. 연례행사를 소개한 기사 제목들—"고상함이 챔피언 경기 날 여성 퍼레이드를 수놓다"[20], "챔피언의 날을 색으로 물들인 패션 퍼레이드의 즐거움"[21]—은 스타일을 구경거리의 핵심 부분으로 찬양했다.[22] 이렇게 말이다. "잉글랜드의 여성 패션에는… 애스콧 경마가 있다. 뉴욕에는 새로운 유행을 선보이는 부활절 퍼레이드가 있다. 그러나 패션의 날이 있는 거대 도시 어느 곳도 색깔과 대비에 있어서 상하이 봄철 챔피언 대회 날과는 비교되지 않는다."[23]

잉의 오빠 위루가 이제 미국에서 돌아왔다. 워싱턴 중국 대사관에서 잠깐 일한 뒤 난징의 남동대학(현 난징대학: 옮긴이)에서 교수 자리를 얻었으나, 그가 자란 좀더 국제적인 세계를 그리워했던지 곧 언론인이 되어 상하이로 돌아왔다. 미국 경험은 그에게 태평양 양쪽이 직면한 도전에 대해 그 나름의 독특한 시각을 열어줬다. 게다가 그는 소년 시절부터 영어로 교육을 받았다. 그가 받은 정규 교육은 모두 영어로 진행됐다. 그는 이런 드문 재주들을 엮어 〈차이나 프레스〉의 '코즈리 시누아'(중국 한담이라는 뜻: 옮긴이)라는 고정 칼럼을 통해 중국 사정에 대해 썼다. 이 칼럼은 상하이정착민들의 흥미를 끌 만한 사안을 통해 중국과 서양 문화 사이에 다리를 놓으려는 시도였다.

위루는 당시 사회 문제를 평하기 위해 공자를 인용했고, 당나라 때 문인 두보와 백거이의 시를 통해 중국 전통 음악을 소개했다. 그는 곧 들이닥칠 전쟁의 조짐을 보여주고 얼마 전 끝난 전쟁을 추도하며, 중국인과 서양인 모두에게 전쟁의 대가를 심사숙고하라고 촉구했다. 그러면서, 17세기 중국 시인 리화의 시를 번역해 소개했다. "옷은 소용없고, 손은 동상 입고, 살은 터지고… 그들의 병사는 항복했다. 장수는 죽었다. 물길은 강둑 꼭대기까지 쌓인 시신으로 막히고, 만리장성의 해자는 핏물로 넘쳐난다. 썩어가는 뼈 무덤에서 모든 차이가 지워진다."[24]

위루 탕은 이 시인보다는 좀 더 낙관적인 글쟁이가 되려 애썼으나, 그의 칼럼 대부분은 음산했다. 그는 중국, 상하이 또는 세계가 직면한 도전에 대한 환상이 거의 없었고 중국과 서양이 서로를 이해하기 바라는 그의 이상은 좀처럼 낙천적이지 않았다. 이와 대조적으로, 술집 '롱 바'나 경마 클럽의 커피방에서 시간을 보내거나 공원을 거니는 상하이정착민들은 걱정도, 규제도, 감독도 거의 없이 돈을 벌고 쓰며 즐겼다. 첫 번째 아편전쟁 뒤 체결된 조약들은 서양인이 사업을 할 장소로 상하이 같은 항구들을 개방하는 데 그치지 않고, 백인종과 제국이 누리는 이점을 법률로 공식화하는 데까지 갔다. 탕 남매의 아버지 아벨이 1929년 56살의 나이로 숨졌을 때, T. V. 쑹(중국 재무장관이자 장제스의 동서)을 포함한 수백 명이 장례식에 참석했다. 중국인과 서양인이 섞여 있었고 그 중에는 유력 상하이정착민들도 많았다.[25] 이런 의례적 행동은 쉽게 찾아 볼 수 있지만, 실질적인 변화는 아니었다. 상하이정착민들은 중국과 서양 사이에 놓인 다리를 걷는 게 즐거웠지만, 둘 사이의 교류는 자신들이 주장하는 대로 이뤄져야 했다.

이런 조건을 눈치채지 못할 수는 없었다. 윌리엄 인쑨 리(리위안신)는 인종만 아니었으면 상하이정착민이 될 자격이 있는 또 다른 남성이었다. 리는 국제적인 인맥이 있었고 미국 제약회사의 중국 지점을 연 인물이다. 그러나 그는 미국이나 중국에서 태어나지 않았고 오스트레일리아에서 중국인 부모 아래 태어났다. (그의 아버지는 시드니의 상인이었고 그는 여기서 1884년 태어났다.) 그는 오스트레일리아와 홍콩에서―영어와 중국어로―교육을 받고 중국을 자주 여행했기 때문에, 그의 이야기는 인종적, 국가적 정체성의 복잡함을 강조해주는 사례다. 리는 자선 기관과 병원 일에서도 주도적인 역할을 했고, 기독교청년회 회원 곧 '와이(Y)의 남성들'에 속했으며, 상하이 프리메이슨 집회소의 창립 회원이었다. 그의 두드러진 사회적 지위에 걸맞게, 챔피언 대회 날에는 그가 경마 클럽 회원석에 앉아 있는 걸 볼 수 있었다. 물론 그 스스로 취득한 회원 자격이 아니라, 상하이에서 가장 유명한 인사들의 초대 손님 자격으로 말이다.[26]

리는 중국인 동포들, 특히 상하이에 있는 이들의 관심사를 옹호했다. 상하이 시의회가 공공 조계 내 중국인 거주자들에게 "단지 외부의 학교들과 비교될 만한 수준"이면 족한 학교를 제공하기로 결정했을 때 그는 이 결정이 삐뚤어진 것이라고 비판했다.[27] 그는 상하이가 자기 보존을 위해서만이 아니라 숭고한 의지를 위해서도 "중국 교육 당국이 따르고 싶어 할 만큼 가치 있는 모범이 되어야 한다."고 썼다. 그는 이어 "상하이의 번영은… 외국인과 중국인 이해관계의 조화·협력과 국제 친교가 없이 유지될 수 없다. 둘은 전적으로 서로 의존하는 관계다."[28]라고 했다.

이런 상황에서 사교 클럽과 스포츠 클럽의 부유한 중국인 배제는 똑같은 문제점을 사소하지만 명백하게 보여주는 실례다. 중국인들이 자기 나라에서 외국인의 법과 행태에 종속된 채 산다는 점을 말이다. 1925년 5월 30일 살해 사건(상하이 경찰의 중국인 9명 살해로 촉발된 폭력 사태: 옮긴이) 몇 주 뒤 상하이에 돌아온 리는 자신의 영국 여행 경험을 이야기하며, 런던에서 받은 환대와 자신을 받아주지 않는 상하이 클럽들의 '인종 차별'을 대비시켰다. 그는 "잉글랜드에 있을 때 나는 영국 귀족들과 만나는 영예와 특권을 누렸다. 만난 이들 중에는 고귀한 계급의 인사, 성공한 상인, 대실업가도 있었지만, 상하이에서 나는 영국 국적의 하급 사원과 대화할 수준에도 못 미치는 걸로 취급 받는다."[29]고 썼다. 〈차이나 프레스〉는 상하이가 자발적으로 분리를 선택한 사회라고 맞받았다. "리 씨는 잘못된 정보를 접했다. 우리는 구조적으로 중국인을 회원으로 받지 않는 클럽이 상하이에 있다고 생각하지 않는다." 그러면서 이 신문은 합리화를 시도했다. "많은 외국인은 외국인만 회원으로 받는 사교 장소가 있어야 한다[고 느낀다]. 의심의 여지 없이 중국인도 같은 본능이 있다."[30]

위루 탕도 같은 긴장 관계에 맞서 싸웠다. 그가 중국과 서양의 이상을 혼합한 세계시민주의 도시 개념을 홍보하기 위해 상하이로 돌아왔을 때 마침 상하이는 여기에 맞는 가장 중요한 모범, 곧 닝보 출신의 상인이자 은행가인 주바오싼을 잃었다. 탕 가문의 사람들과 마찬가지로, 주바오싼은 상하이의 국제적인 환경에서 경력을 쌓았고, 수용과 배제를 동시에 겪었다. 장완의 경마장, 곧 국제 레크리에이션 클럽을 건립한 그의 성과는 상하이에 사는 외국인과 중국인을 연결하는 가장 중요한 물리적이고 상징적인 연결고리였다.

1926년 가을 주바오싼의 장례식은 상하이의 중국인과 외국인 공동체 모두에 그가 얼마나 중요한 인물이었는지와 함께, 은행가로서 그가 이룬 성공을—그가 관장한 대출은 상하이의 중국 사업체들에게 아주 중요했다—인정하는 자리였다. 수천 명의 조문객이 (말을 소유하고 장완에서 말을 몰던 그의 아들 적어도 한 명을 포함한) 그의 아들 5명이 사는 주씨 가문의 집에서부터 그의 관과 함께 북쪽으로 프랑스 조계를 거쳐 공공 조계로 향했다. 그들은 주바오싼의 열정을 환영했으나 회원으로 받아주지는 않은 경마 클럽에서 몇 구역 떨어진 곳을 지나갔다. 추모 행렬 때문에 몇 시간 동안 거리가 봉쇄됐다. 중국군과 외국군을 대표하는 500명 이상의 다양한 군인, 6개의 악단, 말을 탄 중국인과 프랑스인, 시크교도(인도 펀자브에서 태동한 시크교 신봉자들: 옮긴이) 경찰관까지 감당하기 위한 조처였다. (시크교도는 영국 제국 곳곳에서 경찰로 고용되는 일이 흔했고, 상하이 비공식 제국도 예외는 아니었다.)

장례 행렬은 공공 조계에 들어선 뒤 티벳 거리를 따라 주바오싼이 설계와 자금 마련을 지원한 시밍회의 새 본부 건물 앞을 거쳐 강가까지 내려갔다. 8마리의 검정말이 끈 주바오싼의 관은 여기에서 특별히 빌린 증기선에 태워졌다. 이 배는 그의 시신을 항저우만을 거쳐 장지인 닝보로 운송할 터였다. 중국 언론과 외국 언론은 일제히 상업과 공동체의 지도자인 그를 찬양했다. "중국 상인의 장로", "갑부", "가장 인기 있는 중국인 상인" 등의 수사가 동원됐다.[31] 이런 최상의 찬사조차 그가 국적 때문에 상하이 최상류층 사회 곳곳에서 배제됐다는 사실을 바꾸지 못했다.

주바오싼은 중국인 '매판 부르주아'의 전형이었다. 매판은 중국에서 서양인의 이익을 대변하는 중국인 중개자들이다. 외국인이 공식적인 허가를 받은 중국의 독점 상인들과만 거래를 하게 한 '광둥 체제' 시절에 생겨난 계급이다. 규제는 이제 사라졌지만, 현실적인 이유로 많은 외국 기업은 여전히 중국인 협력자나 고용인에 의존했고, 이런 부류 자체가 유력 사업가인 경우도 종종 있었다. 매판 부르주아는 19세기 말에 이르면 상하이에 있는 외국인 덕분에 직·간접적으로 부를 쌓아 편하게 사는 중국인 중류층(또는 그 이상 계층)이었다. 이 집단은 주바오싼이 장완 경마장 건설을 돕는 동기가 됐던 배제를 똑같이 느꼈다.

상하이 경마 클럽의 인종 차별에 대응하기 위해 십여 명의 중국인이 조직을 만들었는데, 이 조직의 명칭을 영어로 번역하면 '상하이 경마 클럽 스태프 클럽'이다. 이 번역은 공식적인 것이지만 오해의 소지가 있다. 영어에서 '스태프 클럽'이라는 표현은 회원이 클럽의 직원 곧 회원들과 다른 계급이라는 인상을 준다. 실제로 이 조직은 경마 클럽의 중국인 직원들도 회원으로 받았지만, 지도자들은 유력 상인, 전문직 종사자, 주바오싼이나 위루 탕 같은 이들로 대표되는 매판 부르주아였다. 스태프 클럽 회원 중에서 가장 부유한 이는 경마 클럽 회원 중 가장 부유한 사람을 뺀 나머지 누구보다 부유했다. 물론, 그래도 국적 때문에 경마 클럽에 들어갈 수 없었고 스태프 클럽 정체성의 핵심도 국적이었다. 이 클럽은 10월 10일—'쌍십절' 곧 중국 공화국 건국일이자 휴일—에 사무실을 열었다. 이 클럽을 조직한 이들은 중국과 중국의 문화·상업 기관들을 강화하는 애국적 임무에 초점을 뒀다.

스태프 클럽 회원들은 민족주의에 있어서 유화적인 분위기를 보였다. 그들의 민족주의는 5월 30일 항의 시위대의 접근법이 아니었고, 그들의 관심사는 생활 임금을 위해 분투하는 노동자들의 관심사와 달랐다. 스태프 클럽 회원들이 모두 부자는 아니었지만—예를 들어 네이츠 웡은 부자가 아니었다—그들 모두 서양이 지배하는 상하이에서 풍요를 누렸다. 실제로 네이츠 웡을 포함한 그들 대부분의 삶은 상하이의 서양인들에 직접적으로 의존해 지탱됐다. 그들은 이 도시에서 중국인이 겪는 불평등과 차별을 개탄했지만, 그들 자신이 매일 억압을 경험하지는 않았다. 창립 회원인 선즈루이는 상하이가 조약항으로 개항된 이후 영국과 미국의 사업가들이 사교와 사업을 돕는 클럽들을 만들어 인맥을 쌓고 확대하는 데 기여한 점을 언급했다. 이런 일종의 사회 조직은 유럽인(특히 영국인)에게 중국 상인들을 희생해 해외 상업을 확장하게 해줌으로써 유럽인들이 중국인보다 우위를 점하게 했다고 선즈루이는 느꼈다.[32]

경마 클럽 그늘 아래서(그리고 때로는 경마 클럽 건물 안에서) 모인 스태프 클럽과 그 회원들은 닐스 몰레르나 오거스터스 화이트 같은 유럽인들처럼 '자신들의' 상하이를 자랑스럽게 여겼다. 그들은 이 도시를 여러 국가와 문화의 독특한 혼합으로 여겼다. 스태프 클럽은 많은 외국인과 마찬가지로 이 도시와 이 도시의 대중적인 이미지를 찬양했지만, 상하이를 접근하는 방법은 달랐다. 이 클럽의 창립 10년을 축하하는 책에서 선즈루이는 상하이가 중국에서 가장 이국적인 도시라고 평했다. 세계시민적이고 다문화적이지만 외국인들이 중국 땅에 살면서도 중국 법에서 자유로운, 제국주의의 포획물이 이 도시라는 것이다.[33] 린 허친—미국 피츠버그의 카네기공과대학(현 카네기멜런대학: 옮긴이)을 졸업한 상하이의 인쇄 업체 소유주[34]—도 이에 동의하면서 상하이 클럽과 상하이 경마 클럽 같은 조직이 상하이의 외국인들이 권력과 영향력을 확대하고 중국의 주권과 활력을 좀먹을 수 있게 했다고 주장했다. 경마 클럽 스태프 클럽은 부유한 중국인에게 외국인이 누리는 것 같은 편의를 제공함으로써 이런 불균형을 개선하려는 시도였다.[35]

상하이는 중국에서 가장 근대적인 도시이기도 했다. 그리고 '서양'과 '근대'를 구별하는 것은 동아시아에서 가장 격렬한 논쟁거리에 속한다. 몇 십 년 동안 중국의 개혁가들은 서양을 근대적인 미래의 모델로 바라봤다. 청나라를 무너뜨리고 공화국을 세운 것은 중국이 근대성과 서양을 향해 가는 움직임의 하나였다. 루쉰 같은 작가는 근대화 실패에 관한 설득력 있지만 비극적인 우화로 중국의 전통을 비꼬았다. 모두가 근대성을 목표로 받아들이지는 않았지만, 받아들인 이들은 서양을 흉내 내야 할 모델로 보는 경향이 있었다. 서구 권력들은 언제나 긍정적이지는 않았지만 효율적이었고, 서구 권력의 지지를 얻을 수 있는 이들에게는 도움이 되는 것처럼 보였다. 사회적 다원주의 사상이 중국과 서양의 지식인 사이에서 인기 있었고, 중국의 많은 개혁가들은 중국 같은 나라가 적응하지 못하면 도태되고 말 것이라는 점을 서양 제국주의의 성공이 보여준다고 믿었다.[36]

그러나 세계대전은 서양의 진보에 대한 중국의 믿음을 허물었다. 이 믿음은 중국과 서양의 협력이 애태우게 할 만큼 긴밀해 보인 상하이에서 특히 선명했다. 1918년 6월 사일러스와 리자 하둔은 중국과 서양의 관계에 대한 기대와 그 관계의 잠재성을 보여준 '영국-중국 가든파티'를 주최했다. 비가 온 탓에 실내로 옮겨진 국기에 둘러싸인 두 나라 공동체의 유력 인사들은 중국이 영국의 전쟁 수행을 지원한 것을 축하하고 미래 협력 가능성을 논했다.

중국인 공동체를 대표해 장녜윈 상공회의소 총무는 이렇게 말했다. "여러분이 문명 세계와 함께 큰 전쟁을 벌이고 있음을 우리는 알고,

여러분도 우리의 많은 노동자들이 프랑스에서 그들이 할 수 있는 일을 하고 있음을 안다… 상하이로 더 가까이 와 보면… 우리 서로가 진심으로 악수할 이유가 넘쳐난다." 장 총무는 앞날을 생각하며 미래 변화에 대한 희망을 내비쳤다. 청중을 의식해 "우리는 당신들에게서 받은 보호와 정의를 잊지 않는다."고 말한 뒤 이렇게 덧붙였다. "[우리는] 당신들이 미래에 상호 이익과 공공 조계의 복지를 더 고려하는 모습을 보여줄 수 있기를 열렬히 희망한다."[37]

장녜원은 유럽인들이 자신들의 제국 확장을 정당화하려고 내세우는 '문명 세계'에서 중국이 회원 자격을 얻기를 기대하며 중국이 전쟁 막바지에 그들을 도왔음을 거론했다. 사실 1차 세계대전은 도리어 계몽주의 가치가 합리성과 끝없는 진보를 보장한다는 생각이 거짓임을 증명했다. 과학은 독가스를 개발했고, 산업은 기관총을 대량 생산했으며, 민주주의는 자신의 존재를 위험에 빠뜨리는 전쟁을 자발적으로 치렀다. 중국은 세계대전에서 연합국 편에 섰지만 연합국은 중국을 일원으로 환영하기보다 독일의 칭다오 식민지를 일본에 넘겼다. 1920년대에 중국 공화국이 분해되자 많은 중국인은 과거보다 서양 모델에 대한 확신이 크게 줄어들었다. 서양 모델은 진보와 번영을 약속할 수 있는가? 아니면 그건 전 세계적인 상호 파괴로 가는 길인가?

1920년대의 경험은 스태프 클럽 소속 중국인들을 당황시켰다. 서양은 그들 다수를 부자로 만들어줬지만 서양의 약속은 전쟁 전만큼 순수하지 않았다. 린허친은 근대 도시로서 상하이에 대해 그리고 그 도시가 전통적인 중국에 제기하는 위협에 대해 썼다. (그가 느낀 것이 중국에 대한 위협인지 전통에 대한 위협인지 구분하기는 어렵다.) 린허친은 상하이에 주목하며 근대 도시와 함께 등장하는 위험—그의 표현을 따르면 퇴폐, 부패, 사치, 로맨스—을 봤고 이는 낭만화된 중국 농촌의 단순함과 극명하게 대조되는 것이었다. 그는 근대 도시의 유혹과 외로움을 피하는 길이자 "근대 사회 체제에 깃든 병적인 조건"에 대한 해독제로 스태프 클럽을 제시했다. 린허친은 이런 기구가 없어서 많은 상하이의 중국인들이 유혹에 굴복하거나 심한 경우 자살을 선택했다고 개탄했다.[38] (자살이라는 은유는 당시에 강력한 설득력이 있었으며 급변하는 사회에 적응하는 개인적 분투—마오쩌둥이 활동 초창기에 발표한 글 중 하나는 자신의 의지와 달리 결혼을 강요당한 젊은 여성의 자살에 집중했다—뿐 아니라 제국주의적 정복과 사회적 다원주의의 세계에 적응하기를 거부하는 '국가적' 자살에 직면한 나라에도 적용되는 은유였다.) 중국인 '상하이 정착민들'에게—만약 이런 분류가 존재한다면—그들의 도시는 자신들이 있게 해준 기회였지만 자신들의 잠재력에 손을 뻗지 못하게 억제하는 걸림돌이기도 했다.

위루 탕도 같은 상황에 직면했다. 그에게는 아버지의 사회적 지위, 자신의 영어 능력, 아이비리그 대학 학위가 보장한 지위가 있었음에도 마찬가지였다. 그가 매주 쓴 '중국 한담' 칼럼은 작지만—어떤 이들은 사소하다고 하겠지만—호소력 있는 그 자신의 중국적 세계와 외국적 세계를 연결하는 고리였다. 탕은 독자들에게 조지 버나드 쇼와 비교하는 방식으로 도교 철학자 장자를 소개했다.(버나드 쇼가 "황금률이 없다는 것이 황금률이다."라고 씀으로써 주창한 아나키즘을 장자가 이미 구현했다고 탕은 주장했다.[39]) 세계대전 와중에 17세기 시인 리화의 '옛 전쟁터에 대하여'를 읽는 것은 참호 속 시인들을 상기시켰다.[40] 탕은 정치가 구양수, 시인 소동파, 문인 왕도곤 같은 고전적인 중국 문인들과 현대 서양 저자들을 비교하기도 했다.[41]

탕의 비교 상당수는 시대를 몇 십 년 앞서간 비범한 것이었지만, 칼럼의 성패는 그 자신의 재능뿐 아니라 영어를 쓰는 상하이 주민들이 중국 사상을 고려할 의지가 있는지에도 달려 있었다. 탕의 칼럼에서 중국과 서양 문화가 섞이는 모습은 중국-서양 혼합 사회를—서양이 확실히 이끌고 중국이 참여하면서—건설하고 있다고 생각하는 많은 상하이정착민들의 이상에 딱 어울렸다. 자신들의 이익과 즐거움을 위해 외국 도시를 점령하고 있는 것 이상의 무언가를 하고 있다는 생각을 유지하기 위해, 그들은 외국인(서유럽인 또는 미국인)과 중국인 사이의 협력과 공동 작업 사례가 필요했다.

경마, 결혼식, 심지어 공들인 장례식의 겉치레 와중에, 상하이가 중국 전역에서 벌어지고 있는 폭력과 격변에서 분리된 보호막이라고 생각하는 것도 구미가 당겼다. 1925년 5월 30일의 폭력 사태는 상하이도 예외가 아니라는 걸 보여줬지만, 상류 계급은 재력이나 매판 부르주아의 지위를 확보하지 못한 상하이 중국인 대다수의 삶을 규정하는 박탈로부터 확실히 보호받고 있었다.

탕 가문의 남매는 중국과 서양의 가장 세련된 것들을 결합한 이들이었다. 잉과 위루는 아버지를 따라 의사가 되지는 않았지만 자신들의 세계를 형성했다. 위루는 언론인으로 성공했지만 중국의 미래에 좀 더 직접적으로 영향을 주기 위해 정치로 눈을 돌렸다. 그는 〈차이나 프레스〉에 글쓰기를 그만두고 새 중국 정부의 재무장관인 T. V. 쑹의 개인 비서가 됐다. 중국에서 (가장 부유한 건 말할 것도 없고) 가장 힘 있는 사람 중 하나를 보좌하면서 위루 탕은 최고위급에서 정책을 직접 접하고 영향도 끼칠 수 있었다. 중국은 수십 년 동안 분열과 내전에 시달린 끝에 재건을 시도하고 있었고, 탕과 같은 사람은 상하이에서 겪은 경험을 이 시도에 활용했다.

중국인 '상하이 정착민들'은 차지하고 있는 독특한 위치 덕분에 중국과 서양의 관계에서 미묘하게 균형을 잡았다. 그들은 서양 관습과 제도를 흉내 냈다. 이 관습과 제도 중 상당수는 인종차별과 제국주의

1936년 즈음 상하이 번드 풍경.

를 바닥에 깔고 있지만, 그들은 인종차별과 제국주의를 피하며 일할 때조차 흉내 내기를 그치지 않았다. 그들이 행한 일상적인 소통의 이중적 성격은 그들에게 세심한 중재자 역할을 떠안게 했다. 자신들의 온전한 참여를 막은 인종차별을 거부하고 때때로 비판했지만, 서양과의 연줄이 제공한 혜택(과 재산)을 위험에 빠뜨리려 하지 않은 것이다. 국제 레크리에이션 클럽이나 상하이 경마 클럽 스태프 클럽 같은 기관은 매력이 있었다. 동양과 서양의 결합, 고대와 근대의 결합이라는 수사법을 유지하면서도 자신들에게 이익을 가져다주는 구조를 유지할 수 있기 때문이었다. 상하이정착민들은 자신들이 가장 국제적인 장소에 산다고 느끼며 상하이의 세계시민적 이상을 찬양했겠지만 모두가 그 열정을 공유하지는 않았다.

6장

중국인의 상하이 창조하기

건축가 두옌겅은 "현재 존재하는 상하이는 외국인의 상하이이며 이는 곤혹스러운 것이다."[1]라고 썼다. 그는 자신이 일하는 도시에 대한 개인적 생각만이 아니라 상하이의 많은 중국인이 느끼는 것을 표현했다. 19세기 말에 주바오싼 같은 이들은 인종이나 국적 때문에 경마 클럽에서 배제되는 것에 문제를 제기했고, 배제에 맞서 자신들이 회원이 될 수 있는 새 경마장을 포함한 중국인의 공간을 건설했다. 1920년대 말에 이르면, 많은 이들은 단지 여가 활동에 국한하지 않고 (물론 이 또한 포함되지만) 더 넓은 영역에서 '외국인의' 중국 도시에서 국가적 자부심을 고취시키고 표현할 길을 모색한다.

위루 탕은 비록 손님 자격이었지만, 유명 미국 대학교 교정과 상하이 경마 클럽의 회원 구역에서 편안함을 느꼈다. 그의 위치는 중국의 약점을 예시해준다. 외국 유학은 외국 학교 교육의 중요성과 중국 교육 체계의 단점을 부각시켰고, 고향으로 돌아왔을 때 그는 모국에서 이류 인간이 됐다.

1840년대 이후, 그리고 공공 조계와 프랑스 조계가 생겨난 1860년대 이후에는 확실히 중국과 외국의 권력 관계가 안정 상태를 유지했다. 세부 사항까지 항상 명확하지는 않았지만 말이다. 공식적인 주권은 중국에 있었지만, 외국인들이 실질적인 권력을 대부분 장악했다. 오랜 과정을 거친 뒤 마침내 1928년 상하이 시의회에 중국인이 의원으로 참여할 수 있었다. 하지만 중국인 의원들은 거의 영향력이 없는 소수 집단에서 벗어나지 못했다. 공공 조계 주민의 대부분은 언제나 중국인이었는데도 말이다.[2] 탕이 새 난징 정부에 들어간 것은 이런 불균형을 해소하기 위한 중국 지도자들의 과감한 시도 중 하나였다.

청나라를 마침내 무너뜨리고 중국 공화국을 건국한 혁명은 (오스틴 코츠가 지적했듯이, 상하이에서 경마를 중단시키지 않은 채)[3] 쑨원 같은 민족주의자들을 권력의 자리로 순식간에 끌어 올렸다. 쑨원은 왕조에 반대했는데, 2세기 전에 중국을 정복했고 그 뒤에도 계속 중국 백성들과 다른 문화를 유지한 만주족이 중국인 대신 지배한다는 점도 반대 이유 중 하나였다. 쑨원은 대체로 서양인과 서양 가치에 우호적이었지만, 중국을 한족(중국의 주요 종족)이 지배하길 원하는 민족주의자였고 이런 민족주의는 유럽인을 겨냥할 수도 있었다.

쑨원은 1911년 10월 10일 혁명이 일어났을 때 자금 모금을 위해 미국에 있었다. 귀국해서 그는 혁명 지도부 자리를 차지했다. 그가 이듬해 1월 중국 공화국의 임시 대통령으로 취임한 이후에는 제대로 된 일이 거의 없었다. 단 두 달 만인 1912년 3월 쑨원은 권력을 자기보다 인기가 덜했지만 더 강력하게 무장한 위안스카이에게 넘겼다. 위안스카이는 청나라 장군이었는데, 자신의 군대를 이끌고 반란 세력에 합류함으로써 청나라의 패배에 결정타를 날렸다.

쑨원은 위안스카이가 군사적 우위에 있다는 걸 인정하는 것 외에 다른 선택지가 없었지만, 이 결정은 재앙이었다. 그 이후 몇 년 사이 위안은 의회를 해산하고 공화국을 폐지해 왕정을 복구한 뒤 황제 취임

'추대'를 받아들였다. 쑨원은 위안이 권력자의 화려한 예복을 갖추고 성대한 대관식을 하려고 준비하는 동안 자신의 고향인 광둥으로 탈출했다. 위안의 선언은 도를 지나친 것이었다. 그는 이제 정부를 둘이나 배신했고 그의 협력자들은 재빨리 그와 거리를 뒀다. 그는 대관식이 열리기 전에 황제 제도를 폐지했지만, 이미 타격을 입은 뒤였다. 중국은 뿔뿔이 나뉘었다. 일부는 유럽 전체보다 땅이 더 넓었고, 일부는 미국 뉴잉글랜드주만큼 작았다. 베이징을 장악한 군벌마다 자신들이 정통성 있는 정부라고 주장했다. 한편, 상하이의 외국 조계는 중국이 군벌들의 손에 넘어가고 유럽이 스스로를 갈기갈기 찢어 놓은 상황에서도 과거와 다름없이 일상을 이어갔다.

쑨원은 국내를 떠도는 도피 생활을 하면서도 중국 공화국 정부를 위해 계속 일했다. 그는 정치 기반을 다시 구축했고, 위안스카이 같은 이들에게 의존하면서 얻은 교훈에 따라 군대를 창설했다. 그는 국민당과 새로 등장한 중국 공산당의 연합을 성사시켰고, 연합 세력은 1923년 소련의 자금와 자문을 받아 군관학교(황푸 군관학교를 뜻함: 옮긴이)를 열었다. 쑨원은 중국을 다시 통일하기 위한 '북벌'을 준비하면서 전국을 돌며 제국주의와 군벌로부터 해방될 필요성을 역설했다. 하지만 북벌 계획을 실행하기 전에 병에 걸렸고, 그를 진찰한 의사들은 암이라고 진단했다. 쑨원은 암 진단 뒤 두 달 만인 1925년 3월 12일 숨졌다.

쑨원은 허약한 유산을 남겼다. 그의 추종자들은 그에 대한 헌신과 중국을 단일 정부 아래 통일해야 한다는 목표를 빼면 합의점이 거의 없었다. 소련과의 동맹 문제에서 특히 극단으로 갈렸다. 한편에서는 쑨원의 국공합작이 군사·재정적 자원을 확보하기 위한 '정략결혼'이며 공산주의나 소련에 대한 정치적 헌신이 아니라고 믿었다. 다른 편에서는 쑨원이 이념적으로 좌파로 이동했으며 사회주의를 수용했다고 믿었다. 두 쪽은 모두 자신들의 주장을 뒷받침할 증거를 제시할 수 있었고 국민당은 두 파로 갈렸다. 좀 더 사회주의적인 정책을 선호한 좌파와 공화주의를 옹호하고 심지어 파시즘도 옹호한 우파로 나뉘었다. 그러나 쑨원이 국제 혁명가로서 30년 동안 위엄을 떨친, 일관된 인격의 소유자라는 데는 모두가 동의했다.

온 나라에 팽배한 긴장 상태는 종종 상하이에서도 볼 수 있었다. 1925년 5월 30일 사건 때는 제국주의의 얼굴을 하고 등장했고, 국민당의 분열이 폭력적으로 표면화된 1927년에도 다시 나타났다. 북벌은 모든 진영—공산당은 물론 국민당 좌·우파까지—이 통일을 위해 일시적으로 협력한 1927년 봄에 시작됐다. 일시적 협력은 4월까지, 다시 말해 공산당 운동이 상당한 세력을 형성한 유일한 도시인 상하이로 국민당의 국민혁명군이 접근할 때까지 이어졌다.

상하이의 공산당은 북벌 전략 차원에서 군벌로부터 도시를 빼앗았고 이를 국민당 쪽에 넘겨줄 생각이었다. 공산주의자들이 열차로 들어오는 국민당을 환영하기 위해 철도역 창고에 도착했을 때, 그들을 맞이한 건 축하 행사가 아니라 학살이었다. 국민당의 기관총이 열차에서 불을 뿜으면서 상하이 전역을 휩쓴 학살이 시작됐다. 그로부터 며칠 동안 중국 공산당 당원 대부분이 살해됐으며, 극렬 반공주의자인 장제스가 국민당 지도자로 떠오르면서 쑨원의 후계자 자리를 굳혔다. 궁지에 몰린 공산당은 단지 생존을 위해 몸부림쳤고 좌파에 동조한 국민당 당원들조차 내부 망명에 나섰다. 국민당의 북벌이 손쉽게 성공하면서 통일 정부가 형성됐고 상하이에서 200마일이 채 떨어지지 않은 난징이 새 수도가 됐다.

1927년의 학살은 상상할 수 있는 최대치를 모두 걸고 감행됐으며, 그 이후 수십 년 동안 중국의 행보를 결정지었다. 그러나 공공 조계의 관리들은 학살 사건으로부터 몇 주 뒤로 예정됐던 봄철 경마 대회를 연기할지 말지를 놓고 전전긍긍했다. 결국 '어지러운 여건'으로 3월과 4월의 몇 경기가 취소됐지만, 봄철 경마 대회는 예정대로 진행됐고 사상 최대인 230마리의 조랑말이 출전했다. 출전하는 경주마가 늘어난 것은 부분적으로는 국민당 군대가 북진하면서 장완 경마장을 점령한 탓이었다. 공공 조계의 관람석이 경마광들로 가득 찬 때에, 장완 경마장에서는 수천 명의 군인이 야영을 하고 있었다.

장제스의 북벌과 중국 통일은 상하이에 심대한 영향을 끼쳤다. 비록 그 영향이 곧바로 분명히 드러나지는 않았지만 말이다. 수십 년 동안 치외법권이라는 보호막과 중국 정부의 지도력 부재 때문에 상하이정착민들은 자율과 권한을 얻어 마음대로 살았다. 장제스는 수도를 난징으로 정하면서 여기에 변화를 주고 싶어 했다.

장제스는 전통적인 것과 근대적인 것이 특이하게 뒤섞인 인물이다. 그는 유교의 이상적인 선비를 모범으로 삼았다. 그의 전설적인 금욕주의는 부패한 주변 인물들에게 좌절을 안겼고, 그가 공산주의에 반대한 주요 근거는 자신이 보기에 중국적인 특성의 핵심인 가족·계급·교육의 전통적인 위계 구조를 공산당이 허물려 한다는 점이었다. 열렬한 민족주의자인 장제스는 그렇다고 외국인 혐오자는 아니었다. 그는 중국을 근대화하고 국력을 강화시켜줄 것으로 판단하면 외국의 사상과 기술을 적절히 이용했다. 그가 일본에 유학해 공부했다는 사실은 산업화와 군사 개혁의 유효성을 받아들이면서 외국인이 잠식한 나라를 해방시키는 길로 중국을 이끌려고 했음을 보여준다.

그는 남아 있는 공산주의자들을 일소하는 작전을 위해 독일인 고문들을 고용했고 외국인과 외국 정부의 지지를 얻으려고 비위를 맞췄다. 그는 미국 보스턴의 웰즐리 칼리지(와 맥티어리 학교) 출신인 쑹메이링과 상하이에서 기독교식으로 결혼한 뒤, 뉴욕시의 성 바돌로매 교회에서 결혼식을 다시 한 번 치름으로써 신부뿐 아니라 미국 대중의 지지도 끌어내려 했다. 그는 기독교로 (개종했다는 인상을 피하려 하지도 않았지만) 개종하지 않았다. 하지만 반공주의와 미국 내 연줄 덕분에 〈타임〉과 〈라이프〉 발행인인 헨리 루스의 눈에 들었다. 루스는 장제스를 단독으로 또는 부인 쑹과 함께 자신의 잡지 표지로 12번 이상 등장시킨 인물이다.

장제스는 친미국적 태도를 보였지만 무엇보다 중국이 홀로 설 수 있을 만큼 강해지는 걸 원했다. 그는 외국인들이 중국에서 유사 식민 권력을 휘두르는 데 반감을 가졌고, 중국 정부가 자국의 법과 관습을 더 잘 관철할 수 있도록 정부를 강화하려고 했다. 그는 승전, 연합세력 구성, 정치적 거래, 지역 토착 세력에 대한 양보를 통해 1927년 통일을 선언할 수 있었지만 확실한 성공과는 거리가 멀었다. 그는 수도를 난징 곧 '남쪽 수도'로 옮겼다. (500년 동안 제국의 '북쪽 수도'였던 베이징은 위상이 추락했고 이름도 베이핑으로 바뀌었다.) 난징 정부는 1930년에 조계를 포함한 전국에서 치외법권을 폐지한다고 선언하는 데까지 나아갔다. (비록 이 선언은 성급한 것으로 증명됐지만.)[4]

북벌이 완료되기도 전에 선언된 난징으로의 수도 이전은 국가를 갱신하겠다는 장제스의 주장을 상징적으로 강조해주는 조처였지만, 이에 대한 회의론도 널리 퍼졌다. 한편으로 새 수도는 장제스의 지지 기반에 가까워서 그의 권력을 강화해 줬다. 다른 한편으로 수도 이전은 가장 뿌리 깊은 정통성의 상징 가운데 하나를 제거하는 셈이었고, 중국 공화국 건국 이후 중국 국정을 짓눌러온 불안정을 도드라지게 하는 듯 보였다. 장제스는 회의론을 잠재우고 자신이 또 다른 군벌이 아니라 통일 중국의 지배자임을 확고히 보여주려고, 새 수도를 도시의 모범이자 새 정부의 가치와 발전의 전시장으로 변모시키는 작업을 시

작했다.[5]

새 수도의 시장인 류지원은 난징을 근대적이면서도 전통적인 도시로 개발하기 위해 한 미국인에게 눈을 돌렸다. 그는 코네티컷 출신이며 예일대학에서 건축을 공부하고 1908년 리처드 데이나와 함께 회사를 차린 헨리 K. 머피다. 그들의 사무실은 뉴욕 매디슨 애비뉴에 있었지만, 데이나와 머피는 뉴헤이븐(코네티컷주의 예일대학 소재지: 옮긴이)과 긴밀한 관계를 유지했다. 데이나는 예일대학에서 건축학을 가르쳤고 머피는 코네티컷 해변가에 있는 집에서 맨해튼으로 출퇴근을 했다. 그들은 개인용 주택과 사무실을 설계하면서 명성을 얻었다. 하지만 머피를 중국으로 이끈 것은 뉴욕과 뉴잉글랜드의 대학 캠퍼스와 사립 기숙학교 건물 설계 경험이었다.

예일대학과 관련이 있지만 소속 기관은 아닌 의료선교 기관 '재중국 예일 협회'가 창사에 세울 의과대학과 병원 설계를 머피에게 의뢰했다. 예일대 명예 졸업생이자 1899~1900년 의화단 운동 때 살해당한 호러스 피트킨이 자금을 주로 지원한 이 사업은 1904년부터 창사에 캠퍼스 건립을 추진하는 내용이었다. 앞서 두 명의 건축가가 능력 부족으로 일을 포기한 뒤 협회 임원들은 '머피 앤드 데이나'와 새로 계약을 맺었다.[6]

머피는 1914년 중국을 처음 방문했고 상하이를 거쳐 창사 현장을 방문했다. 여기서 그는 중국과 미국의 건축 양식을 혼합한 "고대 유산의 근대적 부흥"[7]을 제안했다. 그러나 그가 베이징을 방문해 중국 건축에 대한 관점 변화를 겪기까지 그의 아이디어는 모호했다. 자금성—15세기 건축된 궁궐이며 당시는 퇴위한 황제가 계속 살고 있었다—의 당당한 윤곽선과 넓은 뜰이 머피의 상상력을 사로잡았다. 그는 궁궐을 "세계의 건물 가운데 가장 세련된 것들"에 속한다고 묘사했고, 중국 건축의 윤곽선에서 유럽 전통에 버금가는 문화적 유산을 봤으며, 이를 영감의 원천으로 삼았다.[8] 그는 중국과 중국 건축이 제공한 기회와 이를 구현하는 것을 "그의 필생의 사업, 곧 고대 중국 건축을 근대 과학적 계획과 건설의 필요성에 맞게 변형해 생동감 있는 스타일로 부활시키는 작업"[9]으로 삼았다. 그는 1918년 상하이에 지점 사무실을 열었다.

머피는 1920년대에 베이징 옌칭대학, 난징 진링여대, 상하이 세인트존스 칼리지, 창사의 예일 중국 캠퍼스 등의 사업을 거치며 "적응력 있는 중국의 부흥"이라는 건축 아이디어를 발전시켰다. 그는 서양의 고딕 부흥이나 클래식 부흥에서 볼 수 있는 원칙, 곧 고대 건축 양식을 근대적 쓰임에 맞춰 용도를 바꾸는 원칙을 그대로 따랐다. 그가 부활시키려 한 것은 그냥 '전통 중국' 건축─중국에는 여러 가지 전통 건축 양식이 존재했고 지금도 존재한다─이 아니라 특정한 양식이었다. 머피는 자금성에서 보고 너무나 감탄한 명·청 궁궐 양식에서 영감을 가져왔다.

이런 그의 작업이 류지원의 관심을 끌었다. 류지원 난징 시장은 1928년 10월 미국과 중국 건축가들, 도시 계획자들, 공학자들을 이끌면서 새로운 중국 정부의 새 수도, 곧 새로운 중국을 설계할 건축 자문으로 그를 위촉했다. 1929년 12월에 처음 공개된 계획은 "유럽과 미국의 과학 원리와 중국 미학의 장점을"[10] 결합하는 내용이었다.

새 수도는 대로와 광장으로 이뤄진 격자형을 중심으로 하되 중국 궁궐 건축에서 핵심 디자인 요소와 미학 요소를 가져온다는 머피의 방침에 맞춰 구성됐다. 머피의 종합 기본 계획 아래서 중국 건축가들을 주축으로 한 10여 명의 건축가가 6만 석 규모의 국립경기장, 대법원 건물, 외교부 건물 등 새 수도의 대표 건물들을 설계했다. 머피는 도시 외곽의 자금산(쯔진산: 옮긴이) 언덕에 위치한 현충탑과 순교자 묘역을—그는 이를 '중국의 알링턴'이라고 불렀다—직접 설계했다. 이 묘역에서는 쑨원의 묘가 보였다. 이 묘역에는 국민 혁명의 중요 장면을 묘사한 기념홀과 병사들을 위한 묘지, 쑨원의 연설문 일부를 새겨 넣은 9층짜리 현충탑이 배치됐다. (현충탑은 난징에서 관광객들이 가장 즐겨 찾는 장소 중 하나로 꼽히는데, 심하게 덥고 무더운 여름날에 여기로 올라가는 건 몹시 버거운 일이다.)

난징을 새 수도로 탈바꿈시키는 작업은 중국이 바뀌고 있다는 중요한 정치적 선언이었고, 장제스는 전 세계에 자신의 메시지가 전달되기를 원했으며, 이를 위한 장소로 상하이를 골랐다. 상하이의 외국 조계는 중국에서 가장 근대적인 장소에 속했다. 전기, 전화, 엘리베이터, 에어컨은 근대 기술 혁신 가운데 중국과 세계의 많은 도시에 앞서 상하이에 도입된 대표적인 것들 중 일부에 불과하다.

이와 대조적으로 성벽으로 둘러싸인 상하이 옛 도시(서양 언론들은 이를 종종 '원주민 도시'라고 불렀다)는 외국인들이 '진짜 중국'을 엿볼 수 있는 곳으로 늘 소개됐다. 여행안내 책자는 중국 안내인을 고용해 "빈민가 탐방에 나설 것"을 호기심과 경멸이 섞인 어조로 권했다. "상하이는 중국이 아니다. 중국이 아닌, 나머지 전부다. 적어도 인구 대부분은 중국인이지만 진짜 중국이 아니다."[11] 이런 표현에 담긴 태도 때문에 건축가 두옌경이 "곤혹스럽다"고 한 것이다. 그러나 외세가 힘 있는 존재로 상하이에 많이 버티고 있다는 사실은 외국인들이 변화를 즉각 알아보게 될 것이라는 뜻이기도 했다. 이제 기차로 몇 시간만 가면 닿는 거리에서, 장제스는 천마일 가량 떨어진 베이징에 수도가 있을 때는 생각할 수 없던 방식으로 상하이에 영향을 줄 수 있었다. 장제스 정부는 중국이 서양 열강(과 일본)이 나눠 가질 소유물이 아니라 대등한 주권국으로 대접 받아야 한다는 선언을 할 장소로 상하이를 이용할 터였다.

장제스가 중국 내 외세에 도전할 선택지는 제한되어 있었다. 그는 중국의 권위를 내세우고 싶었지만, 1900년 의화단 운동 같은 폭력적 사건에서 드러난 반외세 정서는 피하고 싶어 했다. 많은 외국인과 외국 정부는 진압된 지 한참 지난 당시에도 의화단 운동을 우려했다. 직접적인 군사·정치 대결은 생각할 수도 없었다. 많은 서양 정부는 중국을 친구 나라로 생각했고 심지어 동맹국으로 보기도 했다. 게다가 서양식으로 결혼하고 미국에서 공부한 부인을 둔 덕분에 얻은 외국인 공동체의 지지 여론은 장제스가 내세울 수 있는 가장 큰 강점들 중 하나였다. 근대주의를 수용하면서도 이를 중국화하는 모습은 장제스 정부가 진보적이고 강력하면서도 포용적이고 세계시민주의적임을 천명하는 계기가 될 터였다.

난징 정부의 첫 번째 조처는 상하이를 특별 구역으로 지정함으로써, 여러 지방 정부 아래 뿔뿔이 나뉘어 있던 (외국 조계를 뺀) 지역을 주정부나 시정부가 아닌 중앙 정부 직접 관할 지역으로 바꾼 것이다. (이는 지금도 여전히 유지되는 체제다. 베이징, 톈진, 충칭도 비슷하게 특별 지역으로 지정되어 있다.) 황푸가 1927년 7월 상하이의 첫 번째 시장으로 임명됐다.

장제스의 난징처럼 상하이를 중국적이면서 근대적인 도시로 재탄생시킬 인물은 '머피 앤드 데이나' 소속의 젊은 중국인 건축가 다유 둥처럼 동양과 서양의 건축 양식에 정통하고 다국어를 구사하는 이여야 했다. 상하이 서쪽 인근 지역인 항저우에서 1899년 태어난 둥은 어린 시절 대부분을 일본과 이탈리아 로마 같은 외국에서 보냈다. 두 지역 도시들의 근대적 변화는 건축과 디자인에 대한 다유 둥의 관점 형성에 영향을 끼쳤고 이 영향은 그의 경력도 결정할 터였다.

10대에 중국으로 돌아온 다유 둥은 베이징의 유명 대학인 칭화대학에 입학해 1921년 졸업했다. 그 이후 미국으로 가서 미네소타대학에서 공부한 최초의 중국 학생들 중 한 명이 된다. 1924년 학부를 졸업하고 이듬해 건축 석사 학위를 받은 그는 '쌍둥이 도시'(미니애폴리스-세인트폴: 옮긴이)와 시카고의 건축사 사무실에서 경력을 시작했다. 그 이후 뉴욕으로 옮겨 '머피 앤드 데이나'의 메디슨 애비뉴 사무실에서 일했다. 헨리 머피와 일하면서 다유 둥은 미국과 중국의 건축 전통을 통합해냈고 이는 그의 직업 경력을 결정하게 된다.[12]

다유 둥은 이 사무실에서 단 몇 달 동안 일한 뒤 1928년 중국으로 돌아와 건축 설계 일을 시작했다. 그는 이 시기에 중국을 재구성하는 작업에 기여하게 되는 미국 유학생 출신 중국 건축가 10여 명 중 한 명이 된다. 그는 귀국 이후에도 헨리 머피와 긴밀하게 협력하며 일했다. 예를 들어, 난징의 순교자 묘역 건설에 참여했고 "전통적인 중국 양식에 근대 설비를 결합한 '중국 부흥' 양식"[13]을 함께 개발했다.

상하이 광역 지자체는 바로 이런 비전을 기대하면서 둥을 책임 건축가로 채용했다. 새로운 상하이 창조 임무를 맡은 둥은 중국인과 외국인 모두로부터 비웃음의 대상이 된 황푸강변의 오래된 성벽 도시 대신 완전히 새로운 도심을 건설하기로 했다. 둥과 도시 건설 위원회는 장완─국제 레크리에이션 클럽 경마장이 있는 곳─을 새도시 대상지로 선정했다. 번드와 공공 조계의 북동쪽에 있는 장완은 둥의 생각으로는 이상적인 위치였다. 지리적으로 상하이 지자체의 중심에 있고(비록 현재의 중심부와는 몇 마일 떨어져 있지만), 하천 접근이 쉽고 땅이 평탄하며 기존 건물이 거의 없어 새로운 상하이를 건설하기 위한 철거 작업이 필요 없다는 것이 이유다.

이 작업을 위해 둥과 긴밀하게 협력한 인물 중에 1901년 저장성에서 태어난 선 이 박사가 있었다. 그는 둥과 마찬가지로 중국에서 대학을 마친 뒤 외국 유학을 떠나 1925년 독일 드레스덴대학에서 공학박사 학위를 땄다. 그는 1927년 중국으로 돌아왔고, 상하이 시 정부의 공공 건축 작업 책임자로 임명됐다. 정부는 1929년 여름 '상하이 광역 도시 계획 위원회'를 구성했고 선 이와 다유 둥은 이 위원회의 부문 책임자가 됐다. 두 사람은 함께 새로운 도시를 계획했다.

새로운 상하이 도시 계획의 건축가이자 디자이너인 다유 둥(둥다유)의 초상화.

둥은 〈차이나 프레스〉에 기고한 이 사업 계획 소개 글에서 상하이를 솔직하게 평가했다. 그는 "동양 최대의 항구라는 명성에도 상하이는 근대 도시의 기준이나 요구 조건에 비춰보면 절대 부족하다. 물론 중국의 이 도시도 꽤 좋아졌지만 한 세기 정도는 시대에 뒤처져 있다."고 썼다. 또 외국 조계는 종합 계획이나 비전이 없이 "조약항이 자연스럽게 성장한 것에 불과"했다고 주장했다. 둥은 "새 계획의 궁극 목표는 동양 최대 도시라는 이름에 걸맞을 뿐 아니라 궁극적으로는 세계 거대 도시 사이에서 적절한 위치를 마침내 차지하게 될 새 도시를 건설하는 것"[14]이라고 야심을 감추지 않았다.

도시 계획 초안이 1929년 가을 공개됐다. 중국 경험이 없으며 상하이 도시 풍경을 상당히 깔본 미국인 도시 계획가 에이사 필립스는 둥의 작품을 칭찬했다. 둥에게 보낸 편지에서 그는 "당신의 광역 상하이 계획은 규모가 광범한 데다가 현 상황에 필요한 것을 대가다운 면모로 이해하고 있다. 세계의 어느 도시도 이렇게 어렵고 특이한 문제를 겪은 바 없으며 당신이 만든 계획은 이에 대해 몹시 만족스러운 해법을 제시한다."[15]고 평했다.

모든 사람이 필립스처럼 열정적으로 반응하지는 않았다. 공공 조계에 사는 많은 이들은 새 상하이 계획이 공공 조계의 부두와 창고를 대체할 시설을 개발하려는 시도라고 봤다. 국제 레크리에이션 클럽과 몇몇 골프장을 포함한 장완의 놀이 시설을 잃어버릴까 걱정하는 이들도 있었다. 이 지역 땅의 상당 부분은 개인 소유였으며 정부는 견본 도시 건설에 필요한 땅을 시장 가치보다 적게 주고 사들일 터였다. 〈노스차이나 해럴드〉는 "더 나쁜 건 기존 법률 아래서는 시 정부가 원하면 얼마든지 땅을 수용할 수 있다는 점이다. 잘 알려져 있듯이 중국 땅에서 외국인은 부동산에 대한 권리를 소유할 수 없다."[16]고 지적했다.

상하이에 뿌리박고 있는 정착민들의 반대와 불안감이 이 계획에 대한 열정을 식히지는 못했다. 새 상하이는 공공 조계 북동쪽 5마일 지점에 세워지며, 두 지역은 중국 제국 건축의 도로 양식으로 꾸며진 200피트(약 61m: 옮긴이) 폭의 넓은 도로로 연결될 예정이었다. 새 시 청사는 전통적인 중국 권력 기관과 마찬가지로 남향으로 설계됐는데, 시 청사 자리에서 남쪽을 향하면 외국 조계를 도전적으로 바라보는 형국이 되어 중국의 주권을 내세우는 격이기도 했다. 공들여 마련한 계획은, 정돈된 도로망을 갖추고 주 도로를 따라 1500피트 길이의 호수와 넓은 공원을 조성하며 철도, 수로, 도로 연결망도 갖추는 방안을 담고 있었다. 장완의 "널찍한 도로와 녹지 공간은 아치형 다리가 세워질 연못과 하천, 웅장한 패루(중국 전통 문: 옮긴이), 탑과 함께 상하이 미래의 중심이다."[17]

논란과 찬양 속에 1929년 새 도시 건물 디자인 공모 계획이 나왔다. 공모 안내서는 참가 희망자들에게 "시 청사와 9개 부처 건물, 곧 공원, 분수, 연못, 다리, 기념관으로 꾸며진 기념비 성격의 10개 건물 단지… 미래의 법원, 박물관, 미술관, 대강당, 우체국 등과 함께 전체를 구성하는, 아름답고 기념비적인 앙상블"을 디자인 과제로 제시했다. 이 제안은 단지 시 정부를 위한 아름다운 공간만이 아니라 "새로운 진보의 정신 그리고 중국의 오랜 전통과 맥이 닿는 국가적 특성"[18]을 표현하는 건축을 추구하는 것이었다.

당선작에게 오늘날의 가치로 10만 달러가 수여될 공모전은 50여 개 작품이 응모한 가운데 1930년 1월 마무리됐다. 당선작들은 도시를 잘 반영했다. 1등상을 받은 디자인은 중국인들인 자오선과 쑨시밍의 작품이었다. (자오는 미국·펜실베이니아대학을 졸업하고 1927년 상하이에서 가장 먼저 설립된 중국인 소유 건축 회사들 중 하나의 설립자다.) 2등상은 헨리 머피 소유 회사 직원인 미국인 에드워드 필립스가 받았다. 3등상은 매사추세츠공대와 컬럼비아대학에서 수학한 중국계 미국인 포이 검 리에게 돌아갔다.

자오선의 작품이 1등이었지만, 위원회는 "수상작 중 어느 것도 기대한 수준에 미치지 못했다."고 평가했다. 특히 "근대 도시 계획과 건축에서 요구되는 현실적 요구 조건과 조화를 이루는 측면에서 볼 때, 중국 건축의 본질적 아름다움을 희생하지 않으면서 중국의 건축과 지식의 온전한 가능성"[19]을 구현하는 데 실패했다는 것이다. 둥은 공모전 수상작들을 고려하면서 새 도심과 도심 속 건물들을 직접 디자인했다. 이 과정에서 유명 현지 건축가들의 의견도 수용했다.

1931년 7월 7일 2000명이 참석한 가운데 시민센터의 주춧돌을 놓는 기념식이 열렸다. 이 복합 단지의 중심은 폭이 300피트를 넘는 10층짜리 건물인 시 청사였다. "실용적인 관점에서는 전적으로 근대적이고 건물의 내외장은 고대 중국 건축 장식의 그림 같은 아름다움을 유지할 것이다. 내부는 주홍색 기둥들과 갖가지 색의 들보, 격자형 천장, 벽체 등으로 꾸며진다."[20]

장췬 시장은 대중에게 행한 연설을 새 도심 건설과 더불어 열릴 가능성을 강조하는 기회로 삼았다. 장 시장은 80년 동안 공공 조계가 번창했다고 말들 하지만 중국에 있어서 이는 "우리의 폐를 공격하는 결핵 같은" 것이었다고 말했다. 그는 새 도심이 상하이 중국 정부에 필요한 "물리적인 시설뿐 아니라 문화와 도덕, 규율, 질서의 정신도" 가져올 것이라고 덧붙였다. 상공회의소 회원인 왕샤오라이는 기념식을 마무리하면서 청중들에게 "광역 상하이 종합 계획에 있어서 미래는 무한하다."[21]고 역설했다. 상하이에 스며든 외국 영향을 공개 비판한 건축가 두옌겅은 한 걸음 더 나갔다. 장완 사업은 "이 도시만이 아니라 온 나라를 살릴"[22] 길이라고 선언했다. 완공까지는 18개월이 걸릴 걸로 예상됐다.[23]

주춧돌이 놓인 지 2주 뒤, 위루 탕이 재무장관 T. V. 쑹과 함께 상하이로 돌아왔다. 여느 때처럼 두 사람은 난징에서 상하이까지 야간열차를 타고 목요일 아침에 도착했다. (두 도시간 야간열차가 사라진 지는 이미 오래다. 이제는 고속철도로 1시간이면 족하다.) 두 달 전 결혼한 탕은 이날 오전 7시 15분 재무장관 암살범들이 기관총으로 무장한 채 잠복하고 있던 상하이 북역 플랫폼을 쑹 장관과 함께 걸었다. 경호원들이 재무장관을 가까스로 보호했지만 위루는 몇 발의 총을 맞았다. "쑹 박사의 옆구리를 노린 총알 세 발이 내 모자를 관통하면서 목표물을 살짝 빗나갔다."고 탕은 병원에서 자신의 사촌에게 말했다. "네 번째 총알이 내 하복부를 관통하면서 속도가 느려졌고, 이 덕분에 장관이 위층의 회의실로 안전하게 대피할 시간을 벌었다."[24]고 덧붙였다.

T. V. 쑹은 생명을 구했지만 위루 탕은 그렇지 못했다. 그는 이날 밤 늦게 병원에서 숨졌다. 중국어 언론과 영어 언론들은 그의 죽음이 중국 지도층의 손실일 뿐 아니라 중국과 외국간 우정의 미래에도 손실이라고 보도했다. 이런 분위기는 조지 피치(미국인 선교사: 옮긴이)가 주재한 그의 장례식에 참석한 중국과 서양 유명 인사 400여 명의 면면에서 더욱 강하게 느낄 수 있었다. 범인들은 잡히지 않았다. 범인에 대한 추측만 난무했다. 일부는 범행 대상이 같은 날 기차 여행을 한 일본인 관리일 것이라고 했다. 다른 이들은 쑹이 진행한 마약 단속에 격분한 중국인 아편상 또는 쑹의 중국인 정적을 범인으로 지목했다.[25] 위루 탕의 사망은 이 세계가 위험할 뿐 아니라, 흔히 상상하는 것과 달리 상하이도 공격에서 안전한 보호막이 아님을 새삼 상기시켜 주었다. 그럼에도 폭력 행위의 주 대상은 중국인이었고 외국인 중에는 불편한 마음을 갖는 이조차 많지 않았다.

다유 둥의 설계가 장완의 늪지대에서 구체적인 모습을 띠어가면서, 상하이가 외국인의 세계와 중국인의 세계로 나뉘었음을 상상하는 건 어렵지 않았다. 그런데, 상하이에 자리 잡은 외세 가운데 1930년대 이후 이 도시의 운명을 가장 직접적으로 결정할 세력은 바로 일본이었다. 19세기 말 빠르게 근대화한 일본은 1894~95년 청일전쟁에서 중국을 물리치고 아시아 최강의 군사력을 과시해 많은 관측통들을 놀라게 했다.

일본은 1900년 미국, 독일, 영국, 프랑스와 함께 의화단 운동을 무찌르고 베이징에 포위된 외국 외교관들과 선교사들을 구출하는 작전에 참여함으로써 서양 제국주의의 일원으로 자리를 굳혔다. '동맹국들'(지금은 익숙한 이 명칭은 이때 처음 쓰였다)은 의화단의 포위를 55일 만에 깨뜨린 뒤에도 대사관 같은 자국 시설을 보호하기 위해 군대를 잔류시 컸다. 일본은 이를 다른 나라들보다 훨씬 폭넓게 해석했다. 중국에서 자신들의 이익을 더욱 추구하기 위해 군대를 널리 주둔시킨 것이다. 특히 항구 도시, 탄광이나 공장 주변과 철도변, 기타 일본이 통제하는 경제적 자산의 보호가 필요한 곳에 군대를 보냈다. 일본군이 가장 많이 주둔한 곳은 몇천 명이 있던 베이징 인근 항구 도시 톈진이었다.

일본은 중국, 특히 만주에서 자신들의 이익을 계속 확대해갔고 30년 뒤인 1931년 마침내 만주를 점령했다. 1932년 3월 일본은 만주국—명목적으로는 독립국이지만 일본의 지시를 받는—을 세우고 퇴위한 청나라 마지막 황제를 만주국 황제로 내세웠다. 이 공격으로 일본은 상당한 규모의 영토를 장악했다. 만주 면적은 독일과 프랑스를 합친 것과 맞먹는다. 그러나 즉각 전쟁이 벌어지지는 않았다. 중국 대표들은 대신 국제연맹에 호소했다. 국제연맹은 중국의 주장을 조사한 뒤 일본의 침략을 인정하고 일본이 세운 만주국이 국제법상 불법이라고 선언했다. 일본은 이에 항의해 국제연맹을 탈퇴했지만 굳이 그럴 필요도 없었다. 집행력이 없던 국제연맹은 실제로 한 일이 거의 없다. 만주국은 중국 국경 지역의 일본 괴뢰정부로 남았다.

만주와 많이 떨어진 곳에 있던 상하이에서도 전투는 긴장을 불렀다. 일본 군함 30여 척이 충돌을 예상하며 황푸강으로 집결했다. 1932년 1월 18일 중국인 무리들이 상하이의 한 공장 밖에서 민족주의 성향이 강한 불교 종파 소속 일본인 승려들을 공격하면서 충돌이 빚어졌다. 이 사건이 어떻게 촉발됐는지에 대해선 제각각의 설명이 있다. 승려 한 명이 숨졌고 공장이 불탔다. 그 이후 폭동을 진압하던 경찰관도 한 명 살해됐다. 일본의 공격에 대한 항의가 온 도시로 번졌고 1월 28일 일본은 (외국 조계를 제외한) 상하이 지역을 대포와 보병을 동원해 공격함으로써 대응했다. 이 공격은 민간인 대상 대규모 폭격 중 초기 사건에 해당한다. 2월 말에 이르면 참전 군인이 중국군 5만 명 이상, 일본군 10만 명 이상에 달했고 양측의 사상자도 1만 명을 넘었다. 상황이 심각해지자 장제스는 수도인 난징으로 전투가 번질 것을 우려해 정부를 뤄양으로 옮길 것을 명령했다. 3월 초 국제연맹은 휴전을 강요했으나 두 쪽이 5월에 조약을 체결할 때까지 전투는 간간이 계속됐다.

이 '상하이 전쟁'은 공공 조계도 탈바꿈시켰다. 전에는 공공 조계의 관할 지역이 쑤저우강 북쪽 훙커우로 알려진 지역까지였다. 중국에서 가장 오래된 서양 호텔인 아스토 하우스 호텔은 번드에서 '가든 다리'만 건너면 닿는 이 지역에 있었다. 일본군은 1932년의 전투 와중에 훙커우 지역으로 진격한 이후 계속 주둔했다. 엄밀히 말하면 경계가 바뀌지 않았지만, 1932년 이후 공공 조계는 실질적으로 쑤저우강 이남으로 줄었고 훙커우는 사실상 일본 관할 지역이 됐다.

휴전 직후의 외국 언론인 현장 방문 행사를 통해 장완 지역의 피해가 드러났다. 〈노스차이나 헤럴드〉는 파괴 양상을 이렇게 상세히 전했다. "우리가 역과 경마장에 가까이 가자, 포탄 때문에 생긴 구덩이와 포탄에 파괴된 가옥의 흔적을 볼 수 있었다. 몇몇 시신… 역 건물은 폐허가 됐다. 새 것이었던 객차는… 검게 탄 채 뼈대만 남았다. 역 구내의 쑨원 동상은 목과 얼굴 부분이 부서진 채 잔해 더미에 서 있었다." 언론인들은 전 지역을 돌아보면서, 바닥에 널부러진 주검과 일부만 남은 시체, 매장된 시신 옆에서 아직 매장되지 않은 채 관에 담긴 시신들, 동료를 매장하기 전에 숨진 이들의 모습 등을 전했다. 사찰, 가옥, 도로의 파괴 양상도 전했다. 〈헤럴드〉는 비통하리만치 순진한 태도로 "20세기에 서로의 차이를 해소하기 위해 과연 이런 방법이 필요했는지 의문스럽다."[26]고 결론지었다.

다유 둥의 장완 시민센터 인근에서 격렬한 전투가 벌어졌지만 시민센터는 거의 피해를 보지 않았다. 전투 때문에 새 도시 건설 작업이 중단됐을 때 시민센터는 지붕만 빼고 모두 완성된 상태였으며, 6월 중순에 다유 둥은 타일 작업만 남았다고 보고했다. 이 작업만 마치면 법원을 비롯한 공공건물 외에도 3천 석 규모의 대강당, 시 박물관, 미술관, 도서관을 포함한 시범 도시가 시민센터 뒤쪽에 우뚝 솟아오를 예정이었다. 중앙에는 집회나 기념식을 위한 700에이커의 광장이 쑨원 동상 주변에 설치될 계획이었다. 5층짜리 중국 전통 양식의 기념문을 거쳐 들어가게 되는 600미터 길이의 연못은 주변을 경계 짓는 요소로 자리 잡게 되어 있었다.[27]

1932년 상하이 전쟁에 따른 인명 피해의 비극은 널리 알려졌다. 까맣게 그을린 주검과 파괴된 마을에 대한 생생한 묘사는 수천 명의 사망자가 겪은 전쟁 피해를 사람들이 자신의 일처럼 받아들이게 했다. 그래도 일부는 크게 감정이입하지 않았다. '우리의 오락거리는 어떻게 되나?'라는 반응을 보인 것이다. 〈차이나 프레스〉는 일본이 "프러시아의 군국주의를 현실에서 구현했기" 때문에 장완 경마장이 "무인 완충 지대"가 됐고 2월에 시작하려던 경마 경기는 무기한 연기됐다고 개탄했다. 또 이 매체는 양푸는 상황이 더 나쁘다고 전했다. 하지만 경마 클럽의 말들은 무사했는데 "교외 경마장 두 곳에서 지역 경마 관객들에게 강한 전율을 선사했던 수백 마리의 조랑말들은 공공 조계로 무사히 옮겨졌기"[28] 때문이었다.

장완과 양푸에서는 봄철 경마가 열릴 수 없었지만, 그렇다고 회원들이 말을 달리는 것 자체를 막지는 못했다. 당시 '메리' 마구간을 운영하며 30마리 이상의 조랑말을 갖고 있던 범죄 조직 구성원인 C. S. 마오를 포함한 말 주인들은 조랑말들을 이른바 '시내 경마장'으로 불리던 상하이 경마 클럽으로 무사히 옮긴 상태였다.[29] 장완 경마장은 수리하고 부속 시설을 새로 지어 9월에 다시 문을 열었다. 하지만 전쟁은 상하이가 얼마나 위태로운지를 알려주면서 동시에, 중국이 주권과 힘을 회복하고 재천명하려 애썼음에도 여전히 공공 조계가 상하이 다른 지역보다 왜 더 안전한 선택인지를 보여줬다. 장완 시민센터와 국제 레크리에이션 클럽의 세계적인 시설은 여전히 지정학의 처분에 속수무책이었다. 다유 둥과 잉 탕을 비롯한 중국인 세계시민들은 외세의 보호 밖보다 외국 조계 안에서 살기로 선택했다.

7장

상하이 경마

1932년 상하이 전쟁은 더 중국다운 상하이를 향한 야심에 타격을 입혔지만, 많은 상하이정착민들은 냉정을 잃지 않았다. 그들은 자신들의 도시를 상하이 클럽, 경마 클럽, 챔피언 대회 날 같은 것들을 통해 규정했고, 1932년의 전쟁은 이런 것들에 별다른 영향을 끼치지 않았다. 전쟁은 시내 경마장 관람석에서 몇 마일 떨어진 곳에서 수천 명의 목숨을 앗아갔지만, 클럽 회원들에게는 대체로 계절별 경마 볼거리에 쏠린 관심을 일시적으로 빼앗아간 사건일 뿐이었다. 공공 조계 밖의 상하이 지역도 1932년의 사건으로부터 빠르게 벗어났다. 장완과 양푸 경마장의 신속한 수리 덕분에 가을에는 경마 대회가 재개될 수 있었다. 1933년에는 일 년에 60일 이상의 경마 일정이 잡혔고, 세 경마장에서 모두 경주가 열렸다.

많은 상하이정착민들이 1932년 사건에서 배운 교훈은 자신들이 사는 도시의 취약성도, 중국이 직면한 잠재적 위험도 아니었다. 새로운 경마장이 필요하다는 것이었다. 상하이 경마 클럽은 공공 조계의 자부심이었다. 그러나 당시에는 60년 동안 운영해서 낡고 가장 오래된 경마장이었다. 상하이 경마 클럽의 많은 회원은 장완 경마장의 설비가

1927년 11월 1일 상하이 경마 클럽에 모인 관람객들. 국민당이 공산주의자들을 학살한 직후여서 영국군은 삼엄한 경계 태세에 들어갔다.

더 좋다는 걸 꽤 오래 전부터 인정했지만 변화는 느리게 나타났다. 천장 일부의 붕괴 사고—클럽 하우스 천장 일부가 무너지면서 나이 많은 회원 한 명을 덮칠 뻔했다—가 마침내 상하이 경마 클럽 회원들로 하여금 더 큰 건축물에 투자하게 했지만 이 또한 느리게 진행됐다. 경마 클럽은 1920년에 새로운 클럽하우스 건설을 제안한 바 있는데, 이 계획은 가시적인 결과를 보지 못하고 유야무야됐다. 국제 레크리에이션 클럽의 경기를 1932년 가을 시내 경마장에서 치르기로 하면서 시설 쇄신 계획이 빨라졌고, 1년 뒤 상하이 경마 클럽은 사업을 시작했다. 1933년 5월 20일 주춧돌이 놓인 때로부터 단 10개월 만에, 현재 인민공원 자리에 세워진 경마 클럽 건물이 문을 열었다.

준공식을 주재하려던 영국 대사는 얼마 전 숨진 벨기에 국왕 조문 때문에 준공식에 참석하지 못했다. A. W. '버티' 버킬 클럽 회장은 건축가로부터 황금 열쇠를 건네받고 건설사 '아홍'의 기록적인 공사 속도를 치하한 뒤 새 클럽하우스가 상하이 경마의 '새 시대'를 열어갈 것이라고 선언했다. (완공이 빨랐던 것은, 작업을 위해 건물 외곽에 설치한 비계가 공사를 마친 다음날 폭풍으로 무너져 내리면서 비계 철거 시간을 아낀 덕분이기도 했다고 한다.)[1] 전 세계 많은 지역이 점점 심각해지는 대공황에 시달리는 와중에 새 클럽하우스는 공공 조계의 번영을 자랑했다. 많은 사람은 새 경마장의 관람석이 부에노스아이레스 경마장의 세계 최대 관람석에 버금가는 아시아 최대라고 자부했다.[2]

1934년의 새 경마 클럽 개막식에는 1941년 11월 챔피언 대회 날에 참가하게 될 회원 전원이 참석했다. 그 중에는 코넬 프랭클린, 아서 헨치먼, 로버트 에이트킨헤드, 에릭 몰레르, 거시 화이트, 베라 맥베인, 레슬리 허턴 등 7명의 말 소유자들도 있었다. 이들은 크게 두 부류로 나눌 수 있다. 첫째는—화이트, 몰레르, 맥베인이 좋은 예인데—19세기에 상하이에 도착한 가문 출신자들이다. 생활 편의 장비가 적고 사회 규모도 작은 외딴 도시에서 모험을 하며 기업을 일군 조상들과 달리, 이들 신세대는 중국에서 태어났다. 그 중 일부는 유럽인과 중국인 부모 사이에서 출생했다. 이들은 또 사치까지는 아닐지언정 편안한 삶을 보장 받은 세대였다. 이런 가문은 '개척자'들이었고 상하이는 그들의 고향이었다. 온전한 의미에서 상하이정착민인 이들은 어쩌면 심지어 잉글랜드보다 상하이에 더 충실했다.

두 번째 부류는—프랭클린, 헨치먼, 에이트킨헤드 같은 이들—변경의 식민지 전초기지가 아니라 거대 도시의 자본주의적 광란에 동참하려고 황푸강변으로 몰려든 인물들이다. 역사가 로버트 비커스는 이런 '국외 거주자'들을 개척자들과 구분했으며, 그들을 좁은 의미의 '상하이정착민'에서 배제했다. 국외 거주자들에게 "상하이는 부수적인 것이었고, 그들은 중국 어디든 그리고 자신의 고용주가 사업을 하는 곳이면 어디든 파견될 수 있었다."[3]는 게 그가 내세운 이유다. 비커스는 '개척자'와 '국외 거주자'를 구분하는 여러 요소들을 분명히 제시했지만 외부에서 보기에 그들은 모두 상하이정착민이었다.[4]

〈포천〉 잡지는 중국 해변 지역에 사는 이들 외국인에 주목했다. 이 잡지는 한 호의 상당한 지면을 할애해 '상하이 호황'을 다루면서 다른 많은 곳에서는 불운한 시절이었던 "27년과 34년 사이에 재산을 3배로 불릴 수도 있는" 도시라고 상하이를 띄워줬다. 〈포천〉은 이 도시에서 기회를 활용한 남성들과 일부 여성들의 면면을 소개했다.[5] 최근 도착한 이든, 오래된 중국통이든, 이들 상하이정착민에 대해 잡지는 이렇게 묘사했다.

'캐세이의 여왕'(캐세이는 중국의 옛 이름이며 여왕은 상하이를 지칭하는 표현: 옮긴이)을 자신들만의 영역으로 여기는 소수의 건방지며 빠르게 움직이는 백인 집단. 상하이정착민들의 수입은 많게는 수십만에서 적게는 속기사의 월급 수준으로 다양하지만 그들은 마치 계급 없는 사회 집단처럼 행동한다. '대반'과 월급쟁이의 구분, 오랜 전통의 가문과 벼락부자의 구분은 같은 인종이라는 명백한 사실 앞에서 사라진다… 남성들의 성 도덕은 일반적으로 느슨하다. 또 골프, 테니스, 크리켓, 볼링, 토끼 사냥 놀이, 경마, 개 경주 등을 즐기는 스포츠맨일 확률이 높다. 그리고 뉴욕 주식시장부터 만주 조랑말까지 해 아래 있는 모든 걸 도박거리로 삼을 것이다.[6]

상하이정착민 세계의 중심은 새로운 상하이 경마 클럽이었으며 이 클럽의 간판 격인 시계탑은 공공 조계 위로 우뚝 솟아올라 있었다. 동양적인 아르데코풍의 이 뾰족탑에는 클럽 회장 버킬이 사는 최상층의 주거 공간과 함께 그의 이름을 딴 지름 13피트짜리 '빅 버티' 시계가 설치되어 있었다. 질식할 것 같은 상하이의 여름철에 매력적인 산들바람이 부는 탑의 베란다에서는 시내를 굽어보는 광대한 전망이 펼쳐진다. 여기서는 옛 경마장의 흔적 넘어 난킹 거리부터 국제도시 상하이가 시작되는 황푸 강변까지 전체가 보인다.

회원들은 기둥으로 장식된 탑의 입구를 통해 버블링웰 거리에서 클럽하우스로 들어오게 된다. 입구에서 곧바로 판돈 표시기가 있는 방으로 들어갈 수도 있지만, 회원 대부분은 보통 말머리 장식으로 꾸민 연철 난간이 있는 곡선 모양 계단을 통해 중간층의 특별석으로 올라간다. (걷는 게 싫은 이들을 위해 입구에는 엘리베이터도 설치됐다.) 여기에는 포도주 저장실, 독서실, 당구장, 카드놀이 방과 함께 바와 라운지가 있으며, 6개의 볼링 레인—4개는 미국식이고 두 개는 (20피트 길이의) 영국식이다—도 설치되어 있다. 볼링 레인은 위층과 아래층에 소리가 들리지 않도록 방음 처리되어 있었다.[7] 중심을 장식한 시설은 이른바 커피방이다. 이 방은 크기가 5천평방피트이며, 바닥은 티크 나무와 오크 나무로 마무리됐다. 커피방은 공공 조계의 가장 성대한 파티도 열 수 있을 만큼 넓었고, 이런 파티가 열릴 때만 여성의 입장이 허용됐다.

엘리베이터와 말머리 장식 계단은 회원들을 2층이나 3층으로도 안내한다. 2층과 3층에는 경마 경기가 열리는 날 개인이 파티를 열 수 있는 티핀 오찬장이 준비되어 있다. ('티핀'은 인도말에서 유래한 것으로, 1930년대 상하이에서는 공들여 차린 점심을 뜻했다.) 이 방들은 "다양한 나라 양식으로 꾸민"[8] 넓은 공간이며, 건물의 어느 쪽에 있느냐에 따라 경마장이나 경주마 대기소가 내려다보이는 발코니를 갖추고 있었다. 중앙에 설치된 전용 엘리베이터를 이용하면 20여 개의 개별 모임용 회원 방이 있는 층에서 판돈 표시기가 있는 1층까지 곧바로 갈 수 있지만, 판돈 담당 창구와 연결하는 전용

상하이 경마 클럽의 시계탑은 〈상하이 기억하기: 사교계 명사, 학자, 건달의 회고록〉의 저자 이저벨 쑨 차오를 포함한 상하이 거주민들에게는 중요한 이정표였다. 1949년 시계탑 사진.

전화가 각 방에 설치되어 있기 때문에 회원들은 굳이 방을 나오지 않고도 판돈을 걸고 내기를 할 수 있었다. 350피트 길이의 관람석은 회원 방에서 곧바로 이동할 수 있으며, 관람석 전체는 접을 수 있는 차양이 설치된 유리 지붕으로 덮여 있었다. 관람석은 티크 나무로 장식된 500피트 길이의 초대 손님용 관람석과도 연결된다. 관람석 뒤에는 판돈을 걸 수 있는 방이 두 개 있는데, 하나는 회원 전용이고 다른 하나는 손님용이었다.[9]

경마 클럽에서 회원들은 상하이의 명성, 〈차이나 프레스〉 편집자들의 표현을 빌려 다시 말하면 "세계에서 가장 술을 많이 마시는 도시"[10]

의 명성을 지키기 위해 최선을 다했다. 칵테일 파티가 공공 조계 사교
계의 일정을 이끌었고, 경마 클럽의 토요일 밤은 '사교의 정열'로 특
히 유명했다. 이때는 숙취 해소와 예방을 위한 과학과 전통 요법이 활
발하게 오갔다.[11] (클럽의 터키식 목욕탕은 과도한 음주자에게 인기였다. 여러 가지 숙취
해소법을 평가한 제롬 에프라임 씨는 전날 밤의 술잔치를 땀으로 해소하려 하면 "질병보다 처
방이 아마 더 나쁠 것"이라고 경고했지만 말이다.)[12]

1931년 살해되기 전 위루 탕은 상하이 사회를 면밀하게 관찰했는
데, 그가 가장 먼저 그리고 가장 강하게—불가피했을까?—받은 인상
은 술에 관한 것이었다. 탕은 1926년에 쓴 자신의 '중국 한담' 칼럼
첫 회에서 "사람들이 모여 술타령하면 그들을 모두 붙잡아 내게 데려
오라. 내가 그들을 죽음에 처하리라."[13]라고 썼다.

탕은 당시 사회 문제를 평하기 위해 기원전 12세기 인물인 주공 단
이 인용한 자신의 아버지인 주나라 문왕의 말을 동원했다. 주공 단은,
공자가 윤리의 중심이 되는 도덕의 북극성이라고 칭송한 중국 통치자
의 고전적인 본보기였다. 탕은 문왕에게서 미국 금주령의 선례를 찾
으려고 했다. 그는 앤드루 볼스테드가 기원전 1115년 문왕이 발표한
'과도한 음주에 대한 칙령'을 과연 알았을지 궁금해 했다. 탕은 이 칙
령에서 국운이 쇠할 때는 "과도한 음주가 언제나 쇠락의 원인이었음"
에 주목했다. 어쩌면 탕은 주나라 지도자의 조언을 심각한 무절제가
지배하는 게 분명한 장소에 던지는 경고로 제시했는지도 모른다. 물
론 폭음에 빠진 상하이에 금주령 따위가 존재할 리 없었다. 술은 돈처
럼 필수적인 것으로 간주됐다. 〈포천〉 잡지는 이 점을 담담하게 표현
했다. "상하이정착민들은 너무 많이 마셨다. (술주정뱅이냐 아니냐는 아침 식
사에 술이 있는지 없는지로 정해졌다.)"[14]

만약 위루 탕이나 〈포천〉 잡지가 음주의 영향을 탓할 때 누군가를 구체적으로 염두에 뒀다면, 그건 아마도 프랭클린 가문이었을지 모른다. 코넬과 에스텔 프랭클린 부부는 볼스테드의 금주법이 발효된 때로부터 몇 달 만에 미국을 떠났다. 그들이 미국을 떠난 시점은 그냥 우연이었겠지만, 해외에서 그들이 누린 생활 방식은 미국을 떠난 덕분이었다. 에스텔은 당시 상하이 생활에 대해 이렇게 썼다. "내가 3년 동안 단 하루도 술 냄새를 풍기지 않은 때가 없었던 것 같다. 음주는 오전 11시에 시작돼 다음날 새벽 3시나 4시에 끝난다. 집안일이건 뭐건, 할 일이 달리 없었다. 미국인과 영국인 공동체에서는… 일정한 접대를 으레 기대했다. 사람들은 절대 초대를 거절하지 않았기 때문에 문자 그대로 쉬지 않고 이어졌다."[15]

프랭클린 가문이 상하이에 온 과정은 미국 남부 외딴 지역에서 아주 특이한 방식으로 시작됐다. 앨라배마주 경계에 있는 "미시시피주 컬럼버스의 예스럽고 멋진 마을에서 태어나고 자란"[16] 코넬 프랭클린은 이 작은 마을에 깊이 뿌린 내린 인물이지만, 그가 태어나기 전에 숨진 그의 아버지는 유산을 거의 남겨주지 않았다.[17] 미시시피대학에 들어가면서 인생의 길을 개척한 코넬은 이 대학에서 학년 회장을 맡았고 법대 대학원에 진학했다. 그의 동기생들은 그를 "백만장자가 될 가능성이 가장 높은 인물"로 뽑았다.

동료들에겐 이런 평가를 받았지만 백만장자와 거리가 먼 프랭클린은 돈을 버는 데 힘을 쏟았다. 프랭클린은 이때까지 3년째 '올 미스'(미시시피대학: 옮긴이) 졸업생 에스텔 올덤에게 구애하는 중이었고, 돈이 더 많으면 에스텔이 자신과 결혼할 것이라고 믿을 이유가 있었다. 그래서 프랭클린은 자신의 앞날을 밝게 바꾸려 했다. 그는 법대 학위—그리고 가족의 도움과 정치적 후원—덕분에 아직 주로 승격되지 않은 하와이로 가서 유력 변호사 사무실에 들어갔다. 그는 3년 뒤 일을 그만두고 하와이의 법무차관이 됐으며, 다시 2년 뒤 우드로 윌슨 대통령이 그를 하와이의 순회 판사로 임명했다. 미래가 확보된 프랭클린은 미시시피로 돌아와 1918년 4월 에스텔과 결혼했다. 두 사람은 결혼 당일 밤을 멤피스의 유명한 피보디 호텔에서 묵은 뒤 한 달 동안 동부 해안 지역을 여행하며 친구들과 친척들을 만났다. (이때는 코넬이 4년 만에 처음 미국 본토를 밟은 때였다.) 둘은 6월에 호놀룰루로 돌아가 함께 새 삶을 시작했다.[18]

호놀룰루로 복귀한 뒤 삶은 기대와 전혀 다르게 전개됐다. 에스텔은 버지니아주에서 4년 동안 학교를 다닌 것을 빼면 평생 미시시피주를 떠나본 적이 없었고 하와이는 더없이 낯설었다. 두 사람의 계획을 더욱 복잡하게 만든 것은 코넬의 군 입대였다. 그는 그전부터 주방위군 소속이었는데, 이제 미국은 1차 세계대전에 참전한 상태였다. 그는 군에 입대함으로써 유럽 파견을 피할 수 있었다. 그는 호놀룰루의 캠프 스코필드에 배치됐고, 에스텔은 난생 처음 보는 군인 부인들과 함께 영내에서 생활하게 됐다. 에스텔은 곧 임신했다. 두 사람의 딸 초초—본명은 빅토리아이며, 일본인 유모가 붙여준 별명이다—는 1919년 2월 태어났다.

하와이에서 보낸 3년은 이후 중국에서 살게 되는 삶을 미리 보여주는 것이었다. 군에서 제대한 코넬은 자신의 집을 지었다. 상하이처럼 호놀룰루는 인종적 위계구조 위에 건설된 준식민지 도시였다. (이런 면에서 두 도시는 프랭클린이 자란 곳이자 흑인 차별 정책의 땅인 미시시피와 비슷했다.) 코넬은 판사 일 때문에 자주 여행을 했으며 호놀룰루에 있을 때 그의 사교 활동 일정은 폴로 경기, 저녁 파티, 오찬 모임, 심지어—두 번의!—영국 왕자 환영 무도회 등으로 짜였다. 상하이에서처럼 술이 사회의 최상층부를 지탱했지만, 호놀룰루의 준식민지 공동체 기준으로 봐도 프랭클린은 과하게 술을 마셨다. 결국 프랭클린 가족은 "술을 많이 마시는 손님들이 보기에도 코넬과 에스텔이 연출한 장면은 도를 넘는 것으로 드러난"[19] 뒤 사회적으로 추방되고 말았다.

에스텔도 이런 모습에 넌더리를 냈다. 그녀는 딸 초초를 데리고 고향 미시시피를 정기적으로 방문하기 시작했고, 고향에서 부모뿐 아니라 결혼 전 만나던 친구들과도 자주 시간을 보냈다. 코넬이 1921년 여름 3주 동안 도쿄, 베이징, 그리고 마침내 상하이를 방문하게 되면서 가족은 떨어져 있게 됐다. 상하이정착민들은 급성장하는 조약항인 상하이의 복잡한 법률 현실에서 미국의 이익을 대변하는 변호사로 일하면 훨씬 많은 돈을 벌 거라고 코넬을 설득했다. 에스텔과 초초가 11월 호놀룰루로 돌아오자 코넬은 하와이를 떠나 중국으로 갈 것이라고 알렸다. 1921년 섣달 그믐에 그들은 상하이 부두에 있는 세관에 도착했다.[20]

코넬은 한해 전 여름에 봐뒀던 기회를 활용했다. 그는 스탠다드 오일과 리깃 앤드 마이어스 담배를 비롯해 중국에서 영업 활동을 하는 미국 기업들을 대변하면서 미시시피대학 동료들이 예상했던 대로 부를 쌓아 갔다. 그의 가정생활은 썩 성공적이지 않았다. 상하이 생활 초기 몇 달 동안 에스텔과 코넬은 파티를 열면서 신문 사회면을 지배했다. 상하이 생활의 단면은 에스텔이 쓴 소설에서 엿볼 수 있다. 에스텔이 쓴 '미국국가 연주'라는 제목의 미출간 단편 소설이 타자기로 친 원고 형태로 남아 있다.

에스텔의 삶은 긴장된 다국적 상하이의 삶이었으며, 여기서 영국인과 미국인의 차이는 백인을 중국인과 구별하는 차이만큼이나 커 보였다. 그녀의 소설에서는 술이 가장 중요한 요소였다. 상하이정착민들은 하인들을 대동하고 상하이 클럽에서 아스토 하우스 호텔로, 그리고 이어 다양한 나이트클럽으로 공공 조계를 누비고 다녔다. 한 곳에 들를 때마다 새로운 칵테일 제조법이 필요한 듯 했다. 절정을 이루는 장면은 상하이 땅을 요약하는 한밤중 칼턴 무도장이었다. 술에 이미 취했거나 취해 가는 영국인, 미국인, 러시아인, 중국인 무리가 재즈 음악에 맞춰 춤을 추고 있고, 한 켠 구석에 숨은 이들은 곧 공공장소에서 개인적 드라마를 연출하려는 참이었다.[21]

이런 묘사가 적어도 프랭클린 가족의 상하이 시절 일부를 반영한다고 추측할 수 있지만, 에스텔이 외국 생활에 점점 환멸을 느끼면서 그들의 오락은 차츰 줄었다. 그녀는 자녀들을—1923년 아들 말콤이 태어났다—계속 미시시피로 데려 갔고, 때로는 한 번에 몇 달 동안 머물렀다. 그녀는 상하이에 머물 때마다 다른 곳으로 떠나고 싶어 했다. 1924년 상하이에 온 지 채 3년도 되지 않아, 에스텔은 두 자녀를 데리고 미국으로 향했다. 다시 돌아올 생각은 없었다.

에스텔이 떠난 지 얼마 되지 않아, 때를 잘못 맞춘 우편물이 프랭클린의 상하이 집에 도착했다. 에스텔에게 헌정하는 윌리엄 포크너(《음향과 분노》 등을 쓴 미국의 유명 소설가: 옮긴이)의 새 시집 〈대리석의 목양신〉 한 권이 배달된 것이다. 포크너는 에스텔과 마찬가지로 미시시피 출신이며 그녀의 첫 연인이었다. 에스텔의 부모가 둘 사이를 반대하고 에스텔이 대학 예비학교 입학을 위해 집을 떠나면서 둘의 사이는 공식적으로 끝난 듯 했다. 그 뒤 에스텔은 부모의 강력한 권고를 받아들여 프랭클린의 청혼을 수락했다. 그러나 포크너와 에스텔의 관계는 그 뒤에도 이어졌다. 그들은 에스텔이 상하이에 있을 때도 연락을 주고받았고, 에스텔은 자신의 단편 소설 〈미국국가 연주〉를 포크너에게 보여 줬다. 이렇게 시작된 둘의 공동 작업은 그 뒤 몇 십 년 동안 이어지게 된다.

(《미국국가 연주》는 지금도 남아 있는 에스텔 올덤의 몇 안되는 작품 중 하나다. 포크너는 이 소설을 포함해 적어도 4개 작품에 대해 논평을 해줬고 출판사에 그녀의 작품을 소개했다.)[22]

에스텔이 1924년 말에 고향인 미시시피주 옥스퍼드로 돌아오자, 뉴올리언스에 살던 포크너는 주기적으로 그녀를 방문했다. 코넬은 에스텔을 다시 상하이로 데려왔지만, 몇 달 뒤인 1925년 봄 에스텔은 상하이를 영원히 떠났다. 이혼 절차는 4년을 끌게 된다. 그 동안 에스텔은 부모와 함께 살았다. 둘은 1929년 봄 마침내 이혼했고, 에스텔과 포크너는 곧바로 결혼했다. "첫 번째는 내가 원하지 않은 사람과 결혼했지만, 두 번째는 원하는 사람과 결혼할 거야."라고 에스텔은 친구 캐서린 앤드루스에게 보낸 글에서 털어놨다. 두 사람은 33년 뒤 포크너가 숨질 때까지 부부로 함께 살았다.[23]

코넬 프랭클린도 상하이에서 곧 다시 결혼했다. 그가 1929년에 맞은 배우자는 사교계에 첫 발을 내딛은 리치먼드 출신 여성이자, 로버트 E. 리 장군(미국 남북전쟁 당시 남부군을 이끈 장군: 옮긴이)의 직계 후손인 댈러스 체스터먼 리였다. 두 사람이 처음 만난 것은 몇 년 전 프랭클린이 댈러스의 이혼[24]을 맡아 처리하면서였다. 댈러스는 프랭클린이 에스텔에게서 찾고 싶었던 사교계에 어울리는 부인이었다. 두 사람은 공공 조계의 붙박이 부부가 됐다. 두 사람은 결혼 뒤 미국 남북전쟁 시절 양식의 저택으로 이사했다. 이 저택은 엄밀하게 보면 공공 조계의 경계에서 살짝 벗어난 도심 서쪽 지역인 조던 애비뉴 200번지에 있었으며, 코넬은 이 집을 에스텔이 떠나기 전부터 짓기 시작했다. 여기서 프랭클린 부부는 칵테일파티, 저녁 파티, 점심 모임을 열었다. 이 집에서 매년 열린 7월 4일 미국독립기념일 파티는 1930년대부터 1941년 가을 모든 것이 바뀔 때까지 상하이에 사는 미국인들의 연간 일정에서 가장 중요한 행사였다.

1928년 상하이 경마 클럽에서 말들이 결승선에 다가가고 있다.

프랭클린은 상하이에서 살기 전부터 상하이 말들과 가까웠다. 그가 아시아로 이주할 마음을 굳힌 1921년 동아시아 여행 때 그는 상하이와 호놀룰루 폴로 팀간 경기를 준비했다. 그가 상하이에 정착한 뒤 참가한 경기에서 10점을 득점하자, 모든 사람이 그를 상하이 최고 수준의 폴로 선수로 인정해줬다. (그가 1925년 미국을 방문하느라 상하이를 떠났을 때, 상하이 현지 언론은 "그가 눈부신 경기를 펼치던 폴로 경기장에서 사람들이 그를 많이 그리워할 것이다."[25]라고 아쉬워했다.) 그러나 1932년 40살이 되자 프랭클린은 말을 타기보다 말을 소유하는 데 집중하기 시작했다.

프랭클린이 소유한 첫 번째 조랑말인 '버니'는 상하이의 최고 장애물 경주—울타리, 가로대, 물웅덩이 건너기를 포함한 경주—에서 1932년 봄과 가을 우승했고, 2등도 두 번 차지했다. 그러나 장애물 경주 대회나 말 소유자가 기수로 직접 나서는 것은 아마추어들의 취미거리일 뿐이었다. 프랭클린 판사는 돈을 좋아했고 봉급이 너무 적다는 이유로 법관 임명을 거부한 적도 있다. 상하이로 이주한 것도 상하이가 변호사에게 수지맞는 시장이라는 신념(이 신념은 나중에 사실로 확인된다) 때문이었다. 상금과 판돈이 큰 경기는 평지를 달리는 경마였다. 이는 챔피언 경기로 가는 길이었고, 프랭클린은 더 빠른 말들을 찾아나섰다.

프랭클린이 하와이에서 상하이로 이주할 즈음, 아서와 메리 헨치먼은 런던에서 상하이로 왔으며 그들은 상하이의 유명인으로 자리를 잡았다. 그 누구도 20세기 상하이의 모습을 이들보다 더 잘 대변하지 못한다. 키 크고 건장하며 움푹한 눈과 매부리코의 소유자인 헨치먼은 60살이 되도록 인상적인 운동 실력을 뽐냈으며 흥분도 잘하는 열정적인 인물이었다. 1880년생인 그는 런던 북부 교외에서 형 두 명과 함께 하인의 시중을 받으며 자랐다. 그의 아버지는 아서가 초등학생 시절 숨졌다. 20살도 채 되기 전에 헨치먼은 홍콩상하이은행에서 일하기 시작했고, 머지않아 부촌인 런던의 하이게이트 지역으로 이사했다. 하지만 은행이 그를 "동쪽으로 보내" 싱가포르, 중국 다롄, 홍콩을 거쳐 필리핀 마닐라에서 7년을 지내는 통에 하이게이트 지역 구경은 거의 못했다.

헨치먼은 1922년 필리핀을 떠나 런던으로 돌아온 뒤 그해 메리 애니 쿡과 결혼할 짬을 냈다. 두 사람은 결혼과 거의 동시에 아시아로 출발했다. 9월말 피앤드오(P&O)사의 증기선 카말라가 사우샘프턴에서 그들을 태우고 지브롤터, 마르세유, 수에즈운하의 포트사이드, 아덴, 봄베이, 콜롬보, 싱가포르, 홍콩을 거쳐 마침내 상하이에 도착했다. 상하이에 도착하는 승객들은 시내 중심지 번드에 있는 세관에 내리게 된다. 여기서 헨치먼을 기다린 것은 건물 공사에 쓴 비계도 채 떼어내지 않은, 화강암과 대리석으로 꾸민 신고전주의 풍의 새 집이었다. 이 집은 고용주가 제공한 것이었다.

상하이의 은행 사무실은 엄밀히 말하면 일개 지점에 불과했지만, 여기서 맡는 업무의 양이나 중요성 때문에 모든 면에서 홍콩의 본점만큼 중요했다. 은행은—오늘날의 홍콩상하이은행(HSBC)은 당시 그냥 '은행' 또는 중국 이름인 웨이풍으로 주로 알려졌다—1870년대부터 쓰던 건물 옆의 건물 두 채를 1919년에 사들였고, 머지않아 모두 철거하고 새 건물을 지었다. 새 건물은 번드를 압도하는 위용을 자랑했다. 건물 신축 공사는 건물 두 채를 매입한 지 2년 뒤 시작됐고, 헨치먼이 상하이에 도착했을 때는 전체 공사의 75%만 끝난 상태였다.

헨치먼과 메리는 이로부터 10년 동안 자신들끼리만 결혼한 게 아니라 은행과도 결혼한 것 같았다. 그들은 상하이에 도착한 뒤 오래지 않아 동아시아를 두루 여행하면서 은행 내 승진의 사다리를 올라갔다. 처음엔 칭다오에 이어서 방콕, 그리고 일본 고베로 옮겼다. 은행은 헨치먼에게 중요한 자리로 꼽히는 직위를 내줬고—그는 홍콩의 관리자 자리를 아슬아슬하게 놓쳤다—그가 일본에서 이룬 성과는 더 중요한 자리를 맡을 준비가 됐음을 보여줬다. 그는 1929년 부지점장으로 상하이에 복귀했고 2년 뒤 지점장이 됐다. 그는 이제 상하이에서 가장 유명한 지역에 있는 건물의 모퉁이 사무실을 차지하고 중국 전체에서 가장 힘 있는 남성 집단의 일원이 됐다.[26]

헨치먼이 1922년 상하이에 왔을 때 아직 공사 중이던 은행 건물은 이제 완공됐고 (에딘버러의 스코틀랜드은행 건물에 이어) 세계에서 두 번째로 큰 은행 건물이 됐다. 동으로 만든 두 개의 사자상이—경마 클럽 회원이며 유력한 마구간을 소유했던 은행장과 상하이 지점장의 이름을 따서 스티븐과 스팃이라는 이름이 붙었다—입구를 지켰다. 차분한 스팃은 혼돈 속에서 안정을 꾀하고, 자신의 영역을 지배한 스티븐은 포효하는 모양새였다. 이 둘의 발은 행인들이 행운을 빌려 쓰다듬는 통에 이미 반짝거리기 시작했다. (이 두 마리 사자상은 현재 옛 경마 클럽 건물로 옮겨져 상하이 역사박물관 방문객들을 맞이하고 있다. 번드의 원래 자리에는 복제품이 있다.)

건물의 로비는 전 세계로 뻗어 나간 은행의 사업 영역을 뽐내는 장식으로 꾸며졌고, 상하이의 악명 높은 여름 폭염에도 아주 쾌적했다. 이 건물은 세계에서 중앙 냉방 시스템을 가장 먼저 설치한 건물들 중 하나였다. 대리석 바닥과 설비보다 더 웅장한 것은 천장을 수놓은 모자이크였다. 모자이크는 이 은행의 가장 중요한 사무소들—방콕, 캘커타, 홍콩, 런던, 뉴욕, 파리, 도쿄, 그리고 물론 상하이—을 묘사한 여덟 개의 판넬로 이뤄졌다. 풍부한 상징과 표현력을 자랑하는 모자이크는 세련된 세부 묘사를 통해 이 은행에 얽힌 사연과 신화를 표현했다. 엘리베이터를 타고 2층으로 올라가면, 번드와 황푸강을 내려다보는 지점장 사무실이 있다.

이 건물 모퉁이 사무실의 책상이 바로 헨치먼이 명성을 굳힌 자리다. 1929년의 대공황은 미국이나 유럽에 비해 중국이나 상하이에 충격을 덜 끼쳤으며—어쨌든 〈포천〉 잡지는 상하이를 1930년대 초에 재산을 3배까지 늘릴 수 있는 곳으로 요란하게 선전했다—1931년 이후 중국의 국내총생산과 산업 생산이 함께 줄었지만 단 몇 년 만에 회복했다. 1차 세계대전 와중에 시작된 이 도시의 호황이 이어졌기 때문에 상하이정착민들은 대공황을 거의 걱정하지 않았다. 하지만 난징의 새 중국 정부는 권한을 내세우며 공공 조계 당국과 가끔씩 충돌했다.

1935년 국민당 정부가 법정 통화를 정리하고 은본위제를 버리기로 하자, 중국의 통화는 가치를 빠르게 잃으며 무너졌고 중국의 경제 발전, 특히 조약항들, 그 중에서도 상하이의 경제 발전까지 위협했다. 당시의 선도적인 경제사학자의 말을 따르자면, "A. S. 헨치먼이 기술적 탁월함을 발휘해, 결국 최소 준비금을 안정되게 확보할 수 있었다."[27]
몇몇 사람은 그가 위기 국면에서 계산하고, 간청하고, 강요하고, 허세를 부리고, 타협한 방식 때문에 그를 '마법사'로 불렀다. 중국 정부는 그에게 채옥대훈장(과 금 손목시계)를 수여했다.

해결할 문제는 여전히 있었지만—상하이에서는 언제나 그랬지만—미래는 밝은 것처럼 보였다. 특히, 연주회와 영화관, 카바레, 무도장의 사교계 내부에서 보면 말이다. 헨치먼 가족은 손님 명단에 언제나 당연히 포함됐고, 중요한 파티는 모두 참석했으며, 상하이를 거쳐 가는 외교관이나 고관, 유명인사들에게 잔치를 베풀었다. 이 가족의 성탄절 무도회는 은행 직원 몇몇이 참여하는 사무실 내 행사로 시작했지만, 영국인 상하이정착민들의 비공식 성탄절 파티로 규모가 커졌다. 1930년대 초에 이르면, 100명 이상의 인원이 경마장에서 서쪽으로 멀리 떨어지지 않은 버블링웰 거리 1185번지의 헨치먼 자택에 모여 성탄절을 축하했다.[28]

그리고 춤꾼, 저녁 식사, 때로는 일보다 더 헨치먼의 관심을 사로잡은 것은 바로 경마장이었다. 헨치먼은 상하이에 축적된 부로부터 이익을 챙기려 이 도시에 왔지만, 상하이는 돈을 버는 장소라기보다 쓰는 장소로 더 큰 명성을 누렸다. 캘커타에서 온 한 방문자는 "분명 상하이에서는 돈을 빠르게 벌지만, 버는 속도보다 더 빨리 사라지곤 했다."[29]고 썼다.

스쿼시와 규칙이 비슷한 스페인 바스크 지방의 운동 경기인 하이알라이가 노름꾼들 사이에서 인기였고, 개 경주도 마찬가지로 인기를 끌었다. 그러나 운을 걸어볼 방법으로 가장 인기 있는 것은 역시 경마였고, 일부 계층의 상하이정착민들에게는 더없이 어울리는 경기였다. 헨치먼은 세계 최고 수준의 경마 시설로 자리 잡은 새 클럽하우스가

아서와 메리 헨치먼이 자신들 소유의 조랑말을 상하이 경마 클럽 밖으로 이끌고 있다. 1941년.

문을 열었을 때 처음 경마 클럽에 발을 들였다. 이 건물은 아르데코풍 고층 건물들과 깜빡임 없이 빛나는 난킹 거리의 네온 불빛에 둘러싸여 있었다. 헨치먼은 말타기를 썩 좋아하지 않았지만, 상하이의 유력 인사로서 여러 세대에 걸쳐 상하이정착민들이 거쳐 간 길을 따라 경마 적성을 시험해봤다.

헨치먼이 주목한 것은 경마 그 자체가 아니라 챔피언 대회였고, 이 대회 우승은 공공 조계에서 우쭐거릴 권한을 얻는 길이었다. 그리고 이는 헨치먼 같은 상대적인 신참들에게는 모든 걸 바꿀 수 있는 것이기도 했다. 걸려 있는 상금을 생각해도 시도해볼 만했다. 우승자는 최고 액수인 5천 달러(현재 가치로 8만3천 달러)를 가져갈 수 있었다. 우승자가 아니더라도 나머지 상금 중 일부를 받을 수 있었다. 이를 모두 합치면, 챔피언 대회에 걸린 판돈은 오늘날 가치로 100만 달러에 가까웠다. 도박꾼들에게 상금은 새로운 삶(또는 과거의 삶에서 탈출)을 위한 입장권이 될 수 있었다. 시간을 초월한 동시에 운이 다한 것 같은 세계를 자신들만의 규칙과 기준으로 지배하는 상하이의 후예들에게, 챔피언—'경마장의 왕'으로 불렸다—선언은 돈만큼이나 큰 매력이었다.

헨치먼은 챔피언이 되고 싶었다.

챔피언이 되려면 로버트 에이트킨헤드를 넘어야 했다.

첫 눈에 이 둘은 경쟁 상대가 아닌 듯 보였다. 우선은 헨치먼이 상하이에서 일을 시작한 시점이 그랬다. 이때는 에이트킨헤드가 막 떠나기로 결정한 때였다. 때는 1932년이었다. 그는 중국에서 25년을 살았으며, 그의 친구들은 그의 상하이 시절을 축하하기 위한 "흡연과 저녁 식사 콘서트" 곧 "노래와 익살스러운 스코틀랜드식 촌극"[30]의 밤을 함께 하기 위해 모였다. 로버트는 "의지가 되는 사람, 모두의 좋은 친구"였고, 그의 친구들은 그가 스코틀랜드로 돌아가 새 터전에서 잘 살기를 기원하기 위해 잔을—어쩌면 여러 잔을—들어 올렸다.

헨치먼이 태어난 지 정확히 3개월 뒤 글래스고에서 태어난 에이트킨헤드도 상하이정착민 중 상류층이었지만 뿌리는 확연히 달랐다. 그는 철도원의 자녀 8명 가운데 맏이로 태어나 해군 기술병으로 훈련을 받았다. 그가 스코틀랜드를 떠난 건 초상국 기선교통 회사에서 일자리를 얻으면서다. 이 회사는 중국 최초의 증기선 회사이며 19세기 개혁운동의 중심인물이며 박식하기로 유명한 리훙장이 설립했다. 1907년 상하이에 도착한 에이트킨헤드는 많은 영국인 국외 거주자들처럼 상하이에서 다른 모습을 보여줬다. 그는 골프, 잔디 볼링, 그리고 특히 테니스에 능해서 그의 이름은 곧 신문 스포츠면과 사회면 독자들에게 익숙해졌다. 그의 이름은 상하이 너머로까지 알려졌다. 홍콩에서는 잔디 볼링 팀들이 '에이트킨헤드 패' 대회를 치를 정도였다.

봅 에이트킨헤드와 진 램지 앨런은 1912년 영국 영사관에서 신고용 공식 결혼식 뒤 성공회 소속 성삼위 성당에서 다시 결혼식을 올렸다. 경마장에서 몇 구역 떨어진 곳에 있던 이 성당은 현지 영국인 사회의 지주 구실을 한 곳이다.[31] 상하이정착민들은 자신들의 사회가 계급 없는 사회라고 자부했지만(그들은 자신들을 남과 구별하기 위해 계급보다 인종에 더 의존했다) 에이트킨헤드 가족은 헨치먼 가족처럼 사교계 붙박이로 자리 잡게 해줄 연줄도, 재산도 없었다. 로버트처럼 진도 스코틀랜드 혈통의 상하이정착민이다. 그녀는 중국에서 자랐는데, 처음에는 홍콩에 있었고 1910년 상하이에서 기술직 일자리를 구한 아버지를 따라 상하이로 옮겼다.

에이트킨헤드 부부는 운동을 열심히 해서, 두 아이를(딸이 1914년 먼저 태어났고 아들은 이듬해 태어났다) 키우면서도 테니스와 골프에서 우승컵을 쓸어 모았다. 그들은 여행도 즐겼다. 부부의 생활 방식은 둘이 함께 상하이에 머무는 때가 날로 줄어드는 양상으로 변해 갔다. 진은 보통 봄에는 아이들을 데리고 영국으로 돌아갔다. 로버트는 훨씬 더 자주 여행을 다녔으며, 보통은 혼자 다니거나 사업 파트너와 함께 다녔다. 일본과 동아시아의 항구도시들부터 유럽과 북아메리카까지 두루 돌아다녔다. (상하이에서 런던까지 가장 빠른 경로는 캐나다 태평양 철도를 이용해 캐나다를 가로질러 가는 것이었다.)

에이트킨헤드는 유명인사였지만—1930년에 그는 '블루 스타 라인 해운'의 극동 담당 관리자가 됐다—헨치먼 같은 지위는 얻지 못했다. 다만 그는 헨치먼보다 친구를 더 쉽게 사귀었고 특히 스포츠계에서 친구를 잘 만들었다. 이는 양푸 볼링 클럽에서 흥겨운 송별회를 열어준 데서도 알 수 있다. 송별회에서 축배를 든 이들 중 한 명은 3년 전 다른 회원 한 명에게 송별회를 열어줬는데, 몇 년 뒤에 그가 다시 돌아와 아주 기뻐한 일이 있다고 말했다. 이 발언은 앞을 내다보는 것이었음이 나중에 확인된다.

에이트킨헤드는 상하이를 버리고 목가적인 스코틀랜드 마을 클루니를 선택했다. 이 마을은 같은 이름의 호수 주변에 있었다. 숲이 우거진 언덕은 양쯔강 삼각주의 평평한 습지와는 매우 달랐다. 스코틀랜드에서 가장 더운 여름날은 상하이의 봄 같이 느껴졌고, 상하이 여름의 가혹한 습기를 따라갈 곳은 세상에 어디도 없었다. 타이강의 강물은 탁한 쑤저우강에서는 찾을 수 없는 투명함으로 반짝였다. 깨끗한 스코틀랜드 저지의 하늘은 상하이의 안개와 뚜렷이 대비됐다. 끝없는 재개발에 몰두한 세계 최대 규모의 근대 도시에서, 에이트킨헤드는 오래된 과거를 감추지 않고 드러내는 작은 마을로 옮긴 것이다. 이 마을 중심에는 12세기 건축물의 잔해가 남아 있고, 스코틀랜드의 첫 번째 왕까지 거슬러 올라가는 1천 년 된 사냥 막사도 있었다. 1930년대에 상하이에는 전 세계에서 모인 600만 명가량이 살았고, 클루니에는 단 몇백 명의 스코틀랜드 사람뿐이었다.

어쩌면 에이트킨헤드는 스코틀랜드를 새로운 터전으로 삼기에는 상하이에 너무 오래 산 것 같았다. 돈 때문에 상하이가 다시 그를 끌어들였는지도 모른다. 아니면, 중국 해변 지역에서 사반세기 동안 사귄 친구들이 그리웠을 수도 있다. 이유가 무엇이든, 증기선 코르푸가 에이트킨헤드를 1933년 2월 다시 상하이에 내려놨다. 그가 떠난 지 딱 7개월 만이다.[32] 그는 다시 한 번 상하이정착민이 됐고 정말로 다른 누구도 될 수 없었다.

에이트킨헤드의 명성은 그가 "조용한 보수주의자"에 속하는 걸 암시한다. 〈포천〉은 잡지 독자들에게 상하이에는 보수적인 이들이 꽤 많다고 단언한 적이 있다. 다만 그들은 "전형적인 인물들은 아니고…

인구 대비 비중도 거대도시 평균보다 적었다."³³고 덧붙였다. 이런 식의 추측이 있었지만, 아무튼 에이트킨헤드는 확실히 스포츠선수와 도박사의 모습에 딱 어울리는 인물이다. 헨치먼이나 프랭클린처럼 에이트킨헤드도 챔피언 대회에 눈독을 들였다. 아직 갈 길이 멀었지만 말이다. 그가 소유한 말들은 단 한 차례도 상하이 클래식에 나가본 적이 없었다.

에릭 몰레르는 자신의 아버지 '닐스 선장'한테서 사업을 물려받았다. 그의 아버지는 수십 년 전에 자신은 그 어느 나라의 사법권도 적용받지 않는다고 선언한 바 있다. 실효는 없었지만 말이다. 특히, 계약 위반 등으로 피소되어 재판 참석을 요구하는 나라들에 대해 이런 주장을 폈다. 그가 어느 나라 시민권자였든 그는 1903년에 숨졌다. 그의 유언장은 논란을 불렀다. 그는 상하이에서 두 번 결혼했고, 재산의 종류와 처분 방법에 대해 가족들에게 명확하게 알리지 않았다. 아무튼 유산 분배가 완료되자 그의 아들들인 에릭(공식적으로는 닐스 에릭)과 존이 나서서 사업체를 운영했다.

두 형제는 물려받은 해운 회사의 범선을 매각하고 첫 번째 증기선(1885년에 건조된 '캔턴')을 구입하는 등 선단을 공격적으로 근대화했다. 에릭은 1910년 이 회사의 소유 지분을 전부 확보했으며 확보 시기는 더없이 좋았다. 세계대전이 유럽을 초토화시키면서 상당 기간 동안 유럽은 세계 시장 개척에 나설 여력이 없었기 때문이다. 덕분에 중국 해안 지역은 가장 큰 혜택을 본 지역 중 하나가 됐다. 몰레르는 18척의 배를 사들여 최대한 활용했다. 이 중 적어도 4척은 독일의 어뢰에 맞아 침몰했지만 말이다.

전쟁이 끝나자 중국은 제조업 중심지이자 중요한 수출입 시장으로

떠올랐고, 굴뚝에 몰레르 해운의 짙은 남색 엠(M)자 문장이 그려진 10
여 척의 선박은 계속 늘어나는 교역품 수송을 맡았다. 대공황은 경쟁
자들을 파산으로 몰아갔고, 몰레르는 그들의 배를 헐값에 사들여 선
단을 확대했다. 1930년대에 몰레르가 거느린 선단은 중국 해안에서
최대 규모였다. 이 선단은 바다용 선박과 양쯔강을 오가는 증기 연락
선으로 구성됐다. 그의 관심 사업은 보험, 금융, 부동산으로까지 넓
어졌다.

에릭 몰레르 또한 경마장의 붙박이였다. 그의 아버지는 경마에 소극
적인 관심만 보였지만(그는 1890년대에 몇 년 동안 톈진 경마 경기에 '앵커 플래그 컵'
을 제공했다), 에릭은 일찍이 23살 때인 1898년부터 경주로에서 직접 말
을 몰면서 경마에 몰두했다. 그는 상하이와 홍콩에서 가장 성공한 기
수들 중 하나로 꼽히게 됐다. 그는 유산을 받게 되자 말을 타는 데 그
치지 않고, 말을 사들인 뒤 존 윈가드와 짝을 이뤄 1905년 '시레이' 마
구간을 세웠다. 이 마구간의 제복은 그의 선박처럼 파란색 닻 무늬로
꾸며졌다. (원래는 파란색과 붉은색이 주요한 색이었는데, 몰레르는 나중에 초콜릿 색과 황
금색으로 바꾸었으며 이는 홍콩과 상하이 두 곳의 마구간 모두에서 상징색이 됐다.) 1930년
대에 이르자, 그의 마구간에는 말이 60여 마리까지 늘었다. 이는 상하
이에서 가장 많은 것이었다.

그의 아버지는 자신이 상하이 시민이라고 주장했지만, 에릭 몰레르
는 상하이 귀족이었고 아주 적절하게도 그는 실제로 성에 살았다. 그
의 집 '몰레르 빌라'는 상하이 경마 클럽의 새 클럽하우스와 거의 비
슷한 때 완공됐으며 여러 양식을 섞어 지어진 탓에 상하이에서조차 돋
보였다. 고딕 양식, 튜더 양식, 스칸디나비아 양식이 우선 눈에 띄지만
이슬람적 요소와 중국적 요소도 더해졌으며 주조는 해양 분위기를 풍
겼다. (이 건물은 현재 부티크 호텔이다. "마녀의 모자처럼 보이는 음울한 고딕 양식의 뾰족

탑이 거대한 튜더 양식 벽면과 결합한 몰레르 빌라는 한스 크리스티안 안데르센의 동화에 나오는 건물처럼 보인다. 현실감이 강하지도, 이 세계에 속하는 것 같지도 않다."[34]

에릭 몰레르는 해운업에 종사했기 때문에 홍콩을 자주 오갔다. 당시에 홍콩은 중국 해안 지역에서 영국 세력의 중심지였고, (아마도) 중국에서 처음 경마장이 생긴 곳이다. 그는 홍콩에서도 말 10여 마리를 갖춘 마구간을 운영했지만, 그가 명성을 얻은 건 단 한 번의 경주 덕분이었다. 그건 '중국 말고삐잡이들'이 이 해안 지역에서 가장 중요한 경주로 평가하는 1938년 홍콩 챔피언컵 경기였다. '리버티 베이'라는 이름의 말이 1932년부터 1935년까지 참가한 모든 경주에서 우승하면서 4년 동안 홍콩 경마를 지배했다. '리버티 베이'는 너무나 압도적이어서 말 주인이 경마 마권에서 이 말의 이름을 빼는 데 동의할 정도였다. 우승 승률을 2위 후보 말에게 부여한 것이다. 이런 방식으로 경마가 진행되는 가운데 '리버티 베이'는 1938년 봄까지 주요 대회를 거의 석권했다. 에릭 몰레르는 그해 봄 홍콩 경마 대회에 진한 갈색 조랑말 '실키라이트'를 새로 출전시켰다. 몰레르의 아들 랠프가 말의 기수로 나서 (신인 말들만 참가하는) 메이든컵에서 우승했고, 이어진 홍콩더비에서도 승산이 없다는 평가를 뒤집고 우승했다.

하루 뒤 '실키라이트'가 홍콩 챔피언컵에서 '리버티 베이'와 만났을 때, '리버티 베이'는 6년 동안 단 한 차례도 진 적이 없는 상황이었다. 홍콩섬 중심에 있는 해피밸리 경마장 관람석을 가득 메운 관중들은 '실키라이트'가 출발선에서 말 길이 두 배나 앞서 치고 나가자 모두 자리에서 일어났다. 하지만 '리버티 베이'가 부진한 출발을 만회하면서 중간 지점에 이르러 말 길이 10배의 큰 격차로 앞서자 모두 따분해하며 자리에 앉았다. 말들이 본부석 쪽으로 돌아 들어올 때에도 격차는 여전히 말 길이 9배였지만, 관람석 높은 곳에 있던 에릭 몰레르는

'실키라이트'가 "마치 화살처럼" 뛰어나오는 것을 봤다. 결승선이 가까워지자 '실키라이트'가 거의 따라붙어 둘은 나란히 달렸고, 막판에 '실키라이트'가 결승선으로 쇄도하면서 말 길이 1.5배 차이의 승리를 거머쥐었다. '리버티 베이'의 주인 램버트 던바보다 더 놀란 사람은 없었다. 이날 이후 그는 이 말을 경주에 내보내지 않았다.[35]

화이트라는 이름은 20세기 초 상하이의 상류층을 논할 때 몰레르의 경쟁자로 등장한다.

오거스터스 빅터 (A. V. 또는 '거시') 화이트는 홍콩에서 써웨이 홍과 함께 상하이로 온 은행가의 종손이다. 20세기 초에 이르면 화이트 가문은 상하이 금융계에서 가장 중요한 가문들 대열에 들어간다. 거시 화이트의 아버지 윌리엄은 중개업을 하면서 번드 뒤쪽, 강에서 두 구역 떨어진 공공 조계 중심부에 살았다. 쓰촨 거리에 있는 윌리엄 화이트의 집은 그의 형제 오거스터스 해럴드 소유의 집 클래터하우스보다는 덜 공들인 건물이지만, 여전히 상하이정착민들이 누리던 혜택을 예시해준다. "요리사와 보조 요리사, 잡일꾼, 급사와 보조 급사, 유모 두 명과 입주 재봉사"를 거느린 집이었다. 화이트로서는 "꽤 평균적인 규모의 하인들"을 거느린 걸로 생각한 이런 환경은 이 가족이 "손가락도 까딱한 적 없다."[36]는 걸 뜻한다.

학업을 마친 거시 화이트는 가족 회사에서 중개인으로 일했다. 그와 캐서린 고드실의 1921년 결혼식은 사회면을 장식한 뉴스였다. 왜 아니겠는가? 화이트는 1918년 경마 클럽에 들어갔고 곧 가장 유명하고 성공적인 말 소유자이자 기수 대열에 합류한 사교계의 중심인물이 된다.[37] 그리고 1920년대 내내 거시 화이트는 장완과 시내 경마장에서 열린 클래식 경마 경기에 참가했다. 그의 회색 말 '팻'은 1929년 챔피언컵에서 우승했고, 그 이후에도 여러 차례 챔피언컵을 차지할 것으로 보였다. 그러나, 화이트의 운수가 바뀌고 만다.

프랭클린과 헨치먼이 상하이에 도착한 당시에도 거시 화이트는 경주를 계속 했지만, 챔피언컵을 다시 차지하지 못하고 있었다. 그는 클래식 경기에서 유력 후보에 드는 일도 계속 줄었다. 그는 다른 일 때문에, 다시 말해 떠도는 추문 때문에 신문 머리기사를 장식했다. 화이트가 유부녀인 루이자 브랜드와 사귄다는 소문이 떠돌았는데, 화이트는 루이자의 결혼식에서 신랑 들러리였다![38] 브랜드는 1936년 여름 이혼했으며 소송에 공동 피고인으로 출석했던 화이트도 곧 이혼했다.[39] 거시와 루이자는 그 해 겨울 홍콩에서 결혼했다.[40] 챔피언 대회 복귀는 혼란스런 개인사를 겪은 이로서는 호재일 것이다.

이들 같은 새 세대의 말 소유자는 대부분 남자였지만 전부는 아니었다. 예를 들어, 거시 화이트와 이혼하기 전에 캐서린 고드실은 남편과 챔피언 대회 우승말 '팻' 등을 공동 소유했고 경마 클럽에서도 유력 인사였다. 뛰어난 말들을 남편과 공동으로 소유한 여성은 전에도 몇몇 있었지만, 여성들이 단독으로 말을 소유한 것은 1920년 이후부터였다. 베라 맥베인이 한 예다. 영국 잉글랜드에서 태어난 그녀는 런던 웨스트엔드의 코번트가든 근처 게이어티극장에서 (베라 데이비스라는 이름으로) 비중이 작은 역을 맡아 공연한 적이 있다.[41] 여기서 베라는 장차 남편이 될 윌리엄 맥베인을 만났으며 1918년에 결혼하고 몇 년 뒤 상하이로 이주했다. 윌리엄 또한 유력한 상하이정착민 집안 출신이며 이 가문은 19세기에 처음 상하이로 이주했다.

이 도시의 새내기 베라 맥베인은 1920년 장완 스테이크 경마에서 우승함으로써 자신의 말로 우승을 거둔 첫 번째 여성이 된 개척자다.

맥베인은 그 뒤 같은 여성인 빌리 쿠츠와 짝을 이뤄 '위투'라는 마구간을 소유함으로써 경마 클럽에 가장 뿌리를 깊게 내린 여성 대열에 들게 된다.

본명은 메리 그레이스이지만 항상 빌리로 불린 쿠츠는 상하이에서 거의 50년 동안 거주한 가문 출신인데 기질이 독특했다. 1900년에 태어나 경마장 주변에서 자란 빌리는 여성이 경마 클럽 회원이 되지 못하던 때부터 말 조련사이자 기수였다. 그녀는 꾸준히 '상하이 페이퍼 헌트'에서 우승했다. 이 대회는 곳곳에 뿌려놓은 종이에서 힌트를 얻어 물건을 찾는 게임을 접목시킨 일종의 여우 사냥 크로스컨트리 경주다. (경주로에서 진행되는 '평지 경마'에는 여성의 참가가 허용되지 않았지만, 페이퍼 헌트와 장애물 경주는 여성에게도 개방됐다.)

빌리 쿠츠는 1924년 우승말을 조련한 첫 번째 여성이 됐다. 당대 사람들은 그녀를 '날카로운 위트'를 지닌 "중국 해안에서 가장 옷 잘 입는 여성"[42]으로 표현했다. 베라 맥베인과 빌리 쿠츠는 상하이 경마 클럽에서 가장 탁월한 여성 회원들에 해당했고 소동을 일으키지 않는 일이 드물었다. 〈노스차이나 헤럴드〉는 "지금까지 남성의 신성한 장소로 여겨지던 곳에 쳐들어온 여성들의 침입이 현재 세대의 양상이다."[43]라고 썼다.

빌리 쿠츠는 지역 언론들이 "승마길에서 면사포로"[44]라는 표현을 동원해 묘사한 구애를 받은 끝에 1927년 존 (잭) 리들과 상하이에서 결혼했다. 잭 리들과 베라 맥베인은 경마장과 사업에서 경쟁자였지만, 두 여성은 '위투' 마구간을 계속 유지하며 변치 않는 친구로 남았다. 두 여성은 남편들의 고삐를 쥘 수 있기 때문에 이 협력 관계를 더욱 즐긴 것 같아 보인다. 그들이 마구간을 장난삼아 시작했건 더 심각한 목적 때문에 시작했건, 마구간은 크게 성공했다. '위투'는 시작부터 빠른 말들을 확보해 팀을 꾸렸고 1932년에는 상하이 챔피언컵에 '미스터 신더스'를 출전시켜 우승했다. 그 이후에도 꾸준히 도전했지만, 빌리와 베라는 단독으로든 공동으로든 챔피언컵 우승자 대열에 아직 복귀하지 못하고 있었다.

에릭 큐민은 최초의 상하이정착민에 속하는 헨리 몬슬 큐민과 위니프리드 그리브스의 아들이다. 스코틀랜드인 아버지와 중국인 어머니 사이에서 태어난 부모와 달리, 에릭은 순수한 상하이 사람이다. 그는 공공 조계에 있는 부모의 집에서 1905년에 태어났다. 중국인 할머니 두 분과 함께 살면서 그는 영어, 표준 중국어, 광둥어를 쓰며 자랐다. 그는 상하이에 있는 대부분의 중국인이 열망하는 것을 한참 넘어서는 생활 방식을 누리며 살았지만 당대 기준으로는 '온전한' 유럽인이 아니었다. 그는 유라시아인으로 간주됐고, 그 또한 이런 배경을 기피하지 않았다. 나중에 그의 인생 동료들은 그를 절반은 중국인으로 여겼다.[45]

에릭 큐민의 다인종 정체성은 상하이에서 그가 누릴 수 있는 교육 기회를 제한했다. 그는 유라시아인을 받지 않는 유명 커시드럴 학교에 입학하지 못하고 대신 '상하이 사립 학교'—영국인들이 세워 영국식 기숙학교와 비슷하게 운영했다—에 들어갔다. 그는 이 학교에서 뛰어난 운동 실력을 발휘했고(크리켓에서 커시드럴 학교를 이겼을 때 특히 즐거워했다) 졸업 뒤 영국 최초의 독립계 건축학교이자 세계에서도 명문으로 꼽힌 영국 건축협회 건축학교 입학을 위해 런던으로 갔다. 큐민은 이 학교를 20살 때인 1926년 졸업했고 전국 규모의 상도 몇 개 수상했다. 그는 1927년 12월 에마 (글래디스) 윌리엄스와 결혼했고, 결혼한 지 몇 달 뒤 '블루 퍼늘 라인'의 증기선 '아이네아스'를 타고 수에즈 운하의 포트사이드와 동남아 해협 식민지를 거쳐 상하이로 향했다. 에릭은 중국으로 돌아온 직후 아버지의 회사 '큐민 앤드 어소시에이츠'에 들어갔다.[46]

에릭 큐민은 버블링웰 거리의 경마장 서쪽에 있는 데니스 아파트 등 상하이의 아르데코 절정기 때의 유명 건물 몇 채를 설계했다. 1930년 이 아파트의 완공을 앞두고 〈차이나 프레스〉는 이 건물의 수많은 근대적 특징들을 높이 평가함으로써, 이 건물이 모든 근대적인 것의 선구자를 자처하는 데 힘을 실어줬다. 도시 서쪽에서 가장 높은 건물인 이 아파트는 대략 12층 높이였으며 동아시아에서는 드물게 미국 오티스사의 엘리베이터가 4대 설치됐다. ("담배꽁초를 버릴 때 빼고는 아무도 사용하지 않는다"는 이유로 발코니가 설치되지 않았으며) 건물 정면은 '진보'와 '조화'를 포함한 근대성의 가치를 표현한 조각으로 꾸며졌다. 데니스 아파트는 '클럽 구역의 중심'에 위치해 경마장, 컨트리 클럽, 기독교청년회, 상점가에 쉽게 갈 수 있는 입지를 자랑했다.[47]

그렇지만, 큐민의 데니스 아파트는 공개적으로 표명한 세계시민주의를 스스로 허물고 말았다. 큐민의 설계는 공공 조계의 사회 구조를 분명하게 드러냈다. "방이 하나 이상인 모든 가구는 별도의 하인용 숙소가 붙어 있으며, 이는 하인들이 고용주와 너무 가까이 살지 않게 하려는 의도로 설계된 것"이라고 〈차이나 프레스〉가 떠벌린 것이다. 하인들이 언제든지 부르면 올 만큼 가깝되, 거치적거릴 만큼 가깝지 않은 곳에 머무는 것이야말로 상하이정착민들에게 호소력이 있었다. 게다가 이런 배치는 대부분의 상하이 고층 아파트처럼 하인들의 숙소가 건물 위층에 몰려 있는 것도 피할 수 있었다. 하인들의 숙소가 위층에 있으면 원치 않는 결과가 나타났다. "새벽 시간에 마작이나 포커 게임으로 활기가 넘쳐"[48] 입주민들을 불편하게 하는 일이 생기는 것이다.

이 아파트의 디자인은 많은 상하이정착민들에게 하인이 얼마나 중요한지 보여주는 데 그치지 않고, 중국인 노동자들의 사교 풍습에 대한 폄하도 부각시킨다. (이 아파트 거주자가 모두 백인은 아니었다. 잉 탕은 나중에 이 아파트에 살게 되는 중국인이다.)

헨치먼, 에이트킨헤드, 프랭클린, 화이트, 맥베인, 리들, 큐민, 이들 모두는 챔피언이 되려는 야심이 있었지만, 이들이 챔피언 스테이크에 도전하려면 사순 가문을 먼저 넘어야 할 것 같았다.

데이비드 사순은 1893년 자신의 말 '히어로'가 죽자 말들을 대부분 팔고 일부만 홍콩으로 데려간 뒤 30년 동안 상하이에 돌아오지 않았다. 그는 상하이의 경마를 개혁시킨 인물이다. 그는 승리에 몰두하고 타협을 거부함으로써, 아마추어들의 클럽을 10년 만에 전문 경마 조직으로 바꿔 놨다. 돈이 뒷받침되고 탁월한 경주마 선별, 훈련, 경주 기술 덕분에 이룩한 사순 마구간의 성공은 상하이 경마 클럽 경쟁자들을 그들의 방식으로 모두 무찌르는 결과를 가져왔다. 클럽은 데이비드 사순을 괘씸하게 생각했는데, 그가 젊고—그는 서른살도 안돼 챔피언 스테이크에서 처음 우승했다—유대인이었기 때문이다. 하지만 그는 어느 날 사라지기 전에 상하이 경마의 수준을 거의 혼자서 일방적으로 끌어 올렸다.

떠날 때처럼 조용하고 불가사의하게, 1926년 60대의 데이비드 사순이 돌아왔다. 이때는 프랭클린, 에이트킨헤드, 헨치먼이 막 사순의 빈자리를 차지하려고 다짐하던 때였다. 1880~90년대에 경쟁자들을 심하게 괴롭히던 반문화적인 젊은이와는 거리가 멀어진 그는 이제 '넌키'(삼촌: 옮긴이)로 더 널리 알려지게 되었다. 모호크 거리에는 이제 사순 가족의 마구간이 두 개로 늘었기 때문이었다. 하나는 데이

상하이 경마 클럽 모습. 아마도 회원 관람석. 1928년.

비드의 마구간인 '몬'이었고 다른 하나는 그의 조카 빅터 경(그는 자신의 아버지가 1924년 숨지자 '봄베이 준남작' 지위를 물려받았다) 소유인 '이브'였다.

잉글랜드에서 자란 빅터 사순은 1차 세계대전 뒤 상하이로 왔다. 그는 공군으로 참전했으며 1916년 비행기 추락에서 가까스로 살아남았다. 이 사고로 그는 평생 상당히 눈에 띄게 절뚝거렸지만 거의 굴하지 않았다. 그는 상하이에서 대적할 상대가 없는 부동산, 상업 제국을 건설했다. 이를 상징하는 것이 난킹 거리와 번드가 만나는 구석에 있는 사순 하우스 호텔—나중에 캐세이로 이름이 바뀌었고 현재는 피스 호텔이다—이다. 빅터 경의 주제별 파티들—이 중에는 그가 무대감독 복장을 하고 나타나는, 유명한 '서커스 파티'도 있었다—은 공공 조계 사교 일정의 하이라이트였다.

1934년 봄 경마 클럽의 새 클럽하우스가 문을 열었을 때, 마치 때를 일부러 딱 맞추기라도 한 듯 사순 가문이 경마를 지배했다. 1933

년부터 1938년까지 개최된 10번의 챔피언 스테이크 중 9번이나 사순의 말들이 우승을 차지했다. 우승을 놓친 딱 한 번은 1934년 가을이었다. 빅터 경의 말 '오페라 이브'가 진흙투성이 경주로에서 뜻밖의 패배를 당한 것이다. 헨치먼, 에이트킨헤드, 프랭클린은 챔피언 컵을 차지하지 못해 좌절했지만, 1930년대에 상하이정착민으로 산 것 자체만으로도 충분한 보상이 됐을 수 있다.

8장
◇◇◇◇
세계시민들

많은 상하이정착민은 '서양과 동양'이 결합된 사회의 꼭대기에서 산다고 느꼈다. 그들의 도시는 수십 개 국적자와 언어 사용자로 떠들썩했지만, 치외법권 때문에 차별은 철두철미하게 유지됐다. 상하이의 많은 공동체는 제각각의 법률을 따랐고, 대체로 서로 분리되어 있었다. 그럼에도, 1920년대 중국 국민당이 권력을 쥐면서 분리와 차별이 다소 완화됐고 많은 공간이 중국인과 외국인 모두에게 개방됐다. 이런 공간은 예컨대 네이츠 윌과 경마 클럽 스태프 클럽이 극장, 음악회, 스포츠 대회를 통해 문화를 넘어선 이해를 촉진한 공간이다. 중국인과 서양인이 나란히 앉은 장완 경마장 등도 이런 곳이다. 상류층 세계시민주의의 이상적 형태는 아마 경마장에서 서쪽으로 1마일 정도 떨어진 버블링웰 거리에 40에이커 규모로 자리 잡은 하둔가의 정원일 것이다. 이곳은 리자와 사일러스 하둔, 인종·국적 구별을 약화시키고 넘어서는 그의 대가족이 사는 집이자, 갖가지 상하이 사교계 집단의 상류층에게 여흥을 제공하는 장소였다.

리자 하둔은 평생을 여러 세계 사이에서 살았다. 그녀는 1864년 상하이에서 태어났다. 이때는 중국을 갈갈이 찢어놓고 상하이 공공 조계를 탄생시키는 계기가 된 태평천국 와중이었다. 당시 그녀의 중국인 어머니와 프랑스인 아버지는 상하이에 온 지 얼마 되지 않은 상태였다. 리자의 어머니 선 이는 상하이에서 해안을 따라 몇백 마일 남쪽에 있는 지역인 푸젠 출신이다. (이 사실은 상하이로 이주한 이들 대부분이 중국 내 다른 지역 출신이라는 걸 상기시킨다.) 조약항들이 약속하는 경제적 기회에 끌려 상하이에 온 선 이는 상하이의 프랑스 조계에서 재단과 재봉 일을 했다. 그녀의 고객 대부분은 상하이로 몰려든 외국인이었다. 당시 새로 도착하는 외국인 숫자는 하루에도 수백 명쯤은 되는 듯 했다.

이렇게 새로 상하이에 온 외국인 중에 이자크 루스라는 프랑스인도 있었다. 루스는 늪이 많은 상하이와는 아주 멀리 떨어진 알자스의 알프스산맥 기슭에서 태어났으며 20대 때에 스위스 바젤 근처 뇌빌레르에서 출발해 중국에 왔다. 그는 1863년 프랑스 조계에서 경찰 일을 하고 몇 가지 사업에도 손을 댔으나 별 재미를 보지 못하는 등 자리를 잡지 못하고 있었다.[1] 부자도 아니고 정치적 인맥이 있는 것도 아니었지만, 그의 인종과 국적은 그에게 치외법권이라는 특혜를 부여했다. 프랑스 법과 법원의 보호를 받은 그는 유럽에서 기대할 수 있는 것을 한참 넘어서는 삶을 누렸다.

이자크 루스가 언제 선 이를 만났는지는 정확히 모른다. 그들의 딸 리자가 태어난 때는 1864년이다. 앞에서 이미 봤듯이, 중국인과 외국인이 관계를 맺는 것은 흔했지만 결혼까지 하는 건 흔치 않았다. 체면을 유지하기 위해 치밀한 계획을 짜는 일도 종종 있었다. 선과 이자크는 여러 해 함께 살았지만 결혼을 하지 않았다. 리자가 태어난 뒤에도 겉으로는 루스가 선을 가정부로 고용한 척 했다. 선 이는 재봉과 재단 일을 계속 했다. 루스는 예금이 아니라 빚을 쌓아 가다가 리자가 3살 때 가족을 내팽개쳤다. 그는 적어도 1873년까지 중국에 남

아 있었다.[2]

루스가 집에서 사라진 지 6년 만에 리자의 어머니는 9살짜리 딸을 남기고 세상을 떴다. 리자는 정식 교육을 받지 못했고 혼자 남아 앞날도 막막했다. 외가쪽 친척들이 리자를 맡아 강 너머 푸둥으로 데려갔다. 푸둥은 오늘날 고층 건물이 늘어선 상하이 금융 중심지이지만 당시에는 리자가 태어난 외국 조계와 동떨어진 세계에 속한 농촌이었다.[3]

외가에서 큰 리자는 자신을 중국인으로 여겼다. 모국어는 상하이어였다. 영어는 결혼한 뒤에 배웠고, 광둥어는 50대에 접어들어서야 배웠다![4] 당대의 주변인들은 중국인이건 외국인이건 모두 그녀를 중국인으로 취급했다. 그녀는 주로 영어 이름 리자 하둔으로 (결혼 뒤) 알려졌고 이 이름으로 악명과 명성을 모두 얻었다. 소녀 시절에는 뤄쓰리루이로 불렸고(뤄쓰는 아버지의 성 루스를 음차한 것이다) 나중에는 뤄자링이라는 불교식 이름을 썼다. 그녀는 10대 시절 자기 어머니처럼 상하이에서 옷을 수선하고 빨래하는 일을 했다. 프랑스 조계에 있는 집 등 몇몇 가정에서 일했는데, 어떤 이들은 그녀의 일이 식모였다고 하고 다른 이들은 유모였다고 했다. 그녀는 프랑스 조계에서 일하면서 기초적인 프랑스어를 익혔고, 조약항의 무역상들이 소통을 위해 영어와 중국어를 혼합해 만들어낸 피진어도 이때 익혔다.

뤄자링의 젊은 시절에 대해서는 소문과 추측이 난무했다. 그녀는 자신이 젊었을 때 "꽃을 팔았다"—매춘의 중국식 완곡 표현—고 어떤 글에 썼다. 그녀가 실제 매춘을 했다는 이야기도 있지만 그렇지 않다는 이들도 있다. 뤄자링이 상하이에 있는 외국 조계에서 일을 한 것은 분명하지만, 부자도 아니고 유명하지도 않았기 때문에 외국인 대상 서비스업에 종사한 수백 혹은 수천 명의 젊은 중국 여성들 사이에서 두

드러질 것도 없었다. 이는 1870년대 들어 사일러스 애런 하둔과 맺은 관계를 통해 근본적으로 바뀌게 된다. 두 사람의 파트너 관계를 통해 그녀는 명사가 됐다. 60년 뒤 상하이 최고 수준으로 꾸민 자신의 집에서 열린 자신의 장례식에 수백 명의 불교 승녀 등 수천 명을 끌어 모을 정도의 인물이 된 것이다.

사순 가문처럼 하둔 가문도 상하이 사회 구조 속에 얽혀 들어간 유대인이라는 무리의 존재를 조명한다. 유대인은 중국인은 아니지만 많은 상하이정착민들이 완전히 받아들이지 않기는 마찬가지였다.[5] 유대인 상인들은 1차 아편 전쟁 이후 유럽에서 중국으로 밀려들었다. 하둔과 사순 가문은 봄베이에서부터 인연이 있었다. 사순 가문의 어른인 데이비드 사순은 1832년 이라크 바그다드에서 봄베이로 옮겨와 사업체를 열었다. 사순 가문이 번성하던 1850년대에 하둔—당시는 Hardoon이 아니라 Hadun으로 표기했다—가문도 바그다드에서 봄베이로 이주했다. 당시 사일러스 애런 하둔은 6살이었다.

사일러스는 1870년대 초 홍콩으로 떠나기 전인 10대 시절 봄베이에서 사순 가문을 위해 일했다. 홍콩으로 이주한 사일러스는 자립을 시도했으나 실패했고 1874년께 상하이로 옮겼다. 당시 상하이에서는 데이비드 사순, 닐스 몰레르, 오거스터스 화이트가 부를 쌓고 있었다. 사일러스는 과거 고용주였던 사순 가문을 설득해 일자리를 얻었다. 그가 맡은 일은 구명줄 치고는 가장 가는 줄인 창고 경비원이었다. 그는 아마도 일주일에 12실링을 받아 이 중 1실링을 저축했을 것이다. 이 전설 같은 이야기가 사실이건 아니건, 사일러스 하둔은 초라하게 시작했지만 사순 가문은 그가 시작하는 걸 돕는 도구가 되어 줬다.[6]

1880년 즈음 하둔은 데이비드 사순의 회사에서 관리자로 일하면서 사순 가문을 대신해 부동산을 사들였고 이때 자신이 투자할 부동산도 구입한 것 같다. 그가 뤄자링을 만난 건 이때쯤이다. 사일러스 하둔이 공개적으로나 법률적으로 뤄자링을 파트너로 인정한 흔적은 드물다. 두 사람은 1928년까지 상하이 영국 영사관에 혼인 신고를 하지 않았지만 그들이 결혼한 때는 1886년이다. 결혼식은 유대인식과 중국식으로 진행됐다.[7]

하둔은 뤄자링의 (이제는 리자의) 불교에 관심이 있었고, 그녀와의 관계 덕분에 대부분의 외국인과 달리 중국인들과 상업적 인맥을 형성할 수 있었다. 소문으로는 리자가 사일러스에게 19세기 상하이에서 넘쳐나던 일확천금 시도에 눈을 돌리지 말고 부동산에 투자하라고 조언했다고 한다. 사실 여부와 상관없이, 사일러스 하둔의 사업은 번창했고 가족의 재산은 날로 불었다. 기록이 남아 있는 최초의 부동산 거래는 1895년에 이뤄진 것이다. 이때 그는 상하이 중심지 난킹 거리 근처의 넓은 땅을 샀다.[8]

이 즈음 사일러스 하둔은 상하이에서 가장 부유한 남자들 대열에 들었고, 번드에 사무실을 차렸으며 꼼꼼하게 계획한 저택 건축도 시작했다. 상하이 기준으로도 막대한 규모였던(그가 숨졌을 때 남긴 재산은 현재 가치로 150억 달러에 이른다) 그의 재산 가운데 일부는 (합법적인) 아편 거래를 통해 모은 것이다. 중국에서 출간된 하둔 관련 학문적 저작 상당수가 하둔이라는 인물을 규정하는 것이 바로 이 연결고리다.[9] 하둔에 얽힌 전설의 중심이자 하둔과 연결되는 장소의 중심은 이 가문의 집이다. 리자를 기념하기 위해 '아이리'(아이는 사랑을 뜻하고 리는 리자의 '리'다)라고 이름 붙인 정원은 상하이가 아닌 다른 지역에서는 찾기 쉽지 않은, 멋진 경관을 자랑한다. 리자의 의뢰로 불교 승녀가 설계한 이 정원은 가정 내 유대교 요소와 불교 요소를 대비시키고 어쩌면 서로 보완해주기도 한다. 불교식 탑과 절, 인공 시냇물, 중국식 극장, 정자, 그리고 명상

을 위한 경치 좋은 자리들이 정원을 수놓았다.[10]

사일러스와 리자 하둔은 많은 측면에서 상하이 사회의 중심을 차지했다. 그러나 그들은 동료들의 편견에도 수없이 도전했다. 그들이 지원한 사업에는 유대교 관련 일들도 있었다. 베트 아하론 회당(1980년대 철거될 때까지 상하이에서 가장 컸던 회당)은 "S. A. 하둔 부부가 상하이 공동체에 주는 선물"[11]이었다. 부부는 불교 사업도 지원했다. 리자는 버블링웰 거리에 있는 정안사 사찰 수리는 물론 불경 전집 출간(언론 보도로는 이 덕분에 불경 가격이 3000달러에서 240달러로 90% 이상 내렸다)도 후원했다.[12] (교회 야유회를 위해 정원을 열어주는 것 같은 기독교 공동체 지원도 있었다.)[13]

하둔 집안은 종교 구별은 물론 국가 구별도 넘나들었다. 그들은 난킹 거리를 포장했으며, 세계대전 중 연합군의 구호 활동을 돕기 위한 모금 파티도 열었다.[14] 중국인과 영국인이 함께 모여 하나의 공통 신조를 기념한 '영국-중국 가든파티'가 대표 사례다.[15] 심지어 하둔 가문은 자신들이 매년 가을 열던 '국화 파티'를 전쟁 와중에는 중국 북부 지방의 기아 해결을 위한 모금 행사로 바꿔 열었다.[16] (이 또한 가문의 전통에 따른 것이다. 이미 10년 전 리자 하둔은 기근 구호를 위한 기부 활동으로 청나라의 황금가화(嘉禾)훈장을 받은 단 3명의 여성 중 하나였다.)[17]

사순과 하둔 사례가 보여주듯, 막대한 재산은 상하이정착민 사이에 만연한 반유대 정서를 적어도 공개적으로는 극복할 수 있게 도와줬다. (난킹 거리 포장 사업은 아마도 상하이 시의회 의원 자리를 얻는 대가였을 것이다. 사일러스 하둔은 1900년 시의원으로 선출됐고, 공공 조계 통치 기구인 시의회의 유대인 의원에 대한 반대 여론을 달래기 위한 '보상'이 필요했다.)[18] 큐민이나 화이트 가문 같은 사례는 인종간 구별이 흔히 상상하는 것만큼 뚜렷하지 않았음을 분명히 보여준다. 그럼에도 사일러스 하둔처럼 중국 문화를 대폭 수용한 서양인은 예외적인 존재다. 그런데 하둔은 바그다드의 유대인 공동체 안에서도 독특한 인물이었다. 그리고 상하이의 유대인 공동체 구성원(20세기 초 약 1천 명 이상이었다) 중 다수는 사일러스 하둔의 결혼과 그가 유대교를 희생한다는 인상을 주면서까지 중국 문화를 수용한 걸 문제 삼았다. 말이 났으니 말이지만, 중국인—특히 중국 여성—이 리자처럼 국제 사회에서 두드러진 역할을 한 것 또한 이례적이긴 마찬가지다.

이들 부부는 유럽인 또는 유라시아인 11명을 입양했다. 노라, 조지, 루빈, 매들린, 루이스, 필립, 대프니, 메이플, 에밀, 리오, 에바가 그들이다. 이들 11명을 모두 유대인으로 키우는 데 리자도 동의했다. 리자는 9명의 중국인도 입양했다. 그들의 성은 모두 (리자 가문의 성을 따라) 뤄가 됐다. 이들은 '하둔'의 아이들보다 훨씬 나이가 많았고 자식도 있었는데, 그 자식들도 하둔 가문으로 인정됐다. 중국인과 유럽인 자녀들은 상하이에서조차 흔치 않게 문화를 융합하며 많은 시간을 함께 보냈지만 따로 나뉘어 살았다.[19] 사일러스 하둔은 유대교 안식일을 지켰고, 유대교 회당의 집회에도 정기적으로 출석했다. 한편 그의 '유럽인' 자녀들은 기독교와 중국 휴일도 쇘다.[20]

여러 문화가 섞인 탓에 하둔 가문을 분류하는 것은 어려웠다. 하둔은 "극동의 바그다드 칼리프인가?" 아니면 "서양의 부처인가?"[21] (이 두 가지 표현이 모두 상하이 시절 하둔에게 붙여졌다.) 경마 클럽의 회원이자 상하이 시의회 의원인 것으로 볼 때, 그는 자격을 모두 갖춘 상하이정착민인가? 리자 하둔은 유대인이 됐나? 사일러스 하둔은 불교를 수용했나? 이런 질문들이 문제가 되는 건, 하둔 가문이 상하이의 뿔뿔이 나뉜 다문화 사회에서 호기심의 대상이기 때문만이 아니다. 어떻게 답하느냐에 따라 아주 많은 걸 얻거나 잃게 되기 때문이었다.

사일러스 하둔은 1931년 숨지면서 모든 재산을 리자에게 남겼다. 예상할 수 있듯이, 그의 유언장 내용에 대해 상하이의 영국 재판소에 제소하는 사람들이 등장했다. 상하이의 유대인 신문 〈이스라엘의 메신저〉는 하둔의 유대인 공동체 배제를 이기적인 비극으로 평가했다.[22] 바그다드에 있는 하둔의 친척들은 결혼의 적법성 자체를 문제 삼았고 상하이의 유대인 공동체 내 일부도 이를 지지했다. 그들은 유대인과 비유대인의 결혼은 무효이고 그래서 재산 상속의 근거가 없다고 주장했다. 다른 이들은 사일러스와 리자가 영국 국민이 아니기 때문에 영국은 관할권이 없다고 주장했다. 어떤 이들은 사일러스가 이라크에서 태어났으니 이라크 법이 적용되어야 한다고 했고, 다른 이들은 유대교 법에 호소했다. (명백히 누구도 중국 법이 적용되어야 한다고 주장하지 않았다. 영국 영사조차 이 법원은 중국 정부가 상하이에서 영국 법을 적용하는 데 동의해 설립된 중국 법원으로 이해하는 게 마땅하다고 인정했는데도 말이다.)[23] 법원은 리자 하둔의 손을 들어줬고, 그녀는 세계에서 가장 부유한 여성들 중 한 명이자 성별과 상관없이 상하이에서 가장 돈 많은 사람들 중 하나가 됐다.

이제 상하이에서 가장 부유한 사람들 대열에 합류한 리자 하둔은 동양과 서양을 기묘하게 섞으면서 계속 빛을 발했다. 남편이 숨진 뒤라, 남편이 믿던 유대교와는 과거보다 덜 얽히면서 말이다. 1933년 8월 70번째 생일날에 "주요 중국인과 외국 인사를 포함한 주민들이 무리 지어 정원을 방문했다… 불교 승녀 수십 명이 생일 축하 행사에 참석했고… 연극이 공연 됐고… 수천 발의 폭죽이 터졌다."[24]

이날 행사의 초점은 처음으로 외부에 공개되는 사일러스 하둔의 석관이었다. 생일 파티에는 걸맞지 않게 으스스하지만, 하둔의 다문화주의를 인상적으로 표현한 기념물인 석관은 검은색과 흰색을 띤 대리석 구조물이었다. 영어, 히브리어, 중국어가 적혀 있었고, 석관 주변의 벽에는 금박을 입힌 한자로 사일러스의 일대기가 새겨져 있었다.[25] 리자는 1935년에 영어 매체들이 "가장 시선을 집중시켰다"고 평가한 파티를 입양한 자식을 위해 열기도 했다. "중심인물은 중국인들이었지만, 하둔 여사의 외국인 친구 몇 명도 참석했다."[26]

하둔 가문의 경계 넘나들기는 특히 복잡한 양상을 띠었지만, 이런 행사들은 모두 서양 예술과 상상력을 간결하게 포착한 중국적인 것이 폭발적 인기를 끄는 가운데 열렸다. 상하이는 전 세계적인 불황을 견뎌내며 이런 흐름을 구현했다. 1931년 사일러스 하둔의 장례식은 서양이 중국적인 것에 매료되는 흐름을 더욱 재촉했다. 사일러스의 장례식에 불교 승녀와 정통 유대교 율법학자가 나란히 있는 모습은 멀리 뉴욕과 로스앤젤레스의 신문에까지 등장했고, 이를 계기로 동양과 서양이 융합된 상하이라는 이국적인 모습이 널리 퍼졌다. 이는 많은 사람이 믿고 싶어 한, 희망 찬 세계시민주의를 예시하는 것이었다.[27]

1932년에 나온 영화 〈푸만추의 가면〉 등에 묘사된 인종차별적 풍자 또는 이보다는 선의를 품고 있지만 여전히 품위 떨어지는 찰리 챈 같은 등장 인물에 담긴 시각이 중국에 대한 서양의 시각을 지배했지만, 이에 맞서는 흐름도 존재했다. 펄 벅의 소설 〈대지〉는 중국 농촌의 자존심 있고 근면한 사람들을 보여줬고, 1932년 퓰리처상을 수상하면서 2년 동안 미국에서 가장 많이 팔린 소설이 됐다. 이 소설의 돌풍은 미국을 넘어섰고, 펄 벅은 나중에 노벨문학상을 수상했다. 린위탕(임어당: 옮긴이)의 〈내 나라 내 국민〉도 베스트셀러였다. 이런 책들(그리고 〈대지〉를 영화화한 작품)은 미국과 중국의 정책 입안가들이 태평양에서 전쟁이 발발할 가능성에 대비해 미-중 연합을 준비하던 상황에서 중국에 대한 미국인의 공감과 감탄을 자아냈다. 상하이에서는 이런 요소들을 중요시했는데, 또 다른 것이 등장을 기다리고 있었다.

이제 〈레이디 프레셔스 스트림〉이 등장한다.

오늘날에는 이 작품을 아는 사람이 별로 없기 때문에, 이 작품이

1930년대 영어권 세계에서 얼마나 인기가 있고 영향력도 컸는지 이해하기 어렵다. 각본을 맡은 S. I. 슝은 1920년대 초 베이징의 대학에서 영어를 전공한 뒤 상하이로 옮겨왔다. 상하이의 국제적인 환경은 그가 글솜씨와 연극 실력 그리고 영어 실력을 키우는 걸 도왔다. 그는 중국의 중요 출판사인 상무인서관에서 일하면서 영어권 저자들의 글을 중국어로 번역했다. (조지 버나드 쇼, 존 배리, 벤저민 프랭클린 등을 꼽을 수 있다.) 그러나 그가 탐내던 대학 교원 자리를 얻으려면 외국 학위가 필요했다. 1932년 슝의 부인과 5명의 아이들은 그가 영국으로 향하는 증기선을 타기 위

OGDEN'S CIGARETTES

LOUISE HAMPTON

〈레이디 프레셔스 스트림〉의 '마담 왕'으로 분장한 여배우 루이즈 햄프턴이 그려진 담배 카드. 이는 '고대 중국 연극'의 인기를 증명하는 한편 백인 배우들에게 노란 얼굴로 분장해 중국인 역할을 시킨 데서 드러나는 오리엔탈리즘과 인종차별도 보여준다.

해 기차에 오르는 걸 배웅했다. 그는 영국에서 유니버시티 칼리지 런던에 들어갔다.[28]

슝은 영문학을 공부하려 영국에 갔지만, 중국 고전에 익숙하고 영어도 유창한 덕분에 중국 문학 작품을 번안하거나 번역하는 데 남다른 잠재력을 갖추고 있었다. 그는 첫 번째 작업으로 베이징의 가극 〈왕바오촨〉을 골랐다. 이 작품은 당시 중국 무대에서 가장 유명한 배

우였던 메이란팡이 출연한 가극이다. 슝은 1933년 봄 단 몇 주 만에 번안 작업을 마쳤고 이것이 바로 〈레이디 프레셔스 스트림〉이다. 한 제작자가 이 작품을 곧바로 채택해서 1934년 4월 버밍엄에서 무대에 올렸다.

상하이의 신문들은 〈레이디 프레셔스 스트림〉을 상연 초기부터 꾸준히 주목했다. 상연이 시작된 달에 〈차이나 프레스〉는 영어로 번역되어 버밍엄에서 상연될 '고대 중국 연극'에 대한 칼럼을 실었다. 이 칼럼은 대부분의 배역을 영국 배우들이 맡겠지만 주연은 중국인에게 돌아갈 것으로 예상했다.[29] 이는 사실이 아닌 것으로 드러났다. 적어도 런던에서는 단 한 명을 빼고 모든 배역을 백인들이 맡았다. 영국 관객들이 알지 못할 맥락을 설명해주는 내레이터인 '고결한 낭독자'만 예외였다.[30]

〈레이디 프레셔스 스트림〉은 1934년 11월 27일 런던의 리틀 시어터에서 공연에 들어갔고, 이때부터 3년 동안 공연을 이어가면서 H. G. 웰스와 조지 버나드 쇼 등의 찬사를 받았다. 웰스, 런던 시장, 몇몇 각료 등 일부 관객만을 위한 공연을 중국 영사관이 개최하기도 했다. 조지5세 왕의 부인 메리 왕비도 이 작품을 감상했다. 상하이의 신문들은 이 작품이 런던에서 예술 전시회, 골동품 상점, 다른 작품 공연 계획 등과 같은 "중국 것들에 대한 유행"을 만들어냈다고 평했다.[31]

상하이정착민들은 〈레이디 프레셔스 스트림〉이 무엇보다 상하이의 산물이라고 느끼면서 이 연극의 성공에 자부심과 함께 시기심을 드러냈다. 어찌 되었건 이 작품의 작가는 상하이에서 영국으로 건너간 사람이며, 연극의 주제는 중국인 남성과 빨간 머리와 녹색 눈의 '서양 어느 지역' 여성의 사랑이었기 때문이다. (원작에서는 중앙아시아 출신 여성이지만, 슝은 출신지를 모호하게 처리했다.) 이 작품의 상하이 공연 계획이 나온 것은 런던 공연이 준비되던 1934년 9월이었다.

〈레이디 프레셔스 스트림〉에 투자한 이들은 상하이의 백인들만이 아니었다. 다양한 이들이 자금을 지원했다. 빅터 사순, 작가 린위탕, (쑨원의 아들인) 중국 의회 의장 쑨포가 후원자로 나섰다. 눈에 띤 점 하나는, 상하이정착민들의 신문들이 이 연극을 상하이에서 제작하는 것의 장점 중 하나로 중국인 배우들을 꼽았다는 점이다. 〈차이나 프레스〉는 "모두 알 듯이, 이 연극은 지난해 런던에서 처음 제작됐으며 현지에서 아주 성공적으로 공연됐다. 여기 상하이에서 '레이디 프레셔스 스트림'은 더 큰 관심을 받을 것이다. 상하이 상연 작품의 배역을 모두 중국인이 맡는다는 점에서 런던 상연작보다 우위에 있기 때문이다."[32]

영어 언론들이 상하이 상연작의 장점으로 출연진이 중국인이라는 점을 내세운 건 이례적이었다. 그리고 이는 〈레이디 프레셔스 스트

〈레이디 프레셔스 스트림〉 연습을 하는 소년 학생들. 1937년 런던. S. I. 슝이 각본을 쓴 이 작품은 1930년대 서양이 중국 문화에 매료됐음을 보여준다.

림〉의 호소력 두 가지를 강조하는 것이었다. 첫째, 백인 상하이정착민들에게 이 연극은 자신들의 세계시민주의를 증명할 기회로 받아들여졌다. 둘째, 중국인 상류층에게 이 작품은 자신들의 문화를 정당화하는 것이었다. 상하이에서 극장은 흔한 여가 활동 장소였지만, 상연되는 작품은 전형적으로 영국적인 것들이었다. 아마추어들이 제작한 작품─셰익스피어, 길버트와 설리번 작품이 자주 올랐다─이 보통이었다. 중국 작품이 상영되는 일은 드물었다.

1920년대에 자신의 영역을 음악과 드레스에서 연기까지 넓혀 입지를 굳힌 잉 탕이 주연인 프레셔스 스트림 역을 맡게 됐다. 그녀는 이제 보통 추파 리 부인 또는 잉 탕리로 불렸다. 잉 탕과 〈레이디 프레셔스 스트림〉이 하나로 합쳐진 것은 안성맞춤이었다. 둘 다 중국과 영국이 섞여 있는 사회에 있었고, 적어도 문화 융합의 가능성을 제시했다. 상하이 그 자체처럼 이 연극도 어떤 면에서는 아주 중국적이었지만, 외국의 영향과 욕망의 산물이기도 했다.

이 연극의 원작은 전통적인─일부 홍보에 등장하듯 '몇천 년 된' 것은 아닐지라도─것이었다. 그러나 슝은 이야기를 조금 바꿨다. 원작에서 프레셔스 스트림은 자신의 의지와 상관없이 억지로 결혼한다. 아버지가 부적절하다고 주장하는 결혼을 고집하는 대신 아버지의 바람에 굴복함으로써 운명에 순종한다. 슝의 작품에서는 주인공이 아버지를 거역하고 가족을 속인 채 자신의 진정한 사랑인 자신의 집 정원사와 결혼한다. (또 원작에서 기본을 이루는 효도에 대한 강조를 뒤엎었다.) 슝은 주인공들의 이름도 영국 관객들에게 호소력을 발휘할 만한 것들로 바꿨다.

상하이에서 〈레이디 프레셔스 스트림〉을 처음 공연할 곳은 국제 아트 시어터 스튜디오라는 독특한 기관이었다. 이 기관은 중국인들과 외국인들이 모여 1935년 봄에 건립했다. 언론들은 이 극장의 첫 작품 소식을 리자 하둔의 파티 소식과 나란히 보도하면서 "놀랄 만한 밤"[33]이라고 표현했다. 이 스튜디오는 처음에 난킹 거리의 창고를 개조한 건물에 있다가 근처의 위안밍위안 거리로 사무실을 옮겼다. 두 장소 모두 경마장에서 몇 구역 이내에 있다.

이 스튜디오는 규모에서는 못 미칠지언정 등급에서는 경마 클럽에 버금갔다. 회원은 경마 클럽보다 훨씬 다양했다. 전위 지식인이나 진보주의자들 외에 음악회나 강연, 연극을 하는 예술가들이 회원으로 참여했다. 〈레이디 프레셔스 스트림〉은 국제 아트 시어터 스튜디오 같은 다문화 극단이 찾던 작품과 정확하게 맞아떨어졌고, 상하이를 대표하는 칼턴 극장에서 그해 봄 공연 준비에 들어갔다. 버블링웰 거리와 파크 거리가 만나는 지점의 경마장 반대편에 있는 칼턴 극장은 영화와 연극을 모두 상연했고 강연도 열었다. (제인 애덤스(미국 사회운동가: 옮긴이)는 1923년 이 극장이 문을 연 직후 〈노스차이나 프레스〉가 지적했듯이 "챔피언 대회 날임에도" 많은 청중을 강연에 끌어모았다.)[34]

특히 더운 7월의 어느 밤, 아서 헨치먼과 로버트 에이트킨헤드, 거시 화이트 같은 상하이정착민들은 국제 아트 시어터 스튜디오가 창립 작품으로 공연한 〈레이디 프레셔스 스트림〉 연극의 관람석을 메웠다. 이 날 공연의 주연은 잉 탕이었다. (스태프 클럽의 공동 설립자인 네이츠월도 직접 출연했다.) "리 여사는 약간 미심쩍어 하는 많은 관중 앞에서 연기를 펼쳤다… 그리고 그들을 완전히 사로잡았다."라고 〈차이나 프레스〉가 보도했다.[35] 〈노스차이나 헤럴드〉는 그녀가 "매력 넘치고 타고난 듯"[36] 연기했다고 칭찬을 쏟아냈다. 중국어 언론들도 연기력에 주목하면서, 특히 중국 연극을 영어로 연기하는 잉 탕의 능력에 찬사를 보냈다.[37]

연극은 대성공을 거뒀다. "상하이 사교계는 '레이디 프레셔스 스트림'의 첫날 밤 공연에 완전히 빠져들었다."고 〈차이나 프레스〉는 평했다. 신문은 또 "칼턴 극장은 사교계 최고의 장소였으며… 나름 유력한 인사들은 말할 것도 없고 사회 지도자, 정부 관계자와 외교관들, 상하이 거주 명사들까지 모였다."[38]고 전했다. 이 매체는 빅터 사순과 주미 중국 대사 웰링턴 구의 부인 등 이날 관람석에 있던 많은 명사들을 언급했다. "지난 밤 칼턴 극장에서 '레이디 프레셔스 스트림'은 레이디 프레셔스 상하이가 됐다."고 덧붙였다.

이 스튜디오의 〈레이디 프레셔스 스트림〉 작품은 상하이를 훨씬 넘어서는 성공을 거뒀다. 연극은 미국 브로드웨이(뉴욕의 공연계: 옮긴이)로 진출할 예정이었고, 상하이는 S. I. 슝이 브로드웨이 공연에서 잉 탕이 주연을 맡길 바란다는 소문으로 들썩였다. 1935년 12월 뉴욕 상연 권리를 확보한 제작자 모리스 게스트는 자신의 작품에서 주인공을 맡아달라고 요청하는 전문을 그녀에게 보냈다. 게스트와 슝은 미국으로 오도록 잉 탕을 설득하려고 상하이를 방문했다. "탕잉이 레이디 프레셔스 스트림 역을 맡기 위해 미국으로 갈 것이다!"라고 중국어 매체 〈례바오〉가 요란하게 전했다.[39]

브로드웨이에서 프레셔스 스트림 역을 맡는 기회는 사업 이상의 의미가 있었다. 〈차이나 프레스〉는 어떤 식으로 "상하이가 일련의 문화적 시도를 통해 서양에 다가갔는지" 보여준다고 언급했다. 이 신문은 잉 탕에게 자신의 경력뿐 아니라 상하이의 명성을 위해서도 역을 맡으라고 촉구했다. 신문은 그녀의 작업을 펄 벅과 린위탕의 작품과 비교하면서, 잉 탕이 중국과 서양을 연결하는 데 기여할 가능성이 훨씬 더 크다고 평했다. "그녀를 통해 중국 문화가 살아 있는 존재라는 걸 보게 되며… 그녀는 중국 사회의 가장 좋은 면에 속할 뿐 아니라 그 일부분이었다. 그녀를 통해 옛 캐세이 중국의 전통과 현대 중국의 이상

극작가 S. I. 슝(오른쪽)이 배우 메이란팡(왼쪽), 캐럴 쿰브와 런던에서 점심 식사를 하고 있다. 1937년.

이 구현됐다. 영어와 중국어로 두루 공부한 그녀의 학력은 사랑받는 주인공 역을 맡을 자격을 딱 맞게 부여해주며, 그녀의 성공은 확실 그 이상이다."라고 썼다. 이 신문은 그녀가 미국으로 갈 이유를 강조하려고, 경력을 생각해 미국으로 가라는 말로 설득되지 않으면 "마지막에는 외국이 중국을 더 잘 이해하도록 기여해야 한다는 의무감을 내세워야 할 것"[40]이라고 결론지었다.

영어 매체건 중국어 매체건 상하이의 신문들은 온통 흥분으로 달아올랐다. 관련 회동, 전화 통화, 전보에 대한 소식과 소문이 쏟아지면서, 뉴욕의 잉 탕 초청이 몇 주 동안 언론 보도를 지배했다. 하지만 발표는 없었고, 잉 탕은 브로드웨이에 진출하지 않았다. 1월로 접어들며 그녀는 신문 머리기사에서 서서히 사라졌고, 그녀와 관련된 뉴스는 1936년 여름에 다시 등장했다. 7월 싱가포르에서 보험회사 경영인(또 다른 예일대학 출신)인 H. L. 융과 결혼을 발표한 것이다.[41] 두 사람의 성대한 귀국 환영 파티이자 결혼 피로연 덕분에 빅터 사순이 막 문을 연 사이로스 나이트클럽은 큰 도움을 받았다. 이 클럽은 경마 클럽 건너편에 있었고 곧 이 도시에서 가장 사랑받는 클럽이 됐다.[42]

브로드웨이 연극 주연 건은 어떻게 매듭지어졌는지 불분명하다. 일부 보도는 출연 조건이 탕을 뉴욕으로 불러들일 만큼 좋지 않았다고 시사했다.[43] 중국 여성이기 때문에 기대에 상당히 못 미치는 조건이 제시됐을 가능성은 있다. 브로드웨이 진출 협상이 막 벌어지던 시점인 1935년 가을에 탕이 추파 리와 이혼한 것이 문제가 됐을 수도 있다. 이유가 무엇이든, 잉 탕은 〈레이디 프레셔스 스트림〉 출연을 위해 브로드웨이로 가지 않았다. 이 연극은 1936년 1월 27일 헬런 킴을 주연으로 뉴욕 무대에 올랐으며 비평이 엇갈렸다. 헬런은 내레이터인 '고결한 낭독자'를 뺀 유일한 동양계 출연자였다. 이 연극은 105회 공연 만에 막을 내렸다.

상하이의 중국어 신문들은 즉각 탕이 주연을 맡지 않은 것과 문화적 차이를 연극 실패의 원인으로 꼽았다. 〈뎨바오〉는 한 면 전체에 걸친 기사에서 "미국인들은 레이디 프레셔스 스트림을 좋아하지 않는다."며 중국 드라마의 관례를 이해하지 못한 점과 잉 탕에 필적할 만한 유명 배우가 출연하지 않은 점을 실패 이유로 꼽았다.[44]

잉 탕은 국제 아트 시어터 스튜디오를 대표하는 가장 인지도 높은 인물이었지만, 유명 회원이 그녀뿐은 아니었다.[45] 에밀리 한과 빅터 사순 같은 상하이 정착 백인들이 이 집단의 공연을 찾았지만, 독특한 문화적 통로 구실을 한 이 스튜디오의 무대에서 연기를 펼친 이들 대부분은 중국인이었다. 리자 하둔의 아들인 조지 하둔은 다중 언어 교육을 받은 덕분에 중국어로 진행된 단막극에 직접 출연했다.

상하이의 버려진 아이들을 위한 병원에서 갓난아이일 때 리자 하둔이 입양한 조지는 절반이 러시아 혈통이라는 소문이 돌았으며, 언론들은 그를 언제나 '유라시아인'으로 묘사했다.[46] 그는 난봉꾼의 행태를 보여 신문 사교난의 단골이 됐고 때로는 첫 면에도 등장했다. 그가 이 스튜디오의 작품에 처음 출연한 지 약 한 달 뒤 현지 신문들은 새로 생긴 해변 휴양 시설인 카오츠아오에서 벌어진 탈선행위를 보도했다. 조지는 두 채의 방갈로를 빌려 세 명의 친구—여성 두 명, 남성 한 명—와 함께 일주일 동안 묵었는데, 비용은 분명 그가 감당할 수준을 넘었다. 술값과 음식 값으로 250달러의 계산서를 내민 카페 주인이 돈을 내지 못한 조지를 잡아뒀다. 젊은 아가씨들은(언론들은 이들이 러시아인이라며 이름은 '조앤'과 '메리'라고만 밝혔다) 자취를 감췄고 그들의 부모는 상하이 거리로 딸들을 찾아 나섰다.[47]

그 뒤 며칠 동안 조지는 자신의 어머니한테서 돈을 얻으려 상하이를 왔다가 빈손으로 카오츠아오로 돌아오길 반복했다. 리자 하둔은 현지 중국어 신문에 조지와 의절했다는 알림 광고까지 실었다. 이 광고에서 리자 하둔은 조지가 사기꾼이며 그가 진 빚이나 갚지 못한 계산서는 리자가 책임지지 않을 것이라고 밝혔다. 분명 조지는 리자의 마음을 돌렸고 리자는 250달러를 갚아줬다.[48] 조지는 이로부터 2주 밖에 지나지 않아 다시 신문을 장식했다. 미인대회 참가자 한 명의 환심을 사려고 심사위원들을 매수하려 했다는 것이었다.[49]

화이트 가문, 큐민 가문, 하둔 가문 같은 유명 유라시아인 가문은 상하이의 인종적 서열에 혼란을 초래했고 상하이가 세계시민주의의 모범이라고 생각하는 많은 상하이정착민들의 자화상에 도전했다. 당시 상하이에서 유라시아인들의 입지를 연구하던 미국인 사회학자 허버트 데이 램슨은 이미 1920년대에 상하이가 용납할 수 있는 것의 한계를 목격했다. 그는 1936년에 쓴 글에서 "상하이의 '세계시민주의'가 어느 수준이건, 현지인과 외국인이 공통으로 드러내는 인종 혼합에 대한 반감을 극복할 정도는 아직 못된다."고 지적했다.[50]

램슨의 작업은 당대의 과학적 인종주의에 뿌리를 둔 것이었지만, 인종 혼합에 대한 당시의 통념을 특징 짓는 엄격한 생물학적 접근법에는 도전을 제기했다. 많은 학자들은 혼종인 자녀가 부모 중 비백인보다 지적으로 우월하지만 백인보다는 떨어진다는 생각을 당연하게 받아들였다. 혼종이 비백인보다 지도층이 되는 비율이 훨씬 높다는 점이 근거로 제시됐다.[51] 램슨은 1920~30년대 상하이에서는 그렇지 않다는 걸 확인했다. 유라시아인 가운데 상당한 지위에 오른 이들은 극소수였던 것이다. 램슨은 몇 가지 요인 때문에 이런 일이 발생했다고 지적했다. 백인과 중국인 사회에 인종 혼합에 대한 경멸이 존재하고 사회 계층이 낮은 이들이 "마구잡이식 결합"을 해서 그들의 자녀가 "생물학적으로 열등한 출발선"에 서게 되는 점 등을 주 요인으로 꼽았다.

램슨이 인종 혼합 사회에서 유라시아인들의 구실을 연구한 유일한 학자는 아니다. 미국의 중국인 밀집지역인 차이나타운에 주목한 사회학자인 C. C. 우는 유라시아인을 양쪽 모두로부터 배제와 차별에 시달리는 비극적인 '경계인'으로 보았다. 그는 유라시안들이 이례적인 잠재력이 있다고 주장했는데, 그들이—그는 남성 연구에 집중했다—다른 동료들에 비해 문화적 차이에 더 민감하고 더 '세계시민적'이며 더 '교양 있는' 이들이라는 걸 근거로 내세웠다. 그러나 이런 예외적인 특성에는 대가가 따랐다. 우는 유라시아인들이 '정신적 불안'과 '동요'에 취약하며, 이 때문에 극단적인 경우 자살 성향이 나타난다는 걸 관찰했다. 우는 미국 차이나타운에서 유라시안—'혼종'—은 지배 문화인 미국 문화 속에 중국 문화를 적응시키는 데 없어서는 안

될 부분이지만 그들의 위치는 중요한 만큼이나 취약했다고 믿었다.[52]

상하이에서 램슨은 조금 다른 시각을 취했는데, 그중 일부는 인종 집단 간 권력 관계의 역전과 관련된다. 미국에서는 소수 인종이 다수에 적응할 것으로 기대한다. 상하이에서는 이와 반대다. 공공 조계에서도 백인종 외국인들은 아주 소수에 불과하지만, 그들은 자신들의 문화 정체성과 정치적 권력을 계속 유지하기를 기대했다. 반면에 중국인 거주자들은 문화적으로 좀 더 유럽에 가까워지기를 갈망한다고 치부됐다.

램슨의 관점에서는 이런 기대와 예상이 유라시아인의 계급적 지위를 떨어뜨렸다. 상하이 거리를 관찰하면서 램슨은 소수 계급(유럽 백인)은 동화시킬 대상이 아니라 선망의 대상이었고, 중국인이건 유럽인이건 중간의 인종 곧 유라시안을 깔본다고 결론지었다. 그는 "피가 섞인 것은 원주민이나 이방인 모두에게 명성과는 거리가 멀었다."고 썼다. 중국인들이 서양 식민지 개척자들을 직접 흉내 내길 바랄 수 있다면 매개체는 필요 없었다. 램슨은 상하이의 세계시민주의에 더 강한 영향력을 발휘한 것은 "멸시당하는 유라시안"보다는 "귀국한 유학생, 미국 출생의 중국인, 외국 유행을 받아들인 중국 대학의 학생과 같은 근대화한 순종 중국인들"[53]이라고 지적했다. 에릭 큐민과 거시 화이트는 유라시안의 유산을 물려받았느냐와 무관하게 멸시당하지 않았는데, 램슨은 그 이유를 이렇게 분석했다. "부가 명성을 만들고 극히 일부 유라시안만 그 부를 가졌다."[54] 큐민과 화이트는 상하이정착민 가운데 최고 부자는 아닐지언정 소수의 부유층에 속했다.

화이트 가문이나 큐민 가문 같은 사례는 유라시안이 됨으로써 얻는 기회와 제약이 개별 사례별로 얼마나 큰 차이를 보이는지 예시해줬다. 에릭 큐민과 거시 화이트는 문화적으로 잉글랜드인스러워지는 것이

다른 영향을 압도한다는 걸 알았다. 다른 사람들에게는 상황이 전혀 달랐다. 큐민이나 화이트처럼 경마 클럽 회원인 이들에게도 마찬가지였다. 바그다드에서 유대인 부모 아래 태어난 사일러스 하둔은 경마 클럽 가입이 허용됐다. 그의 부인 리자는 남편의 손님 자격으로만 경마 클럽에 들어갈 수 있었다. 이 차이는 인종의 자의적인 성격을 두드러지게 보여준다. 바그다드에서 태어난 사일러스 하둔은 잉글랜드인으로 취급돼 클럽에 들어갔다. 경마 클럽은 리자 하둔이 절반은 프랑스 혈통임에도 중국인 후예라는 걸 근거로 그녀의 입장을 제한했다.

상하이는 20세기에 들어 19세기보다는 식민지 성격이 덜해졌다. 그럼에도 변화는 종종 피상적인 데 그쳤고 과장해서 말할 게 못됐다. 미국 할리우드의 여배우인 애나 메이 웡조차 1936년 상하이를 방문했을 때 친구를 따라 아메리칸 컬럼비아 컨트리클럽을 갔다가 입장을 거부당했다.[55] 상하이 클럽 세계의 인종차별은 뚜렷했다. 외양이 문제가 되고, 중국인은 회원이 될 수 없었다.

9장

새로운 상하이

네이츠 웡, 잉 탕, 조지 하둔이 식민주의적 태도와 씨름하고, 아서 헨치먼, 코넬 프랭클린, 베라 맥베인, 로버트 에이트킨헤드가 더 빠른 말을 찾고 있을 때, 다유 둥 같은 인물들은 도시의 다른 지역에서 문자 그대로 중국인의 상하이 건설을 계속했다. 상하이 양식은 이미 중국과 유럽의 건축 양식과 결합했지만, 중국적인 요소는 늘 장식에 그쳤다. '중국적으로' 보이는 건물들은 '오래되고 동양적인' 것, 근대 국제도시 상하이와 대립되는 것으로 취급됐다. 둥의 새로운 상하이 시민센터는 이런 인상에 도전했다.

용과 작약을 덧붙인 르네상스, 신고전주의, 아르데코, 보자르 양식이 상하이에 널려 있는 상황에서, 장완에 세워진 다유 둥의 새 시민센터는 1933년 가을 부분 개장 때부터 무언가 다른 것을 보여줬다. 절반은 추녀마루, 나머지는 박공지붕 형태—여러 세대를 지배한 전형적인 중국 공공건물 양식—인 시 청사는 설비와 건축 면에서는 철저히 근대적이었다. 상하이가 본질적으로 유럽인들의 창작품이라고 생각하는 서양 논평자들은 둥이 "중국 양식과 서양 건축 방법을 활용하여 동양과 서양을 절묘하게 결합했다."고 느꼈다. 또 "건축 양식 면에서 동양의 가장 훌륭한 것이 서양의 본질과 아주 그럴 듯하게 섞였다. 근대의 시각에서 볼 때 100% 중국적인 중국"[1]이라고 평했다. 중국 언론들도 둥이 "중국과 서양 양식의 가장 훌륭한 부분들을 잘 활용했다."[2]고 찬사를 보냈다. 〈선바오〉는 새 도시의 주거지와 경제 활동 지역을 위한 상세 계획을 철저히 분석했다. 이는 중심 건물의 미학에 주로 집중한 서양 언론들이 별로 주목하지 않은 부분이다.[3]

상하이 정부는 10월 10일 국경일에 맞춰 시민센터를 부분 개장했는데, 기념식이 국가적 행사 같았던 것은 우연이 아니다. 비행기들이 머리 위로 날면서 군중들에게 애국심을 고취시키는 전단지들을 뿌렸다. 장완은 단지 한 도시 정부의 중심지가 아니라 국가적 자부심을 드러내는 장소였다.[4] 오전 10시, 우톄청 시장이 철저히 근대적인 동시에 철저히 중국적인 상하이 건설을 통해 중국 국가의 재탄생을 제시하는 연설을 준비하는 동안 "중국공화국 만세!", "더 위대한 상하이 만세!", "국민당 만세!" 등의 외침이 광장을 가득 채웠다. 유럽의 조계에 식민주의자들이 여전히 남아 있는 것이 마음에 걸렸고, 치외법권은 중국인들에게 유럽인들과 미국인들이 중국인의 땅에서 중국인을 2류 시민으로 취급하는 걸 지속적으로 상기시켰다.

우 시장은 새로운 상하이 창조를 목격하도록 외국 공사관과 군 대표들을 초청했다. 이는 외국 언론에 강한 인상을 주는 성과를 얻었다. "아마도 얼마 지나지 않아 부유한 중국 시민들은 윤곽이 분명히 드러난 '가든 도시'로 이사하는 걸 고려할지 모른다."[5]는 논평이 언론에 실렸다. 이 글의 필자가 장완으로 옮겨올 이들로 왜 중국인들만 거론했는지는 불분명하다. 아마도 중국의 도시는 여전히 외국인들의 관심거리가 아니라고 간주한 듯하다. 번드에서 너무 멀어—5마일(약 8㎞: 옮긴이) 정도 떨어져 있다—외국인들이 달가와 하지 않을 수도 있었다. 새

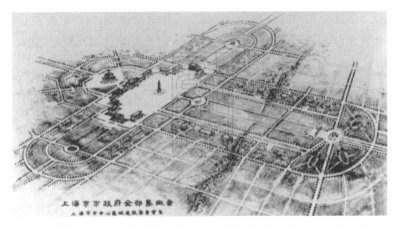

공공 조계에서 몇 마일 북쪽에 위치한 장완 지구에 건설하기 위해 다유 둥이 1935년에 만든 새 상하이 거대 계획안.

도시가 건설되지 않았다면 공공 조계에 계속 살았을 중국인들을 위한 별도의 장소로 만들어 그들을 분리시키는 것이 목표였을 수도 있다. 이유가 무엇이든, 장완은 적어도 외국인의 상하이에 도전할 수 있는 새로운 중국인의 상하이가 만들어지기 시작했음을 보여줬다.

한 달 뒤인 11월 12일 수만 명이 쑨원의 생일을 기념하려고 광장에 모였다.[6] 우톄청 시장이 장엄한 중국 양식의 시 청사 건물을 뒷배경으로 한 채, 기념식의 주인공인 쑨원의 동상을 공개했다. 장완 정부 청사 구역 중심지의 행정기관 건물 뒤 광장 위로 치솟은 쑨원의 동상은 실제보다 더 크게 제작된 데다가 받침대 위에 설치됐다. 쑨원이 지상으로부터 30피트(약 9.1m: 옮긴이) 이상 높은 위치에서 이 도시가 진보하는 모습을 바라보는 모습을 연출하기 위해서였다. (이는 장완에 세워진 두 번째 쑨원 동상이다. 1932년 상하이 전쟁으로 파괴된 첫 번째 동상은 상하이북역 밖에 설치되어 쑨원이 새로 도착하는 사람들을 환영하는 모습을 연출했었다.)[7]

새 동상은 쑨원이 중국 선비들의 긴 도포 위에 짧은 중국식 마고자를 덧입고, 한 손에는 모자를, 다른 손에는 지팡이를 들고 있는 모양이었다. 1차 세계대전 때까지 프랑스에서 훈련을 받은 조각가 장샤오젠은 쑨원이 숨지기 한 해 전인 1924년 톈진에서 찍은 사진을 바탕으로 동상을 제작했다.

외국과 중국의 귀빈들이 쑨원을 기억하고 경의를 표하기 위해 동상 앞에 모였다.[8] 우 시장은 나라가 처한 많은 위험을 인식하고 기념식을 통해서만이 아니라 행동으로 쑨원에 경의를 표하자고 상하이 시민들에게 호소했다. 그는 "동상을 세우고 기념식을 여는 데 그쳐서는 안 된다. 후퇴를 거부하고 적들에게 저항하고 나라를 지키는 데까지 가야 한다."[9]고 했다.

통합이라는 미사여구가 넘쳤지만, 이날 기념식은 뿌리 깊은 정치적 분열을 감추지 못했다. 기관총으로 무장한 경비들이 보이지 않는 곳에서 기념식 진행을 지켜봤다. 또 오토바이를 탄 순찰대원이 장완 지구와 프랑스 조계, 공공 조계를 포함한 상하이 전역에서 크게 늘었다. 그들이 주로 걱정한 것은 기념식 방해 모의 혐의를 받는 '공산당 급진주의자들'이었지만, 이날 벌어진 단 한 번의 소란 주동자는 좌파가 아니라 우파였다. 신원 미상의 남자들이 "파시즘만이 국가 통일을 가져올 수 있다!"고 주장하는 전단지를 뿌리며 동상 제막식에 참석한 군중들을 선동했다. 같은 시각 도시 다른 편에서는 '공산당 퇴치를 위한 영화인 연맹' 회원들이 공산주의를 퍼뜨린다는 의심을 사는 영화 스튜디오 한 곳의 유리창을 깨고 가구를 부수는 난동을 피웠다. 다친 사람은 없었다.[10]

"나는 40년 동안 인민 혁명의 대의에 봉사했고 이 기간 내내 변함없는 목표는 우리나라의 자유와 평등을 확보하는 것이었다." 쑨원의 1925년 유언장에서 인용한 이 문장은 그의 사망일(3월 12일)과 공화국 혁명일(10월 10일), 생일(11월 12일)의 연례 국경일 행사에서 항상 낭독됐다. 이 문장은 1930년대 내내 장완 시민센터에 새 건물이 들어설 때마다 되풀이 낭독되면서 쑨원 동상과 공명했다. 쑨원의 유언장을 읽을 때마다 다유 등의 새로운 상하이를 향한 비전은 차츰 현실화해갔고, 이 과정에서 근대 디자인과 민족주의의 연결 고리도 강화됐다.

이 문장은 1934년 10월 새 시민센터 건물이 문을 열 때도, 건축가들이 새 시립 박물관과 도서관의 초석을 놓던 그 해 12월에도 낭독됐다. 그리고 헨리 머피로서는 흡족하게도, 그때마다 베이징의 자금성을 상기시켰다.[11] '동양 최대'인 4만 석 규모의 경기장이 1935년 문을 열었다. 이 경기장은 농구·테니스·배구 경기장과 올림픽 규격의 수영장, 국내외 경기에 참여하는 선수들을 위한 편의 시설이 포함된 스포츠 복합 센터의 한 부분이다.[12] 쑨원의 말은 정부의 중국국립항공협회 건물—비행기 모양으로 지은 아르데코 양식의 작품—이 문을 연 1936년 5월에도 광장에 울려 퍼졌다. 이어 시립 도서관과 미술관이 개장했을 때도 어김없이 낭독됐다.[13] 1936년 가을 장완에서 열린 국경절 기념식은 중앙 정부 주석이 주재했다.

도시 계획과 이를 실현시킨 과정은 야심 찼지만, 아직 장완은 많은 사람이 꿈꾼 상하이가 아니었다. 공공 조계는 땅 투기와 전쟁, 이주민 유입 와중에 서로 경쟁하는 여러 나라 당국의 압박을 받으며 유기적으로 성장해왔다. 도시 배치에는 격자 구성의 흔적—시내 대부분은 정연하게 배치된 직각형의 구역으로 이뤄졌다—이 있지만, 예외가 많아서 중앙집중식 계획의 부재를 보여준다. 격자 구성의 변형 중에는 황푸강이나 쑤저우강의 굽이처럼 자연적 지형 때문인 것도 있었다. 변형의 원인이 다른 것들도 있다. 갑자기 꺾이고 끊어지는 길들은 과거에 있던 경마장의 흔적을 보여준다. 정착을 서두르고 땅도 부족해서 아파트 단지들이 빽빽했고 뒷골목은 좁고 붐볐다. 이 도시에서 막대한 이익을 얻은 이들 덕분에 골프장, 컨트리클럽과 경마장은 물론 말할 것도 없고 호화스런 건물들과 저택들이 들어섰지만 말이다.

이와 대조적으로 장완은 깨끗한 백지 위에 그려졌다. 이 구역의 매력 중 하나는 개발이 안됐다는 점이었다. 시카고, 뉴욕, 필라델피아, 베를린, 도쿄에서 훈련을 받은 도시 설계자들이 전문적으로 그려낸 도시 설계안을 수용하기 위해 철거해야 할 건물이 거의 없었다. 장완은 공공 조계의 골목길이나 거리에 비해 훨씬 덜 붐볐고 들쭉날쭉하지도 않았다. 상하이에 애증을 느끼게 만드는, 막대한 부와 빈곤의 양극단도 없었다. 그럼에도 가장 근본적으로는 외국 권력과 외국인들이 어떤 식으로든 관리에 개입하지 않는다는 게 가장 큰 매력이었다. 외국 조계나 정착지들이 침범하지 않고 중국이 주권을 행사하는 영토였으며, 많은 중국 사람이 기대할 수 있고 또 기대하던 국가를 현실화하는 사례였다.

다유 둥은 장완 시민센터 같은 곳에서 중국의 주권을 상징적으로 구현함으로써 과거 중국 제국에 경의를 표하는 최신 디자인을 현실화하는 데 몰두했지만, 자기 자신을 위한 선택은 이와 달랐다. 1935년 그는 사람들이 건축가에게 기대하는 것에 부응할 만한 형태로 자신의 집을 직접 설계해 건축했지만, 이는 '중국 부활'로 경력을 쌓은 건축가에게 기대하는 모양은 아니었다. 프랑스 조계 서쪽 끝자락에 자리 잡은 둥의 새 집은 깜짝 놀랄 만큼 근대적이었다. 평평한 지붕, 둥근 창, 크롬 소재 난간, 좁은 보행자용 통로를 갖춘 기하학적이고 대담한 모양이었다.[14] 이탈리아, 일본, 미국, 중국에서 성장한 그의 국제적 경력을 고려해 보면 이 집의 모양은 타당했다. 둥은 세계의 강한 나라들과 어깨를 나란히 하는 근대 중국을 마음속에 그렸다. 그의 집은 그와 같은 계층에 속하는 이들이 좋아하는 기준점을 제시했다. 지붕 위의 수

영장, 마구간, 테니스 코트는 중국인보다는 외국인에게 속하는 것으로 간주되는 여가 생활 시설들이었다.

1937년 여름이 되자, 장완이 마침내 제 모습을 드러내는 것 같았다. 대부분의 시설이 문을 열면서 모델 도시가 거의 완성됐고, 지난 세기 대부분을 규정하던 굴욕과 식민주의에서 벗어나 중국이 새롭게 떠오르는 것을 축하하는 행사가 열렸다. 장제스가 이끄는 난징의 새 중국 정부가 마침 10주년을 맞았고, 공공 조계 주변의 뿔뿔이 나뉘어 있던 중국 관할 구역을 하나로 합친 상하이 시 정부도 10년이 됐다.

장완은 이 둘을 동시에 축하하기에 이상적인 장소였다. 장완은 많은 사람이 중국의 이상으로 내세우는 근대적이고 진보한 미래를 대표하는 데 그치지 않고 그 미래의 모습을 중국 내 외국 열강들의 눈앞에 제시하는 장소이기도 했다. 중국 당국은 시민센터를 10주년 축하의 전시장으로 삼아 쇼를 마련했다. 임시 무대와 천막, 식당이 세워졌고 광장과 거리에 전시장이 설치되어, 10주년 기념과 함께 새로운 근대 국가의 도래를 선언했다.

10만 명 이상—한 언론은 "사실상 상하이에 거주하는 중국인 전체"였다고 과장했다—이 12일 동안 이어진 전시와 영화배우들의 등장, 권투 경기, 정치 연설, 악단 공연, 불꽃놀이를 보려고 몰려들었다.[15] 장완 경마 클럽에서 성대하게 열린 '몬테 카를로 밤 행사'에서는 중국인과 외국인이 뒤섞여 즐겼다. 물론 경마 경기도 열렸다. 정치 불안 때문에 장완의 1936년 경마 일정은 모두 취소됐지만, 이듬해 봄에 경마 경기가 요란한 팡파레와 함께 재개됐으며 이제 10주년 기념 특별 경마 대회가 열린 것이다. 상하이의 가장 뛰어난 조랑말들은 경기에 참가하지 않지만—챔피언 대회를 준비하는 말들의 일정을 맞추기에는 너무 늦은 때 경기가 열렸다—데이비드 사순, 거시 화이트, 에릭 큐민은 이날 행사를 보러 국제 레크리에이션 클럽에 나왔다.

축제가 공식 개막하기 하루 전인 7월 6일 저녁에 퍼레이드가 벌어졌다. 자동차, 트럭, 악단 등을 포함한 참가자들은 "사자와 용을 비롯한 가상 동물 모형 아래 가려져 거의 눈에 띄지 않는 상태로" 장완에서 공공 조계 경계를 따라 행진했다. 두 달 전 영국의 새 왕 조지 6세의 대관식을 축하하는 인파가 난킹 거리를 가득 메웠던 것을 떠올리게 하듯 군중이 거리로 몰려나왔다. 퍼레이드는 프랑스 조계와 공공 조계의 경계를 따라 진행되어—두 조계의 당국은 자신들의 관할 지역을 통과하는 행사를 허락할 리 없어 보였다—분할된 도시의 식민지적 특성을 분명하게 드러냈다. 이런 사실을 더욱 강조하려는 듯, 퍼레이드 진행자들은 대열이 지나가는 중요 교차로에 등불을 설치했다. 중국어 언론들에는 행진 경로 주변에 더 많은 등불을 세우라는 알림이 실리기도 했다.[16]

공공 조계의 중국인 소유 기업들은 이 퍼레이드와 자신들의 매장 앞 축하 행사를 광고했고, 이에 호응해 수만 명이 퍼레이드가 진행되는 거리로 나왔다. 문자 그대로 외국인이 침입한 땅 경계를 둘러싼 것이다. 해가 지자 등불이 켜지면서 행진을 더 장엄하게 만들어줬다. (코넬 프랭클린과 아벨 탕의 집이 있는 우아한 교외 지역을 포함해) 평소엔 조용하던 주거 지역을 지나는 행렬을 등불이 밝혀줬고, 음악과 불꽃놀이, 전조등이 행렬을 맞이했다.[17] 퍼레이드 행렬이 한 지점을 모두 통과하는 데 2시간 이상이 걸렸고, 장완에서 시작한 행렬이 프랑스 조계 남쪽의 '중국 도시'까지 행진하는 장면을 20만 명이 지켜봤다. 행렬은 종착점에 밤 12시가 다 되어 도착했다.[18]

다음날 아침 시민센터로 돌아온 위훙쥔 시장 대행은 축제의 공식 개막을 알리기 위해 쑨원의 동상 앞에서 국가 연주가 끝나기를 기다렸다. "시민들이 자신들의 도시에 애정을 표하며 보여준 자발적인 열정이 위대한 세계시민적인 도시의 미래에 대한 새 희망과 대중을 향한 책임감으로 우리 가슴을 채워줬다."고 위 시장 대행은 말했다.[19] 지역 관리들과 중앙 정부 관리들이 차례로 연단에 나와 같은 이야기를 반복했다. 새 중국 정부와 상하이 시 정부의 10주년을 함께 축하하는 건, 중국의 관문으로서 상하이의 중요성 때문에 더없이 적절하다는 것이 그들의 한결같은 지적이었다.

지금 이 순간이 외국 조계의 존립을 재검토할 시점일까? 우톄청은(그는 이제 전 상하이 시장이다. 광둥 지역 행정을 맡기 위해 얼마 전 시장을 그만뒀다) 중국이 국가적 위엄을 진정 회복하려면 외국 조계가 사라져야 한다고 대담하게 제안했다. 전날의 퍼레이드 경로는 외국 조계가 중국 땅을 어떻게 나누고 있는지 생생하게 보여줬다. 우톄청은 중국인과 외국인 사이(그리고 외국인 공동체 사이)의 우정이 상하이의 성공과 중국의 번영에 필수적이라고 말함으로써 상하이의 외국인을 적대시하지 않으려 애썼다. 그럼에도 우톄청은 상하이 시 정부(곧 장완에 있는 중국인의 정부)가 이 도시의 '근본을 이루는' 정부라고 역설했다. 외국인들도 도시 주민으로 인정해야 했다. 하지만 우톄청은 확실히 외국 조계를 임시적인 것—"중국 정부가 넘겨받을 수 있을 때"까지 중국 정부가 보호해야 할 지역—으로 봤다.[20]

우톄청의 후임인 위홍쥔은 참석자들에게—그 중에는 새로 상하이 시의회 의장으로 뽑힌 코넬 프랭클린 같은 외국인 유명인사들도 있었다—기념행사를 일종의 중심축, 곧 더 강한 중국이라는 미래의 목표를 일궈가면서 과거의 성공을 돌아보는 행사로 봐 줄 것을 촉구했다. 위홍쥔은 새로운 상하이가 새 국가의 핵심 부분이며 새 상하이의 완성은 중국 공화국을 강화하는 데 보탬이 될 것이라고 강조했다.[21]

적어도 외국인 공동체의 일부 사람들은 이에 동의했다. 〈차이나 프레스〉는 장완의 기념식을 칭찬하는 사설에서 "내일의 상하이는 세 개의 도시라기보다 하나의 단위로 봐야 한다."고 주장했다. 사설은 또 "개척자의 임무는 외국 시의회가 맡아서 수행했지만… 이 거대 도시의 미래 운명은, 전부가 아닐지언정 대부분 중국인들에게 맡겨야 한다."고 썼다.[22]

외국 조계가 중국 정부의 의지에 따라 존속하고 있다는 인상을 준 우톄청의 발언은 훌륭한 선전이었으며 중국인이 대부분이었던 청중들에게 잘 먹혔다. 불쾌한 존재인 외국 조계가 여전히 허약한 중국 정부보다 상하이 주민들을 더 잘 보호해주지만, 이 순간만큼은 중국의 주권을 축하할 때였다. 1937년 7월 7일 우톄청을 비롯한 발언자들은 장완이 무방비로 직면한 일본의 위협을 인식하고 있었다. 중국 정부는 과거보다 더 강하고 단결된 모습을 보였지만, 유럽이나 미국 또는—가장 결정적으로—일본의 힘에 견줄 만하지 못했다. 1932년의 상하이 전쟁은 이 약점을 노출했고, 도시는 그 이후 전쟁 피해를 극복해왔다.

두 개의 연극이 장완의 거리 축제에서 상연됐다. 여기서 상연된 〈도시의 파편〉과 〈어떤 북동 지방의 가정〉은 모두 반일 성향의 연극이다. 앞의 작품은 상하이를 잠식해 들어오는 일본의 행태에 대한 주의를 촉구했고, 뒤의 작품은 일본의 만주 침략을 다뤘다. 외국 조계 당국은 일본의 요구에 응하는 동시에 갈등도 피하려고 두 작품의 공연을 금지했다. 하지만 외국 조계의 사법권 밖에 있는 장완에서는 작품이 상연됐고 이는 상하이 주재 일본 영사의 공식 항의를 불렀다. 그러나 논란이 된 연극 작품들은 동아시아 전체를 예상보다 훨씬 빨리 파괴할 분쟁의 시작에 불과했다.[23]

상하이 정부가 기념식을 준비하고 있던 1937년 봄과 여름에도 베이징(당시는 베이핑으로 알려졌다) 주변에서는 군사적인 긴장이 한동안 고조됐다. 수천 명의 일본군 병사들이 베이징 인근인 톈진에 배치됐다. 양국 지도자들은 전쟁을 꺼렸지만, 일본군과 중국군은 긴장 속에 위험하리만치 가깝게 주둔하고 있었다. 사령관들은 사람들의 거리 통행을 차단하고 폭력이 발생하지 않도록 통행금지 조처를 내렸다.

상하이에서 축하 행사가 진행된 7월 7일 밤, 베이징 마르코폴로 다리 근처에서 일본인 병사가 실종되면서 상황을 악화시켰다. 그가 나타났을 때는(무단으로 매춘굴에 갔다가 점호를 놓친 게 분명했다) 이미 전투가 시작된 뒤였다. 어느 쪽이 먼저 발포했는지 누구도 잘 모른다. 며칠에 걸친 휴전 협상이 깨지자, 일본은 병력을 추가로 동원해 베이징 주변 중국군을 공격했다. 8월에 이르자 중국 북부가 불타올랐다.[24]

2부

고독한 섬

1937~1941

현재 상황이 계속 이어지도록 방치하면,
상하이는 결국 '죽은 섬'이 될 것이다.

– 잡지 〈교차로〉, 1938년 7월 6일.

상하이 주민들이 상대적으로 안정된 공공 조계의 건물 옥상에서 상하이가 일본에
함락되면서 불타오르는 모습을 지켜보고 있다. 1937년 11월 22일.

10장

종말의 시작

2차 세계대전의 첫 미국인 사망자는 유럽도, 하와이의 진주만(미국 해군 기지가 있는 곳: 옮긴이)도 아닌 상하이에서 나왔다.

1842년 조약항이 문을 연 이후 상하이는 외부에서 접근할 수 있는 독립된 지역으로 번창했다. 상하이가 1937년 전쟁으로 고립되고 그후 4년 동안 '고독한 섬'이 되면서 상황이 근본적으로 바뀌었다.

태평양 지역에서 2차 세계대전은 몇 년 동안 단계적으로 확대됐다. 많은 미국인은 진주만에서 전쟁이 시작됐다고 생각하지만, 진주만 공격은 일본이 만주를 침공한 지 10년 가량 지나 발생한 사건이다. 일본의 만주 침공은, 이보다 한참 전 한국을 침공하고 이어 중국의 내부 분열와 국력 약화를 틈 타 아시아 대륙에서 자원과 영토를 차지하려는 시도의 일부였다. 이제 서양에서는 1937년 7월의 마르코폴로 다리 사건을 태평양전쟁의 시작으로 보는 시각이 일반적이지만, 당시에는 베이징 근처에서 벌어진 이 전투가 돌이킬 수 없는 사건인지 확실하지 않았다.

일본의 사령관들은 자신들의 선택지가 무엇인지 그리고 이 사건이 전쟁 확대를 의미하는 것인지 따지면서 잠시 움직임을 멈췄다. 중국 북부 지방은 일본 그리고 만주의 일본 괴뢰 정부와 멀지 않아서 병력 보강이 쉬웠고, 물자 보급로도 짧았다. 일본으로서는 군사 활동을 이 지역에 국한시키면 군 병력 배치를 너무 확장하지 않으면서도 일본의 이익을 최대로 확보할 수 있었다. 전술적 고려도 중요했다. 건조한 중국 북부 평야 지대에서는 전투 부대, 탱크, 기타 군용 차량들을 쉽게 이동시킬 수 있었다. 이보다 더 남쪽은 늪지대와 강 때문에 군대의 이동이 느려질 판이었다.

일본인들은 주저한 반면 장제스는 행동을 결정했다. 장제스는 앞서 여러 해 동안 땅을 넘겨주고—처음에는 만주를, 이어 중국 북부를— 시간을 벌면서 일본에 맞서는 걸 피했다. 그는 일본의 위협에 대응할 준비를 위해 시간을 끌기만 한 게 아니다. 중국 공산당이 장기적으로는 더 큰 위협이라는 주장도 폈다. (부하들은 그가 대결을 꺼리자 불만스러워 했고 부하 중 한 명은 1936년 12월 장제스를 납치해 일본에 맞서기 위해 공산당과 손을 잡으라고 요구했다.) 여전히 장제스는 군대를 근대화하고 훈련을 시킬 시간이 더 필요하다고 믿었지만, 마르코폴로 다리 사건은 선을 넘었다고 판단했다. 이제 많은 것을 걸고 싸울 시간이 왔는데, 전투 장소는 어디로 할까? 장제스는 일본군을 중국 북부에서 몰아내고 싶었지만, 여기서 반격에 나서는 것은 위험했다. 7월 하순 베이징과 톈진 주변에서 벌어진 전투로 이 지역 주둔 중국 병력이 사실상 괴멸됐기에, 추가 병력을 다른 지역에서 이동시켜 와야 했다. 일본은 병력과 무기에서 분명한 우위에 있었고 추가 병력도 오고 있었다.

이런 어려움을 인식한 장제스와 휘하 장군들은 상하이에서 싸우기로 결심했다. 늪이 많은 지형 때문에 군수품 측면에서 일본의 우위는 일정 부분 상쇄됐다. 상하이는 수도인 난징 인근이었고, 지원 세력의 주둔지와도 가까웠다. 상하이에 거주하는 많은 일본인이 협상용 도구가 될 수 있고, 장제스의 반격이 상하이에서 시작될 걸 예상한 이가 별로 없다는 것도 전술적 이점이 될 수 있었다.[1] 그러나 무엇보다 장제스는 외국 목격자들에게 의지했다. 국제 여론은 1932년에 짧게 치러진 상하이 전쟁을 매듭짓는 데 기여했고, 장제스는 이런 힘의 작용이 반복되어 중국이 지지를 얻길 기대했다. 이제 장제스에게 필요한 것은 국제 여론이 중국을 지지하도록 보장해줄 일본의 도발이었다.

초기의 느낌은 장제스의 계획이 먹히는 것 같았다. 8월 12일 〈차이나 프레스〉는 신문 1면에 14척의 일본 전함이 황푸강에서 연기를 내뿜는 사진을 싣고 '일본의 군견들'이라는 설명을 붙였다. 이 사진의 관련 기사는 일본이 군인 2천 명을 새로 상하이에 투입하면서 중국에 상하이 방어를 포기하라고 요구했다고 썼다.[2] 상하이 시장은 일본 영사와 해군 당국에 이 침범을 항의했지만, 장제스에게는 이 침범이 기회였다. 중국 군대—이들 중 상당수는 1932년 상하이 전투에 참가했었다—는 상하이의 '리틀 도쿄'를 빠르게 에워쌌다. 양측은 휴전 협상을 계속했지만, 둘 모두 단지 먼저 협상을 깨는 것처럼 비치지 않기만 바랐다. 13일의 금요일인 8월 13일 저녁 상하이의 총격이 전쟁을 새로운 국면으로 이끌었다.

다음날 아침 중국군은 일본군 공격에 나섰다. 중국의 전투기들이 일본 영사관 앞 황푸강에 정박한 순양함 이즈모를 향해 비행했다. 이즈모가 정박한 곳은 쑤저우강이 황푸강으로 흘러들어가는 지점에 있는 가든 다리에서 단 몇 발자국 떨어진 지점이었다. 중국군은 이즈모의 8인치와 6인치 대포를 파괴하거나 무력화시키려 했지만, 오전 11시께 단행된 첫 번째 공격은 목표를 빗나갔다. 태풍이 주변을 지나면서 구름이 낮게 드리우고 그 위로 강한 바람이 분 것이 실패의 부분적 원인이었다. 몇 분 뒤 두 번째 공격에 나선 전투기들이 공공 조계의 탑위를 낮게 지나며 접근해 왔고, 일본 공사관과 이즈모에 있던 군인들이 포를 쏘며 반격했다.

이 전투는 상하이 주민들의 주목을 끌었다. 주민들은 전날 밤만 해도 멀리서 가끔씩 발사되는 총소리를 들었을 뿐인데—첫날 밤의 전투는 번드에서 북쪽으로 1마일 이상 떨어진 자베이에서 주로 벌어졌다—이제는 겨우 몇 야드 떨어진 곳에서 비행하는 중국군 폭격기와 이에 맞서는 일본군 전함을 보게 된 것이다. 이 장면을 보기 위해 군중들이 호텔, 은행, 사무실 건물 옥상으로 몰렸다. 전투기가 쏜 폭탄이 목표물을 빗나가자 강에서 물기둥이 치솟았고, 폭풍이 찢어 놓은 하늘은 전투기 시야 방해용 검은 연기로 가득 찼다. 간간이 떨어진 포탄 파편들은 이 상황이 뉴스 영화가 아니라 실제임을 구경꾼들에게 상기시켰다. 초현실적인 느낌도 있었다. 많은 외국인은 상하이를 모험의 기회로 봤지만, 이번 사태는 전에 본 적 없는 최대의 모험인 것 같았다. 구경꾼들은 전쟁이 전개되는 걸 오락을 지켜보듯 봤다. "바에서 술 취한 이들의 소동을 보게 된 방관자의 흥겨운 무관심"[3]으로 바라본 것이다.

오후 4시께 더 많은 전투기들이 웅웅 소리를 내며 날아오자, 소강 상태에 들어간 낮 동안에 자리를 떴던 구경꾼들이 다시 건물 옥상 등으로 몰려나왔다. 아서 헨치먼 같은 이들은 몇 계단만 올라가면 옥상에 닿을 위치에 있었다.[4] 헨치먼은 이날 번드에 있는 자신의 사무실에 있었으며, 폭탄이 떨어지자 은행의 다른 지점에 있는 동료들에게 초조하게 편지를 썼다. 그는 홍콩상하이은행의 최고 경영자 밴들러 그레이번에게 쓴 편지에서 상하이의 상황이 도저히 믿기 어려운 지경에 이른 것 같다고 했다. 그는 "중국 전투기들이 홍콩상하이은행에서 몇백 야드 떨어진 강가에 막 폭격을 가했고 전 지역이 공황에 빠졌다."

고 전했다.[5]

이어진 사태는 1937년 8월 14일을 상하이 공공 조계의 '피의 토요일' 또는 '암흑의 토요일'로 만들었다. 이즈모에 대한 공격을 재개한 중국 폭격기들은 또다시 목표를 맞추지 못했다. 그러나 이번에는 황푸강에 포탄을 잘못 쏘는 대신 목표에 미치지도 못하면서 "이 도시에서 본 적도, 상상을 해본 적도 거의 없는 사태, 곧 중국인과 외국인 민간인 수백 명에게 끔찍한 지옥"[6]을 안겼다.

폭탄 5발이 난킹 거리와 번드가 만나는 지점 근처에 떨어졌다. 이 중 한 발은 팰리스 호텔 지붕을 뚫었다. 다른 두 발은 빅터 사순의 캐세이 호텔에 피해를 줬다. 한 발은 난킹 거리쪽 정문에, 다른 한 발은 지붕 처마 끝에 떨어졌다. 수백 명—호텔 손님들, 직원들, 행인들, 인력거꾼들, 길거리 상인들—이 그 자리에서 숨졌고 더 많은 사람이 다쳐 쓰러진 뒤 죽어갔다. 또 두 발이 부두 바로 옆에 떨어졌고, 그 바람

공공 조계는 1941년까지 중립지대로 남으며 점령당하지 않았지만 언제나 안전하지는 않았다. 1937년 8월 14일(피의 토요일)에 천 명 이상이 숨졌다. 그 중 일부는 여기 빅터 사순의 캐세이 호텔 앞에서 숨졌다.

에 강물이 하늘로 치솟았다. 팰리스 호텔 로비는 응급실이자 시체 안치소가 됐다. "부모를 잃은 아이들과 아이를 잃은 부모들이 폭탄에 난도질 당한 중국인 시신들 사이를 무기력하게 배회했다."[7]

15분 뒤에는 대공포에 맞은 다른 중국군 비행기가 필사적으로 비행장으로 복귀하려다가 경마장 쪽으로 향해 경주로 안쪽 공터에 추락했다. 비행사는 실종됐다. 이 와중에 경마장에서 한 구역 떨어진 에드워드7세 대로와 위야칭 거리가 만나는 구석에 폭탄 두 발이 떨어졌다. 여기에는 번드보다 더 많은 인파가 모여 있었고 피해도 엄청났다. 존 해먼드는 〈노스차이나 헤럴드〉에 실은 글에서 "잘려나간 다리와 몸통에서 떨어져 절반쯤 뭉개진 머리들을 밟지 않으려 조심조심 걸었다."고 썼다. 그는 이어 "숨진 사람 다수의 얼굴 표정은 거의 즉사한 사람의 모습을 하고 있었다. 피가 온 사방에 튀었고, 찢긴 옷이나 깨진 창문의 유리 조각… 벽돌이나 콘크리트 조각에 뒤엉켜 붙어 있었다."[8]고 전했다.

폭탄이 떨어진 곳은 '거대 세계 오락 센터' 앞이었다. 잔인하리만치 아이러니하게도, 이 센터는 피란처를 찾아 공공 조계에 온 난민들에게 구호품을 나눠주는 장소로 지정된 오락 시설이었다. 구호품을 받으려고 몰려들었던 사람 수천 명이 폭탄이 떨어진 지 몇 초 만에 숨졌다. 해먼드는 "시신들이 피와 오물, 파편이 뒤섞인 난장판에 뒤엉켜 있었고, 오락 센터 입구에는 200명 이상이 피로 범벅이 되고 몸이 잘려나간 채 마치 나무 더미처럼 폐허 속에 쌓여 있었다."[9]고 전했다.

이 사건 뒤에 2차 세계대전의 끔찍한 사태들이 이어지면서 피의 토요일을 압도하게 될 터였지만, 이날의 참사 자체도 과소평가 되어선 안된다. 정확한 피해자 집계가 불가능했는데, 상하이에 새로 도착해 난민 등록도 하지 않은 채 피해를 입은 사람이 많은 탓도 있다. 그러나 적어도 2천 명이 숨지고 2천 명 이상이 다친 건 분명하다.[10] 단연코 대부분 희생자는 중국인이었지만, 다른 10여 개 국적자들도 희생됐으며 이 중에는 2차 세계대전의 첫 미국인 사망자들도 있었다. (이날 숨진 미국인은 4명이었다. 학술 연구를 위해 현지를 방문했던 프린스턴대학의 정치학자 로버트 라이샤워, 기독교 선교사 프랭크 롤린슨, 허버트와 유지니아 호니그스버그 부부다.)[11]

헨치먼은 자신의 사무실에서 쓴 편지에서 "번드는 전쟁터 같으며 몇몇 은행이 부서지지 않은 것은 단지 운이 좋아서다."라고 표현했다. 그가 있는 홍콩상하이은행의 중국인 직원 한 명도 희생됐다.[12] 이 새로운 사건 전개는 헨치먼의 낙관주의조차 흔들었다. 그는 "영국군 최고사령관이 내게 상황이 아주 엄중하다고 알려왔다."고 홍콩에 있는 상사들에게 쓴 편지에서 밝혔다.[13] 상하이에 주둔했던 영국군은 "이미 전면 철수를 결정했다."고 그는 덧붙였다. 전면 철수에 대해 헨치먼은 "개탄스럽게도 패배주의적이고 우리 모두의 이익에 재앙을 부를 것이며, 중국인들이 극심한 공포에 빠져 폭동을 일으키게 만들 것"[14]이라고 강하게 반대했다. 헨치먼은 윗사람들에게 철수 명령을 내리지 말도록 런던에 압력을 넣으라고 촉구했다. 이어 8월 말에는 공공 조계에 대한 영국의 의지를 일본 외교관들에게 확인시키는 내용의 글 초안을 런던을 대신해 작성했다.[15]

헨치먼의 시도는 성공했고, 공공 조계는 계속 유지됐다. 외국 조계에 관여하던 유럽 국가들과 미국은 1937년까지는 참전하지 않고 있었다. 일본 징군들은 중국에서 여전히 제한적인 전쟁을 벌이고 있었으며, 미국의 반감을 사지 않기를 기대하며 작전 지역을 해안 도시와 전략적 요충지로 제한했다. 당분간 외국 조계는 중립을 유지했다. 외국 조계로 들어올 수 있는 한 난민은 모두 받아들여졌다. 불확실성, 가끔씩 나타난 공황 상태, 심해지는 고립 상태가 공공 조계를 특징 짓는 요소가 됐지만, 대체로 전쟁터가 되지는 않았다. 피의 토요일 그리고 열흘 뒤 난킹 거리에 일본군의 폭탄이 떨어져 200명이 숨진 사건은 실수로 치부됐다.

여기서 5마일 밖에 떨어지지 않은 장완에서는 실수라곤 없었다. 그저 전쟁이었다. 13일의 금요일, 황푸강에 정박한 일본 전함의 함포가 장완 시민센터에 폭탄을 쏟아부었다. (시 정부는 이를 예상하고 전날 밤 장완에서 탈출했다.) 장완 경마장도 버려졌고, 곧 일본군 병사들이 점령했다.[16] 중국군과 일본군이 일진일퇴를 벌이면서 파괴, 그리고 피란 사태가 빚어졌다.

몇 주 만에 다유 둥의 작품이 산산이 부서졌다. 불과 한 달 전만 해도 장완에서 중국의 주권과 새로운 모델 도시를 축하하는 거리 축제가 열렸었는데, 이제 그 거리는 상하이가 살아남기 위해 싸우는 전쟁터가 됐다. 8월 말 장완 시민센터를 둘러본 언론인들은 1차 세계대전을 상기시키는 동시에 2차 세계대전을 예고하는 끔찍한 광경을 전했다. "일본군 폭격기, 전함, 대포가 4주에 걸쳐 쉼 없이 폭격을 이어가면서, 시청과 도서관, 박물관, 경기장, 병원이 전쟁의 분노와 헛됨, 광기를 보여주는 잿더미의 기념물로 바뀌었다."고 〈시카고 트리뷴〉의 제임스 밀스가 썼다. 그는 이 광경을 1차 세계대전 때 폭격을 당한 벨기에 도시들에 비유했다.[17]

상하이 시장은 재건을 약속했지만 도시의 생존 자체가 의심스러운 상황에서 이 약속은 희망사항에 지나지 않았다.[18] 9월 중순 〈노스차이나 헤럴드〉는 "자비의 여신 관세음보살이 받침대에서 추락해 박물관 내부 잔해 속에 내팽개쳐졌고, 화려하게 장식된 행정부 건물의 벽면을 검게 그을리는 연기가 녹색 지붕에 뚫린 구멍으로 계속 피어오르고 있다. 또 마치 총격 소리처럼 탁탁 소리를 내는 불꽃이 문화적으로 해석된 광역 상하이로 성장하려던 새 도시의 좀 더 작은 구조물들까지 집어 삼키고 있다."[19]라고 전했다. 중국인 논평자들은 중국인의 상하이를 건설하려는 희망이 연기를 내뿜는 폐허로 변한 현장을 지켜보면서, 전쟁터로 변한 시민센터를 "우리 장완의 잃어버린 꿈(워 장완 즈 미멍)"[20]으로 표현했다.

10월 말에 일본군은 장완을 확고하게 장악한 뒤 외국 논평자들을 초청해 도시 중심부를 둘러보게 했다. 기자들 무리가 장완 거리를 거슬러 올라갔을 때 "망가지지 않은 건물이 단 하나도 보이지 않았다." 또 "건물 대부분은 지붕이 사라졌고… 시민센터와 키앙완(장완: 옮긴이) 경마장으로 이어지는 도로의 모든 다리는 폭파된 상태였다."[21]

시민센터 안에 있는 시청사의 지붕은 남아있었지만, 폭탄을 맞아 곳곳에 구멍이 뚫려 있었다. 정문 주변의 벽들은 날아갔고, 한때 갖가지 색을 자랑하던 들보는 까맣게 타버렸다. 시장 사무실이 있던 청사의 날개 부분은 상황이 더 심각했다. 한쪽 끝의 대리석 벽면은 대포 공격과 불로 파괴된 실내의 일부만 감싸고 있었다. 다른 편의 까맣게 그을린 골조는 다유 등의 기념비적 중국 르네상스 구조의 윤곽만 가까스로 보여줬다. 〈노스차이나 헤럴드〉는 이렇게 썼다. "여기, 산산조각 난 아름다움에서 우리는 '인간에 대한 인간의 비인도적 행위'의 가장 직접적인 최신 사례를 접한다. 사려 깊은 이들은, 인간의 가장 지적인 작업물을 이토록 무시무시하게 다루는 기술이 호전적인 천재들의 머리에서 나올 수 있는 시절에 세계가 이렇게 진보를 담보할 수 있을지 의문을 제기한다."[22] 3개월 동안 이어진 전투에서 중국인 사상자는 25만 명이었다.

100만 명 이상의 피란민이 일본군의 총을 피해 공공 조계로 몰려들었다. 이 중 상당수는 가든 다리를 건너 번드에 발을 들였다. 피란민 중에는 일본에 점령당한 장완의 국제 레크리에이션 클럽에서 수백 마리의 말을 시내의 상하이 경마 클럽으로 이끌고 들어온 상류층 인사들도 있었다. 물론, 그 중에는 여전히 원칙적으로 상하이 경마 클럽 회원이 되지 못하지만 상황 때문에 '호혜적 특권'을 부여받은 중국인 말 소유자들도 있었다. 10월로 접어들면서, 과거엔 교통 체증에 시달리던 국제 레크리에이션 클럽 경마장 입구가 지뢰로 막혔다. 경기장을 굽어보던 아르데코 양식의 탑은 포탄에 맞아 파괴됐고, 경기장 곳곳에도 포탄으로 파인 자국이 남아 있었다. 입구의 부속 건물은 흔적도 없이 사라졌다. 언론들은 파괴가 "복구 불가능한 것은 아니다."고 단언했지만, 적어도 당분간 장완에서 경마 경기가 열리지 않으리라는 것은 명백했다.[23]

물론 수백만 명의 사람들에게 전쟁이 끼친 영향은 훨씬 더 컸다. 1937년 8월에 시작된 상하이 전투는 11월까지 계속됐다. 일본인들은 중국군이 제대로 훈련받지 못했고 장비도 부실하다고 선전하고 이

세계에서 가장 세련된 시설 중 하나로 꼽힌 장완 경마장의 관람석이 1937년 중국과 일본의 전투 과정에서 거의 완전히 파괴됐다.

선전을 자신들도 믿으면서 일본군이 큰 피해 없이 전투를 곧 끝낼 것으로 기대했다. 그렇기는커녕, 한 집에서 다른 집으로 이어지는 3개월 동안의 게릴라식 전투에서 일본군 10만 명이 쓰러졌다. 분쟁의 두 번째 단계인 이 게릴라식 전투는 중국 전체와 세계 곳곳을 집어삼킨 전투 방식이다. 일본군은 상하이에서 난징을 향해 진격했고, 12월 1일 목표인 중국 수도에 도착했다. 10만 명의 중국군이 난징을 방어하고 있었다. 이는 진격해온 일본군의 3배에 달하는 규모다. 이때로부터 2주 만에 장제스는 난징을 버리고 양쯔강을 거슬러 쓰촨성 충칭으로 도망가라고 정부에 명령했다. 이 과정에서 수천 명의 중국군 병사들은 지원도, 후퇴할 수단도 없이 버려졌다. 일본 제국의 군대가 난징에 입성했다.

그 이후 사태는 이루 말할 수 없는 것이었다. 탈출을 위해 난징 시민들 사이로 숨어든 중국군 체포 작전에 들어간 일본군들은 6주 동안이나 마구잡이식 학살 행위에 몰두했다. 상하이에서 발행되는 신문들의 청탁으로 미국 〈뉴욕 타임스〉에 보낼 기사를 맡은 F. 틸먼 더딘은 난징을 "대규모 약탈, 여성 강간, 민간인 학살, 중국인들의 주택 몰수·퇴거, 전쟁 포로의 대규모 처형, 건강한 남성들에 대한 징집"이 난무하는 "공포의 도시"[24]로 묘사했다.

일본군은 민간인 40만 명 가량을 학살했고 셀 수 없는 여성들과 소녀들을 강간했다. 소수의 서양인 집단—대부분은 미국인이었고 일부 영국인과 독일인도 있었다—이 여기서 벌어진 일을 일기와 편지 형식으로 기록했다. 외국인들이 도시 안에 구축한 '안전지대'에서 몰래 반출한 영상은 보는 이들을 공포로 몰아넣었다. 더딘은 기사에서 이렇게 결론을 맺었다. "[난징은] 지금 공포에 질린 시민들로 가득하다… 중국군 수만 명이 묻힌 묘지는 일본의 정복에 저항하는 모든 중국인들의 희망이 묻힌 묘지일 수도 있다."[25]

난징의 학살을 전하는 소문이 상하이로 흘러 들었다. 소문이 사실로 굳어지면서 1937년 연말에 보도된 외국 언론 기사들은 상하이의 중국인과 외국인의 분열을 보여줬다. 성탄절에 발행된 것을 포함한 몇몇 기사들은 "일본군의 야만 행위가 확인됐다"는 등의 제목 아래 난징에서 벌어진 학살 소식을 사실로 인정했다. 〈차이나 프레스〉는 며칠 동안 상하이에서 떠돌던 끔찍한 소문이 사실이라고 확인했다. 신문은 이렇게 전했다. "최근 중국 수도에 진입하면서 미친 듯 행패를 부린 일본군의 중국 민간인 대량 학살과 강간, 체계적인 시설물 파괴와 약탈 보고가 외국 소식통들을 통해 모두 사실로 확인됐다."[26]

목격자들은 도시 안 어느 구석도 시체가 없는 곳이 없었고, 중국군 포로 학살 현장을 목격할 때는 역겨움을 피할 수 없었다고 전했다. 이와 함께 시민들의 집이 약탈당하거나 불타는 가운데 민간인들이 납치되고 총검의 위협 아래 강간당하는 모습에 구역질을 하게 됐다고 표현했다. 한 소식통은 일본 제국이 형언할 수 없는 반인륜 행위로 자신들의 품위를 땅에 떨어뜨렸다고 썼다. 상하이의 신문들은 전 세계의 보도를 종합해 전했다. 〈뉴욕 타임스〉, 〈시카고 데일리 뉴스〉, 〈에이피(AP) 통신〉, 〈로이터 통신〉 그리고 심지어 일본 신문들의 보도(예컨대 두 명의 장교가 100명의 중국인 살해 목표를 누가 먼저 달성하는지 내기를 벌여 승부가 나지 않자 내기를 150명 살해하기로 바꿨다는 악명 높은 사실 등이 보도되었다.)까지 종합했다. 신문들은 상하이정착민들에게 "일본군이 중국 수도에 진입한 이후 벌어진 약탈, 살인, 강간의 난장판"[27] 소식과 함께 1938년 새해 인사를 전했다.

다른 기사들—동시에 여러 신문이 보도하거나 각 신문이 같은 날 다른 지면에 보도한 것들—은 중국에서 일본이 벌이는 전쟁에 대해 아주 다른 태도를 묘사했다. 일본이 분쟁 지역 출입 제한을 풀자, 외국인들이 현장을 확인하려고 줄줄이 다리를 건넜다는 소식 등이 그렇다. 방문자는 거의 모두 외국인이었다. 중국인은 일본 군부의 특별 통행증이 없으면 출입이 허용되지 않은 반면, 외국인에게는 (사진을 찍으려는 경우가 아니면) 일체의 서류가 요구되지 않았다. 홍커우와 장완을 방문한 외국인 중 일부는 피해를 조사했고, 부분 또는 완전 파괴된 자산을 돌아보기도 했다. 그러나 전혀 다른 것에 관심을 기울인 이들도 있었다. "스키야키 식당들이 네 달 이상 진짜 일본 음식을 맛보지 못한 외국인들로 북적였다."[28] 해산물을 먹고 싶었던 상하이정착민들은 음식에 신경을 썼다. 홍커우 시장이 다시 문을 열자, 새우 가격이 특히 많이 내렸다. 생선, 송아지 고기, 돼지고기 가격도 함께 내렸다.[29] 중국—특히 상하이—에서 외국인이 어떤 존재인지를 이보다 더 분명하거나 불편하게 보여주는 것은 결코 없었다.

상하이에서 벌어진 전투와 뒤이은 난징 파괴는 더 큰 규모의 전쟁이 진행 중임을 증명했고, 중국 북부에서 일단 멈춘 일본의 전략가들은 이제 자신들의 계획을 진행하기 시작했다. 1938년 봄까지 일본군은 중국 해변의 주요 도시 전체와 양쯔강 북쪽의 중국 동부 전체에 대한 침공을 단행했다. 상하이—더 구체적으로 공공 조계와 프랑스 조계—는 고독한 섬이 됐다.

1937년 가을부터 1941년 12월 8일까지, 외국 조계와 상하이 나머지 지역의 구별은 더 뚜렷하고 분명해졌다. '구다오'라는 표현—'고독한 섬'이라고 번역되지만, '고립된', '외로운', '외톨이인' 섬으로도 표현된다—이 도시 내 도시를 묘사하는 상투어가 됐다. 고독한 섬 시기에 상하이의 두 부분—외국인이 통제하는 곳과 다른 외국인들이 점거한 곳—은 모두 변화를 겪었다. 외국 조계 인구가 급증했다. 공공 조계 인구는 1937년 안전을 찾아 주변 지역에서 쏟아져 들어온 피란민 때문에 150만 명에서 두 배인 300만 명으로 늘었다. 피란민 대부분은 가난했지만 모두가 가난하지는 않았다. 부자들도 공공 조계로 옮겨왔다. 물자 부족과 수요 증가가 불러온 물가 상승세는 이 두 집단에 아주 다른 여파를 안겼다. 가진 것 없이 새 생활을 시작해야 하는 이들은 점점 더 절망적인 상황에 빠졌다.

공공 조계 밖에서는 중국 정부가 퇴각한 지 몇 주 만에 일본 관리들이 장완의 거리 이름들을 "전후 상황에 맞춰" 바꾸기 시작했다. '민주'(민주주의)나 '중산'(쑨원의 표준 중국어 이름) 같은 거리 이름이 일본 도시나 군인, 왕족 이름으로 바뀌었다.[30] 3월엔 다유 둥이 지은 시청사(시장의 행정용 건물)의 잔해 근처에서 중국 내 일본군 사령관 하타 슌로쿠가 승전을 거둔 자신의 부대를 점검하는 군사 퍼레이드를 열었다. 두 시간 동안 군인들이 상하이 시 정부가 있던, 폭격 맞은 건물 골조 주변에 정렬했다. 일본군 비행기들이 "행정 건물 위의 파괴된 용 조각물에 거의 닿을 정도로"[31] 낮게 날았다.

장샤오젠이 제작해 1933년 제막한 쑨원 동상은 전쟁이 시작된 지 일주일도 지나기 전에 파괴됐다. 일본 군인들이 동상이 사라진 동상 받침대 주변에서 승리를 축하하는 장면이 사진으로 남아있다. 9월에 찍힌 사진에는 바닥에 눕혀진 동상 위에 일본 군인들이 중국 국민당 정부의 국기를 씌우는 모습이 담겼다. 이 사진에는 일본군이 아니라 중국군의 사격 때문에 동상이 무너졌다는 설명이 붙어 있었다.[32] 그해 가을 어느 시점에, 이 동상은 새로운 기념물로 대체됐다. 동상을 대체한 것은 다른 동상도, 중국 혁명이나 지도자를 기념하는 것도 아니었다. 일본군 전사자 추모 장면을 묘사한 명판이었다. 쑨원의 동상은 사

홍콩상하이은행 자신의 사무실에 있는 아서 헨치먼.

라졌고, 어떻게 처리됐는지는 알려지지 않았다. (동상이 올려져 있던 받침대는 계속 비어 있었고, 2009년 새로운 쑨원 동상이 그 위에 세워졌다.)

　동상은 사라졌고 광장은 파괴됐고 건물들은 불에 탔으며, 그 해 가을엔 장완의 국가적 기념식도 없었다. 10년 만에 처음으로, 1938년 10월 10일 국경절과 11월 12일 쑨원 생일 기념식이 열리지 못했다. 1939년에도, 1940년에도 마찬가지였다. 기념식이 없었던 건 놀랄 일이 아니었다. 무엇을 기념하겠는가? 또 누가 기념하겠는가? 장완은 중국 민족주의의 부활을 기록하는 것이 목적이었지만, 이제 국민당 정부는 도망을 다니고 있고 새 상하이는 거의 파괴됐다. 비로 몇 달 전, 국민당 관리들은—순진하게도?—밝은 미래를 내다봤고 어쩌면 외국 조계를 다시 중국이 통제하는 미래를 기대했을 것이다. 이런 기대는 사라졌다. (역설적으로 전쟁은 궁극적으로 중국에서 치외법권을 끝내게 '되는데', 이는 장제스의 국민당에도 불행한 결말을 부른다.)

1938년 가을 장완 시민센터—아직 완전히 복구되지 않았다—에서는 국가적 기념식 대신 67살의 은행가인 푸샤오안의 상하이 시장 취임식이 열렸다.[33] 관할권이 복잡하게 얽히고 서로 겹치기도 하는 상하이에서 이는 가장 복잡한 문제를 야기할 만했다. 푸샤오안이 차지한 사무실은 장제스 정부가 1927년 중국의 새로운 주권을 과시하고 상하이를 지배하는 외세에 도전하려고 건축한 것이다. 이제 이 사무실은 상하이를 경제적으로만이 아니라 군사적으로도 점령한 외세의 차지가 되었다. (푸샤오안은 일본이 처음 지명한 시장도 아니었다. 일본에서 자라고 교육을 받아 중국어도 잘 하지 못하는 쑤시원이라는 특이한 인물이 1937년 12월부터 '시장'을 맡았는데, 그는 자치를 시도하려다가 쫓겨났다.)[34] 장제스 정부가 망명 정부 신세인 상황에서 권력 공고화를 꾀한 일본은 중국이 애국주의를 고취시키려고 건설한 사무실에 자신들의 협력자 푸샤오안을 앉혔다. 상하이의 외국 언론들이 푸샤오안을 "이른바 '시장'"[35]으로 부른 것도 놀랄 일이 아니다.

11장
◇◇◇◇◇
교차로

　네이츠 웡이 만든 잡지의 제목은 1937년 이후 상하이에서 그가 겪은 현실을 반영한 것이다. 교차로.(중국어로는 스쯔 제터우) 상하이는 오래도록 상업적 만남의 지점이었지만, 웡은 이 도시의 새로운 정치 상황을 염두에 뒀을 수 있다. 상하이는 중국 전체를 서로 다른 방향으로 끌어당기는 강력한 세력들의 복잡하고 위험한 교차 지점이었다.

　웡이 이 단어를 상하이에 처음 붙인 것은 아니다. 같은 제목의 좌파 잡지가 있었는데, 1932년 발행을 중단했다. 〈교차로〉라는 영화가 1937년 일본의 침공 몇 달 전에 공개되기도 했다. 선시링의 이 낭만적 코미디는 일자리를 찾아 상하이에 온 4명의 대학 졸업생들 이야기다. 이 작품은 경제 불안 속에서 애국주의와 근대화라는 주제를 결합시켜 큰 성공을 거뒀다.[1]

　영화 〈교차루〉에서 한 젊은 여성은 자신의 계획을 묻는 집주인에게 "저는 막 졸업했어요. 일을 하려고 상하이에 왔구요."라고 답한다. 나이 든 여성 집주인은 작은 목소리로 "일 하러 상하이에 온 젊은 여자"[2]라고 되뇌며, 걱정과 이해의 마음을 담아 고개를 끄덕인다. 수만 명—대부분 젊은 남녀—이 일을 하려고 중국 전역에서 상하이로 몰

일본인들이 공공 조계 밖의 상하이 전체를 점령했을 때, 수십만 명이 피란처를 찾아 공공 조계로 몰려들었다.

려왔다. 중국의 '새로운 문화' 시대를 예시하는 문학 전성기에 동참하기도 했다. 중국에서 가장 중요한 몫을 하는 작가군에 속하는 수십 명이 당시 상하이에 거주했고, 보통 공공 조계와 프랑스 조계에 살았다.

네이츠 웡은 루쉰이나 마오둔 만큼 유명하지 않았고 재력도 대단하지 않았지만 커다란 야심을 품고 공공 조계에서 당시의 많은 사람들과 비슷하게 살았다고 상상해 볼 수 있다. "노동계급의 사람들이 교사, 예술가, 작가, 상점 점원, 사무직 노동자, 중소 자영업자, 창녀, 종교인들과 어깨를 스치는 좁은 골목길 뒤 주거 지역"[3]에서 말이다.

네이츠 웡과 같은 시대에 같은 일을 했던 전직 작가(잉쓰: 옮긴이)는, 전통적인 형태의 안뜰에 있는 '정자형 방'에서 친구들과 담배를 피우며 국내외 정치를 논하고 자신들 앞에 어떤 인생이 기다릴지 또는 현재 직면한 교차로에서 어디로 가게 될지 궁금해 하며 기나긴 밤을 보

냈다고 썼다.[4]

윙이 잡지를 창간했을 때 앞서 나왔던 잡지와 영화를 염두에 뒀는지는 분명하지 않지만, '교차로'라는 단어는 이 도시, 특히 당시에 딱 어울렸다. 영화에 등장하는 대학 졸업생들에게 상하이는 낙관과 기회의 땅이었지만, 1937년 이후 정치·군사 상황은 상하이를 낙관보다는 혼란, 기회보다는 위험의 땅으로 만들었다.

우선, 당시에는 중국이 하나가 아니라 적어도 세 개 존재했다. 중국의 해안 지대 대부분—공공 조계와 프랑스 조계를 뺀 상하이를 포함해서—은 일본이 점령했다. 점령 과정은 복잡했고 지역 안에서도 서로 상당히 달랐다. 상하이에서 일본은 명목상 중국인 협력자들(그 중 첫 번째 인사는 암살됐다)이 이끄는 '중화민국 유신정부'라는 괴뢰 정부를 먼저 세웠다. 이 정부는 1940년 봄 명목상 왕징웨이의 지도력 아래 구성된 '난징 국민정부'(RNG)의 일부분이 됐다. (아서 헨치먼이 1941년 챔피언 결정전 경기 날 경마장으로 가면서 봤을 팜플렛과 포스터는 왕징웨이를 '괴뢰'이자 '반역자'로 지칭한다.) 왕징웨이가 20세기 중국 정치판에서 쌓은 화려하고 파란만장한 경력은, 쑨원의 후계 자리를 놓고 벌인 국민당 내부 투쟁에서 장제스에게 밀렸을 때 끝나는 것처럼 보였다. 국민당의 '난징 10년' 동안 주변부로 밀렸던 그는 일본이 침공하자 권력의 기회를 엿봤다. 그는 '평화 운동'의 지도자가 됐다가 점령군을 기쁘게 하는 게 존재 이유인 '중국 공화국'을 이끌게 된다.

장제스 정부—이 정부 이름도 중국 공화국이다—는 생존을 위해 싸우면서도 정통성을 주장했다. 전시 수도인 충칭에 있던 '자유 중국'은 2차 세계대전에서 5대 강국이 되고 마침내 유엔 안전보장이사회의 5대 상임 이사국이 되지만, 이 모두는 미래의 일이다. 미국과 영국이 1941년 일본과의 전쟁에 나설 때까지, 국민당은 살아남기 위한 처절한 항일 투쟁 와중에 영토도, 자원도 거의 통제하지 못했다. 그러나 공공 조계를 운영하는 서양 국가들은 여전히 장제스 정부를 인정했다.

세 번째 중국은 외딴 북서부 지역을 근거지로 하던 공산주의자들의 '중공'이었다. 공산당은 1921년 상하이의 공공 조계에서 첫 회의를 개최하며 출범했다. 1927년 국민당의 학살에서 가까스로 살아남은 공산당은 1934년 가을부터 1년에 걸친 후퇴 곧 '장정'을 통해 어렵사리 몰락을 피했다. 중국 남동부 산악 지역에서 북서부 사막 지역까지 수천 마일을 이동한 장정 덕분에 마오쩌둥은 당 지도자가 되고, 이어 공산당 창당의 신화가 됐다. 하지만 장정에 나설 때 10만 명에 이르던 병사는 1만 명도 채 남지 않았다. 마오는 산시의 구릉지역에서 지도력을 강화하고 대중의 지지를 받으며 개인숭배의 대상이 됐다. 이때 시작된 지지와 숭배는 1949년 인민공화국을 세운 이후 대중적으로 광범하게 퍼지게 된다.

3개의 중국은 교차로인 상하이에서 충돌했다. 일본인들은 도시 대부분을 장악한 왕징웨이 정부를 후원했다. 반면, 공공 조계는 국민당 정부와 공산당 지지자들에게 보호막을 제공했다. 몇 달 전 광역 상하이 설립 10주년 기념식에서 중국 정부 인사들과 외국 인사들이 외국 조계를 없애는 문제를 공개적으로 논한 바 있는데, 일본의 침공으로 이 논의는 완전히 실종됐다. 이제 외국 조계는 상하이 중심부를 침공에서 보호하는 유일한 장치가 됐다.

상하이정착민들에게 지금까지 전쟁은 대체로 성가신 것 수준이었고, 때때로 사업에 영향을 끼치거나(에릭 몰레르는 미국의 제재 때문에 선박 수리에 필요한 철강을 수입할 수 없었다) 일상생활에 영향을 미치는 것(물가 상승이 지속적인 위협이 됐다) 정도였다. 피의 토요일 같은 단발성 사건이 벌어지면서 상하이는 위험하고 심지어 목숨을 앗아가는 곳이 됐지만, 상류층의 삶은 대체로 그전과 다르지 않았다. 혁명, 전쟁, 탄압을 피해 상하이로 들어온 난민들—특히 러시아인, 중국인, 유대인—에게는 상황이 전혀 달랐다. 그들의 삶은 완전히 무너져 내렸고, 공공 조계는 적어도 일시적으로 위험을 피할 수 있게 해줬다.

그러나 네이츠 웡과 같은 중국인은 이들과 다른 부류에 속했다. 웡은 공공 조계 내 경마장에서 멀지 않은 예이츠 거리에 살았다. 그는 국제 아트 시어터 스튜디오에서 빅터 사순과 거시 화이트를 앞에 두고 연극을 했고, 잉 탕이 미국 브로드웨이 진출 제안을 받던 때에는 그녀와 나란히 공연을 했다. 서양 복장 차림으로 편안하게 살아온 네이츠 웡은 외국인들이 누리는 치외법권이라는 보호 장치는 없었지만, 외국인들은 주변을 모두 집어삼킨 전쟁으로부터 그를 보호해줬다. 중국은 그의 고국이었지만 많은 면에서 그는 상하이의 이방인이었다.

웡은 한해 전인 1937년 경마 클럽 스태프 클럽의 방명록에 쓴 글에서 중국인과 외국인의 협력을 낙관했다. 이는 오래도록 그의 관심사였다. 그는 기독교청년회가 발행하는 매체인 〈상하이 칭녠〉(문자 그대로는 '상하이 청년'이지만 기독교청년회의 명칭에 맞추려고 영어로는 '상하이 청년 남성'으로 번역됐다)에 '중국과 서양의 불평등 역사'라는 글을 쓰기도 했다.[5] 웡은 기독교청년회를 어려움에 처한 이들을 돕는 기관으로 평가했지만, 이와 동시에 기독교청년회가 외국인과 중국인 사이뿐 아니라 중국인 공동체 안에서도 우정과 이해를 증진시키는 곳이라고 칭찬했다. 중국인과 외국인 관계에 대한 그의 시각이 이젠 바뀌었다. 1938년 여름—고독한 섬 시절이 시작된 지 채 1년도 안된 시점—에 웡은 〈교차로〉 잡지를 시작했다. 상하이 내 중국인과 외국인의 관계에 대한 이 잡지의 논평은 공공 조계의 외국인 관리자들을 불쾌하게 만들었다.

그들의 불쾌함은 언뜻 보면 이해가 안된다. 〈교차로〉는 꾸준히 일본과 일본의 중국 점령을 공격했지만, 영국을 나쁘게 언급하는 일은 거의 없었다. 그럼에도 공공 조계를 운영한 영국인들과 미국인들은 자신들의 오아시스가 얼마나 취약한지 알았다. 1937년 이후에도 공공 조계의 경계가 유지된 것은 오직 일본군이 그 경계를 인정하기로 했기 때문이었다. 공공 조계가 외부의 전쟁에 휩싸이지 않은 건 단지 일본이 침공을 꺼려했기 때문이다. 지역의 일본 당국자들은 상하이 시 경찰에게 자신들의 정책을 대신 집행하도록 압박했고, 이를 따르지 않을 때 빚어질 결과를 내비치며 거의 노골적으로 위협했다. 시 경찰 특수부의 데이비드 배너먼 로스 경감이 〈교차로〉를 불쾌하게 생각하고 1938년 7월 편집자를 면담하고 싶어 한 것이 바로 이 때문이다.

로스 경감의 책상에는 5명을 숨지게 한 교통사고 등 공공 조계에서 잇따라 발생한 뺑소니 사고를 "특정 국가 국민" 탓으로 돌리는 〈교차로〉 기사 번역본이 놓여 있었다. (경찰은 이 주장을 뒷받침할 증거를 찾을 수 없었다.) 이 기사는 상하이 거리를 '호랑이의 입'으로 묘사하고 공공 안전 위협의 책임을 일본인들에게 돌리는 인상을 줬다. 이런 발행물은 공공 조계에서 '반일 선동'이 이뤄진다며 일본인들이 들고 일어나게 만들고, 공공 조계의 자치를 약화시킬 여지가 있었다. 이야말로 상하이 시 경찰이 피하고 싶어 한 것이다.

이 기사에는 필자 이름이 없어서 로스 경감은 잡지 편집자를 불러 해명하게 했다. 6월 20일 푸저우 거리에 있는 상하이 시 경찰서에 불려온 네이츠 웡은 반일 정서를 출판하지 말라는 경고를 받았다. 로스 경감은 경고를 따르지 않으면 잡지 발행을 정지시킬 수 있다고 말했다. 웡은 이 기사를 쓴 사람과 편집 담당자를 이미 해고했고, 그들의 소재 파악은 실패했다고 답변했다.[6]

로스는 네이츠 웡을 너그럽게 대하지 않을 것 같았다. 1차 세계대전에 참전한 포병 출신인 로스 경감은 대중과 동료들에 대해 강경한 태도를 보이고 때로는 행동도 서슴지 않는 인물로 경찰 안에서 익히 알려져 있었다. 웡을 신문하는 건 번거로운 일이었고, 몇 주 뒤 로스 경감이 다른 기사 때문에 다시 웡을 소환했을 때 로스 경감의 인내심은 이미 한계에 달했다. 이번에 문제가 된 것은 디안춘이라는 가명의 필자가 중국어로 쓴 기사였다. 디안춘은 중국인은 쓰지 않는 이상한 이름이지만, 일본어로 읽으면 흔한 성인 다나카다. (로스가 이름이 이상하다는 걸 알아챘는지는 알 길이 없다.) 처음 문제가 됐던 교통사고 기사는 일본이 중국인들에게 위협이 된다는 걸 넌지시 내비쳤지만, 두 번째 기사는 더없이 노골적이었다.

상하이의 중국인들에게 호소함

중국군이 상하이에서 퇴각한 이후 이 도시 전역을 우리의 적이 점령했다. 표면상으로 우리는 외국 조계에서 평화롭고 차분한 삶을 이어가지만, 사실 우리는 강한 억압의 멍에 아래에 살고 있다.

과거에는 외국 조계의 거리를 자유롭게 거닐 수 있었지만, 이제 언제 어디서든 걸핏하면 불쾌한 일을 당할 만큼 여건이 완전히 달라졌다. 예를 들자면, 폭발 사고나 사람의 몸과 팔이 발견되는 일 등이 수없이 일어난다. 이것만으로도 이 고립된 섬이 테러의 중심지가 됐다는 걸 입증하기 충분하다.

이런 상황이 계속 방치된다면, 상하이는 결국 우리 동포들이 노예가 될 위험에 노출되는 '죽은 섬'으로 전락할 것이다. 이 섬을 '악마들'이 완전히 둘러싸고 있기 때문이다. 중국인 주민들이 계속 관심을 기울이지 않고 이 '악마들'에 대응하지 못한다면, 중국인 주민들은 더 심하게 억압당

할 것이다. 이상한 사건들이 지역 신문에 더 많이 보도되고 테러 사건이 인내할 수준을 넘게 될 때에 말이다. 우리는 이 '악마들'에 대항한 투쟁을 강화해야 하고, 동시에 이 '악마들'을 우리 땅에서 몰아내기 위해 진정한 힘과 용기를 보여야 할 것이다.[7]

네이츠 윙은 이 기사가 용납될 수 없다는 데 동의한다고 로스 경감에게 말했다. 그는 이 기사를 애초 자신이 승인하지 않고 고치라고 돌려보냈으나, 저자가 "내가 넌지시 알려준 것을 받아들이지 않고" 약간만 수정해 다시 제출했다고 설명했다. 윙은 제작 과정의 실수 탓에 이 기사가 인쇄됐다고 말했다. 그는 글쓴이와 편집진을 징계하고 이런 실수가 다시 생기지 않도록 제작 과정을 개선하겠다고 약속했다.[8]

〈교차로〉는 곧 발행을 중단했는데, 경찰이 행동에 나서 발행이 중단됐는지 여부를 확인해줄 기록은 남아 있지 않다.

네이츠 윙에 대한 압박은 다시 한 번 상하이에서 중국인과 외국인에게 서로 다른 기준이 적용된다는 사실을 드러내는 동시에, 고독한 섬 시기에 중국인과 외국인의 긴장 관계를 보여줬다. 일본인들과 영국인들이 운영하는 경찰은 중국 애국주의나 점령에 맞서는 저항을 도발 행위로 간주했다. 네이츠 윙은 중국인에 대한 생색내기와 인종차별을 밑에 깐 채 세계시민주의 이상을 동경하며 중국인과 외국인이 불완전하게 협력하는 환경에서 수십 년을 살았다. 이제 적대적인 군대가 집 앞에 있고 과거의 동맹세력에게도 위협을 당하는 새 환경은 새로운 도전을 제기했다.

얄궂게도 윙과 데이비드 로스는 두 사람이 인식하는 것보다 더 많은 부분에서 의견 일치를 보였다. 로스는 윙에게 순응을 강요했지만 그 자신도 상하이 시 경찰의 정책에 동의하지 않았고, 결국은 상하이

를 떠나 오스트레일리아 공군
에 입대한다. 그는 1940년 7
월 영국이 "목숨을 건 싸움을
벌이고 있다. 상하이 시 경찰
소속 영국인들이 상하이의 현
상 유지에 나서는 것은 바람직
하지 않다. 우리는 나라를 위
기에서 구하기 위해 [영국으로]
돌아가야 한다."고 썼다. (압박
을 받은 로스는 신문에 보도된 것이 사
실과 다르다고 부인했지만, 상하이 시 경
찰의 많은 경관들은 영국이 생존을 위해
싸우는 동안 상하이에 머무는 데 죄책감
을 느꼈다.)[9]

상하이 시 경찰의 데이비드 배너먼 로스는
반일을 선동하는 기사를 자신이 발행하는
잡지에 실은 네이츠 웡을 신문했지만, 나중에
일본에 대한 상하이 시 경찰의 소심한 태도에
항의해 경찰을 그만뒀다.

로스의 우려와 달리, 공공 조계에서 일본에 저항한 이는 거의 없었
다. 네이츠 웡 사태 같은 검열은 저항이 아니라 더 심한 검열로 이어
졌다. 1941년 여름, 시의회는 일본의 비위를 거스를 만한 표현을 금
지하고 공공 조계에서 발행되는 모든 신문에 금지 표현 목록을 배포
했다. '일본 악마들' 같은 모욕은 "일본군의 명예와 관련된" 것이라는
이유로 명백히 금지됐다. 금지된 표현 가운데는 난징 등에서 벌어진
일본의 만행을 주장하는 (또는 언급하는) 것들도 있었다. '무차별적인 폭
격', '독가스 사용', '중국인에 대한 잔인한 대응', '중국 여성을 강간',
'시신 더미', '무자비한 중국인 가옥 방화' 등이 여기에 속한다. 폭력
선동도 금지됐다. "현지 상황에 해로운 영향을 끼칠 수 있거나 평화
와 질서를 어지럽힐 수 있는 뉴스와 선언"[10]처럼 포괄적이고 모호한

금지 규정도 있었다.

고독한 섬 시기는 모든 상하이 거주민이 새로운 현실을 이해하려 애쓰는 와중에 새로운 도전을 불러 일으켰다. 공공 조계와 프랑스 조계는 언제나 평범하지 않은 장소였지만, 이제는 결심만 하면 언제든지 조계를 무너뜨릴 수 있는 적대적인 군인들로 둘러싸인 채 훨씬 더 이상해졌다. 많은 것은 국적에 달려 있었고, 수많은 나라 국민들이 좁은 지역에 몰려 있었다. 또 자신이 어느 나라 사람인지를 공개적으로 표시하면서 시내 곳곳에 수십 개의 국기가 휘날렸다. 경찰이 뺑소니 교통사고에 대한 비판만으로도 허약한 균형이 깨질까 두려워했다면, 국기를 신경 쓰는 건 놀랄 것도 없다.

공공 조계가 처음 세워졌을 때는 중국 국기가 없었다. 이 때문에 공공 조계 깃발을 내걸어도 중국의 주권에 대한 모독으로 느낄 여지가 적었다. 유럽의 국정과 외교에서는 국기가 기본이지만, 동아시아에는 국기가 흔하지 않았다. 중국(곧 청나라)은 1862년까지 공식 국기가 없었고 그 이후에도 국기—노란색 바탕에 청룡이 그려진 삼각형 깃발—는 바다에서만 사용됐다. 아편전쟁을 끝내는 조약이 시행되면서 중국 선박을 구별하는 데 쓰인 것이다. 1889년까지도 청나라에는 제국의 공식 국기가 없었고, 이때 채택한 국기는 해군이 사용하던 삼각형 깃발을 사각형으로 바꾼 것이었다.

상하이에 조약항이 설치된 이후 여러 나라 국기가 상하이에 게양됐다. 청나라의 용 그림 국기는 1912년 중국 공화국 국기로 대체됐다. 위에서부터 빨강, 노랑, 파랑, 흰색, 검정 줄을 가로로 배치한 이 '오색 국기'는 1928년까지 중국의 국기였다. 그리고 그 해 장제스의 통일 공화국 정부는 국민당 깃발을 바탕으로 한 새 국기를 채택했다. 파란색 바탕에 국민당의 흰색 태양이 그려진 부분이 전체의 4분의 1 크기로 왼쪽 위에 배치되어 있고 나머지는 빨간색 단색으로 채운 국기다. (이 국기는 현재도 대만에서 '중화민국' 국기로 쓴다.) 이 국기는 일본군이 쳐들어온 1937년 가을까지 상하이에서 휘날렸다.

고독한 섬 시기를 포함해 1937년 이후에는 일본이 지원한 '중국' 정부의 국기 몇 가지가 상하이에 계양됐다. 1938년부터 1940년까지는 유신 정부의 국기가 쓰였다. 이 국기는 중국 공화국의 5색 국기를 약간 변형한 것이다. 가운데에 횃불을 그려 넣고 그 아래 '평화건국'이라는 한자가 추가된 국기다. 유신 정부가 난징 국민정부에 흡수된 1940년 3월, 이 정부를 이끈 왕징웨이는 국민당 정부 시절의 태양이 그려진 국기를 가져다가 국기 위 부분에 노란색 삼각형을 더하고 '평화반공건국'이라는 한자를 적어 넣었다. 유신 정부가 적어 넣은 글귀에 '반공'을 추가한 것이다.

노란색 삼각형이 더해지기 전의 국민당 국기는 추축국(2차 세계대전 때 독일·이탈리아·일본을 중심으로 한 동맹국들: 옮긴이)을 뺀 외국 정부가 승인한 충칭의 자유 중국 정부 국기로 계속 쓰였다. 왕징웨이의 정부가 명목상 통제한 상하이 대부분의 지역에서 일본 경찰이 실제로 법을 집행했고 자유 중국—일본과 전쟁을 벌인 나라—의 국기를 금지했다. 자유 중국 국기를 드러내면 푸샤오안 상하이 시장의 명령으로 즉각 엄벌했다. 하지만 외국 조계에서는 여전히 장제스 정부가 정당성 있는 정부로 인정됐고, 이론상으로는 이 정부의 국기가 환영을 받아야 했다. (영국 전함의 돛대로 쓰다가 가져온) 경마장의 국기 계양대에는 상하이 시의회의 깃발이 걸렸다. 딱 어울리게도, 이 깃발은 서로 다른 생각들과 국적을 결합한 모양이었다. 물론 언제나 타당한 방식의 결합은 아니었지만 말이다. 흰색의 배경에는 영국 국기에 쓰인 붉은 X자 십자인 '세인트 파트리치오 십자'가 표시되어 있었다. 깃발의 가운데에는 원이 자리 잡고 있다. 원 내부의 위쪽에는 'Shanghai'라는 영문 글자가, 아래쪽에는 'Municipality'(지자체라는 뜻: 옮긴이)라는 글자가 적혀 있다. 이보다 안쪽에 있는 더 작은 원 외곽을 따라가며 상하이 시의회의 라틴어 모토 'Omnia Juncto in Uno'(모두 하나로 뭉쳤다는 뜻)와 '工部局'(공부국: 옮긴이)이라는 한자가 적혀 있다. 이 한자는 문자 그대로는 '공공 업무국'이라는 뜻이며, 아마도 영국 런던의 '도시위원회'를 번역한 것으로 추정된다. 또 두 번째 작은 원 내부에는 가운데에서 서로 만나는 3개의 띠가 있으며, 이 띠에는 공공 조계를 대표하는 국가들의 국기가 그려져 있다. 국기는 중구난방으로 배치되었다. 1868년 이 깃발을 처음 만들었을 때 조약에 참여한 나라는 11곳이었는데, 깃발에도 11개 나라가 표시됐지만 조약에 참여한 일부 나라 대신 다른 나라 국기가 들어갔다. (벨기에는 조약에 참여했지만 국기가 깃발의 띠에 표시되지 않았고, 오스트리아와 포르투갈은 참여국이 아닌데도 깃발에 국기가 포함됐다.)

공식적으로 프랑스 국가의 일부인 프랑스 조계는 공공 조계나 상하이 시의회와 다른 규정을 따랐는데, 프랑스가 1940년 봄 나치 독일에 점령되자 문제가 복잡해졌다. 이때부터 프랑스는 일본의 동맹국이 된 셈인데, 그전부터도 상하이의 프랑스 당국은 일본의 압력에 취약했다. 일본이 강하게 요구하자, 프랑스 조계는 국경일에 중국 국기를 게양하던 수십 년의 전통을 포기하는 데 동의했다. 프랑스 조계의 시의회는 '정치적 활동'과 관련되는 국기 게양만 금지한다는 논리로 이 결정을 합리화했다. 중국어 신문들은 국기는 기본적으로 정치적 상징이며 국기를 게양하는 것—또는 게양을 금지하는 것—은 언제나 정치적인 행동임을 지적하면서 이런 합리화를 비웃었다. 신문들은 "중국 국기를 제거하라는 명령은 현지 괴뢰 시장의 요구를 철저히 따른 조처"[11]라고 단호하게 주장했다.

공공 조계 당국도 일본으로부터 프랑스 조계와 같은 압력을 받았고, 이 압력에 대처한 이는 당시 상하이 시의회 의장이었던 코넬 프랭클린이었다. 1939년 푸샤오안 상하이 시장은 공공 조계도 프랑스 조계처럼 중국 국기와 국민당 깃발 게양을 금지하라고 요구했다.[12] 일본의 논리는, 국기 게양 금지가 시 전역의 '평화와 질서 정연함'을 지키는 데 꼭 필요하다는 것이었다. 일본 해군 대신과 육군 대신은 이를 따르지 않으면 공공 조계를 충칭으로 망명한 국민당 정부의 동맹으로 간주할 것이라고 경고했다.

프랭클린의 대응은 누구도 만족시키지 못했다. 일본의 요구대로 중국 국기 게양을 금지할 것이냐는 질문에 프랭클린은 이 문제는 상하이 시의회의 법률적 권한 밖의 일이라고 답했다. 하지만 그는 "정치 운동과 연계해" 국기를 게양하는 걸 금지할 수 있는 규정을 살펴봤다. 이 규정을 정책으로 시행하기 위해 프랭클린은 공공 조계의 영향력 있는 중국인들을 만나, 중국의 공식 국경일 여드레에만 국기를 게양할 것을 요구했다. 쑨원의 생일인 11월 12일도 여기에 포함됐다.[13]

이 정책의 첫 번째 시험 무대는 정책 발표 일주일 뒤에 등장했다. 이날은 1939년 5월 6일, 쑨원이 1921년 중국 공화국 대통령으로 당선된 날이며 국기를 내걸 수 있는 날이었다. 기대에 부푼 예이츠 거리(네이츠 웡과 거시 화이트가 살던 거리)의 중국인 상인들은 전날에 국기를 내걸었다. 일본 영사가 이에 항의했고, 공공 조계 경찰이 즉시 출동해 국기를 압수했다. 이에 맞서 주변 상인들이 150개 이상의 국기를 다시 내걸면서 좀처럼 기대하기 어려운 광경이 벌어졌다. 예이츠 거리는 상하이에서 보통 여성 속옷을 사러 가는 곳인데, 하늘하늘 흔들리는 레이스와 견직물로 채워진 상점의 진열장들과 중국 국기가 나란히 배치된 모습이 연출된 것이다. 군중들이 몰려들었고, 더 많은 경찰관들도 달려왔다. 이날 밤중에 모든 국기가 철거됐고 질서가 유지됐다. 다음날 공공 조계에 있는 중국인 소유 상점 거의 모두가 국기를 내걸었고, 번드에서 경마장까지 난킹 거리를 따라 중국 국기가 죽 늘어섰다. 반일 낙서와 전단지도 등장했지만, 조직적 저항이나 시위는 벌어지지 않았다.

공공 조계 경찰이 규정을 정확히 집행했는데도, 일본 관리들과 일본어 신문들은 국민당 국기가 등장한 데 대해 항의의 목소리를 높였다. "우리 일본인들은 동아시아에서 새로운 질서를 확립하기 위해 '철혈'의 투쟁을 계속하고 있다."고 한 신문은 주장했다. 이 신문은 이어 비록 한 해에 여덟 번이지만 중국 국기를 보는 것은 "안전한 장소에 숨어서 우리를 해치는 이웃을 방해하지 말라고 하는 것"[14]과 같다고 반발했다.

일본인들은 중국 민족주의의 낌새만 나타나도 단속하라고 공공 조계 당국에 계속 압력을 가했고, 중국 국기 계양을 전면 금지하라고 요구했다. 공공 조계는 여기에 저항했다. 자신의 경주말들과 변호사 업무에 더 집중하고 싶어 한 프랭클린은 일본의 요구에 맞서느니 순응하는 게 편하다는 생각을 날로 더하게 됐다.

12장

재개된 경마

아서 헨치먼, 코넬 프랭클린, 로버트 에이트킨헤드도 자신들이 교차로에 있음을 깨달았다. 그들이 맞닥뜨린 것은 네이츠 윙이나 다유 등이 직면한 것과 달랐다. 그들의 생활은 위험에 처했을지언정 그들의 조국은 (아직) 중국처럼 위협 받지 않고 있었다. 치외법권은 여전히 그들을 중국 법률로부터 보호해줬고, 더 중요한 점은 외국인이라는 지위가 적어도 당분간은 그들을—그리고 그들의 말들을—일본인으로부터 보호해준다는 사실이었다. 중국인들에게 닥친 것은 생존 그 자체였지만, 상하이정착민들에게 닥친 것은 전혀 다른 종류였다.

시간이 너무 많이 남아도는 상하이정착민들에게 오락을 제공한 경마는 이제 곤경을 외면하려는 공동체에 기분 전환의 기회를 줬다. 피란민 유입과 주변 봉쇄 때문에 물자가 부족해졌고, 물자 부족과 이를 틈탄 폭리로 식품을 비롯한 생필품 가격이 더 치솟았다. 영국과 일본 당국이 도시 서부 '불모지'의 순찰 관할 지역을 나누는 협상을 벌이는 가운데, 도시 대부분 지역의 치안을 일본 군인들이 맡았다. 헨치먼, 프랭클린, 에이트킨헤드 등은 경주로보다 한참 높은 데 자리 잡은 경마 클럽 옥상 정원에서 공공 조계 입구를 지키는 포대와 보초를 내려다

상하이 경마 클럽에서 말 한 마리를 이끌고 가는 아서 헨치먼. 이 말은 아마도 챔피언컵 대회 최고 성적이 3위인 '노스우드'일 것이다. 1940년 가을.

볼 수 있었다. 국제 정세를 아는 사람이 보면 이 상황은 무시무시한 것이었다. 정세를 잘 모르는 이들에게는 더욱 더 무시무시했을 것이다.

네로 왕처럼, 그들은 경기를 계속 했다.

경마가 재개됐을 때도 1937년 상하이 전투의 전운은 거의 가시지 않았다. 전쟁 때문에 챔피언 대회가 처음으로 취소될 것이라는 소문이 돌았지만, 가을 대회는 몇 주 늦춰졌을 뿐이다. 데이비드 사순의 말 '레이디언트 몬'이 12월 8일 4천 명에 불과한 관중들 앞에서 네 번째 챔피언컵을 차지했다. 경기장 맨 앞을 차지한 이 조랑말은 변한 게 별로 없다고 암시했지만, 공공 조계의 상황은 휘청거렸고 이 변화는 경마에도 영향을 끼쳤다.

피란민들이 상대적으로 안전한 공공 조계로 밀려드는 동안, 중국을 떠날 수 있는 사람들은 지금이 떠날 때인지 따지고 있었다. 빅터 사순 경은 일본 제국의 확장이 만주에서 그치지 않을 것을 확신하고 1930년대 초부터 상하이 투자 위험에 대비했다. 빅터 경은 겉으로는 전쟁 확대 가능성을 무시했지만, 개인적으로는 상하이 외국인 거주지 생활을 청산할 계획을 추진하기 시작했다. 그는 1937년 여름—전쟁이 시작되기 단 몇 주 전—부터 부쩍 상하이를 떠나 있는 시간을 늘렸고, 마구간을 매각하는 등 상하이 내 재산을 꾸준히 줄였다. 빅터 경은 1937년 자신의 상하이 마구간 '이브' 소속 조랑말들을 마지막으로 경주에 내보냈다. (이 중 몇 마리는 새로운 주인을 위해 계속 달렸다.) 다만 홍콩에서는 여전히 말들을 보유하고 있었다.

빅터 사순 경은 1938년 5월 챔피언 대회 날에도 상하이에 있지 않았다. 주변에서 전쟁이 벌어지는 통에 상하이정착민들은 이제 중국 다른 지역을 여행할 수 없었다. 산에서 휴가를 보내거나 유람선을 타고 양쯔강을 거슬러 올라가는 것이 불가능했고, 다른 항구 도시로 사업차 출장을 갈 수도 없었다. 해외여행—예컨대, 영국이나 미국 고향 방문—은 아직 가능했지만, 포위당한 상하이가 사람들을 새로 끌어들이기는 아주 어려웠다. 일본인들의 공공 조계 포위가 6개월째 이어졌다. 외국 영사관들은 자국민에게 상하이를 떠나라고 권고했지만, 많은 상하이정착민들은 경고를 무시하고 자신들의 재산과 시간을 더 공격적으로 경마장에 쏟아부었다. 1930년대 중반에 감소했던 관람객도 다시 늘어 사상 최대를 기록했다. 장완과 양푸의 경마장이 전쟁 탓에 폐쇄됐기 때문에, 상하이 경마 클럽이 유일한 경마장이었다.[1]

〈차이나 프레스〉는 "군인들이 오고 가고, 불황이 무역과 상업에 차가운 손을 뻗치고, 달러는 '사정이 밝지' 않은 이들을 낙담시키며 매일 움직인다. 그러나 챔피언 대회는 영원히 계속 된다."[2]고 썼다. 1938년 상하이에서는 안정된 것이 거의 없었지만, 적어도 사순의 말들은 의지할 만했다. (사순 경의 삼촌인) 데이비드 사순이 소유한 '레이디언트 몬'은 다섯 번째 챔피언컵 우승이 유력했다. 이렇게 되면 데이비드 소유의 전설적인 조랑말 '히어로'의 우승 회수를 하나 차이로 따라붙게 된다. 헨치먼은 자신의 조랑말 '로햄프턴'을 내세워 '레이디언트 몬'을 저지하고 싶어 했지만, 이 말은 막판까지 경쟁하다가 결승선을 앞둔 직선 구간에서 고개를 숙이며 말 길이 1.5배 차이로 고배를 마셨다. 헨치먼으로서는 한해에 두 번째 2위 기록이었다. '레이디언트 몬'은 상하이 최고의 조랑말이라는 위치를 재확인했다. 그러나 경마장에서 말들의 성적은 거의 요점을 벗어난 문제였다. "전시 우울감을 깨뜨려 버린"[3] 경마 경기 덕분에, 상하이는 포위되어서도 계속 삶을 이어갈 수 있다는 걸 보여줬다.

그러나 우울감이 곧 다시 돌아왔다. '레이디언트 몬'이 다섯 번째 챔피언컵을 차지한 지 열흘 만에 데이비드 사순이 73살의 나이로 숨졌다. 그는 2년 전에 걸린 양측성 폐렴을 떨치고 일어나지 못했다.[4] 1938년 봄 챔피언 대회의 성공 개최는 상하이정착민들에게 자신들의 세계가 결코 위험에 빠지지 않을 거라고 생각하고 싶게 만들었다. 그러나, 데이비드 사순의 죽음은 무시무시한 변화가 진행 중이라는 걸 상징했고, 상하이정착민들에게 그들이 알던 세계가 이미 변했음을 상기시켰다. '레이디언트 몬'의 우승은 상하이에서 사순의 마지막 경마를 장식했다. 빅터 경은 자신의 '이브' 마구간을 홍콩으로 거의 모두 옮겨갔다. 이제, 데이비드의 예상 밖 사망으로 그의 '몬' 마구간도 문을 닫았다.

이제는 모든 사람이 그를 부를 때 쓰는 애칭 '넌키'를 추모하는 물결이 널리 퍼져 나갔다. 그를 1880년대에 상하이에서 내몬 사람들의 양심을 기억하는 이는 거의 없는 듯 했다. 그와 경쟁 관계에 있던 말 소유자들은 데이비드가 경마를 장악하면서 상하이 경마에서 극적 요소와 재미가 고갈됐다고 불평을 늘어놨다. 상하이 경마계의 유력 인사들 대부분이—당시 북아메리카에 있던 데이비드의 사촌 빅터는 빠졌다―'레이디언트 몬'이 얼마 전 1등으로 넘은 결승선에서 몇 야드밖에 떨어지지 않은 모호크 거리의 유대인 묘지에서 열린 장례식에 참석했다. 조문객들은 소박한 장례식을 보기 위해 문자 그대로 경마 클럽의 그림자가 드리운 채 묘비들이 줄지어 있는 작은 묘지의 풀밭에 모였다. 유대인 랍비가 마지막 기도를 하도록 모두가 침묵하자, 근처 마구간의 경주말 한 마리가 '히힝' 소리를 내며 울었다.[5]

경마를 계속할 수 없을 것이 분명했지만―전쟁 와중에 어떻게 경마를 계속 할 수 있겠나?―여전히 경마는 계속됐다. 다가올 가을은 상하이 전투가 벌어진 지 1년이 되는 때이자 영국 영사가 헨치먼에게 상하이를 떠나라고 한 지도 1년이 되는 때였다. 그런데도 헨치먼은 1년째 이 도시에 모든 걸 걸었다. 그는 공공 조계를 신뢰했고 자신의 인맥이 안전을 제공해줄 것이라고 확신했는데, 상하이에 몰두하는 걸 정당화하면서 그가 정말 원한 것은 첫 번째 챔피언컵 우승이었다. 1938년 가을 경마 대회는 황금 같은 기회로 생각됐다.

10년 동안 사순 소유의 조랑말들은 매번 챔피언컵 우승 후보로 뽑혔다. 그런 사순 소유의 말들이 이번 대회에는 참가하지 않았다. 다른 말 소유자들은 새로 맞은 기회에 몰두했다. 〈차이나 프레스〉는 "오랫동안 상하이는 '레이디언트 몬'이 없는 오늘처럼 가능성이 열린 챔피언 대회를 맞은 적이 없다."[6]고 썼다. 헨치먼의 '로햄프턴'은 두 번 2등을 했지만, 이 말 또한 대회에 나오지 않았다. 자신의 주인처럼 '레이디언트 몬'도 상하이 경마 대회에서 퇴장했고, 헨치먼의 마구간에는 새로운 최고의 말 '배그숏'이 있었다. 베라 맥베인은 '스파클링 몬'을 출전시켰다. 이 말은 '레이디언트 몬'을 빼고 지난 3년 동안 챔피언컵에서 우승한 유일한 말이었으며, 이번엔 이름을 '매직 서클'로 바꾸고 나왔다. 빌리 리들과 베라 맥베인이 공동 소유한 '위투' 마구간,

에릭 몰레르, 헨치먼, 거시 화이트가 사순의 빈자리를 매울 태세를 갖췄다. 지난 봄 홍콩에서 '실키라이트'가 전설적인 경주말 '리버티 베이'를 물리친 일 때문에 관람석에서는 몰레르의 '시레이' 마구간에 열광했지만, 가장 많은 돈이 걸린 말은 빌리 리들의 '코르동 루즈'였다.

활짝 열린 경마장은 많은 참여를 재촉했지만, 1938년 가을 챔피언 대회는 많은 것이 낯설어서 경마광들과 노름꾼들을 긴장시키기도 했다. 경주로에 챔피언컵 우승 말이 한 마리도 없었고—상하이에서는 아주 드문 일이었다—이는 경주 전략을 예측하기 어렵게 했다. 사순의 경주 전략은 출발부터 강하게 밀어붙여 끝까지 앞서 나가는 것이다. (이런 습관은 '몬' 마구간에 있다가 다른 주인에게 넘어간 일부 말들에게도 그대로 남았다. '팬텀 몬'으로 불리던 갈색 조랑말이 이런 예인데, 코넬 프랭클린은 이 말을 사서 이름을 짧게 '팬텀'으로 줄였다.) 초반 출발이 빠른 '이브' 마구간과 '몬' 마구간의 말들이 없는 상황에서 어떤 말이 경주 속도를 결정할지 말 주인들, 기수들, 내기를 하는 관람객들 모두 궁금해 했다.

경마에서 말의 속도는 정확한 과학이 아니어서, 종종 최고의 기수들이 돋보이게 만든다. 너무 빨리 나가면 말이 결승선에 도달하기 전에 지쳐 떨어지고, 속도를 너무 느긋하게 맞추면 느린 말들이 선두에서 떨어져 나가지 않고 따라오다가 막판에 속도를 내 앞지르는 사태도 부를 수 있다. 행운—발부리가 걸리는 일이나 충돌—이 결정적일 수도 있다. 이런 위험을 피하려고, 출전 말이 둘 이상인 마구간들은 종종 '토끼'라고 부르는 페이스메이커를 활용하기도 한다. 페이스메이커는 빠르지만 경험이 부족하거나 지구력이 떨어지기 때문에 우승을 다투기 어렵다고 생각되는 말들이다. 초반에 빨리 달리면, 뒤처지지 않으려는 다른 말들이 적정 속도보다 더 빨리 달리게 유도할 수 있다. 이를 통해 약한 경쟁 말들을 지치게 하는 것이다. 1938년 가을 챔피언 대회에서는 화이트와 몰레르 소유 마구간에서 페이스메이커 말을 출전시켰다.

출발 초기에는 화이트의 '화이트 메이저'와 몰레르의 '플라잉라이트'가 계획대로 박차고 나가 선두를 차지했다. 이 둘은 경주를 이끌었지만, 많이 앞서 가지는 않았다. '플라잉라이트'가 선두였고 '화이트 메이저'는 말 길이 절반 정도 뒤에서 따라 달렸다. '배그숏'과 우승 후보인 '코르동 루즈'가 바싹 뒤를 쫓았다. 4분의 3마일 지점에 이르자, '화이트 퍼레이드'—거시 화이트의 주력 경주말—가 치고 나왔고 마지막 코너를 돌 때까지 선두를 지켰다. 4분의 1마일이 남은 시점에 '메리라이트'가 바깥쪽으로 빠지면서 몇 걸음 만에 갈색과 황금색으로 꾸민 몰레르의 말을 제치고 5위에서 2위로 올라섰다. 다시 '화이트 퍼레이드'를 재빠르게 추월해서는 결승선을 앞둔 직선 구간에서 격차를 말 길이 하나까지 벌렸다. 격차는 다시 말 길이 3배까지 벌어졌으며, 결승선에 가까워지면서 '화이트 퍼레이드'가 추격을 시작해 간격을 좁혔지만 승부를 뒤집기에는 너무 늦었다. 에릭 몰레르가 첫 번째 챔피언컵을 거머쥐었다. '위투' 마구간의 '골드 베이즈'가 2등으로 결승선을 통과했다. '화이트 퍼레이드'는 3등이었다.

몰레르의 우승은 크게 주목받았다. 그는 수십 년 동안 상하이 경마에 참가했지만 지금까지는 우승이 항상 그를 비켜 갔다. 신문들은 첫 면에 활짝 웃는 몰레르 가족사진을 실었다. 상하이정착민들은 이 날의 볼거리에 열광했다. 〈차이나 프레스〉의 데이비드 젠트너의 말에 따르면, 이 날의 관중은 7년 만에 최대였다.[7] 빌리 리들의 '코르동 루즈'는 경기 시작 전에 노름꾼들이 가장 선호한 말이었는데, 그들을 실망시키며 5등을 차지했다. 그러나 1등에게 말 길이 3배밖에 뒤지지 않았다. 최고의 경쟁, 급성장하는 관객. 파티가 끝으로 치닫는 것 아니었나?

그런데 헨치먼에게 1938년 가을 챔피언 스테이크 경기는 실망스럽게도 기회를 놓친 대회였다. 두 번 연속 2등으로 들어온데다가 사순이 사라졌으니, 그는 꼴찌가 아니라 큰 것을 기대했다. 헨치먼과 부인 메리는 말 소유자 관람석의 터줏대감이고 그들의 말들은 여러 번 우승했지만, 가장 큰 대회에서 번번이 우승을 놓쳤다.

'배그숏'은 명예를 회복할 기회를 얻지 못했다. 헨치먼이 1939년 봄 경기를 위해 새로운 조랑말을 한 마리 사들였기 때문이다. '하인드헤드'는—헨치먼의 관행에 따라 그가 좋아하는 영국 골프장 이름을 따라 명명했다—아마 중국산 말이 아닐 것이다. 중국산 조랑말은 드물었다. 이 말은 허베이나 산시 북쪽의 몽골 초원 지대에서 태어났고, 1930년대 중반께 한 무리—또는 한 '떼'—의 말들과 함께 경매를 위해 상하이로 들어왔다.

1860년대 이후 조랑말은 경마장 근처의 마구간에서 봄 경마 대회 뒤에 열리는 상하이 말 바자에서 거래됐다. 말 경매는 한 해에 두 번—때로는 그 이상—으로 늘었고 1930년대 초까지 계속 유지됐다. 다만 경매를 맡은 회사가 1910년대에 상호를 '상하이 말 바자와 자동차 회사'로 바꿨다. 이는 자동차의 부상을 반영한 것이다.[8] 한 번의 경매에는 20여 마리의 중국 조랑말이 나왔으며, 때로는 오스트레일리아에서 서러브레드 경주마 여러 마리가 한꺼번에 들어오기도 했다. 지난번 경매 이후 경매 회사가 '룽페이'라는 중국 기업으로 바뀌었고, 1937년 여름 일본의 침공으로 말 공급이 중단될 때까지 몇 년 동안 경매 행사를 이어갔다. 룽페이의 마지막 경매는 1937년 5월 52마리의 말을 놓고 열렸다. 전쟁이 시작되기 6주 전의 일이었다.[9]

중국 조랑말들은 일반적으로 판매되기 전에는 이름이 붙여지지 않았고, '하인드헤드'도 다른 수십 마리 말들과 마찬가지로 그냥 '갈색

"몽골 초원 지대에서 데려온 중국 조랑말의 모범 사례: '애플잭', 봄철 경주의 승자." (보도사진 설명을 그대로 인용) 1939년 상하이 경마 클럽.

새내기 말'로 불렸을 것이다. ('새내기 말'(영어 Griffin: 옮긴이)은 한 살 된 조랑말을 가리키는 단어인데, 속어로는 쓰임이 더 넓어졌다. 심지어 상하이에 처음 온 사람을 지칭하는 데도 쓰이게 됐다.) '하인드헤드'는 1935~1937년 사이—아마도 룽페이가 개최한 마지막 경매 때—에 몇백 달러(오늘날의 가치로 1천~2천 달러)에 거래된 것 같다. 이 말은 처음 나간 경주에서 우승해 첫 번째 시즌부터 챔피언컵 진출 자격을 얻었다. 경쟁은 치열했다. 에릭 몰레르의 '메리라이트'가 우승자 자리를 지키기 위해 1939년 봄 대회에 나왔고, 지난해 가을 3등을 했던 거시 화이트의 '화이트 퍼레이드'도 참가했다. 빌리 리들—베라 맥베인과 '위투' 마구간을 공동 운영했고 '골드 베이스'를 출선시켜 시난해 가을 2등을 한 인물—은 이번에 '레인'이라는 말을 출전시켰다.

신문 발행인 로이 맥네어와 헝가리인 레네르 가보르(레네르는 기수도 맡았다)가 공동 소유자이고 최근 꾸준히 좋은 상태를 보인 말 '나이트 익스프레스'가 초반 경주 페이스를 이끌었다. 결승선 반대편 직선 구간에 이르러 '레인'이 뒤를 따랐고, '메리라이트'는 지난번 가을 대회 때처럼 치고 나가기를 꺼리며 '화이트 퍼레이드', '하인드헤드'와 무리를 이뤄 달렸다. 반대편 직선 구간이 끝나는 지점에서 우승 후보들이 기수의 지시에 따라 앞으로 치고 나갔다.

그러나 전 대회 챔피언 '메리라이트'는 선두권에 들지 못했다. 챔피언컵 경기에 처음 출전한 '하인드헤드'가 치고 나가면서 마지막 곡선 구간에서 선두로 나섰다. 말 소유자 전용 관람석에 있던 헨치먼은 자신의 기회가 명확해지는 걸 볼 수 있었다. 기수인 노비 클라크는 '레인'과 '나이트 익스프레스'가 지키고 있는 안쪽을 피해 '하인드헤드'를 경주로 바깥쪽으로 몰았다. 바깥쪽은 안쪽보다 거리가 멀기 때문에 클라크의 시도는 위험이 따르는 것이었지만, '하인드헤드'는 기대를 충족시켜줄 지구력과 속도가 있는 것처럼 보였다. 곡선 구간을 돌아 마지막 직선 구간으로 접어들 때, '레인'과 '하인드헤드'가 결승선을 향해 역주했고 '나이트 익스프레스'는 뒤로 처졌다. 상하이에서 가장 경험이 많은 기수 둘—피넛 마셜과 클라크—이 나란히 막판 경쟁을 벌이자, 2만 명에 이르는 관중들은 모두 자리에서 일어났다. '레인'이 결승선을 먼저 통과하며 빌리 리들에게 두 번째 챔피언 대회 우승(그녀 단독 소유 말로서는 첫 번째 우승)을 안겼다. '하인드헤드'는 2등에 그쳤다. 헨치먼이 그렇게 오래도록 탐내던 챔피언 자리를 위해서는 딱 말 길이 절반이 부족했다. 그러나 '하인드헤드'는 그 해의 새내기 말로 뽑혔고, 눅눅한 여름이 상하이 전체로 번져 나갈 때쯤 다음번 챔피언 대회의 유력 우승 후보로 평가받기 시작했다.

헨치먼이 다음 기회를 기다리는 동안 유럽에서 전해진 소식이 1939

년 여름을 지배했다. 독일이 9월에 폴란드를 침공했고, 상하이는 더이상 전쟁을 중국과 일본의 분쟁쯤으로 치부할 수 없었다. 미국은 여전히 중립을 지켰지만, 영국은 이제 포위돼 전쟁에 휘말려 들었다. 프랑스가 나치에게 무너지면서 프랑스의 해외 영토—상하이의 프랑스조계를 포함해—는 이제 엄밀하게 말해 독일의 동맹이자 일본의 동맹이 됐다. 상하이에서는 영토가 다른 편으로 넘어가는 일이 일어나지 않았고 프랑스 조계는 과거와 같은 방식으로 운영됐다. 하지만 많은 이들은 새로운 전쟁이 일본의 중국 공략 계획에 영향을 끼칠지 그리고 유럽인이나 미국인들까지 태평양 지역에 휘말려 들어올지 궁금해했다. 그렇다면, 상하이에서는 무슨 일이 벌어질까?

유럽이 궁지에 몰렸지만 헨치먼은 계속 경마에 집중했다. 봄 대회에서 아깝게 우승을 놓친 이후 '하인드헤드'는 강력한 우승 후보로 가을 경마 대회에 출전했다. 많은 이들은 이 말이 형식적 절차인 '그리핀스 스테이크'를 통해 챔피언컵 출전 자격을 확보할 것으로 봤다. 관중들은 '하인드헤드'가 출발 직후 2등으로 달려 나가자 이 말이 완벽한 위치를 차지했다고 생각했다. 그러나 경주는 헨치먼의 각본대로 진행되지 않았다. '하인드헤드'는 경주가 거의 끝날 때까지 여전히 2등이었고, 갈수록 처지다가 결국 우승말인 '돈 엔리코'에게 말 길이의 6배나 뒤졌다. 주인과 많은 지지자들이 경악한 가운데 '하인드헤드'는 가을 경마 대회 우승 후보군에서 제외됐고 챔피언 결정전 출전 자격도 얻지 못했다. 가장 중요한 경기인 챔피언컵에서는 헨치먼의 후보 말 '배그숏'이 간신히 2등을 차지했으며, 챔피언컵 우승말은 세 번 연속 출전한 끝에 1등에 오른 거시 화이트의 '화이트 퍼레이드'였다. 헨치먼은 또다시 다음을 기약해야 했다.

독일의 유럽 침공은 더 큰 전쟁을 피할 수 없다는 빅터 사순의 느낌을 뒷받침해주는 듯 했다. 그러나 그가 우려한 것(또는 적어도 그의 대응)에 모두가 공감하지는 않았다. 에릭 몰레르도 일본의 영향력과 권력이 상하이에서 더 강해질 것으로 예상했지만, 그는 이를 회피하는 대신 받아 안았다. 1939년 그는 "육·해군 장교들과 병사들의 용맹에 감사하면서"[10] 5천 달러 어치 선물을 일본 육·해군병원 펀드에 보냈다. 상하이정착민들은 모든 윤리 문제에 기회주의적 태도를 보이는 데 익숙했다. 그들은 중국인 피란민과 학살 소식이 상하이로 밀려 드는 와중에도 경마를 하는 것 정도에 그치지 않았다. 그러나 몰레르가 취한 자세는 다른 태도에 비해 훨씬 노골적이었다. 몰레르가 이익을 챙기면서 논란을 부른 건 처음이 아니었다. 1920년대에는 적어도 몰레르 가문 선박 두 척이 아편을 생선이라고 속여 불법적으로 타이완, 일본, 러시아 극동 지방으로 운송한 것이 드러난 바 있다.[11]

공공 조계가 불가능한 상황을 이어갈 수 있다는 희망에 여전히 집착한 가운데 1940년대가 열렸다. 피의 토요일 상하이에 폭탄이 터졌을 때, 이 고독한 섬이 10년은 고사하고 1년을 버틸 걸로 기대한 사람도 많지 않았다. 하지만 공공 조계 주변에서 일본의 전선은 안정을 찾았고, 그들이 오래 그대로 있을수록 이 상황은 더욱 영구적일 것처럼 보였다. 일본이 양쯔강 북쪽 중국 동부와 주요 해안 도시들을 점령했지만 전선이 앞으로 더 확대되지는 않았다.

유럽에서 벌어진 전쟁은 상하이에 별 변화를 촉발하지 않았다. 공공 조계 내부에 있는 유럽과 미국의 영사관은 자국민에게 상하이를 떠나라고 계속 촉구했지만, 많은 사람은 그대로 남았다. 외국인 지도 계층은 계속 오락에 집중했고 최대 오락은 경마였다. 이제 경마장 관람석에는 4만 명에 달하는 사람이 몰렸다. 헨치먼은 큰 희망을 품고 새로운 10년을 맞았다. 1939년 가을 챔피언컵에 출전할 자격을 얻지 못했던 '하인드헤드'는 여전히 이 도시에서 가장 유망한 말들에 들었다. 헨치먼과 '하인드헤드'는 돌아올 것이었다. 그러나 지난번 가을의 경기 결과는 성공을 당연시하면 안된다는 걸 각인시켜 줬다. 칙칙한 겨울이 끝나갈 즈음 헨치먼은 1940년 봄을 고대했다.

하지만 봅 에이트킨헤드의 '클루니' 마구간 때문에 헨치먼은 그 어느 때보다 치열한 경쟁에 부닥쳤다. 에이트킨헤드는 1933년 스코틀랜드에서 상하이로 돌아온 이후 줄곧 경마에 참가했다. 하지만 성과는 별 것이 없었다. 1935년과 1936년 주 경기에 앞서 열린 경주에서 몇 번 우승한 게 전부였다. 그 이후 그는 에너지를 다른 데 쏟았다. 얼음 회사를 경영하고 많은 시간을 테니스와 잔디 볼링에 투자했다. 그는 1939년까지 경마장으로 돌아오지 않았다. 하지만 이제 적어도 4마리의 중국 조랑말을 사들이고 자신이 머물던 스코틀랜드 지역 명을 따서 자신의 마구간을 '클루니'로 명명한 뒤 승리를 쟁취하러 돌아왔다.

클루니캐슬은 적어도 12세기로 거슬러 올라가는 스코틀랜드 저지대 언덕 위의 버려진 성벽이다. 그리고 클루니번은 숲과 목초지 사이, 송어가 가득한 시냇물이다. 이 이름들은 이제 에이트킨헤드의 마구간에 있는 조랑말들 이름으로 쓰이게 됐다. 이름의 출처가 분명하지 않은 '클루니힐'로 불린 말도 있었다. 그러나 이 마구간의 중심은 '클루니하우스'였다. 에이트킨헤드는 경마 관례를 어기면서 이 이름을 두 번 사용했다. 첫 번째 '클루니하우스'는 1936년 이류 대회에서 몇 번 우승했지만, 이 이름을 쓰는 두 번째 말인 밤색 말은 1940년에 처음 등장해 새내기 말들을 위한 대회인 '그리핀 플레이트'를 차지했다.

경쟁이 심하지 않은 이 경기에서 우승한 것은 별 것 아니지만, 그 다음날 '클루니하우스'는 가장 유력한 후보로 '상하이 더비'에 출전해 다시 우승을 차지했다. 4분의 3마일 지점에서 선두로 나서 2위를 말 길이 2배 차이로 따돌리고 결승선을 넘었다. 에이트킨헤드는 '클루니하우스'가 다음날 열릴 주 경기인 '챔피언 스테이크'에서 자신의 마구간을 대표해 나간다고 선언했다.

에이트킨헤드는 챔피언 대회 문제로 딜레마에 빠졌다. 경마 클럽에는 최고 수준의 기수가 몇 명 없었다. 처음 두 번의 경기에서 '클루니하우스'를 몬 기수는 찰리 엥카르나상이었다. 그는 상하이에서 가장 성공한 기수들에 속한다. 그러나 엥카르나상은 챔피언 대회 날 경주에는 증권중개인 샘슨 주다 소유의 유력한 우승 후보 '데머크래틱 프린스'를 맡기로 이미 약속을 한 상태였다. (상하이 경마 클럽 회원 중 몇 안되는 유대인인 주다는 '짐'이라는 마구간을 세우고 경마에 참가했다.)

엥카르나상이 안되자, 에이트킨헤드는 알렉스 스트라이커로 눈을 돌렸다. 알렉산데르 스트리예프스키라는 이름으로 태어난 그는 볼셰비키 혁명과 러시아 내전이 촉발한 피란 행렬을 따라 어린 시절 상하이로 왔다. 그의 어머니 올가 알렉세예브나는 카잔(러시아 타타르공화국의 수도: 옮긴이) 출신이며, 그녀는 여기서 1909년 알렉스를 낳았다. 당시 그녀는 겨우 18살이었다. 그의 아버지 빅토르 미하일로비치 스트리예프스키는 1886년 흑해 근처에서 태어나 러시아 제국 육군에서 기병대 장교로 일했다. 그는 "비정상적인 성적 본능" 때문에 군에서 쫓겨났다.[12] 가족 덕분에(그의 아버지는 심비르스크시 시장이었다. 이 도시는 나중에 여기서 태어난 인물 중 가장 유명한 블라디미르 레닌을 기념하기 위해 울리야놉스크로 이름이 바뀐다) 빅토르는 1차 세계대전 중 적십자에서 일할 수 있었다.

볼셰비키 혁명 이후 빅토르와 올가 그리고 알렉스는 많은 러시아인들처럼 만주에 있는 도시 하얼빈을 거쳐 상하이에 왔다. 상하이에 도착한 때는 1924년쯤이다. 빅토르는 남편으로나, 아버지로나 별로 쓸모가 없었던 것 같다. 그는 홍콩, 상하이, 베이핑(베이징의 바뀐 이름: 옮긴이)

을 자주 여행했고, 미국인 마거릿 케네디와 함께 상하이에서 '고급 매춘굴'을 운영했다. 한편, 올가는 프랑스 조계에서 몰래 도박장도 겸하는 살롱을 열었다. 올가는 두 명의 자녀—알렉스와 그의 여동생—를 홀로 키웠고, 1931년 숨질 때까지 도박장도 계속 운영했다. (독약으로 자살했다는 소문이 있다.) 그녀가 숨졌을 때 10살과 15살이던 아이들은 고아나 마찬가지였다. 스트리예프스키는 계속 새로운 사업 계획을 위해 중국 조약항들을 주로 오갔고 가끔은 유럽도 다녀왔다. 상하이 시 경찰은 그를 계속 주시했다. 그가 미국인 선원들과 자주 어울리는 것에 주목했지만 경찰은 마땅한 혐의점을 잡는 데 실패했다. 경찰은 "스트리게프스키[원문 그대로]가 상하이에서는 전과가 없지만, 그가 성적으로 변태라는 건 널리 알려져 있다."[13]고 투덜거렸다.

알렉스 스트라이커는 러시아에서 혁명이 그에게 허용하지 않은, 부유하고 특권을 누리는 삶을 얻기 위한 시도를 결코 멈춘 적 없다. 아마도 놀라울 것 없겠지만, 그는 상하이에서 시선을 끄는 지위의 상징 중 하나인 자동차에 매력을 느꼈다. 언론인들은 상하이를 중국 자동차의 수도로 평가했다. 1916년에 이미 외국 논평가들은 상하이가 "중국 나머지 지역에 자동차 왕국으로 가는 길을 보여주고 있다."[14]고 지적했다. 상하이 시장 우뎨청은 중국 자동차클럽의 초대 회장을 지낸 인물이다. 1932년 기준으로 상하이의 외국 조계에는 등록된 자가용 승용차가 1만 대 이상이었고 그 숫자는 계속 늘었다.[15]

스트라이커가 처음 한 일은 차를 비롯한 공산품을 판매하는 미국 수출입 기업 '도지 앤드 시모어'의 판매업무였던 것으로 알려졌다. 나중에 그는 무디 모터스—중국에서 가장 오래된 자동차 정비소이자 판매상—에서 일했다. 이 회사는 프랑스 조계와 공공 조계의 경계를 이루는 파리 스타일의 넓은 도로인 에드워드7세 애비뉴에서 "모든 주머니 사정에 맞춘 자동차"¹⁶를 내세우며 패커드, 플리머스, 디소토, 크라이슬러의 차를 팔았다.

스트라이커는 비록 자동차 판매로 생계를 유지했지만 인생은 조랑말에 걸었다. 그는 경마장의 단골손님이었는데, 주로 기수로 참여했지만 그에게 경마 클럽의 사교 현장은 그 자체로 또 다른 목적이 있었던 것 같다. 상하이 시 경찰은 그에 대해 사기를 비롯한 범죄 혐의를 뒀다. 경찰 내부에서는 그가 "자기 부인의 매력을 동원해 이용할 만한 사람들을 사귄다."고 믿었지만, 정작 스트라이커가 기소된 적은 없다. 극도로 자본주의적이고 약간은 과대망상적인 상하이에서, 그는 러시아인이어서 의심 받았다. 기소가 됐든 아니든, 경찰은 미국 해군 장교들과 영국 은행가들과 친한 바람둥이 경마 기수를 계속 의심했다.¹⁷ 그의 다른 거래는 어땠는지 몰라도, 그는 말을 아는 사람이었다. 고독한 섬 시절 그보다 더 많이 우승한 기수는 단 3명뿐이다. 그럼에도, 스트라이커는 챔피언 말을 몰아보지는 못했다.

에이트킨헤드가 '클루니하우스'를 맡아줄 기수 문제로 걱정하는 사이, 헨치먼은 경험을 믿었다. '하인드헤드'는 '쉬자후이 플레이트' 경기에서 최근 두 번의 챔피언컵 우승말들인 '화이트 퍼레이드'와 '레인' 같은 강력한 상대들을 말 길이 1.5배 격차로 따돌리고 쉽게 챔피언 대회 출전 자격을 얻었다. '하인드헤드'의 기수는 이번에도 여전히 노비 클라크였다. 그는 홍콩상하이은행을 그만두고 자신의 중개 업체를 설립했지만, 여전히 전 직장 상사인 헨치먼의 으뜸가는 기수로 뛰었다. (클라크가 은행을 떠날 수밖에 없었던 것은 그가 결혼한 사실이 드러났기 때문이다. 이 회사는 사규로 해외에서 일하는 많은 직원에게 결혼을 금지했다.)¹⁸

클라크는 '챔피언 스테이크'에서 우승한 적이 없지만, 헨치먼에게 클래식 경기 우승을 안겨줬고 1939년 봄 '챔피언 스테이크'에서는 간발의 차이로 우승을 놓쳤다. 1940년 봄 경마 대회에는 최근 몇 년 사이 가장 많은, 12마리의 말이 참가했고 이 중 가장 유력한 후보는 '데머크래틱 프린스'였다. 그러나 헨치먼과 에이트킨헤드는 자신의 말들이 강한 탄력을 보여준 터라 자신감을 가질 만했다. 출발선의 문이 열리자, '화이트 나이트'가 선두로 치고 나가면서 동료인 '화이트 퍼레이드'를 위해 경주 페이스를 조절했다. 그 뒤 '레인'과 '화이트 퍼레이드'가 치고 나가면서 4분의 1마일 지점까지 나란히 달렸다. 이 지점에서 진한 청색과 빨간색 실크 복장을 한 스트라이커가 '클루니하우스'를 몰고 추격에 나섰다.

세 마리 말은 본부 관중석에 접근할 때까지도 격차가 거의 없이 달렸고, 직선 구간으로 접어들자 '데머크래틱 프린스'가 속도를 더 내기 시작했다. 그러나 '클루니하우스'도 막판에 더욱 박차를 가했고 말길이 1.5배의 상당한 간격 차이로 승리를 거머쥐었다. '하인드헤드'는 변수가 못됐다. 이 말은 12마리 중에 9등에 그쳤다. 헨치먼의 또 다른 경주마인 '배그숏'은 지난번에 이어 다시 2위를 차지했지만, 이는 아무런 위안도 되지 못했다. '하인드헤드'가 그의 가장 큰 희망이었고, 몇 달 전만 해도 챔피언이 될 수 있을 것 같았다. 이제 스트라이커와 에이트킨헤드, '클루니하우스'는 '샤포스 컵'을 차지했을 뿐 아니라(1927년부터 챔피언에게 주어지는 트로피는 영국의 상하이 수비대 '샤포스'를 기념하는 의미로 이렇게 이름 붙여졌다) 한때 '하인드헤드'와 헨치먼에게 쏠렸던 기대도 빼앗아갔다.

헨치먼은 패배를 쉽게 인정함으로써 세계에서 가장 중요한 은행들 중 한 곳에서 가장 높은 자리에 오르지 못한 바 있는데, 1940년 봄에 맞본 좌절에는 기수 교체를 비롯한 경마 팀 전면 개편으로 대응했다. 상하이 경마 클럽은 초기에 자기 말을 직접 몰고 참가하는 사람들 곧

'신사 기수'들의 영역이었다. 그들은 아마추어였고 급여가 아니라 상금을 위해 말을 달렸다. 하지만 이런 추세는 대회가 늘어나면서 바뀌어갔다. 1930년대에 이르면, 돈을 받고 말을 모는 전문 기수들이 대부분을 차지했다.

이런 변화를 모두가 좋아한 것은 아니다. 1934년 〈일러스트레이티드 스포팅 뉴스〉의 한 독자는 "과거 기수들은 고도의 스포츠맨 정신을 지니고 있었다."며 이제는 승리를 향한 치열한 욕망이 이 정신을 대체했다고 개탄했다. 이제는 부딪치거나 가로 막기가 새로운 특징이 되다시피 했다는 것이다.[19] 이 상황 묘사가 얼마나 진실에 가까운지는 알 수 없지만, 1920년대 또는 어쩌면 그보다 이전부터도 대부분의 말은 전문 기수가 몰았다.

그렇게 노비 클라크는 떠나야 했다. 1940년 봄 경기의 패배—새내기 말에게 졌다—는 헨치먼에게 뼈아픈 것이었다. '하인드헤드'가 챔피언이 될 자질을 갖추고 있다고 확신한 헨치먼은 기수를 바꾸기로 결심했다. 그는 클라크 대신 찰리 엥카르나상을 고용했다. 그는 상하이 경마 클럽 역사에서 가장 많이 이긴 기수다. 면화와 금 선물 거래를 전문으로 하는 포르투갈 무역상인 엥카르나상은 적어도 1926년부터 상하이의 3개 경마장에서 각종 대회 우승 말들을 몰았다. 헨치먼처럼 그도 챔피언 대회에서는 승리해본 적이 없다.

엥카르나상의 국적은 유동적이었고 때로는 곤란한 상황을 유발했다. 상하이에 있는 대부분의 '포르투갈인'들처럼 그의 뿌리도 포르투갈이 아니라 마카오에 있다. 마카오는 상하이 조계가 생기기 한참 전인 300년 전에 무역 전초기지로 세워졌다. 마카오가 쇠퇴한 이후에도 한참 동안 상하이에는 포르투갈이 중국 무역에 관여해온 흔적이 남아 있었다. 1880년대에는 상하이의 외국인 중에 포르투갈인—이제는 그들을 '마카오인'이라고 부를 것이다—보다 인구가 많은 이들은 영국인뿐이었다. 1930년대에 와서도, 상하이에 사는 포르투갈인은 영국인, 프랑스인, 러시아인, 그리고 아마도 독일인에 이어 유럽인 중에 다섯 번째로 많았을 것이다.

유럽 제국들이 19세기에 세력을 확장하면서 유럽인들이 차지한 우위—특히 북유럽계 사람들과 북유럽계 미국인들의 우위—는 부분적으로 '인종적 명성' 위에 구축됐다. 러시아 피란민처럼 가난한 백인의 존재는 사회 질서에 도전을 제기했다. 19세기 인종 이론의 엄격한 위계질서에서 '덜 하얀' 이들로 간주된 포르투갈인의 부상도 마찬가지였다. 중국 내 외국인 사회에서 '포르투갈인'이라는 딱지는 중국인이 아니면서 완전한 유럽인도 아닌 위치를 예시하는, 인종이 혼합됐거나 조상이 분명하지 않은 이들을 묘사할 때 사용됐다. 하지만 헨치먼은 찰리 엥카르나상의 뿌리나 국적에는 관심이 없었다. 그가 신경쓴 것은 오직 '하인드헤드'의 잠재력을 최대한 끌어내 달리게 할 기수를 찾는 일이었다.

헨치먼은 조련사도 바꿨다. 노비 클라크는 몇 년 동안 장애물 경주를 해온 베테랑인 엘리스 엔드루스를 추천했다. (앤드루스는 클라크가 비밀리에 결혼했던 여성이고, 이 때문에 그는 은행에서 쫓겨났다.) 엔드루스는 크로스컨트리 대회인 '상하이 페이퍼 헌트'에서 몇 번 우승한 바 있다. 그녀는 이 부문에서 빌리 리들과 꾸준히 경쟁했다. 리들과 앤드루스는 경마 클럽에서 조련사로 일한 몇 안되는 여성들에 속하는데, 둘이 상하이에 오게 된 경로는 전혀 다르다. 리들은 뿌리가 깊은 상하이정착민 출신인 반면, 엘리스 엔드루스는 러시아 상트페테르부르크에서 영국인과 스웨덴인 부모 사이에서 태어났다. 그녀의 부모는 러시아 황제의 친구였고 1917년 혁명이 벌어지자 운명을 같이 했다. 볼셰비키가 자신의 가족을 살해하자, 엔드루스는 상트페테르부르크를 탈출해 수천 명의 피란민들과 함께 기차로 시베리아를 거쳐 하얼빈에 도착했다.

스트라이커와 앤드루스가 하얼빈까지 오게 된 것은 우연이 아니다. 1890년대에 러시아인들이 건설한 이 도시는 중국 내 러시아 식민지나 다름없었다. 프라하, 파리, 런던, 뉴욕과 함께 러시아 백인 이주민 문화의 중심지이기도 했다. 시베리아 횡단 열차를 이용하면 유럽에서 중국의 다른 어느 도시보다 빨리 하얼빈에 도착할 수 있다. 상하이와 비슷하게 하얼빈은 교향악단, 외국 영사관, 교회와 유대교 회당, 최신 유럽 패션을 접할 수 있는 세계시민주의 성격의 도시였다. 하지만 러시아 혁명 이후 황제가 이끄는 정부는 사라졌고, 하얼빈의 법적 지위를 규정한 조약을 승계한 중국 공화국은 볼셰비키 정부를 인정하지 않았다. 하얼빈에 사는 러시아인들은 이제 정부 없는 신세가 됐고, 중요한 법적 보호도 받지 못했다. 1917년 이전에 러시아인들이 누리던 치외법권은 확실히 배제됐다.[20]

이런 불확실성은 많은 러시아인들로 하여금 하얼빈을 떠나 러시아인 공동체가 번성하던 상하이로 옮기게 했다. 많은 이들은 혁명 와중 또는 피란 과정에서 모든 것을 잃었지만, 엘리스 앤드루스는 제 발로 홀로 섰다. 그녀는 일찍이 1928년에 경마 클럽에서 장애물 경주에 참가했다. 그녀는 또 조련사로 자리 잡으려 했고, 여러 종류의 조랑말을 훈련시키는 능력 때문에 특히 유명해졌다. 앤드루스는 여름 내내 '하인드헤드', 엥카르나상과 함께 가을철 대회를 준비했다. 엥카르나상이 기수로 나선 첫 번째 경주에서 '하인드헤드'는 챔피언 결정전 진출 자격을 얻었다. '한가위 축제 스테이크'에서 우승한 것이다. 하루 뒤 '클루니하우스'가 최상의 상태가 아닐 거라는 우려를 떨쳐내듯 '리버풀 스테이크'에서 우승했다.

'클루니하우스'는 챔피언 결정전 날 왕좌를 지켜낼 걸로 예상되는, 압도적인 우승 후보였다. 헨치먼과 에이트킨헤드는 1940년 가을 챔피언 결정전에 나란히 두 마리의 조랑말을 출전시킬 수 있었다. 헨치먼에게는 '하인드헤드'와 '노스우드'가 있었고, 우승 후보인 '클루니하우스'와 '클루니힐'이 에이트킨헤드를 위해 준비하고 있었다. 출발과 동시에 클루니 말들이 선수로 나서면서 다른 말들을 따돌리기 위해 맹렬하게 속도를 높였다. 그러나 이 전략은 역풍을 맞았다. '클루니힐'이 너무 빨리 지치면서 뒤로 처졌고, 스트라이커 혼자 선두에서 '클루니하우스'를 외롭게 너무 빨리 몰아가는 상황에 처했다. 엥카르나상은 '하인드헤드'의 속도를 높이지 않으면서 말 길이 몇 배 뒤에서 선두를 따랐다. 말들이 결승선 앞의 직선 구간으로 접어들자, 헨치먼 마구간의 상징색인 담황색과 연보라색으로 꾸민 '하인드헤드'가 지친 경쟁자를 쏜살같이 앞질러 말 길이 3배의 격차로 결승선을 먼저 통과했다.

마침내, 헨치먼이 챔피언이 됐다!

'클루니하우스'는 헨치먼의 다른 말 '노스우드'를 가까스로 이기고 2등을 차지했다. '노스우드'는 노비 클라크가 몰았다. 경주가 끝난 뒤 챔피언 결정전 우승말의 주인이 상하이에서 가장 성대한 파티를 여는 것이 관례였다. 우승뿐 아니라 3등까지 차지한 헨치먼은 버블링웰 거리에 있는 자신의 저택에서 축하할 생각에 몰두했다. 헨치먼, 앤드루스, 엥카르나상, 그리고 물론 '하인드헤드'가 이룬 팀이 상하이 건배의 대상이었다. "모든 공은 뛰어난 경주 실력과 훌륭한 판단력을 결합해 인생 최고의 경주를 펼친 베테랑 기수 엥카르나상에게 돌아가야 한다… 맹렬한 기세의 우승 후보 '클루니하우스'를 가장 인상적인 방식으로 꺾었다."[21] 상하이는 고독한 섬으로 남아 또 다시 겨울을 맞았지만, 헨치먼에게는 적어도 평소처럼 황량하지 않았다. 그의 말이 경마장의 왕이 됐으니까 말이다.

　1941년 봄에 일본의 중국 침공은 거의 4년째를 맞았고, 유럽의 전쟁도 거의 2년째 이어졌다. 영국은 미국이 조만간 참전할 것이라는 희망을 붙잡은 채 홀로 독일과 싸웠다. 상하이에서는 불가능한 일이 이제 일상이 됐다. 공공 조계를 지탱해온 손발은 오래 전에 잘려 나갔지만, 공공 조계는 중력을 비웃으며 자리를 지켰다.

　상하이의 기이한 상황이 더 이어질수록, 지속 가능성도 더 커지는 듯 보였다. 상하이의 끈질김은 분명히 영국인과 미국인에게 자신감을 불어넣었지만, 많은 일본인들은 좌절감을 느꼈다. 상하이를 둘러싸고 있는 일본군이 상하이에서 영국인들의 권력을 끝장내지 못하는 동안, 공공 조계의 일본인 거주민들―1940년 기준으로 공공 조계의 투표권자 중 절반 정도를 차지했다―은 내부에서 현 상태에 도전하는 데 열심이었다.[22] 국적과 상관없이 공공 조계의 모든 거주민은 '고독한 섬'으로서 받는 압박감이 공공 조계를 경제적 궁지로 몬다는 걸 알았고, 이런 위태로운 처지는 상하이의 일본인들에게 목소리를 높일 기회를 열어줬다.

　계속 오르는 물가와 줄어드는 세입 탓에 고독한 섬 시기의 시의회는 직원들에게 급여를 주는 것도 버거웠다. 시 경찰은 많은 영국인이 유럽에서 터진 전쟁에 참전하기 위해 떠난 뒤 중국인 경찰관들에게 더 의존했기 때문에 위기는 깊어만 갔다. 이는 그 자체로 문제는 아니었다. 그러나 시의회는 영국인보다 중국인에게 급여를 적게 줬기 때문에 노사 관계의 긴장이 커졌다.

　한해 전 여름에 시의회는 일본인 의원 5명을 새로 받아들이는 안을 표결로 부결시켰다. 이 안은 상하이에서 일본인 인구가 늘고 영향력도 커졌다는 걸 근거로 제안됐지만, 일본의 이익을 더 챙기려는 의도에서 비롯된 것이다. 더 많은 대표권을 요구하려고 일본인 가정과 사업체를 분할하기도 했다. 시의회를 지배하던 영국인들은 수십 년 동안 유지하던 공공 조계 내의 비공식적인 국가별 인원 배분에 어긋난다며 이 안을 거부했다. 영국인들이 이 안을 거부한 좀더 실질적인 이유로는, 새로 뽑힌 일본인 의원들이 일본의 공공 조계 지배를 더 쉽게 해줄 것이라는 우려가 있었다. 5명의 일본인 의원 신규 선임은 좌절됐다. (과거처럼 두 명만 선출됐다.)

영국인들은 의원 구성을 바꾸려는 일본의 시도에 같은 방식으로 대응했다. 영국인 의원을 10배로 늘린 것이다. 상하이에 거주하는 영국인의 숫자가 그동안 줄었는데도 말이다.[23] 한편, 상하이 시 경찰 소속 중국인 직원들은 1941년 초 파업을 벌이겠다고 경고했다. 시 경찰은 파업을 피하기 위해 중국인 직원들에게 임금 인상을 약속했다. 그러나 임금을 올려주려면 현금에 쪼들리는 시의회가 세입을 늘릴 수밖에 없었고, 이 때문에 전례 없는 세금 인상안이 세금 납세자 특별 회의에 상정됐다.

다시 한 번 경마장이 무대의 중심이 됐다.

유권자들은 시청 또는 극장에서 보통 모였는데, 참가자가 많을 것으로 예상되자 회의 장소가 경마장으로 바뀌었다. 경마장은 공공 조계에서 가장 넓은 장소였고, 1941년 1월 23일로 예정된 회의를 수용할 수 있는 유일한 장소였다. 2천 명 이상의 유권자가 경주로를 내려다보는 관중석에 모였다. 덴마크 영사 포울 셸―관례에 따라 참석자 가운데 선임 영사가 의장을 맡았다―은 하야시 유키치 일본인 납세자 협회 회장이 제안한 수정안 투표를 선언했다. 하야시의 수정안은 세금 인상을 막는 것이었고, 짐작건대 이를 통해 영국인들의 공공 조계 통제력을 약화시키려는 것이었다.

어떤 설명을 들어봐도, 하야시가 자신의 제안을 열정적이고 도발적으로 설명한 이후 셸이 투표 절차 관리를 제대로 못한 게 분명했다. 투표 자체도 영국인 의원들이 결과를 조작하기 위해 설정한 기존의 인종적 배분 방침에 따라 진행됐다. (이는 공공 조계의 괴상함을 두드러지게 보여주는 것이다. 중국의 주권이 관철되는 땅인데도 중국인들은 총회에서 배제됐기 때문에 한 표도 행사할 수 없었다.) 투표 결과가 발표된 뒤 하야시는 몇 달 전 코넬 프랭클린에 이어 새 의장이 된 토니 케직에게 다가갔다. 시의원 노우드 올먼은 그 이후 벌어진 일을 이렇게 묘사했다.

> 나는 하야시의 이상한 행동에 특히 당황했고 그를 계속 주시했다. 1~2분 사이에 그가 자리에서 슬그머니 일어났고… 내가 앉은 곳에서 반대편 끝에 있는 계단을 올라갔다… 내가 무슨 일이 벌어지는지 깨닫기도 전에, 하야시는 권투 선수처럼 몸을 돌리고 권총을 꺼낸 뒤 의장을 향해 두 발을 쐈다. 순식간에 위엄 있는 총회가 알아들을 수 없는 고함 소리가 난무하는 아수라장으로 변했다.[24]

하야시는 케직에게 총 두 발을 쐈다. 혼란이 몇 초 이어지면서 더 심각한 폭력 사태가 빚어질 것처럼 보였다. 미국 영사관에서 나온 참관인은 "케직 씨가 얼마나 심하게 다쳤는지 아무도 확실히 알 수 없었다."고 전했다. 그는 이어 "케직 씨가 밖으로 옮겨졌고… 더 심각한 폭동이 벌어질 것처럼 느껴졌다."며 하지만 "소총으로 무장한 시크족과 권총을 빼어 든 외국인 경관과 중국인 경관들이" 출동하면서 가까스로 폭동을 막았다고 전했다.[25] 케직은 경상을 입는 데 그쳤고, 이는 주로 두꺼운 외투를 입은 덕분이었다. 케직의 부상이 심하지 않았지만, 이 총격은 시의회에 치명적이었다. 시의회는 선거를 중단하고 임시 의회—영국의 이해를 대변하는 형태로 구성됐다—를 구성해 운영을 맡겼다.

케직 총격 사건은 상하이를 지배하는 이례적인 긴장을 예시했다. 범죄와 폭력이 증가했다. 이 중 일부는 공공 조계에서 물자 부족과 절망감이 커지는 것보다 더 빠르게 늘었다. 다른 범죄 일부는 일본의 요구에 응하지 않는 서양인들을 위협하기 위해 일본인들이 부추긴 것이었다. 영국인들이 운영하는 경찰은 상황을 유지하려고 분투했다. 납치, 강도, 살인이 급격하게 늘었고 정치 테러—갖가지 대상을 겨냥했다—는 일상이 됐다.[26] 1941년 초에 새로 등장한 범죄 유형으로는 버스 승객 대상의 조직적 강도질이 있었다.[27] 상하이 시 경찰이 고전을 면치 못하는 가운데 일본 군경찰은 시 경찰이 질서를 유지할 수 없다면 일본인들이 나설 수밖에 없다고 계속 주장했다.

기분 전환이 어느 때보다 절실했던 공공 조계는 다시 경마로 눈을 돌렸다!

봄철 경마 대회에 몰린 인파가 대단했고, 관측통들이 몇 년 만에 최고의 대회라고 평가했다. 언제나처럼 경마 대회를 완성한 것은 챔피언 결정전 날이었다. 1941년 5월 8일 아침에는 비가 내렸지만 오후로 접어들어 해가 뜨면서 경주로의 습기를 없애 줬고 "이제는 유명해진 '클루니하우스'와 '하인드헤드', 두 경쟁자의 싸움"[28]을 보기 위해 모인 2만여 명의 관중들에게도 온기를 불어 넣어 줬다.

승률 계산 업자들은 지난 대회 우승자인 '하인드헤드'의 승산이 적고 '클루니하우스'의 우승 확률이 높다고 평가했다. 코넬 프랭클린은 그동안 몇 년 동안 챔피언 결정전 진출권을 얻지 못했는데, 1941년 봄에는 '실버 폭스'와 '팬텀', 두 마리를 대회 최고 경기인 챔피언 결정전에 출전시킬 수 있었다. 거시 화이트는 '화이트 퍼레이드'와 '화이트 윌리'를 출전시켰다. 영국 변호사인 레슬리 허턴은 '미스터 버빈스'를, 베라 맥베인은 '매직 서클'을 각각 출전시켰다. 경주로는 단단하지 않아 발이 깊이 들어갔고 발을 빼기도 어려웠다. '클루니하우스', '하인드헤드', '화이트 퍼레이드'는 최근 챔피언 결정전에서 우승한 말들이었다. 데이비드 사순 소유의 '스파클링 몬'에서 이름이 바뀐 '매직 서클'도 우승 경력이 있는 말이었다. 또 '미스터 버빈스'는 몇 주 전 열린 국제 레크리에이션 클럽의 챔피언 결정전에서 간발의 차이로 '클루니하우스'를 누른 바 있다.

초반에는 '팬텀'이 평소 스타일대로 선두에 나섰다. '팬텀 몬'이라고 불리다가 이름을 바꾼 이 말은 그동안 데이비스 사순의 마구간에서 촉망받던 말이다. 사순이 '몬' 마구간을 접은 뒤 이 말을 인수한 프랭클린은 그에게 희망을 걸었다. 상하이에서 말들을 봐온 사람은 누구나 프랭클린 판사의 이 말이 상하이에서 가장 빠르다는 걸 익히 알았다. 그런데, 이 말이 지구력을 보여줄 수 있을까? '팬텀'은 이름값을 하면서 밝은 미래를 약속하듯 몇 번의 덜 중요한 경기에서 우승한 바 있는데, 큰 경기에서 마지막까지 강한 모습을 보일 수 있음을 증명하지는 못했다. 대부분의 사람은 이 말이 이번에는 초반의 여세를 계속 밀어붙일 것으로 기대했다.

'실버 폭스'와 '클루니하우스'가 초반의 두 번째 곡선 구간까지 '팬텀'을 바싹 따랐다. 관중석 반대편 직선 구간에 접어들자, 여러 말들이 밀집해서 달리는 가운데 선두가 다른 말들과의 간격을 말 길이 3배까지 벌렸다. 이때부터 '팬텀'은 전에도 그랬듯이 처지기 시작했다. '클루니하우스'가 기회를 잡아 선두로 치고 나간 뒤 마지막 곡선 구간까지 앞서 갔다. 하지만 '팬텀'이 선두에서 밀려나자 말들의 속도가 전반적으로 느려졌다. '클루니하우스'가 선두였지만 다른 말들을 떼어놓지는 못했다. '실버 폭스', '매직 서클', '화이트 퍼레이드' 그리고 헨치먼의 '하인드헤드'가 마지막 직선 구간까지 한발 한발 따라잡았고 선두를 가늠하기 어려워졌다.

'클루니하우스'와 '실버 폭스'가 관중석 근처까지도 페이스를 잃지 않고 앞서 달리자 관중들이 모두 자리에서 일어났다. '실버 폭스'는 용감했어도 그동안 챔피언에 어울릴 자태를 보이지 못했기 때문에, 4분의 1마일밖에 남지 않은 상황에서 '클루니하우스'가 챔피언 자리를 거머쥘 것처럼 보였다. 경마 관중 모두가 이제 무슨 일이 벌어질지 알았다. 기수인 알렉스 스트라이커가 재갈을 풀고 '클루니하우스'가 승리를 향해 달려 나갈 거라고 생각한 것이다.

하지만 정반대의 일이 벌어졌다. '클루니하우스'는 앞으로 치고 나오는 대신 주춤거렸다. 혼돈이었다. '화이트 퍼레이드', '클루니힐', '매직 서클', 그리고 누구보다 '하인드헤드'가 바싹 붙어 달리면서 어떤 말도 우승할 만한 상황이 전개됐다. 6마리의 말이 결승선을 눈앞에 두고 우승을 거머쥘 수 있는 상황이었다. 하지만 마지막 몇 야드를 남기고 기수 찰리 엥카르나상이 '하인드헤드'를 재촉해 간발의 차이로 결승선을 통과시키면서 챔피언 자리를 지켜 냈다! 2등을 한 '실버 폭스'는 프랭클린 판사에게 챔피언 결정전 최고 성적을 안겼고 '클루니힐'은 동료를 밀어내고 3등을 했다. 우승 후보였던 '클루니하우스'는 4등을 하면서 상금을 한 푼도 챙기지 못했다.

'하인드헤드'는 이제 최정상 조랑말의 위치에 올랐다. 챔피언 결정전을 연패한 말은 극히 적었다. 에이트킨헤드와 스트라이커는 좌절했다. '클루니하우스'는 두 번이나 우승 후보로 꼽혔지만, 모두 '하인드헤드'에게 패했다. '클루니하우스'가 3등 안에 들지도 못하자, 관중들은 당황했다. 이 말이 3등 안에 들지 못해 상금을 챙기지 못한 건 이번

상하이 경마 클럽에 도착하는 사람들. 1928년.

이 처음이었다. 한 작가는 이런 실패를 예상했다며 이번 패배는 "이 말이 최상의 상태가 아니라고… 전에 내가 말했던 바를 현실화하는 것"이라고 주장했다. 사실 그는 바로 전날까지도 에이트킨헤드의 명품 조랑말이 우승할 것으로 예상했으면서도 이런 말을 했다.[29]

경마장에 여름이 찾아들면서, 에이트킨헤드는 상하이의 열기와 습기를 피해 막내딸 결혼식을 보려고 스코틀랜드로 돌아갔다. 베라 맥베인과 그녀의 남편 윌리엄도 여름 동안 상하이를 떠났다. 헨치먼은 은행에 출근해 일을 했다. 코넬 프랭클린은 변호사 일에 집중했다. 공공 조계는 전쟁에 둘러싸인 상황에서 기이한 중립을 얼마나 더 지켜낼 수 있을지 다시 걱정하기 시작했다. 그러나 주민들은 가을에 다시 열릴 '하인드헤드'와 '클루니하우스'의 라이벌 경쟁에 관심을 쏟는 걸 더 좋아했다.

13장

마지막 가을

미국은 1941년 여름까지 참전하지 않은 상태였다. 야구 선수 테드 윌리엄스가 평균 타율 4할에 도전하는 가운데 수백만 명이 조 디마지오의 56게임 연속 안타 기록 달성을 지켜봤다. 사람들 마음속에 전쟁은 없었다. 영국에서는 1940년 가을 시작된 독일의 런던 대공습이 이듬해 봄에 끝났다. 그러나 많은 사람은 이를 독일의 침공을 알리는 전주곡일 뿐이라고 믿었다. 어쩌면 이번 여름이 자유로운 잉글랜드의 마지막 여름이 될까? 세계의 반대편에서 중국은 일본과 또 다른 전쟁을 시작했고, 상하이에서는 일본군이 공공 조계를 포위하며 시작된 '고독한 섬' 시기가 4년째로 접어들고 있었다.

중립이라는 보호막은 아직 유지됐다. 덕분에 아서 헨치먼, 코넬 프랭클린, 로버트 에이트킨헤드를 비롯한 상하이정착민들은 유럽과 쑤저우강 너머에서 들려오는 소식을 무시하고 다시 새 경마 철을 바라볼 수 있었다.

한때는 경마 철에 단 한 번의 대회만 열리고 기간도 3일뿐인 적이 있었다. 계절별 경마 대회 기간이 4일, 다시 5일로 늘었지만, 이 또한 대중의 경마 욕구를 만족시킬 수 없었다. 1919년부터 상하이 경마 클

1941년 가을 경마 대회 일정표 표지.

럽은 정규 경마 대회 전까지 주말에 추가로 경마 대회를 열었고, 이런 '추가 경마 대회' 횟수도 꾸준히 늘었다. 그럼에도 경마가 없는 때가 있었다. 경마 경기를 개최하기에는 (또는 구경하기에는) 너무 덥거나 추운 시기가 이런 때였다. 여전히 계절별 정식 경마 대회는 일 년에 두 번뿐이었고 각 대회의 정점에 챔피언 결정전 날이 있었다. 1941년에는 가을 경마 철이 10월 초부터 한 달 이상 이어질 예정이었다. '추가 경마 대회'는 세 번이었으며, 각 대회는 하루에 7~9번의 경주를 며칠 동안 개최했다. 기간은 챔피언 스테이크가 열리기 전 5주 동안으로 잡혔다.

1940~41년 상하이 경마 클럽 회원 배지(여성용).

경마 철이 길어지면서 챔피언 대회에도 변화가 생겼다. 애초에는 각 경마 경기에서 우승한 말들이 모두 챔피언 스테이크에 참가했다. 가장 뛰어난 말들이 모두 모이는 기회를 관중들과 도박꾼들에게 제공한 것이다. 각 경기 우승말들이 모두 챔피언 대회에 참가하는 것은 전체 시즌이 3~4일이던 때나 가능했다. 이제는 최대 40마리가 출전 자격을 얻을 수 있었다. 한 번의 경주에 한꺼번에 모두 나설 규모를 훌쩍 넘긴 것이다.

클럽 운영진은 챔피언 결정전 경기 참가 말 수를 10마리 정도로 제한하기로 결정했다. 한 마구간에서 여러 마리가 출전 자격을 얻으면, 출전할 말을 고를 수 있었다. (만약 분쟁이 생기면 어떻게 해결했는지는 불확실하다.) '경마장의 왕'으로 불리는 특권과 여기에 걸린 큰 판돈 때문에, 상하이 최고 말들이 챔피언 결정전을 기피할까 걱정할 이유는 없었다. 챔피언 결정전 날까지 이어지는 경마 철에서 가장 중요한 것은 적어도 한 번 우승해 챔피언 경기 진출권을 따는 것이었다.

1941년 가을 경마 철은 10월 4일 "순조롭게 소문난 흥분"[1] 속에 시작됐다. 프랭클린과 에이트킨헤드의 말들은 첫 번째 날 중요한 경기인 '퍼스 스테이크'에서 맞붙을 채비를 했다. 프랭클린의 '실버 폭스'가 시작부터 선두로 나섰지만 절반쯤 이르자—사실상 프랭클린 소유 말들의 '등록 상표'가 된 것처럼—지쳐서 '클루니힐'에게 선두를 내줬다. '클루니힐'은 마지막 직선 구간까지 말 길이 3배 차이로 앞서 나갔고 최종적으로 찰리 엥카르나상이 몬 '배그숏'을 말 길이 2배 차이로 제치고 결정전 출전 자격을 땄다.

이틀 뒤 엥카르나상은 '한가위 축제 스테이크'에서 2연패한 챔피언 말과 출전해 우승함으로써 보상을 받았다. '하인드헤드'는 약체들을 상대로 낙승했고, 에릭 큐민은 이 경기를 "불가해할 만큼 어리석은 내기를 하는 '바보들'의 변변치 못한 핑계거리"[2]로 치부했다. 더 흥분된 경기는 뒤에 처져 있던 '화이트 나이트'가 막판에 치고 나와 베라 맥베인의 '매직 서클'과 헨치먼의 '라이'를 제치고 우승한 '추석 보름달 스테이크'였다. 이날의 극적인 승리로 '화이트 나이트'는 챔피언 결정전의 강력한 도전자로 떠올랐다. 코넬 프랭클린의 '팬텀'은 '버지니아 스테이크'에서 다른 말들을 말 길이 2배 차이로 압도하고 챔피언 결정전 진출권을 따냄으로써 이제는 페이스메이커 이상의 말이 됐음을 알렸다.

경마 철은 그 다음 주말에 재개되었고 챔피언 결정전 진출자들이 하나둘씩 늘어났다. 1939년 가을 챔피언이었던 '화이트 퍼레이드'는 '커메머레이션 스테이크'에서 헨치먼의 '노스우드'를 말 길이 1.5배 차이로 누름으로써 '화이트 나이트'에 이어 거시 화이트의 두 번째 챔피언 결정전 출전 말이 됐다. '클루니힐'이 '오하이오 스테이크'에서 쟁쟁한 경쟁자들을 물리치고 말 길이 6배의 압승—이번 시즌 두 번째 우승—을 쟁취하면서 의문이 제기됐다. 이 말이 '클루니하우스' 대신

이제 에이트킨헤드의 최고 말이 됐나?

'클루니힐'이 10월 25일 세 번째 우승을 차지하자, 의문을 제기하는 목소리들이 한층 커졌다. 에이트킨헤드의 '클루니번'까지 같은 주말에 챔피언 결정전 출전권을 따냈다. '클루니하우스'는 아직 출전도 하지 않았다. '클루니하우스'가 다쳤나? 상태가 나쁜가? 이 말—또는 말 주인—이 자신감을 잃었나? 에이트킨헤드의 챔피언은 1940년 봄 샤포스 컵에서 우승한 이후 두 번 연달아 우승을 놓쳤지만, 여전히 도박꾼들은 이 말을 우승 후보로 꼽았다.

다른 모든 경쟁자들이 예선전에 출전해 우승한 10월에도 '클루니하우스'가 경기에 나오지 않자, 소동이 벌어지고 경악하는 이들이 생겼다. 그러나 여전히 대부분의 관측통들은 '클루니하우스'를 상하이 최고의 말로 여겼다. 이 말은 1940년 가을과 1941년 봄 챔피언 결정전에서 우승 후보로 평가받고도 연달아 우승에 실패했지만, '크라이티리언 스테이크'—상하이에서 역사가 가장 긴 클래식 대회—에서는 두 번 모두 우승했다. 승률 계산 업자들은 지난 두 번의 실패를 우연한 불행으로 생각했다. 게다가 일부는 에이트킨헤드가 일부러 출전을 늦추는 것(최고의 말을 감춰두고 경쟁자들에게 엉터리 자신감을 심어주는 것)으로 믿기도 했다.

우승 후보든 아니든 '클루니하우스'도 챔피언 결정전 출전권을 얻어야 했고, 11월 8일 시작하는 가을철 경마 대회를 앞둔 마지막 출전권 획득 기회는 11월 1일 열리는 추가 경마 대회였다. 10월에 열린 대회는 훈련과 교묘한 기교의 실전 응용 기회였지만, 달력이 11월로 넘어가면서 챔피언 결정전 날이 코앞으로 다가왔다. 이제 모든 사람은 출발 명단에서 '클루니하우스'를 보길 고대했다.

11월 1일 알렉스 스트라이커가 마침내 '아마 스테이크' 경기 출발선으로 '클루니하우스'를 이끌고 나왔다. 이 경기는 이 말이 출전했다는 단 한 가지 이유 때문에 주목 받은, 7펄롱(펄롱은 201m: 옮긴이) 길이의 경주다. 에이트킨헤드는 확실하게 출전권을 확보하기 위해 안전하고 영리하게 행동했고, 전체 판돈의 절반이 '클루니하우스'에게 걸렸다. 토니 량 소유의 '이류 말'인 '힐 송'이 출발선에 섰을 때 아무도 관심을 기울이지 않았고, 기수인 Y. S. 창이 관람석 건너편 직선 구간 이후까지 이 말을 선두로 이끌었을 때조차 관심을 기울이는 이가 없었다. 마지막 곡선 구간에 접어들기 전까지 관람객들은 스트라이커가 '클루니하우스'에게 채찍질을 하면서 갑자기 서두르는 것조차 인식하지 못한 듯 했다. 마침내 결승선 앞 직선 구간에 와서 '클루니하우스'는 앞으로 빠르게 달려 나왔고 관람석을 지날 때 간격을 말 길이 하나까지 줄였으나 더는 줄이지 못했다. '힐 송'이 거의 최고 기록에 육박하는 속도로 이번 시즌 최대 이변을 연출했다.

토니 량이 이번 대회에 참가할 수 있었던 것은 지난겨울 통과된 상하이 경마 클럽 특별 규정 덕분이었다. 이 특별 규정은 국제 레크리에이션 클럽 회원도 상하이 경마 대회 참가를 허용하는 내용이다. 중국인들이 국제 레크리에이션 클럽 회원이라는 점에서 상하이 경마 클럽이 중국인들을 사실상… 거의 받아들인 셈이다. 이 규정은 "국제 레크리에이션 클럽에서 좋은 성적을 올린 회원은 상하이 경마 클럽 경마 대회에 말 소유자 그리고/또는 기수로 참가하도록 초청받는다. 단, 클럽 운영진이 오직 상하이 경마 클럽 회원들만을 위한 것으로 판단하는 경기는 예외로 한다."[3]는 내용이다. 다시 말하면, 챔피언 결정전은 상하이 경마 클럽만을 위한 대회 그리고 백인들만을 위한 대회라는 말이다.

압도적인 우승 후보를 무찌른 '힐 송'은 배당금을 이번 시즌 최대로 끌어올렸다. 5달러를 건 사람은 63.4달러(현재 가치로 1천 달러 이상)를 받게 됐다. 이런 결과는 경마장에 오는 이들 대부분이 도박꾼이고 상당수는 승산이 없는 말에 걸어 단번에 큰돈을 노린다는 사실을 오싹하게 상기시켰다. 1941년 상하이에서 12배 수익을 올릴 확률은, 일본군이 가든 다리를 건너오면서 상하이 공공 조계가 안전하다는 환상을 깨는 일이 생길 때 도시에 발이 묶일 확률과 피란용 증기선에 탈 확률의 차이와 비슷할 것이다.

'힐 송'은 희망을 대변했다. 그러나 불확실성을 대변하기도 했다. '클루니하우스'가 챔피언 결정전 출전 자격을 얻는 데 실패한 것은 (그것도 두 번이나!) 충분히 당황스러운 일이었다. 그러나 '힐 송' 같은 승률 낮은 말에게 진 것은 도저히 이해할 수 없는 사태였다. 무디어진 '클루니하우스'가 거의 6개월 동안이나 경주에 참가하지 않았다는 점이 이번 결과를 설명해줄 수 있을지도 모른다. 그러나 상황이 어떻든 '힐 송'이 에이트킨헤드의 최고 경주말을 이길 수 있다는 것 자체가 대중들에게 충격을 안겼다.

놀라움은 여기서 그치지 않았다.

Y. S. 창은 말에서 내릴 틈도 없이 다음번 경기인 '런던데리 스테이크' 출전을 위해 안장에 올랐다. (이날 열린 모든 경기의 이름은 북아일랜드 지명을 따랐다.) 그가 '슬로 모션'을 타고 출발선에 섰을 때까지도 관중석에서는 앞 경기의 깜짝 승리에 대해 웅성거리고 있었다. 창은 당시 경마 클럽에서 가장 좋은 성적을 낸 중국인 기수에 속했고, 이틀 전 '뉴마켓 스테이크'에서 엥카르나상과 지미 포트헌트, 두 명의 기수를 이겼을 때 이미 자신의 기술을 보여줬다. 창은 또 다시 엥카르나상을 만났다. 엥카르나상은 이번에 가을철 경마 대회를 앞둔 마지막 연습 시합을 위해 챔피언 '하인드헤드'를 타고 나왔다.

또 한 번 깜짝 승리를 노리는 창은 9펄롱(약 1800m: 옮긴이) 길이의 경주 내내 우승 후보와 나란히 달렸다. 결승선을 넘을 때까지도 어느 말이 앞섰는지 구별할 수 없을 정도로 두 말이 거의 동시에 들어왔다. 내기꾼들로서는 '하인드헤드'가 '슬로 모션'을 따돌리지 못했다는 사실만으로도 걱정스러웠지만, 더 최악은 거의 동시에 들어오면서 1등을 놓치고 2등을 기록했다는 것이었다! 이날 헨치먼의 또 다른 경주말인 '노스우드'(기수는 닉 클라크)도 말 길이 2배 차이로 승리를 차지하면서 5달러를 걸었을 때 57달러의 수익을 올리게 해줘, '힐 송' 만큼이나 큰 수익률을 실현시켰다.

가을철 추가 경마 대회가 막바지로 다가가면서, 혼란이 상하이 경마 클럽을 지배했다. '하인드헤드'와 '클루니하우스'는 여전히 많은 평자들의 우승 후보였지만 누구도 확신할 수 없었다. '클루니하우스'는 아직도 챔피언 결정전 출전권을 확보하지 못했고, 챔피언 자리 탈환의 기회를 얻으려면 가을 경마 대회 초반부 경기들 중 하나에서 기필코 우승해야 했다. '하인드헤드'는 첫 번째 경기에서 인상적인 모습을 보여주며 우승했지만, 그 뒤 경량급으로 평가되던 같은 마구간의 경주말에게 말 길이 2배 차이로 졌다. '화이트 퍼레이드', '화이트 나이트', '팬텀', '클루니힐'은 실력으로 존재감을 보여줬다. 이 말들 모두 나름의 지지자들이 있었지만, 추가 경마 대회에서 이룬 성공이 이제 막 시작할 가을철 경마 대회에서도 성공을 보장하는 것은 아니다.

좋은 날씨—여름철의 가혹한 습기와 겨울철의 축축한 냉기 중간에 있는 가을은 상하이에서 가장 좋은 계절이다—의 마법에서 벗어나듯, 가을철 경마 대회가 시작되기 전날 밤에 비가 내렸다. 조련사, 말 주인, 기수 모두가 경주로가 진흙투성이로 변할 것에 대비해야 하는 때

말들이 상하이 경마 클럽의 결승선을 지나고 있다. 1941년.

에, 로버트 에이트킨헤드는 더 큰 문제에 직면했다. 자신이 가장 아끼는 말이 아직 출전권을 얻지 못한 것이다.

비가 내리는 동안 에이트킨헤드는 선택 가능한 방안들을 검토했다. 상하이에서 챔피언 결정전을 빼고 가장 중요한 두 개의 경기는 1868년부터 열린 '크라이티리언 스테이크'와 가장 오래된 '세인트 레저'였다. 전통적으로 가장 뛰어난 말들은 계절별 경마 대회 개막일에 열리는 두 경기 중 하나에 참가했다. '클루니하우스'는 지난 두 번의 '크라이티리언 스테이크'에서 헨치먼의 말들을 꺾고 2연패를 달성한 우승말이다. 봄 대회에서는 '라이'를 '상당한 말 길이' 차이(정확하게 계산할 수 있는 최대 범위로 꼽히는 30배 이상의 차이라는 뜻이다)로 이기며 굴욕을 안겼다. '클루니하우스'는 '크라이티리언 스테이크' 우승 뒤 챔피언 스테이크의 우승 후보로 두 번 모두 부상했지만, 실제 경기에서는 헨치먼의 '하인드헤드'에게 고배를 마셨다.

'클루니하우스'는 아마도 상하이 최고 경주말일 것이다. 그러나 명성만으로 챔피언 결정전에 나갈 수는 없고, '힐 송'에게 당한 예상 밖의 패배 뒤 출전권 확보 기회를 찾아야 하는 상황에 몰렸다. '크라이티리언 스테이크'에는 '하인드헤드', '실버 폭스', '매직 서클', '클루니힐'을 포함해 가장 강한 경주말들이 대거 몰렸다. 이 경기를 3연패하는 것 자체도 가치 있는 목표였지만, 더 중요한 것은 챔피언 결정전이었다. 에이트킨헤드가 더 안전한 길을 선택해 '클루니하우스'를 이 경기에 출전시키지 않고 챔피언 결정전에 진출할 뒷문 격인, 비중이 떨어지는 경기를 노릴 것인가?

다음날 해가 뜰 녘은 따뜻했고 날씨도 맑았다. 경주로는 전날 내린 비로 부드러웠다. 〈노스차이나 데일리 뉴스〉를 위해 기사를 쓰던 에릭 큐민은 실망한 대중들에게 '클루니하우스'가 '크라이티리언 스테이크'에 출전하지 않고 이 날 세 번째로 열리는 경기인 '치치하얼 스테이크'(러시아 국경 근처에 있는 헤이룽장성 수도의 옛 만주 국경 수비대 이름에서 따왔다)에 출전할 것이라는 사실을 확인시켜줬다. 에이트킨헤드는 낙승을 기대하며 자신의 최고 말을 출전시켰지만, 예상하지 않던 경쟁자인 프랭클린의 '팬텀'을 만나게 됐다. '팬텀'은 봄철 챔피언 결정전에서 초반에 우세를 보이다가 8등으로 경기를 끝냈고 이번 가을철 결정전에서도 페이스메이커 노릇만 할 것으로 예상됐다. 그러나 추가 경마 대회에서 두 경기나 우승함으로써 자신감을 얻은 것처럼 보였다. 과거 데이비드 사순이 소유하면서 챔피언 결정전에 여러 번 출전시켰던 말인 '리버티라이트'도 이 경기에 나왔다. 여기에 몇 주 전 예상을 뒤엎는 승리를 거둔 '힐 송'이 또 한 번의 이변을 연출하기 위해 출전해 압박을 더했다.

지난번 '아마 스테이크'에서 '클루니하우스'가 패배했을 때 스트라이커는 '힐 송'이 초반에 너무 앞서가도록 놔둔 탓에 막판에 따라잡지 못했다. 이번에도 같은 실수를 반복하지 않겠다고 결심한 그는 '힐 송'을 가까운 거리에서 따라갔다. 그러나 이번엔 '팬텀'이 선두로 곧바로 치고 나가면서 걱정스러울 만큼 큰 격차를 만들었다. 에이트킨헤드가 기대한 안전한 경기가 뭔가 잘못 돌아가는 듯 했고, 챔피언 결정전 진출을 위해 쉽게 승리하는 경기를 관람하는 건 고사하고 말들이 첫 번째 곡선 구간, 관중석 반대편 직선 구간 그리고 마지막 곡선 구간까지 '팬텀'을 추격하는 장면을 말 소유자 전용석에서 지켜보는 처지가 됐다. 지난 경기와 마찬가지로 '클루니하우스'는 결승선을 눈앞에 두고서도 여전히 불리한 상황이었고, 챔피언 결정전 진출을 위해서는 선두를 추격해야 했다. 에이트킨헤드가 공황 상태에 빠져들 수도 있는 순간에 와서야 그의 말이 반응하기 시작했다. 말들이 관중석을 절반쯤 지난 시점에 '클루니하우스'가 선두로 치고 나왔다. 말들이 결승선에 도착했을 때는 '클루니하우스'가 '리버티라이트'를 말 길이 3배 차이까지 앞섰다. '팬텀'이 3위였고, Y. S. 창은 '힐 송'을 4등으로 이끌었다. '클루니하우스'가 '크라이티리언 스테이크' 우승자 자리를 지킬 수는 없지만, 안전하게 챔피언 결정전 출전 말들 사이에 낄 수 있게 됐다.

'클루니하우스'가 자격을 획득하자 이제 관심은 이 날의 주요 경기 곧 '세인트 레저'와 '크라이티리언 스테이크'에 쏠렸다. '세인트 레저'가 여섯 번째 경기로 먼저 열렸다. 이 경기는 역사가 깊지만, 경주 길이가 1과 4분의 3마일—상하이 클래식 경기 중 가장 길었다—이나 되는 탓에 공공 조계의 최고 수준 말들이 참여를 꺼리면서 최근에는 점차 주목을 못 받게 됐다. 그럼에도, C. S. 마오에게는 클래식 경기에서 우승할 기회를 제공했다. 마오는 '청방' 갱단 단원 가운데 일본의 침공 이후에도 홍콩으로 탈출하지 않은 극소수 단원 중 하나다. 지미 포트헌트가 마오의 '메리 스포츠맨'을 몰아 말 길이 4배 차이로 손쉽게 우승했다. 이날 가장 관심이 모인 경기는 일곱 번째로 진행된 '크라이티리언 스테이크'였다. 10마리의 말들이 출발 지점으로 나왔다. 이 중 절반은 챔피언 결정전의 유력 경쟁자들이었다. 우승 후보로 꼽힌 '하인드헤드'는 이번 시즌 세 번째 우승을 노리고 있었지만, 헨치먼은 마권업자들의 지지를 받는 이 말이 승리하리라고 확신할 수 없었다. '클루니하우스'처럼 '하인드헤드'도 얼마 전 경기에서 약체로 평가되던 말에게 패했었다. 공식적으로는 에이트킨헤드 소유 말 가운데 두 번째 말이지만 시즌 내내 '클루니하우스'보다 좋은 성적을 낸 '클루니힐'과도 경쟁해야 하는 상황이었다.

경주 거리가 1마일이어서 짧은 편에 속하는 이 경기에서 에이트킨헤드의 계획은 '클루니번'을 초반 페이스메이커로 활용하는 것이었다. 지난 두 번의 챔피언 결정전에서 '하인드헤드'가 '클루니하우스'를 상대로 했듯이 막판에 선두로 치고 나가는 걸 방해하려는 작전이었다. 클루니 말들의 이 전략은 시작과 함께 명백히 드러났다. '클루니번'은 코넬 프랭클린이 초반에 치고 나가는 역할을 맡긴 말인 '실버 폭스'보다도 빠르게 앞으로 치고 나갔다. '실버 폭스'가 뒤를 쫓는 가운데 '클루니번'은 말들이 경기 구간의 절반 지점에 이를 때까지 선두를 지켰고, 우승 후보 둘—'클루니힐'과 '하인드헤드'—은 뒤쪽에서 뛰는 데 만족해야 했다.

'클루니번'은 속도를 계속 유지하지 못할 것으로 예상됐다. 계획은 이 말이 동료 말에게 선두를 양보하는 것이었는데, '클루니힐'은 최근 최상의 상태를 보여주지 못하고 있었다. 결승선까지 3펄롱(603m: 옮긴이) 남은 상황에서 '실버 폭스'가 선두로 나섰다. 이 말이 마지막 직선 구간에 들어서면서 다른 말들을 말 길이 3배 차이로 따돌리자, 자신의 미국인 주인에게 뜻밖의 승리를 안겨줄 것처럼 보였다. 그러나 선두 자리는 순식간에 날아갔다. 두 마리의 말—에릭 몰레르의 '프로스티라이트'와 베라 맥베인의 '매직 서클'—이 '실버 폭스'를 따라 붙은 뒤 곧 앞지른 것이다.

마지막 4분의 1마일 구간에서 선두가 네 번이나 바뀌었다. '프로스티라이트'와 '매직 서클'이 결승선을 향해 나란히 달리는 와중에 '버스티드 스트레이트'가 바깥으로 빠지면서 잠깐 선두로 나섰다가 선두를 다시 빼앗겼다. 찰리 엥카르나상은 우승 후보 말인 '하인드헤드'의 경주 타이밍을 완벽하게 조절하면서 1펄롱을 남기고 선두로 나섰다. 그러나 아직 경기가 끝난 게 아니었다. '화이트 나이트'—갑자기 챔피언 결정전의 인기 경주마로 떠오른 말이다—가 맨 앞으로 질주했다. 자신의 전용 관람석에 있던 헨치먼은 엥카르나상이 '하이드헤드'에게 막판 전력 질주를 유도해 '화이트 나이트'를 말 길이 절반 차이로 떨어뜨리고 결승선을 통과하는 걸 지켜봤다. '매직 서클'이 3등이었고, 클루니 마구간의 말들은 후미에 처져 잘 보이지도 않았다.

가을철 경마 대회는 헨치먼이 기대하던 양상으로 시작됐다. '하인드헤드'가 처음 출전한 클래식 경기에서 우승해, 챔피언 결정전에서 역사를 새로 쓸 준비를 마쳤음을 보여준 것이다. 아서와 메리 헨치먼은 자택에서 거창한 커리 점심 식사를 베풀며 우승을 자축했다. 상하이 경마계에서 떠오르는 제국의 울림을 가장 먼저 잘 포착할 수 있는 게 또 뭐가 있겠나? 점심 식사에 참석한 이들은 모두 기수 찰리 엥카르나상이 다음번 경기에서도 같은 결과를 얻을 걸 기대했다.

경마 대회 둘째 날은 1850년대 이후 지속된 '더비의 날' 곧 새내기 말들의 경쟁이 벌어지는 날이었다. 더비 우승말 명단은 상하이에 새로 입성했음을 알리는 최고 조랑말 점검표와 같은 것이었다. 그런데 전쟁 때문에 만주와 몽골에서 들여온 말들을 파는 경매 행사가 중단된 탓에 상하이 더비는 1940년 봄 이후 열리지 않았다. 1937년 일본의 침공 이후 말 시장이 서지 못했다. 상하이에 새 말들이 들어오지 못하니, 그 전에 들여온 말들을 훈련시켜 더비에 내보낸 뒤 새로 출전시킬 말이 없었다. 말을 출전시키려면 보통 몇 시즌의 훈련 기간이 필요했다. 더비에 다른 말들도 참가하도록 규정을 바꾸는 대신 경기를 중단했다. (이 대회에서 마지막으로 우승한 말은 '클루니하우스'다.) 오스트레일리아에서 들여온 말들의 경기가 두 번째 날을 지배했다.

그래서 1941년 11월 10일은 더비 경기가 열리지 않은 더비의 날이었다. 그럼에도 경마 대회 날이라는 사실에는 변함이 없었다. '오스트레일리아 세인트 레저'를 시작으로 둘째 날 경기가 시작된 가운데, 운집한 관중들은 평소와 달리 따뜻하고 화창한 날씨를 만끽했다. 우승 후보인 '미스트랄'은 "약간 지루하다"는 평을 들은 경기에서 낙승을 거뒀다. 오스트레일리아산 말들은 깊은 인상을 남겼다. '미스트랄'(14.3핸드; 1핸드는 4인치 또는 10.2㎝: 옮긴이)은 '클루니하우스'(13.2핸드)보다 1핸드나 키가 컸다. 그러나 상하이정착민들은 신경 쓰지 않았다. 중국 조랑말이 경주에 나서지 않으면 상하이 경마팬들은 별 흥미를 느끼지 못했다.

둘째 날의 주요 경기는 중국 말들을 위한 '왕푸 핸디캡' 경기였다. 경마 거리가 1과 4분의 1마일로 챔피언 결정전과 같다. 똑같은 거리를 뛰면서 전략을 다듬는 기회가 됐고, 가장 강한 경주말들 중 일부가 이 기회를 활용했다. 승률 계산 업자들이 이틀 앞으로 다가온 챔피언 결정전에서 우승 기회가 있다고 평가한 말들 가운데 '매직 서클', '화이트 퍼레이드', '미스터 버빈스'가 이 경기에 나왔다.

'미스터 버빈스'는 승률 계산 업자들을 당황시키면서 그들에게 많은 손실을 끼쳤다. 이 말의 주인인 영국인 레슬리 허턴은 코넬 프랭클린처럼 변호사였으며, 프랭클린을 빼면 챔피언 결정전에서 우승한 적이 없는 유일한 인물이다. 허턴은 상하이에서 30년 이상 변호사 생활을 했지만, 그로서는 챔피언 결정전에 제대로 도전해볼 여지가 있는 첫 번째 말이 구렁말 '미스터 버빈스'였다. 봄철 대회에서 승산이 거의 없다고 평가된 '미스터 버빈스'는 헨치먼의 '노스우드'를 누르고 승리함으로써 5달러를 건 이들에게 358달러(오늘날 가치로 6000달러 이상)의 상금을 안겼다. 이런 엄청난 수익은 경마장을 자주 찾는 상하이의 전형적인 비숙련 노동자가 1년 일해야 벌 수 있는 액수였다.[4] '미스터 버빈스'에게 돈을 걸어 70배의 수익을 얻은 25명이 노동자들인지, 상사 지배인들인지는 모른다. 아무튼, 경마장 관람객 가운데는 노동자와 상사 지배인이 많았다.

이 경기는 국제 레크리에이션 클럽—장완에 세워진 클럽이지만 일본군의 침공 이후 상하이 경마 클럽의 공공 조계 안 경마장에서 경기를 열었다—이 개최한 경기다. 이 경기에서 우승하면서 '미스터 버빈스'는 상하이 경마 클럽의 봄철 챔피언 결정전 출전권을 얻은 바 있지만, '클루니하우스', '클루니힐', '실버 폭스' 등과 겨뤄야 하는 챔피언 결정전에서는 약체로 평가됐다. 아무튼 '미스터 버빈스'는 간발의 차이로 우승하면서 자신의 가치를 다시 한 번 보여줬었다. 출전권을 얻어 참가한 봄철 챔피언 결정전에서 이 말은 7등이라는 실망스런 결과를 얻었다. 많은 사람은 가을철 경마 대회 때는 이 말을 주목할 만하다고 평가했지만, 아직까지는 실망스런 모습을 보여주고 있었다. 논평자들은 '미스터 버빈스'가 컨디션을 회복하길 기다렸지만, '왕푸 핸디캡'에서 '매직 서클', '화이트 퍼레이드', (헨치먼 소유의 말인) '애슈리지'에 이어 4등에 그쳤다. 1~3등을 한 세 말은 말 길이 하나 차이의 근소한 격차로 결승선을 통과했다.

둘째 날 이야기 거리를 만든 말은 '팬텀'이었다. '추가 경마 대회'에서 몇 번 우승한 뒤 전날 경기에서 '클루니하우스'를 최대한 괴롭힌 바 있다. 이 말은 둘째 날 이례적으로 두 경기에 출전했다. 처음 출전한 1마일 경주인 '버블링웰 스테이크'에서는 몰레르 소유의 약체 '~라이트' 말들을 말 길이 5배 이상의 차이로 따돌리며 우승했다. 참가한 말은 많았지만(출발선에 18마리가 나왔다) 대부분 약체였기 때문에 '팬텀'의 우승은 놀랍지 않았다. 이 날 관중들의 주목을 끈 경기는 '팬텀'의 두 번째 출전 경기였다. 이 경기는 상하이 근처 마을 이름을 딴 '쉬자후이 스테이크'다. 이 마을은 예수회 교회, 도서관, 고아원이 있는 곳으로, 경마팬들도 잘 알았다.[5]

'쉬자후이 스테이크'는 클래식 경기가 아니었지만 이 날의 주요 경기 중 하나였고, '팬텀'은 승산이 거의 없다는 평가 속에 '클루니힐', '실버 폭스', 그리고 특히 '화이트 나이트' 같은 몇몇 챔피언 후보들과 맞서기 위해 나왔다. '팬텀'은 자신의 전형적인 스타일대로 달렸다. 초반에 열심히 달려 경쟁자들이 극복할 수 없는 수준인 말 길이 15배의 격차를 만들었다. 가을철에 이미 두 번 우승했고 도박꾼들이 '클루니하우스'와 '하인드헤드'를 꺾을 수 있는 후보로 거론한 '화이트 나이트'는 최종적으로 말 길이 2배나 뒤처진 채 2등을 했다. 10월에만 연속 3경기에서 우승한 '클루니힐'은 등외인 4등으로 경기를 마쳤다. '팬텀'은 자신의 지지자들에게 많은 돈—5달러를 걸면 350달러를 벌었다—으로 보답했고, 이제 단순한 페이스메이커가 아니라 48시간도 남지 않은 챔피언 결정전의 진정한 도전자로 자리를 굳혔다.

상하이 경마 대회 셋째 날은 전통적으로 클래식 경기가 열리지 않는 날이다. 주요 경쟁자들은 챔피언 결정전 출전권을 안전하게 확보했고, 가장 중요한 경기를 앞두고 불필요하게 말들을 지치게 할 필요도 없었다. 거의 모든 사람에게 이 날은 챔피언 결정전 날을 고대하는 날이었다.

1941년 가을철 경마 대회 셋째 날 곧 11월 11일도 평소와 같았다. 이 날 아침 마권업자 '다갈 앤드 컴퍼니'는 챔피언 결정전 출전 예상 말들의 승률을 발표했다. '하인드헤드'와 '클루니하우스'의 승률은 2 대 1 미만이었다. 명단에 포함된 14마리 중 '미스터 버빈스'를 뺀 모두가 챔피언 결정전 출전 자격을 얻은 말들이었다. '미스터 버빈스'는 '쿤밍 스테이크'가 출전권을 얻을 마지막 기회였다. 헨치먼의 '배 그숏', 프랭클린의 '실버 폭스'와 함께 출전한 경기에서, 기수인 올레크 파노프는 지체하지 않고 '미스터 버빈스'를 선두로 몰아갔다. 다른 말들이 속도를 내 추격하기 전에 그는 격차를 말 길이 10배까지 넓혔고, 최종적으로 2배의 격차를 보이며 우승했다. 출전권을 딴 것이다. 이날 에릭 몰레르의 갈색 말인 '체리라이트'도 '충칭 스테이크'에서 막판 엄청난 속도로 질주해, 우승 후보인 '컬럼버스'를 간발의 차이로 누르고 출전권을 땄다.

이제 출전 말 명단이 확정됐다. '하인드헤드'는 다시 한 번 챔피언 자리를 지키기 위해 나섰다. 경쟁자인 '클루니하우스'는 세 번 연속 가장 유력한 우승 후보로 꼽혔다. '노스우드'는 헨치먼에게 자신의 말 두 마리를 출전시킬 기회를 줬고, 에이트킨헤드의 두 번째 말인 '클루니힐'은 가을철 거의 내내 상하이에서 가장 뛰어난 말이었다. 거시 화이트도 '화이트 나이트'와 '화이트 퍼레이드' 두 마리를 출전시켰다. 코넬 프랭클린의 '팬텀', 에릭 몰레르의 '메리라이트', 베라 맥베인의 '매직 서클', 새로 자격을 얻은 '미스터 버빈스'가 출전 말 명단을 완성했다.

이 열 마리의 말들이 다음날인 1941년 11월 12일 챔피언 결정전 날 '경마장의 왕' 자리를 놓고 뛸 걸로 예상됐다.

3부

경마의 날

1941년 11월 12일

삶—계속 움직이고 변덕을 부리는—이 여기에 있었다.
조랑말들보다 훨씬 예측하기 어려운
1만4천 명이 대표하는 삶이.

- 〈차이나 프레스〉, 1941년 11월 14일.

"공공 조계의 심장부에서 근대 건물로 둘러싸인 상하이 경마장 전경. 경기 관람 중인 관중들 사이에서 영국인 수병 두 명이 보인다."

14장

챔피언 결정전 날

해 뜰 녘 경마 클럽

아서 헨치먼이 모호크 거리의 마구간에 도착했을 때 엘리스 앤드루스는 이미 도착해 있었다. 상하이에서 10년 동안 말을 훈련시킨 그녀는 큰 경기 전 날 밤에는 마구간에서 잠을 자는 습관이 있었다. 그녀가 마구간에서 자지 않으면, 마구간의 중국인 관리자—마부로 불렸다—들이 이른 아침에 제 나름대로 경기 전 훈련을 시킬 터였다. 앤드루스는 자신의 훈련법에 남들이 관여하도록 놔두지 않으려 했다. 그녀는 '하인드헤드'가 챔피언 결정전 2연패를 할 수 있게 훈련시켰고, 3연패로 이끌면 20세기에 오직 두 마리만 달성한 업적을 쌓으면서 '하인드헤드'를 아주 드문 말의 반열에 올릴 터였다. '하인드헤드'가 이 엘리트 집단에 합류하면, 헨치먼과 앤드루스는 40년 전에 '딜러'가 이룬 최고 기록인 4연패도 노릴 수 있을 것이다. 그러나 좀 더 기다려야 할 일이다.

헨치먼과 앤드루스가 자신들의 챔피언을 살펴보던 날 아침은 쌀쌀했다. 이번 경마 대회 날씨는 11월인데도 늦여름 같았다. 기온이 화씨 70도(섭씨 21도: 옮긴이)를 넘으면서 계절을 착각하게 하는 파티가 눈부신 햇볕 아래 여기저기서 벌어졌다. 음악과 춤, 음식과 술이 넘쳐나는 가운데 전쟁 소리와 불길한 소문, 철수 경고를 묻어버리는 파티들이 열린 것이다. 계절에 어울리지 않게 따뜻한 날씨를 틈탄 바비큐 파티, 야유회, 가든파티가 곳곳에서 열린 가운데 헨치먼도 야외 점심 식사 모임을 베풀었다. 그러나 챔피언 결정전 전날 밤에 11월의 본래 모습이 "야밤의 도둑처럼 찾아왔고" 전형적인 늦가을의 거친 바람과 흐린 하늘도 함께 들이 닥쳤다.[1]

'하인드헤드'의 기회는 역사적인 것이었지만, 판돈 대부분은 로버트 에이트킨헤드의 1940년 봄 챔피언 '클루니하우스'에게 몰렸다. 우승 후보든 아니든, 에이트킨헤드는 그 날 아침 마구간에 도착하면서 그 어떤 것도 당연시하지 않았다. '클루니하우스'는 어쨌든 지난 두 번의 챔피언 경기 우승 후보였는데, '하인드헤드'에게 두 번 모두 패했다. 지금까지 2년 동안, 에이트킨헤드와 헨치먼 그리고 두 말 사이의 경쟁 관계가 상하이정착민 사회를 지배했다. 그리고 오늘, 지역 언론의 표현을 빌리자면 "이 공공연한 경쟁자들이 상하이 경마계 패권을 놓고 오래도록 혹독하게 이어온 경쟁에 또 다른 장이 더해질"[2] 것이었다.

대다수 논평자들은 챔피언 결정전이 이 두 마리 경주말 간 경쟁이 될 것이라고 생각했지만, 그렇다고 다른 말들이 경쟁을 포기했다는 뜻은 아니었다. 코넬 프랭클린도 기회를 바랐다. '팬텀'은 상하이에서 가장 빠른 말이라고 널리 인정받았지만, 승률 계산 업자들은 이 말이 1과 4분의 1마일을 버텨내지 못할 것으로 봤다. 봄철 대회에서 (자신의 말 '실버 폭스'와 함께) 2등을 했던 프랭클린은 승률 계산 업자들이 자신의 기회를 과소평가한다고 믿을 근거가 있었다. 과소평가의 배경은 미국인이 소유한 말은 챔피언 결정전에서 단 한 번도 우승한 적이 없었던 점이다. 오늘은 우승하는 날이 될까?

챔피언 결정전에 말을 출전시키는 다른 말 소유자들도 마찬가지로 마구간 옆 말 대기소에 모였다. 에릭 몰레르, 베라 맥베인, 거시 화이트는 챔피언 자리를 차지한 경험이 있다. 이들은 비록 이번에 우승 후보로 평가받지 못했지만, 경기에서 어떤 일도 벌어질 수 있다는 걸 알 만큼 경마 경험이 풍부했다. 몰레르의 경우는, 몇 년 전인 1938년 그의 아들 랠프가 '메리라이트'를 몰아 결승선을 가장 먼저 통과하면서 우승을 거머쥔 바 있다. 베라 맥베인이 (동료 빌리 리들과 함께) 챔피언 우승말 '미스터 신더스'를 갖고 있었던 것은 벌써 10년이나 지난 일이다. 거시 화이트가 '팻'과 함께 우승한 것은 이보다 더 오래된—12년과 한 번의 결혼—1929년이었다. 레슬리 허턴은 상하이 경마 클럽에서 챔피언이 된 적이 없었지만, 예상을 깨뜨린 (그리고 이번에 참가한 말들 중 몇몇을 꺾은) 경험이 있었다.

챔피언 스테이크에 나가는 경주마의 주인 7명 외에도 몇십 명의 사람들과 말들이 주 경기에 앞선 경기 출전을 준비했다. 대회를 알리는 광고는 "11회의 일반 경마 경기"가 이날 열린다고 소개했다. (장애물 경기 부류는 열리지 않았다.) 첫 번째 경기는 오전 11시에 시작하고 세 번째 경기까지 마친 뒤인 대략 정오께 점심 식사 시간을 갖게 된다. 마지막 경기는 땅거미가 질 때인 4시 30분께 시작될 예정이었다. 그 전까지, 챔피언 대회 날은 상하이의 모든 것을 축하하는 행사가 될 것이었다.

헨치먼, 에이트킨헤드, 프랭클린 등은 말 점검을 마치고 클럽 하우스로 갈 수 있었다. 몇 시간 뒤에는 소음과 인파로 가득할 테지만, 그들이 2층으로 향하는 계단을 오른 때는 고요했다. 조금 지나면 클럽하우스의 바가 술꾼들을 유혹하겠지만, 다른 곳에서는 보통 용납되기 어려운 상하이의 악명 높은 기준으로 봐도 아직은 너무 이른 시간이었다. 그래서 그들은 나무 패널로 내부를 장식한 커피방으로 곧장 향할 터였다. 어쩌면 'S-R-C' 모양을 한 철망으로 장식된, 거대한 벽난로를 켤 만큼 추웠을지도 모른다. 여기서 아침 식사를 앞에 두고 경주말 주인들은 무슨 일이 기다리고 있는지 생각하거나 배달된 신문을 읽었을 수 있다. 중국어, 일본어, 프랑스어, 독일어, 러시아어 신문이 상하이에서 인쇄돼 나왔지만, 대부분의 경마 클럽 회원들은 뉴스와 논평을 접하려면 〈노스차이나 데일리 뉴스〉, 〈차이나 프레스〉, 〈상하이 타임스〉 등 영어 신문을 읽었다.

〈노스차이나 데일리 뉴스〉에 '체이서'라는 필명으로 글을 쓴 에릭 큐민은 사람들이 가장 선호하는 경마 전문가였다. 큐민은 소년 시절부터 경마장에서 말을 탔지만, 항상 약한 말을 타고 뒤처져 달렸다. 나중에 그는 자신의 이런 처지—말들을 뒤쫓는 처지—가 경마 전략과 전술에 대한 통찰력을 얻고 말과 기수의 강점과 약점을 가늠하는 법을 익히는 데 도움이 됐다고 생각했다. 그는 이런 지식을 신문 칼럼을 쓰는 데 활용했고, 자신의 말을 훈련시키는 데도 적용했다. 가을철 경마 시즌을 관찰해온 사람은 누구나 챔피언 결정전 날이 어떻게 전개될지 나름의 의견이 있었지만, 아침 식사 자리에 앉은 클럽 회원으로서 헨치먼은 6면에 실린 큐민의 예상을 읽기 위해 〈노스차이나 데일리 뉴스〉를 접어 들었을 수도 있다.

큐민은 '하인드헤드'가 챔피언 자리를 방어해 3연패를 이룬 소수의 경주마에 합류할 가능성이 꽤 있다고 봤다. 다만 날씨가 '하인드헤드'를 파멸시킬 수도 있었다. 이 말이 "당연히 진창에서 아주 서툴기" 때문이라는 것이다. 험악해 보이는 하늘 아래 비가 예보된 가운데, 큐민은 비가 오면 헨치먼은 자신의 두 번째 말 '노스우드'에게 의지할 필요가 있다고 진단했다. 큐민은 경주로가 건조해도 '노스우드'가 이변을 연출할 수 있다는 평가를 내렸다.[3]

'노스우드'는 몇 년 동안 꾸준히 도전자의 자리를 지켰고 클래식 경기에서 한 번 우승했으며 열흘 전인 10월 추가 경마 대회에서 '하인드헤드'를 이긴 적도 있다. 그래도 '하인드헤드'는 챔피언 결정전을 2연패한 말이고 패배를 당하기 전까지는 여전히 경마장의 왕이었다. 상하이의 가장 유명한 마권 업자인 다갈 앤드 컴퍼니는 '하인드헤드'가 '클루니하우스'보다 약간 우세할 것으로 예상했다.[4] 그러나, 큐민은 '클루니하우스'가 승리할 것으로 봤다. 큐민은 헨치먼 마구간의 힘이 막강하지만 '클루니하우스'가 너무 빨라서 경쟁이 되지 않기에 이 말이 챔피언 자리를 되찾을 것으로 생각했다. (그러나 헨치먼으로서는 큐민이 지난 두 번의 대회 때도 똑같은 예상을 했고 두 번 모두 '하인드헤드'가 판세를 뒤집었다는 점을 분명히 지적했을 것이다.)

큐민은 다른 세 마리 경주말에게도 기회가 있다고 봤다. 맥베인의 '매직 서클'(1937년 데이비드 사순이 주인이었을 때 '스파클링 몬'이라는 이름으로 챔피언이 된 적 있다)과 화이트의 두 마리 곧 '화이트 퍼레이드'와 '화이트 나이트'가 그 주인공이다. 1938년 챔피언이었던 에릭 몰레르의 '메리 라이트'도 선전이 기대됐다. 결국 경기에 참가한 10마리 가운데 과거 챔피언이 4마리나 됐고, 다른 두 마리는 3등 안에 든 경력이 있었다. 또 10마리 모두 상하이 클래식(챔피언 스테이크, 더비, 크라이티리언 스테이크, 세인트 레저) 우승자였다.

15장

국부

오전 10시, 장완

시내에서 경마가 아직 시작되지 않았지만, 경마 클럽에서 북쪽으로 몇 마일 떨어진 곳에서는 다유 둥이 새로운 상하이의 심장부로 설계한 광장에 약 3천 명이 모여 있었다. 이 사람들은 거의 대부분 중국인 남성들—일부는 서양식 양복을 입었고 다른 이들은 전통적인 중국식 겉옷을 입었다—이었으며, 중국 공화국 건국자인 쑨원의 생일을 기념하기 위해 모였다.

과거의 기념행사는 쑨원의 동상을 중심으로 진행됐지만, 이제 동상 자리에는 받침대만 남아 있었다. 1937년 전투로 장샤오젠이 만든 쑨원 동상이 파괴됐지만, 이번 모임에는 빈터가 더 적절한 듯 했다. 몇십 년 동안 중국 공화국은 쑨원의 생일을 휴일로 지정하고 전국적으로 기념했다. 최근 몇 년 동안은 6만 명에 달하는 이들이 장완 시민센터에 모여 쑨원의 생일과 중국 주권 회복을 기념했다. 하지만 이날 모인 이들은 상하이의 중국인 대부분과 별 상관없는 이들이었다. 공공조계로 들어갈 수 있는 사람들은 모두 들어가서, 당분간 거기서 전쟁을 피하고 있었다. 새로운 중국인의 상하이를 목표로 만들어진 장완에서, 아이러니하게도 운영을 좌우하는 이들은 이제 일본인들이다. 그들은 중국 애국자의 생일을 축하하는 불편한 광경을 연출하도록 지원했다. 쑨원의 동상은 도시 건설 초기부터 여기에 자리 잡고 정부의 역사와 정체성을 상기시켰다. 하지만 1941년에는 이 자리에서 사라졌고 이와 함께 쑨원의 유산에 대한 합의도 깨져 흩어졌다.

동상이 있던 자리는 이제 다른 의미를 새길 만한 빈 공간이 됐다. 쑨원은 많은 중국인에게 애국심과 일본에 대한 저항을 대변하는 인물이었다. 일본인들이 1937년 이후 쑨원 생일 기념식을 중단시킨 게 이때문이었다. 그러나 이제 일본의 침공 이후 처음으로 상하이 시 정부는 '궈푸'—국부—를 기념하기로 했고, 일본인들은 중국의 미래를 (자신들의 지도 아래) 지킴으로써 쑨원의 유지를 이어가는 세력이 자신들임을 암시하기 위한 상징으로 쑨원을 이용하려 했다.

그런데 이날 행사는 단지 전통을 이어가는 데 그치지 않았고, 과거보다 훨씬 더 복잡한 것이 되었다. 1930년대에 기념식을 위해 장완에 모인 이들은 중국 공화국의 부활을 근처에 있는 공공 조계의 식민지 유물과 대비시켰다. 그러나 이제 외국인이 점령한 도시에서 무엇으로 애국적 기념식을 구성할까?

쑨원이 1912년 건국한 공화국을 잇는 장제스의 난징 정부는 시민 센터와 쑨원의 동상을 세웠지만 지금은 망명 정부 신세다. 이제 새로운 '중국 공화국'은 앞서 일본인들이 구성한 세 개의 조직을 1940년 3월 왕징웨이가 주도해 합친 '난징 국민정부'(왕징웨이 정권: 옮긴이)다. 새 정부는 과거의 조직들보다 더 많은 자율권을 얻었으며 국기를 포함해 독립성을 상징하는 장식들도 갖췄지만, 그저 일본인들을 만족시키기 위한 존재였다. 거의 모든 상하이 사람은 국적과 상관없이 왕징웨

1937년 전투로 부서진 장완 시민센터 내 시 청사. 쑨원의 동상이 자리 잡았던 광장은 뒤편에 있다.

이를 일본의 꼭두각시로 여겼다. 일부는 그가 나쁜 상황에서 최선을 다한다고 생각했지만, 다른 이들은 반역죄를 저지르는 기회주의자라고 비판했다.

쑨원의 유산은 왕징웨이와 그를 지키는 일본인들에게 딜레마를 안겼다. 쑨원을 내세우면 점령자 일본인들이 쑨원의 공화국을 강탈했음이 부각되어 민족주의자들의 시위와 폭력을 부추길 수도 있었다. 다른 한편, 쑨원을 무시하면 왕징웨이 정권이 청나라를 무너뜨린 민족주의자의 후예가 아니라는 생각을 굳히게 할 수 있었다. 중국 공화국을 이끈다고 주장하면서, 왜 건국 영웅을 기념하지 않는단 말인가? 지난 4년 동안 일본은 후자를 선택했고 그래서 공식 기념식이 열리지 않았다. 축하 의식—보통 소규모 비공식 행사—이 고독한 섬 시절 공공조계에서 이어졌지만, 일본인이 점령한 상하이 지역에서는 그것조차 없었다. 이제 1941년 일본인들은 다른 접근법을 시도했다. 휴일을 부활하고 시민센터에서 공식 기념식을 열어 이날을 기리기로 한 것이다.

이날 아침 장완 시민센터에서 볼 수 없던 것은 장샤오젠이 제작한 쑨원 동상만이 아니었다. 1938년 상하이 시장으로 취임한 푸샤오안도 없었다. 취임하자마자 중국 애국자들의 표적이 된 푸샤오안은 짧은 재임 기간 중에 몇 번의 암살 시도를 가까스로 피했지만, 1940년 10월 11일 그의 경호원 하나가 침대에 누운 그를 난도질해 살해했다. 살인은 점령당한 상하이에서 흔했지만, 이 암살은 최고위급 인사를 대상으로 한 것이었다. 살인 방식이—푸줏간에서 쓰는 손도끼로 목과 이마를 공격한 것이 사인이었다—소름끼치는 데다가 피해자가 유명인이어서 사건은 신문의 첫 면에 등장했다.[1]

일본 당국은 상하이 시의회가 반대했는데도 푸샤오안 장례 행렬이 공공 조계의 거리를 지나가야 한다고 고집했다. 자택에서 의식을 진행한 뒤 관을 장완 시민센터까지 이동해 공개 장례식을 치르겠다는 것이었다. 공공 조계 당국은 일본인들을 더 자극할까 우려해, 자동차 행렬이 쇼팽의 장송 행진곡이 울리는 가운데 무장 경찰 30명의 호위를 받으며 지나가는 동안 거리를 비웠다.[2] 일본인들은 자신들의 존재를 과시하는 공개 장례식을 원했겠지만, 구경꾼들에게는 점령자들이 자신들의 협력자가 잠자는 동안 살해당하는 걸 막지 못한 사실만을 상기시켰다. 행렬이 지나간 도로변에 흐른 냉담한 침묵은 그들의 정당성을 훼손할 뿐이었다.

1941년 챔피언 경기 날, 기념식 무대에서 푸샤오안을 대신한 인물은 천궁보였다. 그는 부역자 정부의 고위 인사였으며 왕징웨이에 이어 일본이 지원하는 정권의 두 번째(이자 마지막) 대통령이 될 터였다. (천은 나중에 점령기 행적 때문에 재판에 회부된 일본 부역자 가운데 최고위급 인사가 된다. 반역유죄 판결을 받은 그는 1946년 쑤저우에서 총살형에 처해졌다.)[3] 쑨원 생일 기념식 몇 달 전 천궁보는 동상이 있던 자리에 쑨원 동상을 새로 세우겠다며 모금 계획을 발표했다. 그는 계획을 발표하며 동상이 "교전 가운데 사라졌다."고 표현했다.[4] 시민센터 밖에서는 가짜 중국 공화국의 국기가 휘날렸다. 이 국기는 기존 국민당 국기에 새 정부의 구호인 '평화 반공건국'을 한자로 적어 넣은 노란색 삼각형을 더한 형태다. 상하이 주민들의 눈에 정당성이 있건 없건, 천궁보의 정부는 일본 제국군의 지원을 받았다.

천궁보가 주재한 공식 기념식은 소규모로 진행됐다. 일본 점령 전 장완에서 열린 기념식의 10분의 1 수준이었다. 1941년 11월 12일 열린 행사의 모순은 무시하기 힘들었다. 중국 민족주의의 중심이 될 광장에서 열린 공식 축제 행사─이 용어가 맞다면─가 일본에 대한 저항이 아니라 묵종을 옹호한 것이다. 그들은 일본의 승리가 불가피하다고 강변하고 일본에 대한 협력이 전쟁을 더 빨리 끝내 중국인들이 피 흘리는 사태를 그치게 할 것이라고 주장했다. 장완 시민센터에서 열린 기념식은 애국주의를 내세웠으나, 기껏해야 차악을 기념하는 것에 불과했다. 그리고 많은 중국인의 눈에는 반역으로 비쳤다. 새 정부는 공화국 상징으로 치장했으나, 작은 차이점들이 이 정부의 정당성 부족을 드러낼 뿐이었다. 국기의 노란색 삼각형, 사라진 쑨원 동상, 살해당한 시장이 그 차이점이다.

공공 조계의 보호 아래에서는 태도가 전혀 달랐다. 중국어 언론들은 쑨원의 이상과 야망을 찬양했지만, 장완에서 열린 기념식은 인정하지 않았다. 〈선바오〉는 쑨원 생일 기념식이 공공 조계에서 "여전히 특별한 상황 때문에 중단"됐다고 썼다. 다만 이날은 쑨원을 기억하기 위해 국기를 게양하는 게 허용되고 학교, 은행, 기업들이 쉬는 날이라고 덧붙였다.[5] 영어 신문들은 상하이에서 열린 비공식 기념식을 "최근 몇 년 벌어진 행사 가운데 가장 열정적이었다."고 표현한 반면, 중국어 신문들은 "중국이 현재의 갈등에서 승리의 길로 나아가고 있음을 선언했다."[6]며 고무된 모습을 보였다. 도시 내 중국인 학교들은 이날을 기념하는 "전반적인 축제 분위기"[7] 속에 시 전역이 참여하는 토너먼트 경기—농구와 배구—를 열었다.

이날이 계속 축제 분위기였다면, 최근의 역사를 배반했을 것이다. 일본의 점령 이후 매년 11월 12일 영국인들이 운영하는 공공 조계의 시 경찰은 중국 애국주의와 일본의 보복(가끔은 그 반대)이 분출할 것에 대비했다. 1938년에 발생한, 유일한 사건은 쑨원 박사를 칭송하고 일본 물건 불매를 촉구하는 '문건의 비밀 유포'뿐이었다.[8] 정오 즈음 경마장에서 몇 구역 떨어진 난킹 거리의 건물 위쪽 창문에서 팸플릿이 비 오듯 쏟아져 내렸다. (중국어로 된) 이 문건은 시민들에게 장제스 정부 지지를 촉구하며 이렇게 주장했다. "일본인들은 중국이 분할되기를 바란다. 그러나 우리는 오늘 우리 모두가 중국 인민의 일부이며 다른 이들과 강하게 뭉쳤음을 선언한다… 우리는 굴복하지 않을 것이고 우리 군대가 상하이에 돌아올 때까지 계속 싸울 것이다."[9] 경찰은 사건 조사에 들어가 팸플릿이 뿌려진 사무실 입주자를 심문했지만 정보를 얻지 못했다.[10]

1939년에는 경찰이 폭력과 반일 선동을 방지하기 위해 더 공격적으로 나왔다. 공공 조계 당국은 인근에 주둔한 일본군이 참을 때만 자신들이 생존할 수 있다는 걸 알았다. 일본인의 대리인처럼 행동하기는 꺼렸지만, 그들을 자극하고 싶지도 않은 경찰은 휴일이 다가오자 민족주의 활동을 억제하려 했다. 10년 경력의 로이 페르난데스 경사가 11월 11일 밤 순찰대를 이끌고 50명 이상의 '바람직하지 못한 인물'들을 급습했다.[11] 다른 순찰대도 30명을 잡아들였다. 자정 직전과 12일 새벽에도 영국인과 중국인 경찰관들이(많은 상하이 시 경찰관은 중국인이었다) 익명의 제보를 받아 경마장을 둘러싼 지역 내 호텔 3군데를 수

색했다. 그러나 "무기, 탄약 또는 의심스런 인물"[12]이 있다는 증거를 찾지 못했다.

공공 조계 경찰이 반일 감정 표출을 막으려고 노력했지만, 종종 가장 파괴적인 세력은 일본인이었다. 1939년에는 16명의 일본인, 한국인, 중국인이 번드를 지나가면서 반공 선전물을 붙이고 쑨원의 생일을—그들의 적이 주장하는 것과 마찬가지로!—축하하자고 외치고 다녔다.[13] 야간 통행 금지를 위반한 이 무리는 번드 주변의 전봇대에 포스터를 붙이고 해산시키려는 경찰을 무시한 채 난킹 거리까지 이동했다. 그들은 서쪽으로 돌면서 경마장 쪽을 향해 공격적인 태세로 움직였다. 이어 경찰 병력이 추가로 도착해서 그들을 난킹 거리에서 좁은 골목 쪽으로 몰아냈다. 이 무리와 경찰의 쫓고 쫓기는 상황은 상하이 중심부 거리를 오가며 오전 4시까지 이어졌다. 이 무리는 해산할 생각이 없었고 경찰은 그들을 자극하지 않으려고 시간을 끈 것이다. 경찰은 이들을 "횡포하고 외국인에 반대하는 성향, 떠돌이 일본 무사 또는 난동꾼 같은 아주 불량한 무리"로 규정했고 "확실히 경찰에 반대하고 법과 질서를 존중하지 않는 유형의 집단"[14]이라고 덧붙였다.

경찰은 다양한 정치 성향의 집단이 만든 포스터와 팸플릿을 수집했다. 정치적 경쟁 집단들이 비슷한 이름을 쓰는 일도 종종 있었다. 게다가 '국가 구출' 같은 흔한 표현을 쓰거나 쑨원의 유지를 따른다고 자신들을 포장하곤 했다. 쑨원의 초상화를 싣는 경우도 자주 있어서, 서로를 타도 대상으로 규정한 경쟁자들이 표지를 똑같은 쑨원 사진으로 장식한 팸플릿에서 쑨원의 '삼민주의' 곧 민족주의, 민권주의, 민생주의를 주장하는 일도 있었다.

'반역자 박멸'을 주장한 어떤 집단은 "진정한 중국 공화국 시민 모두"에게 "평화 운동을 거부"하고 "반역자가 된 비열한 시민들을"[15] 거부하면서 나라를 위해 싸울 것을 촉구하는 팸플릿을 경마장에서 0.25마일 정도 떨어진 난킹 거리와 저장 거리 교차 지점에서 배포했다.

비슷한 목표를 추구한 또 다른 집단은 훨씬 더 노골적인 팸플릿을 뿌렸다. 이 팸플릿은 일본이 중국 점령 계획을 실행하기 어렵다고 판단해 "중국을 노예로 만들려는" 왕징웨이 같은 '꼭두각시'를 통해 평화 선전 운동을 펼치고 있다고 주장했다. 팸플릿은 이어 충칭의 '자유 중국' 정부를 지지해야 자유를 쟁취할 수 있다고 덧붙였다. 또 장제스의 말을 인용하면서 상하이 젊은이들에게 일본과 그들의 평화 주장, 항복 요구에 저항하라고 촉구했다. "매일 매일의 저항 전쟁이 성공하는 건 무력에만 달린 게 아니라 전체 국민이 보여주는 투쟁 정신의 강도에 따라 전적으로 결정될 것이다."[16]라고 주장했다.

여기에 맞서는 집단은 거의 같은 곳에서 왕징웨이 정부를 지지하는 팸플릿을 뿌렸다. 이들이 뿌린 팸플릿들은 일본에 맞서는 전쟁의 무익함과 파괴를 강조하고 전쟁을 중국 공산당이 오판하여 권력 장악을 기도했던 탓으로 돌렸다. 중국이 살아남을 유일한 희망은 왕징웨이의 지도 아래 전쟁을 빨리 끝내는 것이라고 주장했다.

1939년 11월의 혼란으로 경찰의 경계가 강화됐고, 공공 조계 경찰과 일본인들은 상하이 내 반대파들을 부추길 틈을 주지 않는 데 주력했다. 1940년 11월은 별다른 사건 없이 지나갔다. 지역 학교에서 행사가 몇 개 열렸을 뿐, 적어도 1941년까지는 평온이 이어질 것 같았다. 군사적 위협은 상하이 거주민 다수로 하여금 개인적 감정과 무관하게 일본인들이 바라는 바에 표면적으로 순응하도록 만들었다. 일본인들은 공공 조계의 시 경찰에게 반일 민족주의 표현을 억압하라고 강요했다. (경찰은 중국 민족주의의 이익을 별로 고려하지 않은 채 질서 유지에 몰두하는 경향을 보인 게 분명하다. 현상을 유지하는 대신 경찰을 그만둔 데이비드 배너먼 로스는 아주 예외적인 인물이었다.) 일본의 압력 때문이든, 영국이 그냥 순응한 때문이든, 경찰의 대거 배치와 선제적 체포로 1941년 11월 12일 항의 시위가 벌어질 여지는 거의 없었다. 공공 조계는 물론 중국인들이 통제하는 지역에서도 중국 민족주의자들이 폭력을 휘두르거나 혼란을 촉발하는 일이 없었다.

사소한 상하이 시내버스 파손 행위가 거의 유일한 예외였다. 일본의 후원을 받는 정권을 반대하는 이들이 중국인들에게 들고 일어나 점령자들에게 저항하라고 촉구하는 포스터를 버스에 붙이고 다녔다. 버스가 몇 구역을 지난 뒤에—어쩌면 버스가 노선을 따라 다시 돌아 들어왔을 때—정권 지지자들은 같은 버스에 '평화 운동' 지지를 (다시 말해, 일본 점령자들과 그들의 중국인 협력자 지지를) 촉구하는 선전 문구를 덧씌웠다. 이 선전 문구는 상하이에서 선전 담당 부서를 운영한 왕징웨이 정부가 직접 퍼뜨린 것일 수도 있다.[17] 11월 12일 아침 몇 시간 동안 상하이 제너럴 옴니버스 회사의 10번 노선버스는 중국의 미래를 논하는, 움직이는 토론 게시판이 되어, 영국 영사관 건물 근처에서 좌회전해 페킹 거리를 올라간 뒤 서쪽으로 틀어 경마장에서 몇 구역 떨어진 곳까지 가는 등 번드 주변 지역을 돌아다녔다.

이 움직이는 토론 게시판이 공공 조계 경계를 넘어 일본이 점령한 지역으로 들어서자, 이를 목격한 일본 당국이 버스를 압수했다. 버스에 붙어 돌아다니던 구호는 도시에 거의 영향을 끼치지 않았다. 오전 9시에는 이미 버스가 거리에서 치워진 뒤였다. 한 시간 뒤 버스 회사가 선전 문구를 제거하고 도발적인 선전 문구는 무엇이든 발견 즉시 제거하겠다고 약속하고서야[18] 버스 운행이 재개됐다.

16장

후베이 스테이크와
쓰쿵 스테이크

오전 11시 경마 클럽

오전 11시 장완에서 쑨원 생일 기념식이 끝나갈 무렵, 경마장에 모인 훨씬 많은 무리들은 쑨원도, 일본인도, 도시에서 벌어지는 다른 일도 거의 생각하지 않았다. 물론 넓은 세계에 관심을 기울이지 않은 건 말할 것도 없다. "모든 걱정은 바람에 쓸려 날아갔다. 극동 아시아의 긴장, 비싼 생활비, 쌀 문제 그리고 시급한 모든 일이 잊혔다. 당장의 현안은 훨씬 사소한 것들이었다. 도박 관련 특급 정보, 가을 드레스, 놀라운 얘기들, 배당금, 예쁜 얼굴들… 이런 것들이 이날을 특징지었다."[1]고 〈차이나 프레스〉는 전했다.

몇 주 동안 '추가 경마 대회'를 열고 가을 챔피언 대회가 사흘 동안 이어진 뒤 1941년 가을 챔피언 결정전 날은 '후베이 스테이크' 경주와 함께 시작됐다. 경마 클럽은 보통 경기 명칭을 통해 그날그날의 주제를—아일랜드, 오스트레일리아, 광역 상하이 등—설정해왔지만,

챔피언 결정전 당일 프로그램은 만주부터 남중국해까지 중국의 지역, 도시, 성 등의 이름이 뒤섞여 붙여졌다. (오스트레일리아의 지명도 아주 가끔 등장했다.) 이날의 첫 경기인 '후베이(Hupei로 표기 됐다: 옮긴이) 스테이크'는 현재는 영어로 'Hubei'로 표기되는 성 이름을 딴 것이다. (1941년에도 Hupei는 표준 표기가 아니었다. 공식 우편 표기는 Hupeh였다.) 상하이에서 양쯔강을 따라 몇 백 마일 거슬러 올라가야 하는 후베이는 장대한 관광 명소인 삼협의 하류에 속하며, 전쟁 전에는 상하이정착민들이 지붕 달린 배를 타고 휴가 여행을 즐기곤 하던 곳이다.

관람석의 군중은 경기 명칭 따위 신경 쓰지 않았다. 첫 경기가 시작되기 훨씬 전 경마장 문이 열리자마자 사람들이 몰려 들었고 오전 11시께는 수천 명에 달했다. 관중 대부분은 경마장 주변 지역에 사는 중국인들이며 이들은 걷거나 버스를 타고 경마장을 찾았다. 일부는 경주로 주변을 돌아다녔다. 판돈을 거는 창구에서는 일이 바쁘게 돌아갔다. 경주마 주인 전용석과 회원 전용 관람석은 더 늦게 채워졌다. 오전 11시 경기 시작은 휴일 전날 밤부터 늦게까지 즐긴 후유증에서 채 회복하지 못한 이들로서는 너무 이르게 느껴졌을 것이다. 일부 말 주인들은 모호크 마구간에 있었다. 다른 주인들은 주 경기 앞의 경기들이 열리는 동안 클럽하우스에서 차나 커피를 앞에 놓고 꾸물거렸다. 가장 중요한 경기가 시작하려면 아직 몇 시간이나 남았다.

하지만 에릭 몰레르와 코넬 프랭클린은 시간을 낭비하지 않았다. 그들의 말은 첫 경기부터 출전했다. 승률 계산 업자들은 '후베이 스테이크'에서 몰레르의 '프로스티라이트'가 우승할 걸로 점쳤으나, "프랭클린 판사의 경이로운 조랑말" '팬텀'이 도박꾼들의 주목을 받았다. 도박꾼들은 이 말이 한 번도 아니라 두 번씩이나 승리한 이틀 전의 실력을 다시 보여주길 기대했다. 챔피언 결정전 당일에도 이 말은 두 번 경

1939년 또는 1940년에 상하이 시의회에 모인 의원들. 의장인 코넬 프랭클린이 앞 줄 가운데 앉아 있다. 1941년 1월 경마장에서 총에 맞은 토니 케직은 프랭클린 바로 오른쪽에 앉아 있다.

주에 나설 예정이었다. 두 번째 경주는 챔피언 결정전 경기다. 이 말이 이날 2승을 거둘 수 있다면, 챔피언에 오르는 데 그치지 않고 전설로 등극할 것이었다.

이 날의 첫 경기 경주말들이 출발선의 문으로 들어섰다.

문이 활짝 열렸다. 챔피언 결정전 날 경기가 시작됐다!

경기를 알리는 종이 울리자마자 레네르 가보르가 항상 그렇듯 '팬텀'을 선두로 이끌었지만, 경험 많은 경쟁자들은 독주를 허용하지 않았다. 미켈 해저드, 찰리 엥카르나상, 알프레드 누트, 크리스 몰레르는 '팬텀'이 지난번 경주에서 중반에 접어들기도 전에 '화이트 퍼레이드'를 말 길이 10배 차이로 따돌린 걸 잘 알았다. 이번엔 레네르가 말 길이 두 배 이상의 격차를 내지 못했다. '팬텀'이 마지막 곡선 구간에 이를 때까지 약간의 차이로 선두를 유지했지만, 어느 말도 승산이 있는 상황이었다. 마지막 직선 구간으로 접어 들면서 (조랑말 '빔'을 치장한) 쿠 마구간의 특징 색인 버찌색과 회색, '버스티드 스트레이트'의 흰색과 붉은색, 프랭클린 소유 말의 파란색과 붉은색, 몰레르 소유 말의 초콜릿색과 금색이 앞서거니 뒤서거니 하며 보슬비 내리는 아침을 다채로운 색으로 물들였다. 에릭 몰레르의 아들이 기수를 맡은 '버스티드 스트레이트'가 막판에 바깥쪽으로 빠지며 치고 나갔다. 모두 4마리의 말이 결승선을 근소한 차이로 통과했다. '버스티드 스트레이트'가 '팬텀'을 말 머리 하나 차이로 앞섰고 '빔'—클래식 경기에서는 도전자가 되지 못했지만, 꾸준히 우승한 말이다—이 3등을 차지했다. 우승 후보로 꼽혔던 '프로스티라이트'는 입상권에 들지 못하고 4등으로 경기를 마치면서 상금도 받지 못했다.

이 날의 첫 경기는 실망을 안기지 않았다!

승리한 말들, 기수, 소유자는 승자들이 서는 무대에서 잠깐 포즈를 취했다. 다른 승자들—판돈을 걸어 상금을 타게 된 이들—은 상금을 받거나 다음번 경기에 다시 돈을 걸기 위해 매표창구로 향했다. 매표창구의 줄은 결과가 발표되고 다음번 경기 출발 시간이 가까워짐에 따라 늘었다 줄었다 반복했다. 각 경주는 2분 정도 걸리고, 다음번 경주 시작까지 25분의 간격이 있다. 이 시간에 기수들은 말을 바꾸고 경주에 참가할 말들은 출발선으로 이동한다. 전용 관람석에 있는 경마 클럽 회원들은 전화로 다음번 경주에 판돈을 걸 수 있으나, 보통의 관람객은 다음번 경주에 판돈을 걸 시간이 충분하지 않았다. 특히, 경기를 위해 입장하는 말들을 점검하고 판돈을 걸려면 시간이 아주 촉박했다.

이날 두 번째 경기의 명칭은 모호하다. '쓰쿵 스테이크'는 아마도 안후이성에 있는 산맥 이름을 딴 것으로 보인다. 안후이성에는 불교에서 신성하게 여기는 산이 여럿 있고, 여름의 무더위를 탈출하려는 상하이

정착민들이 여행지로 찾는 곳이기도 했다. 다른 가능성을 꼽자면, 문화적으로 티벳에 속하는 히말라야 산맥의 구릉지이자 쓰촨성과 티벳 사이에 있던 시캉성에서 온 이름일 수도 있다. (공식 영어 표기는 Sikang이지만 1930년대 상하이에서는 흔히 Sikong으로 표기했다. 시캉성은 1955년에 쓰촨성과 티벳으로 나뉘면서 없어졌다.) 이름이야 어디서 왔든, 챔피언 대회 날 두 번째 경주는 오전 11시 30분께 시작됐다.

'쓰쿵 스테이크'는 도박꾼들에게는 도전이 되는 경기였다. 말 소유자, 조련사, 기수는 뽐낼 자격과 상금을 얻기 위해 나섰지만, 수천 명—곧 몇만 명 수준으로 불어날—의 관중 대부분은 판돈을 걸기 위해 관람석으로 몰려 들었다. 다른 지역 대부분과 마찬가지로 상하이에서도 초기에는 판돈을 거는 방식으로 스윕스테이크 또는 줄여서 '스윕스'라는 방식이 쓰였다. 이 방식은 복권 형태다. 판돈을 걸려면 무작위로 특정 말에 배정된 복표를 사야 한다. 어떤 말에 돈을 걸지 선택할 수 없다. 각 말의 승률표도 없고, 말들을 연구하거나 잘 안다고 해서 유리할 게 없다. 상금은 판매된 복표 규모에 따라 달라진다. 우승한 복표—우승한 말이 배정된 복표—에 전체 판매액 중 우승말에 배정된 액수의 절반이 배정된다. 나머지 절반은 우승한 마구간에 준다. 2등에게는 더 적은 액수가 배정되는 식으로 전체 상금이 배분된다. 스윕스에는 기술이 개입할 여지가 없고 모든 게 운에 달렸다. 1941년에도 스윕스는 말을 고르느라 시간을 들일 필요 없이 경마에 참여할 수 있는 방식이어서 인기를 누렸다.

스윕스 방식의 맹점은 단지 운에 따라 우승 복표가 얻어 걸리게 된다는 점만은 아니다. 경마가 정말 무작위라면 출전 말 10마리의 승률은 모두 10%였겠지만, 경마에 이따금 참여하는 팬들조차 실제로는 이렇지 않다는 걸 알았다. 경마에 돈을 거는 건 복권을 사는 것과 달랐다. 비록 경주 결과를 미리 알 수 없지만, 몇몇 말과 기수는 다른 말들이나 기수들보다 뛰어나기 마련이다. 무작위로 배정되는 경우보다 우승자를 더 잘 고를 수 있는—또는 고를 수 있다고 믿는—이들의 흥미를 끌기 위해 승률 예상 방식이 도입됐다.

승률 예상 방식은 특정 경주에서 어느 말의 승률이 더 높고 더 낮은지 판정하기 위해 각각의 말과 경주로, 조련사, 기수를 평가하는 방식이다. 가장 단순한 방식은 경주마(또는 기수)의 과거 경기 기록을 보는 것이지만, 다양한 추가 정보를 포함해 분석하는 방식도 가능하다. 말의 훈련 시간은 얼마나 되나? 최근 성적은 어떤가? 경주로의 거리에 따른 성적은 어떤가? 날씨에 따라 다른가? 출발 위치나 경주 참가 말 숫자가 영향을 끼치나? 최근 부상당한 적은 있나? (순혈종 말들의 경주에서는 혈통도 중요하지만, 중국 조랑말 경주와는 무관한 이야기다. 말을 직접 키운 게 아니라 혈통을 모른 채 경매를 통해 구입했기 때문이다.)

마권업자들—경마장('하우스')과 제휴하거나 이와 무관한 개인이나 기업—이 말들의 실력을 평가한 '책'을 만들고 판돈을 모집한다. 판돈을 거는 사람이 말을 고를 수 있기 때문에 지식을 활용해 적어도 상금을 탈 확률을 높일 수는 있다. 마권업자들은 '고정된 승률' 배정을 통해 경기 전에 경주마들의 승률을 제시하고, 도박꾼들은 미리 합의된 가격에 따라 돈을 건다. 승률은 '분수'로 표시되며 앞의 숫자는 뒤의 숫자만큼 돈을 걸 때 얻을 수 있는 상금을 의미한다. 4 대 1의 승률은 1달러를 걸면 4달러의 상금을 받을 수 있다는 뜻이다. 4 대 1의 승률로 우승한 말에 1달러를 걸면 모두 5달러를 받게 된다. (처음에 건 1달러에 상금 4달러를 더해 돌려준다.)

이런 방식에서는 마권업자들이 경주마 각각의 우승 가능성에 따라 승률을 정한 뒤 우승 가능성이 높은 말에 돈을 건 이들에게는 더 적은 돈을 배정한다. 승률이 정확하다면, 안전하게 돈을 걸 경우 돈을 딸여지는 높지만 많은 상금을 받을 수는 없다. 이 방식에서는 승률이 돈을 걸도록 유혹하는 요소다. 많은 상금을 보상으로 제시하면 노름꾼들에게 승산이 적은 말에 돈을 걸게 할 수 있다. 승률을 조정함으로써 마권업자들이 내기를 조작할 여지도 있다. 승리하지 못할 말에 돈을 걸도록 부추기는 한편 자신들이 상금을 내줘야 하는 우승말에는 돈을 적게 걸도록 유도할 수 있는 것이다.

11월 12일 신문 스포츠면에 실린 '다갈 앤드 컴퍼니'의 광고는 이런 방식이 어떻게 작동하는지 보여줬다. 이 회사는 우승 후보인 '하인드헤드'부터 우승 가능성이 없는 '미스터 버빈스'까지 챔피언 스테이크 출전 말 각각의 승률을 공개했다. (프랭클린의 말 '실버 폭스'처럼 챔피언 결정전 진출 자격을 얻지 못한 말들도 승률표에 등장했다. 이는 승률이 미리 결정됐다는 걸 보여준다.) '하인드헤드'의 승률은 1 대 1('이븐 머니')이었다. 1달러를 걸었는데 이 말이 우승하면 1달러의 상금을 받아서 돈을 두 배로 늘릴 수 있다는 뜻이다. 다갈은 (대부분의 마권업자들이 우승 후보로 꼽은) '클루니하우스'에게도 비슷한 승률인 1과 2분의 1 대 1(오늘날은 3 대 2로 표시한다)을 부여했다.

두 말은 모두 높은 승률을 부여받았지만, 이 말들에 돈을 거는 이들은 많지 않은 보상만 받게 된다. 정보를 잘 수집해 가장 보수적으로 돈을 건다고 해도 항상 우승 상금을 받는 건 아니라는 점에서 더욱 그렇다. 승률 1 대 1 수준의 말에 꾸준히 걸어서 일부는 성공하고 일부는 실패하면 많은 돈을 벌지도 잃지도 않게 될 여지가 있다. 그러나 승률이 정확하고 매 경기에 꾸준히 판돈을 건다면, 돈을 얼마간 벌어서 돌아갈 가능성이 있다. 한편, 다갈은 '미스터 버빈스'가 챔피언 결정전에서 우승할 확률을 40 대 1로 제시했다.[2] 이 말에 5달러를 걸었다가 실패하면 5달러를 잃지만, 이 말이 우승하면 200달러를 받을 수 있는 것이다. 이따금씩 경마장을 찾는 이들은—낮은 확률을 무릅쓰고—적은 투자로 많은 돈을 벌기 바라며 우승 가능성이 낮은 말에 소액을 걸 여지가 더 높다.

하지만 1941년 상하이에서 경마에 몰린 판돈은 다른 경마장 상황과 마찬가지로 스윕스나 고정 승률 방식에 주로 몰리지 않았다. 돈이 가장 많이 몰린 도박 방식은 1860년대 프랑스에서 처음 시작된 이후 곧 상하이에도 도입된 패리뮤추얼 방식이었다. 이 방식은 노름꾼들이 마권업자가 아니라 사실상 다른 노름꾼들을 상대로 도박을 하는 형태다. 전체 말들에 건 돈을 모두 모아서 (경마장이 수수료를 뗀 뒤) 우승한 말에 건 이들에게 분배하는 방식이다. 인기가 높은—우승 후보로 꼽힌—말에는 더 많은 돈이 몰리기 때문에 우승이 확정되어도 각 사람이 받는 돈은 적다. 반면에 인기 없는 말에 돈을 거는 사람은 적기 때문에 (가능성은 낮지만) 우승하면 엄청난 돈을 받는다. 승률을 결정하는 것은 마권업자들이 아니라 노름꾼들이다. (약식 또는 비공식 우승 가능성 분석 정보나 사설업자들이 제시하는 고정 승률이 판돈을 거는 노름꾼들에게 영향을 끼치긴 한다.) 패리뮤추얼 방식의 배당금은 계속 바뀐다. 판돈이 늘어날 때마다 새로 계산되고, 돈을 건 순간의 배당률이 최종 수치도 아니다. 최종 배당률은 경기가 시작돼 돈을 더 걸 수 없는 시점에 확정된다.

우승 가능성이 희박한 말들은 경마장을 가끔 찾는 이들에게 기쁨을 주는 존재이고, 전문적인 노름꾼들과 직업적 전문가들에게는 파멸을 부르는 존재다. 아마추어 노름꾼들은 흥분을 얻는 대가로 돈을 내놓는다. 100 대 1의 배당률은 이기든 지든 상관없이 사람들을 흥분시킨다. 전문가들은 우승 가능성이 희박한 말에 거의 돈을 걸지 않는다. 승리하지 못할 테니까. 어떤 말의 우승 확률이 '낮은' 건 바로 전문가들이 그 말의 가능성을 평가해주지 않기 때문이다.

1941년 챔피언 결정전 날 두 번째로 열린 '쓰쿵 스테이크'는 이날 전체 경기 중에서 우승 확률이 가장 낮은 말이 우승함으로써, 몇몇 팬들에게는 기쁨을 줬고 승률 계산 업자들에게는 좌절감을 안겼다. 이 경기의 우승 후보는 M. Z. 류의 '슬로 모션'이었다. 류는 침략 전쟁으로 장완 경마장이 폐쇄되자 자신의 말들을 '타운'(상하이 경마 클럽)으로 옮긴 중국인 경주마 소유자들 중 가장 유명한 이들 축에 든다. 류가 소유한 말들 가운데 가장 뛰어난 '슬로 모션'은 이날 오후 열릴 챔피언 결정전에 출전하는 말들과 경쟁하는 말이었다. 전날 '슬로 모션'은 '팬텀'과 '화이트 나이트'에 이어 3등을 차지했고, 10일 전에는 '경마장의 왕' 자리를 방어하러 나선 '하인드헤드'와 2위 자리를 놓고 치열한 접전을 벌였다. 이런 성적에 고무된 노름꾼들은 '슬로 모션'을 약체들이 출전하는 '쓰쿵 스테이크'의 우승 후보로 꼽았다.

하지만 예리한 관찰자들은 경기 당일 발행된 신문들이 토니 량의 '힐 송'—일주일 전에 '클루니하우스'를 이긴 거물 킬러—이 첫 번째 경주에서 승리할 걸로 예상한 사실에 주목했을 것이다. 량은 마구간 주변과 관중석에서 인기 있는 인물이었다. 잘생겼고 멋스러우며 부드러운 미소를 지닌 그는 공공 조계에서 가장 뛰어난 운동선수에 드는 사람이다. 특히 테니스를 잘해서, 시 선수권 대회에 (복식과 단식 모두) 출전하기도 했으며 톈진이나 닝보 같은 조약항 팀들과 겨루는 대회에도 나갔다. 량은 조랑말도 소유했고 보통은 자신이 직접 말을 몰았다.

조간신문에 실리기에는 너무 늦게 결정된 데다가 많은 도박꾼들의 관심도 받지 못한 사실이 하나 있었다. 량이 '힐 송'을 첫 번째 경기가 아니라 두 번째 경기에 출전시키기로 한 것이다. 거의 주목을 받지 못한 채—'슬로 모션'에는 1663건의 판돈이 걸린 반면 '힐 송'에는 단 173건만 걸렸다—'힐 송'이 출발문에 들어섰다. 출전 말들 가운데 가장 강하지만 승리 가능성은 거의 없는 말로 평가된 채 말이다. 3마리의 말이 간발의 차이로 경주를 마쳤는데, 량은 '힐 송'을 가장 먼저 결승선으로 이끌었다. 덕분에 이 말에 5달러를 건 이들은 110.4달러를 받을 수 있었고, 이는 이날 경기 중 최고의 배당 비율이었다. 이 돈이면 공공 조계의 상당히 좋은 주택가에서 방 하나를 1년 동안 빌릴 수 있었다.[3] 한 달 주거비로 30달러—대부분의 노동자들은 감당할 수도 없는 액수—를 지출했을 네이츠 윙 같은 전문직 종사자들도 단 한 번의 경기로 이렇게 많은 돈을 딸 수 있는 기회를 외면하기 어려웠다.

'슬로 모션'은 상금을 배분 받는 등수 안에 들지도 못했다.

17장

중국에서 가장 부유한 여성

정오, 아이리 정원

경마장에서 서쪽으로 몇 구역 떨어진 버블링웰 거리에는 경마팬들의 환호성 소리가 여전히 울려 퍼졌다. 이날 이 거리의 도로 위에는 30피트짜리 하얀 아치형 문 두 개가 설치됐다. 중국에서 의식에 쓰이는 관습적인 색깔은 검정이 아니라 흰색이고, 중국 전통의 패방 문은 장례식을 알린다.

11월 12일까지 몇 주 동안의 공사를 거쳐 꽃으로 꾸며진 이 아치형 문은 리자 하둔이 숨진 지 한 달여 만에 마침내 안식을 취할 아이리 정원—하둔 정원으로도 알려졌다—입구에 자리 잡았다. 이 정원은 정자와 탑으로 꾸며진 곳이다. 불교 승녀들 옆에서 경찰과 사설 경호원들이 함께 걸으면서 질서를 유지하고 하둔가 유족들을 보호했다. 일부는 권총까지 차고 있었다.

리자 하둔은 10월 3일 자택에서 숨졌다. 가을 경마 철이 시작되기 바로 전 날이다. 신문들은 그녀의 많은 친구들과 동료들이 그녀의 사망 소식에 충격을 받았다고 전했지만 잘못된 설명이다.[1] 리자는 나이가 78살인데다가 날로 허약해지고 있었으며, 비록 그녀가 병을 앓은 기간은 짧았지만 사망이 뜻밖의 일이라고 하긴 어렵다. 10년 이상 남편을 여의고 홀로 산 리자는 점점 더 문밖출입을 삼갔다. 남편 사일러스의 재산을 모두 물려받기 위한 법정 싸움은 쓰라렸고, 이 일로 리자는 상하이의 일부 사람들과 관계가 멀어졌다. 그녀가 사망했다는 소문이 떠돌 때마다 확인하려고 찾아온 사진사들은 밖으로 쫓겨났고, 그들의 카메라는 바닥에 내팽개쳐지곤 했다.[2]

리자는 숨진 남편의 사업을 물려받아 운영하는 데 적극 개입했고 특히 말년에는 부동산 사업에 집중했다. 주력 사업은 번드와 경마장 중간에 위치한 타워였다. 난킹 거리와 쓰촨 거리가 만나는 구석에 12층으로 올라간 이 아르데코풍 '리자 하둔 빌딩'은 중앙 공조장치를 갖춘 상하이의 첫 번째 고층 건물군에 속하며, 건설이 완료되기 전인 1936년 봄에 이미 50개 아파트가 모두 팔렸다.[3] 대표적인 입주자인 체이스은행은 1938년 봄 1~2층을 빌려 들어왔다.[4]

사업을 제외하면, 리자 하둔의 불교 신앙과 그녀의 자녀 문제가 말년의 주요 관심사였다. (아들인 조지를 둘러싼 추문이 특히 성가신 문제였다.) 조지는 상하이 사교계 명사의 삶에 필요한 돈을 얻기 위해 그녀를 물리적으로 위협했다. 상황이 이렇게 치닫자, 그녀는 현지 중국어 언론과 영어 언론에 광고를 실어 조지와 인연을 끊고 그가 진 빚은 자신이 책임지지 않겠다고 알렸다.[5]

시신 매장은 사망 이틀 뒤인 10월 6일로 예정됐지만, 일정대로 일이 진행되지 못했다. 이날 리자를 기리는 정성스런 행사가 열리긴 했다. 그녀의 재산에 확실히 걸맞게, 그녀의 주검은 비단과 진주로 치장되어 여제에 어울리는 마호가니 관에 안치됐으나 매장되지는 않았다. 매장 지연―흙으로 치는 점과 같은 중국식 방법으로 매장에 적합한 길일을 고르다가 생긴 일인 듯하다—은 불교식 장례에서는 흔했지만, 주검을 곧바로 매장하는 유대교 전통에는 분명 맞지 않았다. 매장 지연은 눈살을 찌푸리게 했고 리자의 재산 처분을 둘러싼 논란에 불을 질렀다.[6]

11월 12일—챔피언 결정전 날—이 새로운 매장 날짜로 정해졌다. 〈차이나 프레스〉는 리자 하둔의 장례식이 그동안 상하이에서 보지 못하던 아주 성대한 의식이라고 평했고,[7] 이는 의미심장한 평가였다. 이 도시는 사치스런 추도식이 낯설지 않은 곳이었다. 10년 전에는 전 세계에서 보도한 사일러스 하둔의 장례가 있었고, 몇 시간 동안 상하이 전체—중국인 통제 지역, 프랑스 조계, 공공 조계—를 거쳐 간 '대상인' 주바오싼의 장례 행렬도 있었다. 리자의 장례식은 이 모두를 능가했다.

10월 3일 그녀가 숨진 직후부터 밤낮 없이 독경을 이어간 불교 승녀들이, 불교와 유대교 의식이 혼합된 장례식에서 서양과 중국 악기를 연주하는 음악인들 앞에서 의식을 이끌었다. 일부의 추산으로는 이날 아이리 정원에 모인 인원이 2만 명에 달했다. 이는 이날 쑨원을 기리기 위해 장완에 모였던 인원과는 비교도 안되며 경마장에 모인 인원에 버금가는 규모다. 많은 조문객은 자동차를 타고 도착했고, 경찰이 예의주시하는 가운데 정원에 입장하려는 차량 행렬이 버블링웰 거리까지 이어졌다. 조문객들은 입장하면 우선 망자의 사진이 인쇄된 배지를 받고 푸른색과 하얀색 천으로 장식된 통로를 거쳐 장례식장으로 안내됐다.

행사 규모가 워낙 커서 장례식장까지 걸어 들어가는 데 10분이나 걸렸다. 장례식 입장에 앞서, 안내 방송이 없을 때는 장송곡이 흘러나오는 스피커를 통해 안내 사항이 전달됐다. 조문객은 장례식장에 입장하면 제단 앞으로 가서 하둔 여사에게 예를 표하는 세 번의 절을 했

리자 하둔의 장례식을 위해 버블링웰 거리에 장례용 아치문을 세우는 데 며칠이나 걸렸다. 1941년 11월 12일 아침 이 아치 문 아래를 지나간 2층 버스들이 친일 선전물과 반일 선전물로 번갈아 도배되는 사태가 벌어졌다.

고, 곧바로 식사가 제공되는 식탁으로 안내됐다. 마련된 식탁만 100개를 넘었다. 조문객들은 5천 명에 달하는 공식 조문객들이 모두 식사를 할 수 있도록 가능하면 빠르게 식사를 끝내 달라는 안내를 받았다.[8]

조문객 규모는 놀랄 게 아니었다. 리자 하둔은 아무튼 세계에서 가장 부유한 여성들에 속했다. 숨질 때 그녀의 개인 소지품에는 수십 개의 진주 목걸이와 팔찌, 수백 개에 달하는 진주에다가 금, 은, 백금에 다이아몬드, 사파이어, 루비, 에메랄드로 꾸민 보석 80개 이상이 있었다.[9] 상하이 안내 책자는 일꾼만 1천 명에 가까운 그녀의 집을 관광 명소로 소개했다. 여기서 일하는 이들 가운데는 1912년 청나라 마지막 황제가 퇴위할 때까지 베이징에서 황제들을 위해 일한 내시도 있다는 소문이 돌기도 했다. 불교 승녀 수십 명도 이 집에 기거했다.

리자 하둔은 사망 이후 몇 주 동안 훨씬 더 유명해졌다. 장례를 준비하면서 몇 번의 의식이 치러지는 와중에 그녀의 유언장을 둘러싼 갈

등이 언론 지면과 법정에서 더욱 뜨거워졌다. 그녀는 1931년에 작성한 유언장에서 자신의 재산 거의 전부를 입양한 자녀들에게 남겼으며, 자신의 절친한 친구인 츠췸미와 그의 가족들이 자신의 집에서 계속 살수 있게 했다. 이 유언장은 공증을 거쳤지만, 리자가 숨진 뒤 집에서두 번째 유언장이 발견됐다. 두 번째 유언장은 첫 번째 유언장을 보관하던 리자의 고문 변호사 사무실에 등록되지 않은 게 분명했다. 1937년에 작성한 이 유언장이 유효한 것으로 인정되면, 첫 번째 유언장은폐기될 판이었다. 그녀 남편의 유언장에 대해서도 바그다드에 사는 친척들과 상하이에 사는 유대인들이 법정 소송을 제기한 바 있는데, 이제 리자 하둔의 유언장도 법정에 나올 것이 명백해 보였다. 워낙 거액의 재산이 걸린 유언장이니 놀라울 것도 없다.[10]

　두 번째 유언장은 자선사업가이자 진보적인 인물이라는 그녀의 면모를 드러내는 내용을 담고 있었다. 그녀의 불교 사찰과 출판물 지원은 많은 상하이 사람들에게 중요했으며, 그녀의 유언장에는 정부 기관과 자선 단체에 자신의 부동산을 넘겨줘 많은 상하이 시민들에게혜택이 돌아가기를 바라는 희망도 담겼다. "공공 조계의 가난한 아이들을 위한 공립학교"를 세우는 데 50만 달러가 배정됐고, 100만 달러를 "공공복지 개선 목적으로" 중국 정부에 기부하는 내용도 담겼다.또 100만 달러를 "공립학교 개선 사업과 일반적인 교육·훈련 제공을위해" 상하이 시의회에 기부하고, 아이리 정원에 비구니들을 위한 시설과 가난한 노인들의 주거 공간을 건설하는 데 100만 달러가 배정됐다. 불교 후원금 50만 달러도 따로 있었다. 또 훨씬 값나가는 부동산—600만 달러어치—을 따로 떼어내 "실업 노동자들을 돕기 위한"공장 설립에 쓰도록 했다. 다만 일반적인 공장 신설 투자와 구별될 만한 구체적인 내용은 담기지 않았다.[11]

리자 하둔이 1937년에 쓴 유언장은 자신의 재산을 입양한 자식들에게 나눠주는 내용과 함께, 수백만 달러 가치의 부동산을 따로 떼어 상하이의 다른 이들에게 주는 내용도 담고 있다. 잉 탕과 공연을 하기도 했고, 아버지가 돌아간 뒤 별난 행동으로 어머니를 괴롭힌 '백만장자 난봉꾼' 조지 하둔에게는 조건부로 유산을 남겼다. 14만 달러(현재 가치로는 200만 달러 이상)를 주되, 조지가 25살(당시 그는 23살이었다)이 될 때까지 신탁에 묶어 두고 리자가 지정한 관리인이 보기에 조지가 "훌륭하고 고결한 삶"을 살 수 있을 것으로 판단하면 그에게 지급하도록 한 것이다. 조건이 충족되지 못하면 그의 유산 상속은 무효가 된다. 하둔은 이렇게 썼다. "내가 위에서 언급한 훌륭한 행동이라는 조건을 둔 것은, 위에 언급한 대로 데이비드 조지가 내 생전에 많은 문제를 일으켰기 때문이다. 그는 돈을 얻으려고 권총으로 나를 위협한 적도 있고, 대중을 속이려고 한 적도 있다… 나는 더 이상 그를 입양한 아들로 인정하지 않는다."[12]

가장 논란을 부른 대목은 하둔이 자신의 집에 들어와 산 츠취미에게 개별적으로는 가장 많은 액수—400만 달러—를 남겼고, 변호사 데이비드 에이브러햄와 함께 그를 유언 집행자로 지정한 점이다. 상하이의 많은 사람은 츠가 병들고 고립된 자신의 후원자를 이용해 먹는다고 의심했다. 츠취미의 경호원 한 명은 몇 주 전 하둔의 부동산 관련 문서를 훔친 혐의로 체포되기도 했다. (그는 기소되지 않고 풀려났다.)[13] 츠취미의 영향력이 적절하든 아니든, 그는 그 영향력을 잘 다뤘다. 하둔은 그에게 재산을 남겼을 뿐 아니라 평생 자신의 집에서 살 권리와 자신과 남편이 묻힌 곳 옆에 묻힐 권리도 줬다.[14]

11월 12일 조문객들이 모여드는 시점에 이 모든 문제가 법원으로 갔다. 유언장은 여러 가지 측면에서 이의 제기에 부닥쳤고, 각각의 이의 제기는 상하이의 복잡함을 잘 보여줬다. 이 드라마의 일부는 예상이 가능했다. 하둔 가문의 자녀들은 1937년 유언장에 따르면 1931년 유언장에 비해 훨씬 적은 액수를 상속받게 되며 이 때문에 자녀들은 1937년 유언장의 효력에 의문을 제기했다. 새로운 유언장에 따르면 상속 자체가 위험해진 조지가 특히 새 유언장에 반발했다. 다른 문제 제기들은 상하이의 특수 상황과 훨씬 더 깊게 관련된 것들이었다. 중국 정부는 리자 하둔이 "중국 공화국의 시민권을 잃은 적이 결코 없다."는 걸 근거로 문제를 제기했다. 리자와 그녀의 자녀들이 모두 중국 시민이며 영국 법원은 관할권이 없다는 것이다.

상하이 시정부도 문제를 제기했지만, 공공 조계 당국의 유언장 집행을 막을 힘이 있다는 징표는 없었다. 개별 시민들도 개입했다. 일부 상하이정착민들은 중국 정부의 주장을 "재산을 약탈하려는 현금에 굶주린 정치인들"의 행동으로 치부했다. 그들은 대신 "하둔 부부의 소유물 전부 그리고 그들의 자녀들이 상속받을 것 전부는 상하이에 진 빚에 해당한다."[15]는 점을 인정해야 한다는 등의 이유로 하둔의 집을 공원화할 것을 요구했다.

상하이 중국어 신문의 한 칼럼니스트는 하둔이 입양한 자녀들의 정당성을 문제 삼으면서 동시에 위의 주장과 비슷한 이유를 들어 하둔 가문 재산의 재분배를 제안했다. 그는 이렇게 썼다. "작고한 하둔 씨는 경비원으로 시작해 상하이에서 재산을 축적했으며 그는 자식이 없었기 때문에 그의 재산은 상하이에 반납되어야 한다."[16] 그는 하둔 가문의 재산을 어떻게 처분할지 결정할 공공 위원회를 구성하자고 주장했다. 두 개의 유언장 가운데 어느 쪽이 유효한지 결정할 소송은 장례식 이틀 뒤인 11월 14일 시작될 예정이었다.

법정 분쟁 와중에도 리자 하둔 장례 절차는 12일 오후 1시 20분에 시작되어, 석공들이 며칠 동안 밤낮 없이 준비한 웅장한 묘 앞에서 마무리됐다. 장례식 동안 3개의 악단이 서양과 중국의 장례 음악을 섞어 연주했고, 32명의 운구자들이 붉은색 비단으로 장식된 화려한 관을 옮겼다. 운구자들이 많았음에도 관이 너무 무거워 중간 중간 쉬어야 할 정도였다.

구경꾼들이 운구 행렬 주변에 줄지어 지켜봤다. 하둔의 많은 입양 아들이 각각 한 명씩의 시종을 거느리고 무장 경찰의 호위를 받으며 등불로 장식된 추모문을 통과해 정원을 가로지르는 행렬을 이끄는 동안 60명의 사진사가 신문과 뉴스영화를 위해 현장을 기록했다. 행렬이 마침내 무덤에 도착해 주황색 법의를 입은 승녀들이 시신을 남북 방향으로 정확하게 놓았는지 확인함으로써 식을 마무리 하는 동안 운구자들이 밧줄을 이용해 관을 무덤에 내려놨다. 장례 의식이 막바지에 이르면서, 쑤저우에서 채취한 화강암을 깎아 만든 석판이 무덤 위에 얹혔고 무덤 옆에는 금과 은으로 만든 공물이 놓였다. 의식, 운구행렬, 공물 받치기, 음식 대접, 매장까지 모두 끝났을 때는 조문객들이 이날의 최대 경마 경기를 보기 위해 경마장으로 갈 시간 여유가 충분하지 못했을 것이다.

18장

◇◇◇◇◇◇◇

우드나다타 컵,
신장 스테이크와 기수 컵

오후 2시, 경마 클럽

다유 둥이 챔피언 결정전을 놓치는 일은 절대 없었다. 이 건축가는 프랑스 조계에 있는 자기 집에 설치한 마구간에 말들을 보관했다.[1] 번드 바로 뒤쪽이자 쑤저우강 너머로 일본인 거주지가 보이는 뮤지엄 거리에 있는 그의 회사는 공공 조계의 대다수 사업체들처럼 이날 문을 닫았다. 프랑스 조계에서 경마장까지 차를 몰고 가는 것은 평소보다 더 어려웠을 것이다. 경마꾼 무리가 버블링웰 거리와 모호크 거리 교차 지점에 있는 석상 주변에 공물을 바치려고 몰려 있었다. 습관적인 행동인지, 공물을 바치면 경마장에서 행운을 얻을 수 있다고 진정으로 믿어서 하는 행동인지는 몰라도 말이다. 차보다는 말에 관심이 더 쏠렸고, 행운을 좇는 이들은 종종 도로까지 점령해서 경마장 주변 교통을 마비시켰다. (이런 문제점 때문에 석상이 철거되는데, 실제 철거는 1948년에야 이뤄졌다.) 날씨가 좋은 날은 아니었다. 시간당 20마일(36㎞: 옮긴이)로 부는

왼쪽: "경마 안내 책자 연구: 중국인 경마꾼들". 1939년 상하이 경마 클럽.
오른쪽: "중국인 경마꾼이 우승자를 고르는 데 초자연적 도움을 얻으려고 하는 순간: 마구간 바로 옆에서… 진홍색 촛불과 향료를 피우고 있다." 1939년 상하이 경마 클럽.

바람 탓에 축축한 11월의 오후가 온도계에 표시된 화씨 55도(섭씨 약 13도: 옮긴이)보다 더 춥게 느껴졌다. 그러나 경마장까지 어떻게 왔든, 그리고 날씨가 어떻든 상관없이 상하이 경마 클럽은 꼭 와야 할 장소였다.

다유 둥은 장완에 새로운 중국인의 도시를 건설하기 위해 상하이에 왔다. 그런데 그가 만든 건물은 1932년 전쟁 때는 파괴를 가까스로 면했지만 1937년에는 준공을 거의 눈앞에 두고 폭격으로 불타 버렸다. 이제 그곳은 일본군과 일본군에 협력하는 정치인들이 차지했다. 새로운 상하이는 위험에 처했지만, 오늘은 옛 상하이에서 흥청거릴 날이다. 할 수만 있다면 말이다. 그는 상하이 경마 클럽 회원이 될 수 없었지만, 자신을 점심 식사에 초대할 미국인 친구와 영국인 친구가 많았다. 상하이 경마 클럽의 점심은 상하이정착민들이 자부심을 느끼는 것이다. 신선한 음식들을 기대할 수 있었다. 유제품, 채소와 과일, 닭고기, 소고기, 돼지고기를 주변 농촌에서 모두 구할 수 있었다. 일본이 공공 조계 주변을 포위한 이후에는 물량이 줄고 가격이 오르긴 했다. 그럼에도 1941년 최고의 점심 식사는 요리가 10가지나 제공됐다. 경마 클럽의 회원 지정제 식사실에서는 로스트비프, 생선, 과일과 호두 등을 마요네즈로 버무린 월도프 샐러드, 그레이프프루트, 맑은 콩소메 수프, 심지어 거북 수프까지 나왔다.[2] 다른 이들은 비록 쌀쌀한 오후였지만 야외에서 바비큐를 즐겼다.[3]

물론 경마 관중 대부분은 거북 수프나 로스트비프를 즐기지 못했다. 흔히 상하이의 중국인들 구미에 가장 맞는 음식이라고 말하는 것들은 이런 것들이었다. "단 맛과 신 맛, 짭짤한 맛이 섞인 것들. 간장, 식초, 설탕 약간과 소흥주 술을 약간 넣은… 샤오룽바오 곧 투명한 껍질에 쌓여 있고 입 안에서 육즙이 터지는 돼지고기 만두. 그리고 빵과 비슷한 껍질에 소고기를 넣어 노릇노릇하고 바삭하게 구운 만두인 성젠바오." 온갖 질감과 모양으로 만든 다양한 굳기의 수백 가지 두부는 굳이 말할 것도 없다.[4]

많은 대도시처럼 상하이에서도 거리 음식 전통이 생겨났다. 특히 경마장 주변 인구 밀집 지역에서 그랬다. 경마 클럽 주변 거리에서 다양한 음식을 파는 노점상들을 흔히 볼 수 있었다. 상하이식 음식 트럭은 이동식 주방 시설을 대나무 장대에 걸고 다니는 모양새였다. "음식을 끓이고 굽는 석탄 화구, 식재료를 담은 찬장과 서랍, 냄비와 그릇, 요리 도구 등을 어깨에 메고 다니는… 기발한 장치"[5]였다. 이런 상인들이 파는 국수, 만두, 수프는 공공 조계 어디에서나 볼 수 있었다.[6]

고독한 섬 시기에 상하이에서 볼 수 있는 식품들은 중국 대부분의 지역보다 훨씬 다양하고 풍부했으며 공장 노동자나 사무직원, 점원 등도 큰 어려움 없이 즐길 수 있었다.[7] 경마장 주변 식당들은 배고픈 경마장 관중들에게 이주민들의 입맛에 맞는 다양한 음식도 제공했다. 사오싱의 돼지고기 요리, 쓰촨식 마파두부, 광둥의 굴소스 등을 비롯한 여러 지역의 다양한 요리가 있었다. 주머니 사정이 빠듯한 이들을 위해 단 몇 푼에 채소와 두부를 곁들인 쌀밥을 파는 백반 식당—자칭 '프롤레타리아' 식당—들도 상하이 도심에 아주 많았다.[8] 이런 식당들은 서양 영향을 받은 음식 (예컨대 러시아 스튜) 등 훨씬 다양한 음식을 (더 비싼 값에) 파는 이른바 '부르주아' 식당들과 대조를 이뤘다.

시내에서 몇 구역 떨어진 '푸드마켓 거리'에서는 전 세계 웬만한 도시에선 보기 어려운 다양한 음식을 맛볼 수 있었다. '거대 세계 오락 센터' 근처 시장—경마장 건너편에 있었다—은 2천 가지 이상의 음식을 팔았다.[9] 1917년 문을 연 타이핑 다리의 푸드마켓은 경마장 귀퉁이에서 잠깐만 걸으면 닿을 수 있는 곳에 있어서, 챔피언 결정전 날 점심에 식사를 하러 다녀올 시간이 충분했다.

점심 이후 경마 경기가 다시 시작되면서, 챔피언 결정전 날 분위기가 고조됐다. 〈노스차이나 데일리 뉴스〉는 "겨울의 추위가 머뭇거리듯 서서히 찾아온 와중에 인파가 수천 명씩 몰렸다."며 "경마장 울타리 주변, 마구간 옆 방목지 주변으로 인파가 몰렸고, 판돈을 거는 창구 주변에서는 사람들이 서로 밀치며 오갔다."고 전했다.[10]

경마꾼이 판돈을 걸 다음 경기는 오스트레일리아 북부의 작은 마을 이름에서 따온 '커너멀러 핸디캡' 경기였다. 이 경기는 참가 경주말이 많아 3회로 나눠 치러졌다. (매 경주마다 10마리 이상이 참가했다.) 우승 후보들이 다른 말들을 말 길이 2배 이상 차이로 따돌리며 기량을 뽐냈다.

다음 경기도 오스트레일리아에서 가장 덥고 건조하기로 유명한 마을 이름에서 따온 '우드나다타 컵' 경주였다. 이 경기에서는 '앤도버'를 몰고 나온 지미 포트헌트가 '골든 헨'과 함께 출전한 Y. S. 창을 말 길이 2배 이상 차이로 따돌리고 1마일 경주를 승리로 마무리했다. 오후 3시에는 이날 경기 가운데 가장 많은 경주말들—23마리가 참가했다—이 한꺼번에 '신장 스테이크' 경기에 나왔다. 신장은 이슬람교도가 인구의 다수를 차지하는 중국 북서부 지역명이다. 아주 많은 말이 참가한 가운데, 상하이의 주요 마구간들 곧 시레이, 클루니, 헨치먼, 토니 량, 라이트 마구간도 말들을 출전시켰다.

이때쯤 이르자 말몰이꾼 대부분이 탈진 상태에 빠졌다. 1941년과 마찬가지로 오늘날에도 경마 대회에서 기수들은 첫 번째 경기 전에 기수 대기방에 보고를 하고 몸무게를 잰다. 기수들은 경기에 나설 때를 빼면 모든 경기가 끝날 때까지 기수 대기방에 머물러야 한다. 상하이 경마 클럽에서는 규정이 더 느슨했고 특히 자기 말을 직접 모는 이들에게는 더욱 관대했다. 10여 명의 기수가 하루 종일 말을 몰아야 했고 그 중 일부는 5~6번까지 경기에 나섰기 때문에, 상당수의 기수는 경기를 끝내자마자 곧바로 다음 경기에 나서야 할 정도였다. 게다가 서로 다른 마구간 소속 경주말을 몰아야 하면, 말과 같은 색 복장으로 옷도 갈아입어야 했다. '신장 스테이크'에서 1, 2위를 한 기수는 당시 가장 유명했던 G. P. '소니' 그램과 에릭 큐민이었다. 우승자인 그램은 상하이에서 우승을 가장 많이 한 기수들 축에 들었다. (1941년은 그에게 최고의 해가 아니었다. 그 해 19번 우승 했는데, 이는 전체 기수 중 여섯 번째로 많은 것이었다.)

'챔피언 스테이크' 직전 경기는 적어도 1860년대부터 열린 유서 깊은 '기수 컵' 경기였다. 챔피언 스테이크는 앞서 벌어진 대회에서 우승한 말들이 참가했지만, 기수 컵은 반대로 우승 경험이 없는 말들의 경기였다. 이번 경마 철에 상하이와 홍콩에서 아직 우승을 하지 못한 말들에게만 참가 자격이 주어졌다. 초창기에는 기수 컵이 챔피언 대회 참가 자격을 얻을 수 있는 '마지막 기회'인 패자 부활전으로 치러졌다. 하지만 경쟁하는 말들이 늘고 말들의 실력도 좋아진데다가 전체 참가팀의 전문성도 높아지면서, 기수 컵에서 우승한 말이 몇 분 뒤에 치러지는 시즌 최고의 경기에서 당당히 경쟁하기를 상상하는 건 불가능해졌다.

20세기로 접어들면서 기수 컵 대회는 경마장 관중들이 잠시 숨을 돌리면서 이 날의 최대 경기에 판돈을 걸기 전 마지막으로 경주말들을 점검하는 시간으로 활용됐다. 코넬 프랭클린, 로버트 에이트킨헤드, 베라 맥베인, 거시 화이트 그리고 챔피언 대회에 말들을 출전시키는 다른 말 주인들은, 말들이 원형 경주로 주변 또는 안장을 얹는 장소로 갔다가 출발문에 서기 전에 마지막으로 자신들의 말을 점검할 수 있었다. 엘리스 앤드루스를 비롯한 조련사들은 이 순간을 말들이 절뚝거리는 징후가 없는지, 부상을 입지 않았는지 점검하는 때로 활용할 수 있었다. 우승을 못한 말들의 기수들이 경기하는 동안, 찰리 엥카르나상이나 알렉스 스트라이커처럼 그동안 계속 경기를 뛴 기수들은 말들의 기분을 살피고 경주 전략을 가다듬으면서 잠깐 휴식을 취할 수 있었다. 몇 분 뒤에는 그들의 결단력과 기술이 누가 챔피언이 되고 누구는 잊힐지를 결정하겠지만 아직은 그 순간이 오지 않았다. 이제, 그들은 흥분을 가라앉히고 말들을 진정시키며 몇 년 동안 수백 번 겨뤄온 경쟁자들이 어떻게 나올지 예상하려 애를 썼다.

C. S. 마오는 경주로 울타리 옆에 서서 그 해 최대 경주를 즐기며 자신을 여기까지 이끈 여정을 반추했을지 모른다. 몇 십 년 전 그는 가죽공장에서 물건을 훔쳤다는 이유로 해고되어 극빈자로 전락했다. 그는 집도 없어서 상하이 부두 아래 창고에서 잠을 자며 생존을 위해 온갖

잡일을 마다하지 않았다. 그는 이 과정에서 두웨성이 두목인 깡패조직 청방으로 이끌어 줄 이들을 만났고, 그로부터 상당 기간 상하이에서 가장 힘 있는 사람들 중 하나로 살았다. 일본이 침략했을 때에도 그는 말들 때문에 남았고 고독한 섬 시기에도 계속 경마에 참가했다.[11] 그는 모호크 거리에 있는 마구간에 12마리 정도의 말을 두고 있었고, 그해 가을 몇 번 우승했다. 그러나 상하이 경마 클럽 회원들만—다시 말해 중국인을 제외한 채—챔피언 스테이크에 참가할 수 있었다. 최고의 경기에 참가할 말들이 원형 경주로 옆을 지나가는 동안 마오는 다시 한 번 자신을 국외자로 배제하는 식민지의 굴레에 부닥친 것이다.

네이츠 웡, 잉 탕, 다유 등은 말이 없었고 경마에 나서지도 않았지만 돈을 걸 수는 있었다. 돈을 거는 건 경기가 시작되는 순간에 마감되는데, 이 순간은 전쟁과 물가 상승 그리고 1941년 상하이의 일상생활 속 걱정을 모두 떨치는 때였다. 웡은 경찰의 괴롭힘에 시달렸고 고용주에게 내쫓겼다. 탕은 결혼과 브로드웨이 문제 때문에 낙담했다. 둥은 자기 경력의 최대 성과물이 폭격당하고 불타는 걸 지켜봤다. 이들 세 명은, 외국인과 중국인이 서로의 언어를 번역하고 상대의 놀이를 즐기고 서로의 건물을 설계하며 상대가 원하는 존재가 되려면 어떻게 해야 하는지 배울 수 있도록 다리를 놓으면서 상하이에서 10년 또는 그이상 살았다. 전쟁과 함께 이 모든 것이 무너져 내렸다. 그들의 나라는 사라졌다. 감탄하고 모방하던 영국 또한 사라질 위기 앞에 놓였다. 미국이 기회를 제공할 수도 있었지만, 기회를 약속할 수는 없어 보였다.

물론, 말이 있었다. 작은 조랑말들이 장비를 갖추고 1.25마일을 최대한 빨리 달리도록 조련을 받았다. '하인드헤드'는 1869년 이후 챔피언 결정전을 3연패하는 여섯 번째 말이 될 기회를 눈앞에 뒀다는 걸 몰랐다. '클루니하우스'는 두 번이나 우승자로 복귀할 후보로 꼽혔지만 번번이 약간 못 미치면서 수천 명의 응원단을 실망시켰다는 걸 깨닫지 못했다. '팬텀'은 자신의 주인이 가슴 아픈 심정을 극복하도록 도울 수 있었고, '화이트 나이트'와 '매직 서클'은 과거 챔피언의 영광을 되찾을 기회를 앞두고 있었다. 이 동물들은 앞에 놓인 기회를 몰랐다. 물론, 말안장과 기수와 2만 명 관중의 희망이 그들의 넓은 가슴과 짧은 다리 위에 얹히는 순간의 긴장감은 분명 느꼈겠지만 말이다.

기수 컵 경기는 부차적인 경기였지만 최고 마구간 곧 아서 헨치먼과 에릭 몰레르의 마구간 소속 말들이 참가했다. 헨치먼은 '애슈리지'를 내보냈고 몰레르의 '프로스티라이트'는 갈색과 황금색으로 치장한 채 출전했다. 영원히 우승하지 못하는 말들끼리의 경기에서, 두 말은 나란히 출발문을 나섰으나 선두에 있지는 않았다. '아이디얼 킹'이라는 말이 처음에 선두로 나섰고, 조금 뒤에 '보버'에게 자리를 넘겼다. '보버'는 경기 도중 얼굴을 가격당한 뒤 자신의 기수를 내리꽂았다고 널리 알려진 말이다. 말들이 마지막 직선 구간에 도달했을 때는 '애슈리지'와 '프로스티라이트'의 경합이 벌어졌다. 두 마리 말은 중앙 관중석을 통과할 때까지 치열하게 선두 다툼을 벌였고 막판에 '애슈리지'가 말 길이 절반 차이로 승리를 따냈다. '보버'는 선두와 말 길이 3배 차이 격차로 3위를 했다.

헨치먼은 이날 두 번째 승리를 거머쥐었다.

이제 세 번째가 관건이었다.

19장

뉴욕을 덮친 살인

오후 3시, 프랑스 조계

조문객들이 아이리 가든에서 흩어질 때 연주된 장송곡 소리가 들릴 만큼 가까운 거리에 소수의 사람이 모여들고 있었다. 장소는 프랑스 조계—영국인이 '프랑스 타운'이라고 부르던 곳—의 경계 끝에 있는 캐세이 극장이었다. 이 극장이 상하이의 첫 번째 영화관은 아니다. 하지만 1932년 새해 첫날 문을 열었을 때는 가장 큰 영화관이었으며, 당시 전 세계 극장이 선호하던 절충적 양식으로 꾸며진 곳이다. 정문은 아르데코 양식의 기하학 배열로 꾸며졌고, 로비는 이오니아식 기둥과 지중해식 회랑, 밀로의 비너스 모조품으로 장식됐다. 대리석 계단을 오르면 아치와 더 많은 기둥으로 둘러싸인 1700석의 극장에 들어서게 된다.

불이 꺼지고 스크린 위로 물가에 세워진 콘크리트 탑들이 나타나자, 금관악기와 목관악기가 내는 음악 소리와 함께 중국 음악을 흉내 내는 반음계의 화음이 서서히 울려 퍼졌다. 화물과 승객을 실은 배들이 부두에서 정박을 기다리는 가운데 초점은 혼잡한 도로와 도로변 인도로 옮겨갔다. 이 장면을 상하이로 착각할 만도 했지만, 상하이 모습은 아니었다. 장소는 찰리 챈의 최신 영화 〈뉴욕을 덮친 살인〉의 무대인 미국 뉴욕 맨해튼이었다. 이 영화는 챔피언 결정전 날 상하이에서 개봉돼, 오후 3시, 5시 30분, 9시 15분에 세 번 상영됐다.

상하이와 극장은 20세기 초에 나란히 세계적인 현상이 됐다. 1930년대에는 상하이 전체에 극장이 40곳을 넘었으며 서양 영화—주로 할리우드 영화—와 중국 영화를 상영했다. 영화 산업은 예상을 뒤엎으며 고독한 섬 시기에도 번창했다. 캐세이 극장은 난킹 극장, 록시 극장, 그랜드 극장, 머제스틱 극장 등 10여 개 극장과 함께 공공 조계에서 할리우드 영화를 처음 상영하는 개봉관에 속했다. 공공 조계와 프랑스 조계의 주요 도로에 자리 잡은 개봉관들은 관람석이 1100~2000석 수준이었고, 고독한 섬 시기에도 주기적으로 매진 사태를 기록했다.[1]

1941년 기준으로 모든 외국 영화 개봉관은 '아시아 시어터 주식회사' 한 곳이 소유하고 있었다. 이 회사는 미국 델라웨어에 등록된 회사이고 코넬 프랭클린도 이사로 참여했지만, 관리자 대부분은 중국인이었다. 아시아 시어터의 영화관들은 상하이 전문직들을 주 고객으로 하는 관람료 비싼 곳들이었다. 최신 음향 시설과 영사 시설을 갖췄고 플러시천(벨벳과 비슷하되 보풀이 더 길고 부드러운 비단 또는 무명 : 옮긴이) 카펫이 깔렸으며 에어컨도 설치됐다. 게다가 좌석에 꽂아 쓸 수 있는 헤드폰을 (때로는 추가 비용을 받고) 제공해 중국어 더빙 서비스를 하는 보조 음향 시스템도 시도했다. 이는 관객 중에 중국인도 꽤 섞여 있었음을 분명히 보여준다.[2] 상하이 스튜디오에서 제작한 최신 중국 영화를 상영하는 개봉관들도 있었다. 이런 영화관으로는 1933년 난킹 거리 근처에 문을 연 또 다른 아르테코풍 명품 건물인 진청(황금궁전) 극장, 중국 최초의 유성 영화를 1931년 개봉한 신광 극장 등이 꼽는다.

공공 조계의 나머지 영화관 대부분은 별로 인상적이지 않은 재개봉 관들이었다. 이런 극장들은 개봉관에서 1~2주 동안 상영한 영화를 더 싼 관람료를 받고 재상영했는데, 고급 영화관의 '우아한 아르데코' 양식을 떠올리는 건물을 뽐냈다. 재개봉관에서 상영이 끝난 영화를 단 몇 푼을 받고 상영하는 3~4번째 상영 극장은 훨씬 더 많았다. 덕분에 국적이나 계급과 상관없이 공공 조계 사람들 대부분은 똑같은 영화를 볼 수 있었다. 관람 환경이 전혀 다르고 같은 영화를 동시에 볼 수 있는 건 아니었지만 말이다.[3]

영화관들의 편안함과 세련된 스타일은, 오즈의 판타지물이나 로럴과 하디의 코미디물, 할리우드 화려함의 정상에 있는 은막 스타들 출연작 등을 통해 주변을 둘러싼 불확실함을 몇 시간 잊게 해주기에는 경마장보다 더 나았다. 모두가 영화팬은 아니었고, 상영되는 영화가 모두 미국 영화도 아니었다. 충칭 망명 정부와 함께 있던 민족주의 영화 평론가는 상하이를 돈에만 관심 있는 "악당들의 외로운 섬"으로 조롱하고 상하이의 영화는 "우리의 투쟁 의지를 약화시켜 적들을 이롭게 한다"고 비판했다.[4] 이와 달리, 영화가 "고독한 섬의 주민들에게 정신적 영양분을 제공하는 최대의 원천"[5]이라고 주장한 이들도 있었다.

1939년에 제작돼 큰 성공을 거둔 중국 영화 〈무란, 군대에 가다〉는 극장이 전쟁을 외면하는 장소일 뿐이라는 주장에 반박하는 작품이다. 상하이에 남아 있던 유일한 영화사(화청 스튜디오: 옮긴이)가 촬영·제작한 이 영화는 익히 알려진 전설적 영웅(남북조 시대 여성 영웅인 화목란: 옮긴이) 이야기에 민족주의 메시지를 담아, 상하이의 현재 상황에 대한 논의를 확장하는 구실을 했다. 이 영화는 아스토 극장에서 개봉해 몇 주 동안 표가 매진될 만큼 인기리에 상영됐다.

시드니 톨러(가운데)가 찰리 챈 역을 맡아 출연한 〈뉴욕을 덮친 살인〉의 한 장면. 이 영화는 1941년 경마 챔피언 결정전 날 상하이에서 개봉했다.

언제나 그렇듯, 휴일인 챔피언 대회 날에 영화를 보고 싶어 한 중국어 사용 관객들에게는 다양한 선택지가 있었다. 진청 극장에서는 스타 감독인 공자능이 만든 사랑·귀신 영화 〈칠흑 같은 밤의 외로운 영혼〉(헤이예 구훈)이 상영되고 있었다.[6] 리핑첸의 비극영화인 〈출구〉(성루)는 번드에서 멀지 않은 곳에 있는 후광 극장이 상영하고 있었다. 경마장에 더 가까운 곳에 새로 문을 연 유나이티드(궈롄) 극장에는 미신을 깨고 자유를 찾는 젊은 여성에 관한 영화 〈호랑이 굴에서〉(룽탄 후쉐)가 상영됐다. 여기서 몇 구역 떨어진 곳에 있는 신광 극장에는 강제 중매결혼을 거부하는 진정한 사랑 이야기인 웨펑의 〈작은 아가씨〉(샤오푸런)가 걸렸다.[7]

할리우드 영화를 보려는 상하이정착민들은 더 많은 선택지가 있었다. 버블링웰 거리의 경마 클럽 건너편에 입구가 있는 그랜드 극장에서는 에드워드 G. 로빈슨과 이다 루피노의 〈울프 선장〉이 상영 중이 었다. 경마장 경주로에서 가까운 난킹 극장에서는 〈나는 날개가 필요 했다〉에서 베로니카 레이크의 '황금빛 폭격기'가 레이 밀런드와 윌리 엄 홀든을 지상으로 착륙시키는 장면을 즐길 수 있었다. 비비언 리가 로런스 올리비에와 함께 출연한 영화 〈해밀턴 부인〉은 머제스틱 극장 에서 상영 중이었다. 올리비에의 또 다른 출연작인 〈오만과 편견〉은 재개봉관인 골든 게이트 극장에서 연장 상영 중이었다. 이 때문에 조 니 와이즈뮬러의 타잔 시리즈 최신작 상영이 늦춰지고 있었다. 벅 존 스 출연작은 업타운 극장에서, 지미 스튜어트와 주디 갈런드, 헤디 라 마, 레이나 터너 출연 영화(〈미인 극장〉: 옮긴이)는 록시 극장에서 볼 수 있 었다. 베티 데이비스의 〈작은 여우들〉은 곧 상영될 예정이었다.[8]

상하이정착민들은 상하이를 홍보하는 영화를 특히 좋아했다. 마를 레네 디트리히와 애나 메이 웡이 출연한 〈상하이 특급〉에는 실제 상 하이가 등장하지 않지만, 1932년 흥행 수입 1위였던 이 영화는 전 세 계 극장 간판에 상하이라는 글자가 내걸리게 했다. 그러나 중국 정부 는 이 영화의 중국 내 상영을 금지시켰다. (유니버설 영화사는 나중에 중국 정 치를 다루는 영화를 더 이상 만들지 않는다는 데 동의했다.) 그렇지만, 웡—미국에서 중국인 부모 아래 태어난 여배우—이 1936년 상하이를 방문했을 때 대대적인 환영을 받았으며 그녀가 귀족과 정부 지도자를 방문했다는 소식이 사회면 머리기사로 보도됐다. 그녀가 1938년 영화 〈상하이의 딸〉로 광고의 첫머리를 장식했을 때, 지역 신문들은 실망을 표시했다. 이 영화에서 상하이의 비중이 미미했기 때문이다. 상하이정착민들은 만족할 줄 몰랐다. 그들은 상하이가 언론 매체나 예술 작품에서 희화 되면 반감을 표시했고, 이 거대 도시가 전 세계 거대 도시에 어울리는 대접을 받지 못하면 투덜거렸다.

중국인 관객들은 영화에 등장하는 중국인 이야기 가운데서 전통적인 역할에 도전하는 국민 영웅 이야기에 가장 호응했다. 공자눙의 용맹한 액션 영웅이나 〈호랑이 굴에서〉나 〈작은 아가씨〉 같은 영화에서 전통을 비웃는 여성들이 특히 인기를 끌었다. 모두가 이런 중국인 묘사에 편안해 한 것은 아니다. 상하이정착민들이 이상적이라고 본 영화 속 중국인 인물은—사실 중국인 배우가 연기하지 않은—찰리 챈 형사였다. 챈이라는 인물은 상하이처럼 모호했다. 놀라운 요소를 갖추고 중요성도 크지만 고정관념과 모순으로 가득하며 궁극적으로는 서양의 규칙과 기준에 따라 작동하는 글로벌 브랜드라는 점에서 말이다. 챈이라는 인물은 범죄 사건을 척척 해결해 백인 동료들을 당황시키는, 경찰 내에서 가장 똑똑한 형사다. 이와 동시에 그의 똑똑함은 이차원적이어서, 포춘쿠키식 경구를 읊고 조잡한 문화적 고정관념을 염치없이 악용했다. 그래도 그의 이런 모습은 〈푸만추의 가면〉의 푸만추 박사 같은 사악한 중국인 인물보다는 나았다. (중국 검열관들은 사악한 중국인이 나오는 영화들을 일상적으로 상영 금지시켰다.)

영화에 묘사된 챈은 얼 더 비거스의 원작 소설 속 인물보다는 더 상냥하고 덜 위협적이고 더 상투적인 모습이었다. 어떤 이들은 챈을 서양인들에게 봉사하느라 품위를 포기한 '톰 아저씨'(미국 소설 〈톰 아저씨의 오두막〉의 충직한 흑인 노예: 옮긴이)쯤으로 여겼다. (단순하지만 강력한 예시를 들자면, 찰리 챈은 서양인 동료들을 부를 때 언제나 직책을 붙였지만, 그는 보통 그냥 '찰리'로 불렸다.) 백인 상하이정착민들은 챈의 깔끔한 복장, 세련된 매너, 뛰어난 전문성, 나무랄 데 없는 논리에서 자신들이 바라는, 자신들에게 위협이 되지 않는 '모범적 소수 인종'의 모습을 찾았다. 찰리 챈은 중국인이었지만 농부도, 혁명가도, 깡패도 아니었다. 그가 실존 인물—호놀룰루 경찰청의 창 아파나 형사—을 바탕으로 만들어진 캐릭터라는 점이 호

소력을 더한 듯 했다.[9]

스웨덴 출신 배우 워너 올런드가 첫 번째 챈 역을 맡았다. 그가 연기한 챈은 노란 얼굴로 분장한 영화 배역 가운데 가장 유명한 인물들 축에 든다. (올런드는 주기적으로 자신의 먼 아시아계 조상을 언급했지만, 문서화된 증거 등을 내놓지는 않았다.) 올런드의 노란 얼굴 분장은 찰리 챈에 국한되지 않았다. 그는 사악한 푸만추 박사 역―애나 메이 웡이 그의 상대역을 한번 맡았다―을 맡아 연기했고 〈상하이 특급〉에서는 중국인 악당 역할도 했다. 하지만 상하이정착민들에게는 워너 올런드와 찰리 챈의 경계가 모호했고, 둘 다 영웅으로 대접 받았다.

1936년 공공 조계는 올런드가 〈상하이의 찰리 챈〉 개봉에 맞춰 상하이를 방문할 것이라는 소문에 들썩였다.[10] 챈은 영화 도입부에서 증기선을 타고 황푸강을 거슬러 올라가면서 "고귀한 선조들의 땅과 다시 만나는 것이 가장 긴장된다."고 말하는데, 올런드는 영화 개봉 몇 달 전 상하이에 왔을 때 거의 똑같은 모습을 연출했다. 올런드는 일정이 겹치는 바람에 영화의 상하이 개봉에 맞춰 다시 방문하지 못했지만, 앞서 상하이를 잠깐 방문했을 때 환심을 산 덕분에 실망스러운 점은 모두 용서됐다.

올런드는 자신의 상하이 방문 목적이 "고귀한 선조들의 산소 방문"이라는 민망한 표현을 동원하는 등 상하이 방문 내내 철저히 찰리 챈 역할을 했다. 인종주의자의 자기 풍자이건 아니건, 상하이에 대한 그의 열정만큼은 분명했다. 그는 기자들에게 "나는 상하이 모습을 너무나 보고 싶어서 오늘 아침 5시 30분에 일어났다… 내가 이 도시에서 받은 첫 번째 인상은 아름다움 그 자체였다."라고 말했다. 그는 상하이에 일주일 동안 머물면서 사찰을 방문하고 시장과 식사를 하고 저녁 파티에 초대됐으며 이 도시의 환심을 사려고 애썼다.[11] 그의 영화가 5월에 개봉되자, 예상대로 거품이 잔뜩 낀 반응 일색이었다. 〈차이나 프레스〉는 영화가 그랜드 극장에서 개봉하자 "상하이, 챈의 영화에서 매력적인 위치를 차지하다: 올런드의 최신작은 의도했음직한 것보다 훨씬 더 사실적이다."라고 열광했다.[12]

하지만 챔피언 결정전 날 관객들이 보게 될 인물은 워너 올런드가 아니었다. 찰리 챈 시리즈 영화를 7번 더 찍은 그는 〈상하이의 찰리 챈〉이 개봉된 지 2년 만에 갑자기 숨졌다. 올런드의 개인적 인기와 널리 알려진 그의 상하이 사랑이 챈 역할의 호소력에 불을 질렀지만, 영화 성공에 그가 꼭 필요한 것은 아니었다. 찰리 챈 연재 만화가 〈차이나 프레스〉에 실리기 시작한 덕분에 상하이 관객들은 "사상 최고의 형사"를 계속 접할 수 있었고, 올런드에 이어 시드니 톨러가 맡은 찰리 챈 영화도 계속 관심을 끌었다. 이 시리즈물은 아주 빠른 속도로 만들어졌다. 톨러는 1939년에만 3편의 시리즈를 찍었고 1940년에 4편을 더 찍었다. 〈뉴욕을 덮친 살인〉은 1940년에 찍은 시리즈의 마지막 작품인데, 1941년 11월까지 상하이에서 개봉되지 못했다.

〈뉴욕을 덮친 살인〉 개봉은 20편 이상 만들어진 인기 시리즈물의 최신작 개봉 이상의 의미를 띤, 대중문화 이벤트였다. 비판적인 영화평이 뒤섞여 나왔지만, 이는 이 영화의 요점이 아니었다. 〈노스차이나 데일리 뉴스〉는 "시리즈물 가운데 최고 작품 중 하나이며, 치솟는 물가와 기타 걱정에서 잠깐 벗어날 수 있는 아주 즐거운 저녁 한 때의 탈출구"라고 평했다. 〈차이나 프레스〉는 "이 작품이 뛰어난 영화라고 말할 수는 없지만, 찰리 챈의 팬들은 실망하지 않을 것이다."라는 쌀쌀한 반응을 보였다.[13]

20장

세계 끝에서 벌인 파티

오후 4시, 경마 클럽

경마장에 기대감과 함께 땅거미가 지기 시작했다. 경마 시작 시간이 되자, 추위가 밀려오면서 관중석이 코트와 모자로 장식됐다. 회원 전용석에서는 술이 추위를 몰아내는 데 도움을 줬다. 샴페인 마개가 점심 식사 때부터, 어쩌면 더 일찍부터 터지면서 술이 넘쳐흘렀다. 오늘처럼 추운 날에는 클럽에서 브랜디가 동이 나는 걸로 알려졌다. 이를 보면 회원들의 상태가 어땠는지는 의심의 여지가 없었다. "전용 좌석과 일반 관람석은 군중으로 들끓었다. 판돈을 걸 시간이 가까워지자, 그들은 말 대기소 주변으로 몰려 들었고, 마권 구입 창구로 가기 위해 뒤얽힌 실타래 모양으로 서로를 밀쳐댔으며, 마지막에는 무질서하게 무리 지어 관람석으로 몰려갔다."[1]

이 순간을 잡은 사진들은 챔피언 결정전 날의 광경을 예시해준다. 〈노스차이나 데일리 뉴스〉의 첫 면에는 "상하이, 챔피언 날을 위해 짬을 내다"라는 설명이 붙은 관람석 사진이 실렸다. 사진은 높이 치솟은 클럽하우스를 배경으로 만원을 이룬 관람석을 포착했다. 관람객들은

이 포스터는 1930년대 상하이에서 인기를 끌었는데, 달력의 일부로 추정된다. 배경에는 외국인 조직인 기독교청년회 건물과 (탑이 있는) '중국 연합 아파트' 건물, 경마장 경주로에서 (반대로!) 달리는 말들이 보인다.

1928년 상하이 경마장.

말들을 보기 위해 목을 길게 뺐고, 그 앞에는 터번을 쓴 시크교도 경비원이 경주로에 관심을 집중하고 서 있었다. 그 뒤로 30여 명의 얼굴을 식별할 수 있었다. 사진에 등장한 인물 가운데 4~5명을 빼면 모두 중국인이었고 일부 여성들도 있었는데, 그들 모두는 경주로에서 벌어지는 일에 시선을 고정하고 있었다.

　날씨는 전통적인 패션 행렬의 분위기를 조금 가라앉히는 작용도 했다. 완전히 막지는 못했지만 말이다. "애스콧 경마장과 비슷한 분위기라고는 없었다… 레이스 달린 화려한 옷 위로 멋을 낸 넓은 챙의 모자도 없었다. 살을 에는 바람이 모두 몰아냈다."고 〈노스차이나 데일리 뉴스〉가 개탄했다.[2] 몇몇 사람들에게는 경마만큼이나 큰 주목거리였던 패션 행렬은 그래도 여전히 "매혹을 발산하는 큰 행사에 변화무쌍한 배경"이 되어 줬다. 날씨가 변하면서 볼거리가 평소보다 줄었지만 말이다. 〈노스차이나 헤럴드〉의 사회부 기자 앤 스털링은 "클래식 경기를 위해 새로 갖춘 세련된 옷으로 치장해놓고서도 되도록이면 크고 따뜻한 코트를 곁에 두르는 건 어떤 재미일까?"[3]라고 썼다.

용감한—또는 어쩌면 날씨가 전날과 달라진 것을 미처 깨닫지 못했을 뿐인—일부 관중은 계절에 맞춘 가장 좋은 옷을 입고 오전 경기를 관람했지만, 오후에 들어서는 모두 코트와 모피 속으로 몸을 움츠렸다. 여우와 스라소니 모피가 가장 인기 있었지만 수달, 비버, 원숭이 모피도 등장했다. 말 소유자 전용 관람석에서는, 계절에 맞춘 패션이 관심을 끌었다. 메리 헨치먼은 진한 감색 정장을 입고 어깨를 난초 가지로 장식한 채 '하인드헤드'를 경기장으로 내보냈다. 댈러스 프랭클린은 날씨에 맞춰 회색 드레스를 차려 입었다. 파파라치의 시선을 끈 것은 그녀의 검정색 모자였지만 말이다. 대부분의 말 소유자와 그들의 부인들은 검정 계열 옷을 입었다. 하지만 여기에 몇몇 색깔—옅은 황록색, 녹색, 붉은색, 진보라—을 더해 대조를 꾀했다.[4] 남성들은 거의 회색 양복, 회색 모자, 회색 코드 등 회색 일색이었지만 예외가 없지 않았다. 미국 해군 두 명은 "담청색 모자, 파란 코트와 양복, 남색 스웨터로 강건한 청색의 조화"[5]를 이루고 나타났다.

모두가 옅은 색조에 굴복하지도 않았다. 챔피언 결정전에 말을 출전시킨 유일한 여성인 베라 맥베인은 붉은색 펠트천 옷 위에 녹색과 붉은색을 섞은 양모 망토와 녹색 깃털로 챙을 두른 붉은색 모자로 포인트를 주고 붉은 신발을 신은 채 자신의 말 '매직 서클'을 다독여 줬다. 그리스 비단 상인의 딸, 베티 야눌라테는 녹색과 노란색의 터번을 썼다. (뉴딜 관련 입법을 감독한 기구인) 미국 워싱턴의 국가비상회의에서 일한 경력이 있는 미국 총영사 개인 비서인 켄터키 출신의 라이다 메이 프랜시스는 쓰리피스 겨자색 정장에 붉은 여우 머프(여성용 원형 토시: 옮긴이)를 하고 나왔다. 미군 장교의 딸인 루이즈 캐리어는 스탠퍼드대학 입학을 위해 미국 캘리포니아로 떠나기 일주일을 앞두고 경마 구경을 나오면서 녹색 체크무늬 정장을 차려 입었다.[6]

"유명한 동양의 고요가 생동감 넘치는 관심에 자리를 내어 주다: 사랑스런 중국 여성 두 명이 자신들의 말이 승리할지 지켜보고 있다." 1939년 상하이 경마 클럽.

잉 탕은 갑작스런 한파가 실망스러웠겠으나 극복하지 못할 정도는 아니었다. 그녀가 운영하는 부티크 바로 옆에 있는 경마장은 에릭 큐민이 설계한 데니스 아파트에 있는 그녀의 집에서 아주 가까웠다. 그녀는 챔피언 결정전 때는 으레 그렇듯 동양과 서양을 환기시키는 밝은 색과 문양의 옷을 입었을 것이다. 그녀는 말 소유자 전용석 초청장 덕분에 바람도 피했을 것이다.

잘 차려 입었건 그저 따뜻하게 입고 나왔건, 경마꾼들은 말들이 출발문으로 향하기 전 마지막으로 말들을 점검하기 위해 경주마 대기소를 둘러볼 수 있었다. 모든 출전 말은 우승자들이고, 대부분은 관심이 집중되는 클래식 경기 우승자였다. 상하이에서 이렇게 막강한 출전 말 명단을 보는 건 드문 일이다. 미켈 해저드가 '팬텀'을 출발문에서부터 선두로 이끌 것으로 모두 기대했고, 그는 높은 평가를 받는 '매직 서클'과 맞붙어 최근에 승리한 전적도 있었다. 그러나 '팬텀'은 오늘 이미 한 번 경기를 뛴 뒤였다. 첫 번째 경기에서는 간발의 차이로 2등을 차지했다. '팬텀'은 피곤해 보였을까? 이 말이 붉은색과 푸른색 비단으로 꾸미고 출발문으로 걸어가는 동안 경마꾼들은 피로의 징후를 살피려고 애썼을 수 있다. 대부분의 사람은 이 말이 초반 페이스를 이끌고 중반쯤 뒤로 처질 것으로 생각했지만, 일부는 낮은 승률에 따른 큰 배당금을 노리고 그에게 모험을 걸어볼 만하다고 느꼈다.

출전 말 명단에 막판 변화가 있었다. 에릭 몰레르의 마구간은 1938년 가을 챔피언 결정전 우승자인 '메리라이트'를 출전시킬 것으로 예상됐다. 그러나 막판에 몰레르는 자신의 아들 크리스에게 '체리라이트'를 몰고 출전하도록 했다. 이 결정은 이해하기 어려운 것이었다. 초콜릿과 황금색으로 치장한 몰레르의 이 말은 언제나 주목을 끌었고 몰레르도 개인적으로 좋아했지만, 이 회색 조랑말은 진짜 기회를 좀처럼 얻지 못했었다. '체리라이트'가 챔피언 결정전 출전 자격을 얻은 것에 많은 이가 놀라움을 표현했고, 약체들과 붙은 덕분에 출전권을 얻었다고 평가했다. 몰레르가 이 말을 막상 챔피언 결정전에 출전시킬 것이라고 생각한 이도 거의 없었다. 마권 업자 다갈은 '체리라이트'를 승률표에 올리지도 않았다.[7]

적은 돈으로 큰 상금을 노리는 노름꾼들은 차라리 검정과 흰색 복장을 한 올레크 파노프가 몰고 온 레슬리 허턴의 수수께끼 같은 '미스터 버빈스'에 주목했을 것이다. 이 말은 봄철의 '국제 레크리에이션 클럽' 챔피언 결정전에서 헨치먼과 에이트킨헤드의 말들을 물리치고 우승함으로써 자신의 능력을 과시했지만, 이번 가을철에는 실망스러운 모습을 보였다. 그럼에도 이 말이 봄철에 보여준 기량을 되찾을 것으로 믿는 노름꾼들에게 이 말의 승률 40 대 1은 구미가 당기는 것이었다.

'미스터 버빈스'를 이어 경주로에 나선 말은 '매직 서클'이었다. 이 말은 멀리서도 쉽게 알아볼 수 있는 베라 맥베인 마구간의 연분홍색 복장으로 꾸미고 나왔다. 맥베인은 인기 있고 성공한 말 소유자였지만, 그녀가 빌리 리들과 함께 챔피언 결정전에서 우승한 지는 벌써 10년 전의 일이었다. 이번에는 기대가 컸다. '매직 서클'은 데이비드 사순이 소유하던 시절에 '스파클링 몬'이라는 이름으로 출전해 챔피언에 오른 바 있으며, 그의 혈통도 명성을 얻었다. 다갈은 '매직 서클'의 승률을 10 대 1로 봤고, 에릭 큐민은 우승 후보들을 꺾을 수 있는 '승률 낮은 말'의 선두주자로 꼽았다. 이 말에 대한 관심은 상당 부분 기수인 소니 그램에 대한 관심이었다. 그램은 기수들의 기수였으며, 그의 열정과 집요함, 의지는 누구에게나 칭찬받았다. 뛰어난 성적은 말할 것도 없었다. 〈차이나 프레스〉는 그램이 1938년 어느 날 하루 동안 4번이나 경기에서 이기자 그를 "상하이 경마의 선물"이라고 묘사했다.[8] 그램은 경마 클럽 역대 우승 횟수로 보면 상위에 드는 인물이었으며 챔피언 결정전은 아니지만 몇몇 클래식 경기에서 우승한 경력도 있다. '매직 서클'이 선두주자들에게 도전장을 내밀 수 있을 걸로 생각한 경마광이 적지 않았다.

거시 화이트의 말 두 마리도 유력한 우승 후보로 꼽혔다. 다갈은 '화이트 퍼레이드'의 승률을 '클루니하우스'와 '하인드헤드'에 이어 3위인 4 대 1로 꼽았다. '화이트 나이트'의 승률은 5 대 1로 '클루니힐'과 같았다. 상하이에서 가장 오래 거주한 가문들 중의 하나라는 위치에 걸맞게, 거시 화이트는 상하이에서 가장 경험이 풍부한 축에 드는

"상하이는 평소처럼 유지된다. 중국인, 일본인, 유럽인이 경마장에서 우호적으로 섞여 있다."
1939년 상하이 경마 클럽

기수 두 명에게 자기 마구간의 회색 소매 옷과 오렌지색 모자를 씌워 출전시켰다. 사순의 말들을 여러 번 우승으로 이끈 피닛 마셜이 '화이트 퍼레이드'의 기수였고, 지미 포트헌트는 '화이트 나이트'를 몰고 나섰다.

출전 말들 모두는 좋은 말들이었지만—모두 우승을 거쳐 챔피언 결정전 자격을 따냈으니—판돈 대부분은 두 마리의 우승 후보인 에이트킨헤드의 '클루니하우스'와 헨치먼의 '하인드헤드'에게 쏠렸다. 판돈 약 3만6천 달러—현재 가치로 약 50만 달러—중 절반 이상이 두 말 중 하나가 우승한다는 데 걸렸다. '클루니하우스'의 우승에 건 돈이 1만 달러 이상이었다. 도박꾼들은 이 말이 두 번째로 챔피언 자리에 오를 거라고 확실하게 선택한 것이다. 화이트와 헨치먼처럼 에이트킨헤드도 두 마리 말을 출전시켰으며, 그의 두 번째 말은 봄철 대회에서 3위를 한 '클루니힐'이었다. 그러나 논평자들은 짙은 파란색과 붉은색으로 꾸민 클루니 마구간의 말이 가장 먼저 결승선을 통과하게 된다면, 그 주인공은 알렉스 스트라이커와 '클루니하우스'일 것이라고 봤다. '클루니힐'이 우승할 거라는 데 건 돈은 1500달러에 불과했다.

흐리고 바람이 심하게 부는 날씨 때문에 패션 퍼레이드가 평소보다 단조로워졌을지 몰라도, 경주로에서는 곧 분홍, 빨강, 파랑, 노랑, 오렌지색, 자주색의 물결이 시속 48㎞의 속도로 질주할 터였다. 10마리의 말들이 출발문으로 들어섰다.

논평자들은 말들이 출발을 기다리면서 마치 그 순간의 심각성을 느낀 듯 '초조한' 모습을 보였다고 전했다. 관람석에 침묵이 내려앉았고, 복권형 마권 당첨자를 알리는 안내 방송만이 이따금 침묵을 깼다.[9] 관중들은—헨치먼과 에이트킨헤드는 회원 전용 관람석에서, 네이츠 윙과 다유 등처럼 회원이 아니면서 손님으로 초청받는 행운을 얻지 못한 이들은 일반 관람석 중에서 경주로가 더 잘 보이는 자리를 잡으려고 애쓰면서—'하인드헤드'와 '클루니하우스' 간 라이벌 대결의 다음번 장을 기대하며 잔뜩 긴장했다.

중국인 트랙 담당자가 출발문 손잡이를 당기기 전 잠깐 모든 것이 정지했다.

종이 울렸다. 출발문이 열렸다.

말들이 뛰어나갔다.

환호하는 2만 명의 관중 앞에서 예상대로 '팬텀'이 선두로 치고 나갔다. 프랭클린의 말이 관습처럼 앞으로 나갈 때 관중들은 파란색과 빨간색으로 치장한 이 말을 확실히 구별할 수 있었다. 그 뒤를 '클루니하우스'가 따랐고, '하인드헤드'는 말 길이 3배 정도 뒤에서 달렸다. 나머지 말들이 대열을 형성하는 동안, '팬텀'은 우승 후보 둘을 제치고 첫 번째 코너를 가장 먼저 돌았다. 말 주인 전용석에 있던 헨치먼과 에이트킨헤드는 경마장을 내려다보는 위치에 설치된 대리석 난간에 기대면서 몸을 앞으로 구부렸다. 짙은 파란색으로 꾸민 '클루니하우스'와 그의 기수 스트라이커가 첫 번째 코너를 접어들면서 '팬텀'과의 격차를 좁혀 갔지만, 프랭클린의 말은 관람석 반대편 직선 구간으로 가장 먼저 접어들면서 여전히 선두를 지켰다. 순위는 출발 때처럼 '팬텀', '클루니하우스', '하인드헤드' 순이었다. 우승 후보들이 2, 3위로 달리면서, 극적인 막판 경쟁이 불가피하게 전개될 듯 보였다. 특히 모두가—아무튼 코넬 프랭클린을 뺀 모두가—'팬텀'이 마지막에 지쳐 기운이 떨어질 것으로 예상했기 때문이다.

쌍안경이나 소형 망원경으로 경기 진행을 추적하는 관중들은 예상대로 상황이 전개되는 걸 볼 수 있었다. 2분의 1마일 지점을 통과하면서 '팬텀'의 속도가 떨어지기 시작했고, '클루니하우스'는 지쳐가는 선두를 추격했다. 프랭클린으로는 실망스러운 사태였다. '팬텀'은 이번 가을철 경주 대열에 뒤늦게 합류했지만, 지난달에 세운 기록은 그렇게 탐내던 챔피언을 마침내 쟁취할 수 있다는 희망을 프랭클린에게 안겨줬다. 하지만 그 기회가 이제 서서히 멀어지는 것 같았다.

'클루니하우스'가 선두로 나섰다.

이제 경주는 2분의 1마일이 남은 가운데 말들이 '홀어미 기념문' 앞에 도달했다. 이 중국식 패루는 경마 클럽이 세워지기 훨씬 전부터 경마장 안쪽에 있었다. 경마클럽 회원들은 이 기념문이 정절을 지킨 어떤 홀어미를 위해 세워졌으며 이제는 그녀의 이름도 잊혔다고 흔히 말했지만, 그 여성의 이름은 자오이며 청나라 상인 쉬위안라이의 부인이다. 기념문은 상하이에서 경마가 시작되기 전이자 외국인들에게 개방되기도 전인 1789년 세워졌다.[10] 쉬 가문은 상하이가 확장되는 동안 많은 다른 기념물과 달리 이 문이 철거되는 걸 막았으나 차츰 황

폐해지는 건 피할 수 없었는데, 그 해 봄 에릭 몰레르의 후원으로 수선이 이뤄졌다.[11]

새로 보수가 됐건 아니건 '홀어미 기념문'은 경마 경험이 풍부한 관중들에게는 중요한 표지다. 그들은 말들이 이 기념문에 도달하기 전에 어떤 일이 벌어졌는지는 무시해도 되며, 이 지점 뒤에서 승부가 결정된다는 걸 익히 안다. 이 점을 염두에 둘 때, 지난 두 번의 챔피언 결정전에서 뒤처졌다가 역전한 '하인드헤드'가 이번에도 움직이기 시작할 걸로 많은 이들이 예상한 지점도 바로 이 지점이다. 지난 두 번의 챔피언 결정전 때처럼 이번에도 '하인드헤드'를 몬 기수 찰리 엥카르나상은 어떤 말에게서도 최고의 능력을 뽑아낼 수 있는 인물이었고, 이제 두 번 연속 챔피언 자리를 지킨 타이틀 방어자 '하인드헤드'를 재촉했다.

'하인드헤드'는 반응하지 않았다.

노란색과 자주색으로 치장한 헨치먼의 말이 선두를 위한 도전에 나서는 모습을 기대한 이들은 기대와 달리 뒤로 밀리는 모습을 보게 됐다. 전반부 페이스 때문에 지친 '하인드헤드'와 '팬텀'은 다른 말들이 자신들을 따라잡고 곧 앞서가는 걸 지켜만 봤다.

결승선까지 3펄롱(펄롱은 201m: 옮긴이)이 남은 상황에서 새로운 선두권이 형성됐다. 거시 화이트의 말들인 '화이트 퍼레이드'와 '화이트 나이트'가 선두권을 따라붙었고, 베라 맥베인의 '매직 서클'도 선두에 합류했다. 땅거미가 내려앉는 가운데 말들이 마지막 코너에 접어들면서, 분홍, 오렌지색, 회색, 청색, 빨강으로 치장한 말들이 근소한 격차를 두고 함께 질주했다. 2만 명의 관중이 목청껏 고함을 질러 댔고, '하인드헤드'에게 희망을 걸었던 다수의 관중은 챔피언에게 좀 더 속도를 내라고 애원했다.

하지만 예민한 경마팬이라면 막판 결승선에서 어떤 일이 벌어질지 이미 말할 수 있는 상황이 됐다. '하인드헤드'와 '팬텀'은 탈진했다. 알렉스 스트라이커가 고삐를 바싹 죄면서 '클루니하우스'가 치고 나가는 걸 억제한 반면, '매직 서클'과 화이트 마구간 소속 말 두 마리는 선두를 향해 밀어붙이는 기수들의 채찍질에 한계까지 내몰리고 있었다. 스트라이커는 마지막 코너를 빠져나온 뒤 자신의 말이 힘껏 달려 나가도록 풀어줬다. 이 우승 후보 말은 결승선 앞 직선 구간을 순조롭게 달리면서 경쟁자들을 따돌렸다. '클루니하우스'는 편안하게 성큼성큼 나가며 큰 차이로 우승을 차지했다. 알렉스 스트라이커는 결승선에서 어깨 너머로 돌아봤고, 말길이 5배 뒤쪽까지 보고서야 2위인 '화이트 퍼레이드'를 발견할 수 있었다. '매직 서클'이 3등으로 경기를 마쳤고, 에이트킨헤드의 두 번째 말 '클루니힐'은 4등이었다. '클루니하우스'가 기록한 2분 37초 24는 평범한 기록이었지만—최근 몇 년 중 가장 느린 기록이었다—기록은 문제가 되지 않았다. 봅 에이트킨헤드가 다시 챔피언이 됐다.

헨치먼으로서는 상황이 완전 판판이었다. 두 번 연속 우승한 타이틀 방어자는 10마리 중 7등으로 떨어졌고, '노스우드'는 꼴찌를 했다.

21장

캐세이 무도장의 총격전

오후 8시, 공공 조계

챔피언은 결정됐지만 경기가 하나 더 남았다. '허난 스테이크'였다. 중국에서 가장 비방을 많이 당하는—오늘날 환경오염, 빈곤, 거친 태도 때문에 조롱을 당하는—곳 가운데 하나인 허난성에서 이름을 가져온 게 명백한 이 경기는 누구도 크게 신경 쓰지 않았다. 승자들은 축하연을 열 채비를 하거나 이미 축하연을 벌이고 있었다. 패자들은 아마도 친구들과 술병을 벗 삼아 상처를 달래고 싶어 했다. 그럼에도 경기는 진행됐고, 출전 말들이 많아 두 번에 나눠 말들이 승부를 겨뤘다. 마지막 경기는 해가 진 뒤에 시작됐고, 알렉스 스트라이커와 찰리 엥카르나상은 다시 안장 위로 올라갔다. 두 기수 모두 승자 명단에는 들지 못했다. 에릭 몰레르는 마지막 경기에서 마침내 우승했다. 그의 아들이 몬 '윈트리라이트'—춥고 바람이 심한 11월 밤에 딱 맞는 이름이다—가 말 길이 절반 차이로 우승을 차지했다.

공공 조계 사람들은 이번 경마 철 경기가 모두 끝나자 도시의 밤 생활로 관심을 돌렸다. 어떤 이들에게는 영화를 보는 것이었고, 〈뉴욕을 덮친 살인〉 상영 시간이 오후 9시 15분이어서 먼저 저녁 식사를 할 여유가 있었다. 밖에서 축하하고 싶은 기분인 사람이 있다면, 아마도 봅에이트킨헤드가 바로 그런 이였을 것이다. 새로 챔피언에 등극한 말의 주인은 보통 성대한 파티를 베풀었고 에이트킨헤드도 마찬가지였겠지만, 1941년 말에는 그의 건강이 좋지 않았다. 건강 상태가 경마를 즐기고 승리를 만끽할 정도는 됐지만 상하이가 제공하는 많은 밤생활을 누릴 만하지는 못했다.

헨치먼과 메리는 경기 패배와 '하인드헤드'가 새 역사를 쓰는 데 실패한 데 충격을 받아, 술잔치를 벌이는 이들을 피하고 싶었을 것이다. 그들은 다가올 겨울 상황을 따지며 버블링웰 거리에 있는 집으로 돌아가면서, 하둔가의 장례식 여파—교통 우회 조처와 일시적으로 설치된 장벽은 며칠이 지나도록 완전히 정리되지 않을 터였다—를 피하고 싶었을 것이다. 이는 헨치먼에게 낯선 영역이었다. 그가 소유한 말들 가운데 적어도 하나는 지난 7번의 챔피언 결정전 중 6번에서 1등 또는 2등을 했다. 그는 상황이 왜 잘못됐고 어떻게 하면 다시 정상에 복귀할지 엘리스 앤드루스, 찰리 엥카르나상과 논의해야 할 터였다.

코넬과 댈러스 프랭클린은 헨치먼이나 에이트킨헤드보다 젊었지만, 그들도 실망스런 성적에 충격을 받긴 마찬가지였다. 그들은 공공조계 외곽에 살았다. (이제는 성이 포크너로 바뀐) 에스텔 올덤과 함께 살 것을 염두에 두고 설계한 미국 남부 양식의 대 저택이 그들의 집이었다. 그들이 사교 모임에 동참하고 싶었다면, 빅터 사순이 상하이를 떠나기 얼마 전인 1937년 개업한 나이트클럽 사이로스가 딱 갈 만한 곳이었다. 사이로스는 아르데코 양식의 전시장이었고 상하이의 최고급 나이트클럽이라고 말들 하는 곳이었다. 많은 상하이 클럽들이 호텔에 딸려 있거나 호텔 최고층에 자리 잡고 있던 것과 달리, 사이로스는 버블링웰 거리의 경마장 바로 서쪽 단독 건물에 있었다. 잉 탕과 그의 남편 H. L. 융도 사이로스로 향했을 가능성이 크다. 그들은 싱가포르에서 결혼한 뒤 상하이로 돌아와, 문을 연 지 얼마 안된 사이로스에서 피로 연을 열어 상하이 복귀를 환영 받은 바 있다. 여기보다 더 서쪽으로 가면, 새벽 4시까지 영업을 하며 이날 밤에는 찰스 앨버트 오케스트라와 미스 타마라가 출연한 볼레로 클럽이 적당한 유흥 장소였을 것이다.

난킹 거리 상업 지구 근처에는 중국인과 외국인 손님들이 재즈 음악에 맞춰 춤을 추는 카바레가 널려 있었다. 여기의 카바레들은 중국인과 외국인 손님의 구미에 모두 맞추도록 스타일이 혼합된 노래 '옛 상하이의 밤 시간'을 작곡한 화이티 스미스 같은 밴드 리더들 때문에 유명해졌다. 난킹 거리 끝자락에서 번드를 내려다보는 빅터 사순의 캐세이 호텔 9층에 있는 타워 클럽도 여전히 쟁쟁한 곳이었다. 두 명의 재즈 가수, 오케스트라, 바이올린 독주자가 이날 밤 타워 클럽의 공연을 이끌었다. 난킹 극장 근처이자 경마장의 세 번째 곡선 구간 바로 뒤에 있는 카사노바 무도장도 새벽 4시까지 영업을 했고, 필리핀인 밴드 리더 글로리아 안디코가 이끄는 오케스트라가 여흥을 제공했다.[1]

스포츠나 도박을 더 즐기려면, 다유 둥의 집 근처인 프랑스 조계에 있는 파르크 데 스포르에서 밤 8시에 시작하는 하이알라이(핸드볼과 비슷한 구기 종목: 옮긴이)가 있었다. 이 곳은 행운을 계속 이어가거나 불운을 바꿔보기에 좋은 장소였다. 개 경주도 프랑스 조계에서 진행됐는데, 오후 5시 30분부터 10번의 경주가 열렸다.

경마장의 두 번째 곡선 구간 바로 뒤쪽이며 난킹 거리와 가까운 위야칭 거리에 있는 캐세이 무도장은 경마꾼들이 노름으로 번 돈을 쓰려고 가거나 무슨 일이 벌어질지 궁금해서 가기 가장 편한 곳이었다. 이날이 수요일이라는 건 신경 쓸 것 없다. 이날 밤 8시 30분에 15명의 중국인이 이 클럽에 들어가 술을 주문했지만[2] 마시지는 않았다. 대신 그들은 다른 손님들을 내보내고 테이블과 의자를 뒤집은 뒤 총을 난사해 쑥대밭을 만들고 떠났다.

이 사건은 상하이 나이트클럽에서 벌어진 일련의 폭력 사태 중 최근 사례였다. 5일 뒤에는 상황이 더욱 심각해져, 사이로스에서 폭탄이 터져 한 명이 숨지고 한 명이 중상을 입었다. 사실, 챔피언 결정전 날에도 공공 조계에서 적어도 3건의 총격전이 벌어졌다. (다른 두 건은 이 날 오후에 벌어진 무장 강도 사건이다.) 앞서 캐세이 무도장에서 벌어진 두 건의 사건에 견줘 볼 때 경찰은 추적할 단서가 약간 있었지만, 증거가 빈약했고 당시 기준으로는 이런 범죄를 깊이 있게 조사할 가치도 별로 없었다. 이런 현실이 1941년 상하이의 일부였다.

대부분의 경마팬들에게 이날 밤은 별로 극적이지 않았다. 챔피언 결정전을 구경한 2만여 명의 관중 대다수는 경마 클럽 주변에 있는 집으로 돌아갔다. 많은 사람은 이날 경마 대회 덕분에 일을 하지 않았지만, 이제 그것도 끝이었다. 네이츠 윙 같은 지식인들도 집으로 돌아갔고, 기분 전환 거리로 삼던 경마 철도 끝났다. 좁은 골목길에 사는 공장 노동자들과 사무직 노동자들은 야식을 찾았겠지만, 대부분은 늦은 밤까지 먹고 마시지 않았을 것이다. 11월 12일은 챔피언 결정전 날이었지만, 11월 13일은 그냥 평범한 목요일이었다. 고독한 섬을 에워싼 불안감은 딱 이때까지만 억제됐고 도시는 다음날 일찍 깨어나 미래가 준비해둔 게 무엇일지 다시 궁금해 할 터였다.

4부

끝

1942~1945

상하이 경마 클럽이
무기한 폐쇄될 것이라고 어제 발표됐다.
- 〈상하이 타임스〉, 1942년 10월 16일.

일본군이 1941년 12월 경마 클럽을 포함한 공공 조계 전체를 점령했다.

22장

마지막 바퀴

오래도록 예상되던 일본의 공공 조계 침략이 챔피언 결정전 날로부터 채 한 달도 지나지 않은 1941년 12월 8일 단행됐다. 해뜨기 전에 일본의 진주만 공격 소식이 번드에 정박하고 있던 영국 해군의 피터럴 호 지휘관 스티븐 폴킹혼에게 전달됐고, 이어 일본 해병대가 들이 닥쳤다. 병력 규모나 화력에서 밀리는 상황에서도 폴킹혼은 항복을 거부하고 일본 지휘관에게 "빌어먹을 내 배에서 떠나라!"고 요구했다. 그 뒤 이어진 포격전으로 피터럴 호는 황푸강 바닥으로 가라앉았다. 옆에 정박했던 미국 해군의 웨이크 전함은 얼마전 한커우에 주둔하던 미 수비대를 철수시키고 곧 필리핀으로 떠날 예정이었다. 하지만 승조원 대부분은 이날 아침 육지에 있었고, 전함은 단 한 발의 포격도 없이 일본에 점령당했다. 또 배에 있던 군인들은 모두 포로로 잡혔다. (웨이크 전함은 2차 세계대전 중 적군에게 빼앗긴 유일한 해군 함정이며 전쟁 기간 중 일본 제국 해군이 다타라 전함으로 이름을 바꿔 사용했다.)

피터럴 호와 웨이크 전함은 당시 상하이에 주둔하던 사실상 유일한 영국군과 미국군 병력이었다. '샤포스'—얼마전 에이트킨헤드와 '클루니하우스'가 우승한 챔피언 결정전을 후원한 영국의 상하이 수비대—소속 군인 대부분은 이미 철수한 뒤였다. 상하이의 미 해병대도 비가 내리던 11월 28일 군 수송선을 타고 떠났다. 일본군 탱크와 트럭은 저항에 부닥치지 않은 채 홍커우에서 가든 다리를 넘어 번드로 들어왔고, 여기서 일부는 난킹 거리를 통해 서쪽 경마 클럽으로 향했다. 경마 클럽은 하와이와 상하이뿐 아니라 싱가포르, 홍콩, 마닐라와 기타 연합국 영토를 포함한 태평양 연안에서 일본이 공격 목표로 삼던 영-미 권력을 상징하는 장소였다.[1]

이 침공으로 상하이 상황이 곧바로 정리되지는 않았다. 공공 조계는 1937년 이후 지속되던 불확실한 상태를 당분간 유지했다. 여전히 외세가 관리하지만 그 외세가 영국이나 미국이 아니라 일본으로 바뀐 것이다. 다만 상하이 시의회와 경찰이 공공 조계의 질서를 여전히 유지함으로써, 어떤 이들에게는 수치심을 그리고 많은 이들에게는 혼란을 유발했다.[2] 공공 조계에 사는 많은 이들의 일상생활은 적어도 초기에는 거의 변화가 없었다.

연합국들의 자치는 단계적으로 폐지됐다. 12월 8일 이후 얼마 동안은 폭력이 발생하거나 누군가 체포되는 일도 별로 없었다. 당시 상황을 뒤늦게 보도한 〈상하이 이브닝 포스트 앤드 머큐리〉에 따르면, 일본인들은 "미국인들과 영국인들에게 이 도시의 '국제적인' 성격이 계속 유지될 것이 약속했고, 오직 '평화와 질서 유지를 바라는' 일본인들을 주민들이 두려워할 것도 없다고 말했다."[3] 시간이 지나면서 일본의 지배력이 조금씩 파고들었다. 더 큰 규모의 체포—공공 조계와 프랑스 조계에서 종일토록 진행된 기습 검거—가 12월 20일 시작됐지만, 이때도 공공 조계에 대한 일본의 대응은 오락가락했다.[4] 영국과 미국 영사관 직원들은 초기에 자신들의 집에 묶여 있었다. 그 달 하순에는 공공 조계 내 일본군 본부로 바뀐 캐세이 호텔에 구금됐다. 상하이정착민 대부분에게 상황이 극적으로 달라지기까지는 거의 한 해가 걸렸다.

아서 헨치먼은 구금되지 않았다. 그는 많은 일본인들과 사이가 좋았고, 그에게 한 때 일본 정부의 금융 관련 자문역을 제안했던 요코하마 쇼킨은행 관리자들과 친하게 지냈다. 일본의 침공으로 헨치먼의 은행 일은 중단됐지만, 그는 점령이 시작된 이후에도 자유롭게 지냈다. 다만 그의 동포들과 마찬가지로 적국 국적자임을 표시하는 완장을 차야 했다.[5] 코넬 프랭클린과 봅 에이트킨헤드를 포함한 상하이 경마 클럽의 주요 말 소유자들도 모두 당분간은 자유로웠다.

일본인들은 상하이 시의회와 시 경찰을 그대로 둔 채 공공 조계 내 질서 유지를 맡겼고, 영국인들이 계속 두 기관 업무를 집행했다. 영국 외무부는 지침을 달라는 요청에 모호하게 답변했다. "우리는 애국적인 영국민들이 적국의 전쟁을 지원하지 않기를 기대하지만, 점령지 시민들의 이익을 위해 이런 공공 서비스를 유지하는 데 참여하는 영국민들을 비애국적이라고 여기지 않을 것이다."[6]라고 답한 것이다.

도시에 사는 중국인 대부분은 근본적으로 변했지만 과거와 그렇게까지 다르지 않은 세상을 맞았다. 외세가 여전히 상하이를 통제했고, 그 땅은 여전히 명목상으로는 중국 영토였다. 네이츠 윌은 반일 기사를 더는 출판하지 않았지만, 그가 법과 충돌하게 되면 그에 상응한 조처를 집행하는 기관은 여전히 상하이 경찰이었다. 도시 내 공장에서 일하고 전통적인 골목길에 사는 중국인들로서는, 변화가 당분간 대체로 사소한 것이었다. 단파 라디오가 압수됐고, 의심스런 행동을 하면 경찰이 들이닥칠 가능성이 있었다. 일본군은 종종 무단으로 민간인의 집을 징발해 주인들의 삶을 망가뜨렸다. 이런 사례들이 있었지만, 상하이의 일본군 주둔은 중국 다른 지역에 비해 강도가 약했다.[7]

일본 관리들은 공공 조계를 책임지는 영국인들과 미국인들이 자신들이 바라는 바를 수용하지 않던 지난 몇 년 동안 쌓인 불만을 이따금씩 터뜨렸다. 신문들이 폐간됐는데, 특히 소리 높여 일본을 비판한 매체들이 폐간됐다. 상하이 신문들 가운데 가장 미국적인 신문인 (매년 월드 시리즈를 상세히 보도하는 사실이 주 독자층을 보여준다) 〈상하이 타임스〉는 예외였다. 점령군들은 이 매체를 장악하고 전 미국인 출판인이 반대하는데도 신문을 계속 발행했다. 이 신문은 일본군이 침공한 12월 8일 저녁 '긴급판' 발행을 시작으로 친일 성향을 드러내며 공공 조계 소식과 공공 조계용 소식을 계속 알렸다. 이 신문의 친일 성향은 날로 심해졌다.

상하이의 외국 국적자들은 그들의 삶을 평소처럼 이어가도록 권고를—어떤 이들은 강요라고 했다—받았다. 경마장은 일본이 안정과 질서를 보장하는, 호의적인 점령 세력임을 부각시키는 데 핵심 구실을 했다. 이 메시지는 그들이 만주에서 제시하려던 것과 같은 것이다. 일본의 뒷받침을 받는 독재 지배가 허약하고 혼란스런 중국 정부보다는 낫다는 메시지였다. 이런 메시지를 부각시키려 한 데는 여러 가지 이유가 있지만, 그 중 하나는 아시아에서 굳이 전쟁을 벌일 가치가 없으니 단념하라고 미국과 영국 대중을 설득하는 것이었다.

점령의 불확실성이 지배한 가운데, 경마는 일본이 보여주고 싶어 한 안정과 현상 유지를 상징했다. 상하이 경마 클럽이 12월에 경마 경기를 개최한 것은, 사람들이 기억하는 한 1937년 상하이 전투 때문에 가을 챔피언 결정전을 12월 초로 연기한 것 외에는 결코 없었다. 12월은 시내 경마장의 불이 꺼지는 때였다. 하지만 1941년 12월 12일에 〈상하이 타임스〉는 "경마장이 개장할 것 같은 조짐"을 감지하고 경마 대회 개최 발표를 기다렸다.[8] 약속대로 12월 20일 토요일—공공 조계에서 산발적인 체포가 진행된 바로 그 날—에 공공 조계에 오락을 제공하기 위해 경마장에 '스타 군단'이 등장했다. 일본인들이 바뀐 건 없다는 인상을 주고 싶었다면, 경마 경기는 아마도 그들을 만족시켰을 것이다. '하인드헤드'와 '노스우드'―헨치먼의 말들―가 이날의 중심 경기인 '올드 빌 핸디캡'에서 나란히 1등과 2등을 함으로써 말이다. 관중은 전보다 적었지만 아주 적지는 않았다. 가을철 챔피언 결정전에 나왔던 익숙한 이름들 곧 '팬텀', '매직 서클', '화이트 나이트', 헨치먼, 에이트킨헤드, 맥베인, 화이트, 프랭클린이 경기장을 채웠다.[9]

경마는 1941년에서 42년으로 넘어가는 겨울 내내 진행됐다. 헨치먼, 프랭클린, 에이트킨헤드는 '국제 레크리에이션 클럽'이 승인한 2월의 '설날 경마 대회' 참가 말들이 경주로로 들어설 때 맨 앞을 지켰다. 이 대회의 하이라이트는 2월 16일 열린 이른바 '설 크라이티리언 스테이크'였다. 11월 12일에 벌어진 챔피언 결정전의 결투를 환기시키면서, 알렉스 스트라이커가 다시 한 번 헨치먼의 말('하인드헤드'가 아니라 '노스우드')을 몰고 나온 찰리 엥카르나상과 경합을 벌였다. '프로스티 라이트', '클루니힐', '팬텀', '버스티드 스트레이트', '미스터 버빈스'도 출전했다. 경마장에서 펼쳐진 극적인 불꽃놀이와 함께 2월 16일 저녁 경마 대회가 끝을 맺었다. 〈상하이 타임스〉는 이날 경마장을 "근처 또는 조금 떨어진 곳에 있던 사람 수천 명이 일본의 극적인 싱가포르 점령을 화려하게 표현한 광경을 볼 수 있던 곳"[10]이라고 표현했다.

영국과 미국의 본토 사람들은 연합국의 신체 건강한 남성들이 전쟁 수행에 기여하기는커녕 적국의 보호 아래 취미를 즐기려고 오락용 경마 행사를 개최하는 데 분노했다.[11] 상하이정착민들은 자신들에게 선택의 여지가 없었다고 역설했다. 12월 8일 이후 네 달 동안 일본인들에게 체포되지 않은 〈상하이 이브닝 포스트 앤드 머큐리〉의 칼럼니스트 H. G. W. 우드헤드도 "우승한 말들을 이끌고 가는 '적국'의 유명인 사진이 선전선동에 많이 사용됐다."[12]면서 경마 대회 개최를 강요당했다는 인상을 줬다. 경마 클럽이 강요당했는지 여부와 상관없이, 불꽃놀이가 싱가포르 함락을 축하하는 가운데 경마 경기를 벌인 것은 일본이 점령한 다른 지역의 연합국 쪽 사람들이 겪은 일과 극명하게 대조를 이뤘으며, 상하이정착민들의 평판을 손상시켰다.

　비슷한 우려의 눈길이 점령 아래 상하이에 사는 중국인 주민들에게도 쏟아졌다. 전쟁 시기 상하이에 대한 어떤 연구에 따르면 상하이 도시민들이 저항도, 협력도 아닌 "지저분한 타협 또는 질질 끄는 협상"을 벌인 가운데 "상하이 도시민 중에 전쟁 영웅으로 인정받은 이는 거의 없었다."[13] 일본인들은 대체로 공공 조계 내 대다수 중국인들의 일상생활에 직접 개입하지 않았다. 물론 적극 협력하는 사람도, 적극 저항하는 사람도 있었지만—첩보 활동담과 무용담은 전쟁 중 상하이에서 형성된 신화의 한 부분이다—도시 내 중국인 대부분은 정치색과 무관하게 점령기에도 과거와 눈에 띄게 다르지 않은 삶을 이어갔다. 지난 한 세기와 마찬가지로 상하이는 비정치적인 자세를 유지했다. 인류 역사상 가장 큰 희생을 부른 전쟁 중에도 상하이는 상대적으로 평온했던 것이다. 너무나 평온해서 경마 경주를 관람할 정도로 말이다.

　1942년 2월은 에이트킨헤드가 경마장에 마지막으로 모습을 드러낸 때이다. 건강 문제 때문일텐데 결국 그는 나중에 병원에 입원하게 된다. 개 경주 열성팬인 V. S. 저우라는 인물이 에이트킨헤드의 말들을 인수하고 '클루니 마구간'을 '올드 마구간'으로 바꿨다. '클루니하우스'는 '올드 빅터'라는 새 이름을 얻었지만 경주에는 다시 나오지 않았고, '클루니힐'은 '올드 타이머'가 됐다. 에이트킨헤드를 빼고 일본 정권 초기 몇 달 사이 유일하게 자신의 말을 잃은 이는 거시 화이트였으며, 그의 말들 가운데 가장 뛰어난 말들을 인수한 이는 말을 소유한 적이 없던 G. J. 메리다. '화이트 퍼레이드'는 이름이 '팰러딘'으로 바뀌었고 '화이트 나이트'는 '코퀴네'가 됐으며, 이 말들은 그 뒤에도 계속 경주에 참가했다.

1942년 봄에 경마가 재개됐다. 일본인들—영어권 언론들은 아니었지만—은 봄철 경마 대회를 "연합국 괴멸 주간"의 일부로 규정했다. 수익은 일본군에게 돌아갔으며, 일본군은 일본의 승리를 축하하는 퍼레이드를 위해 한 때 경마 대회를 중단시키기도 했다.[14] 상하이 경마 클럽의 1942년 봄철 대회는 예정대로 또는 자료를 믿는다면 일본 점령 세력의 명령대로 개최됐다. 확실한 것은 경마 경기를 하려면 일본 당국의 승인이 필요했다는 점이다. 상하이정착민들이 더는 존재하지 않는 세계를 그리워하며 또 다른 과거 맛보기를 환영했는지, 아니면 점령자들의 선전선동 도구가 되는 것에 발끈했는지는 알기 어렵다. 아무튼 거의 한 세기 전부터 지속된 찬란한 전통을 잇는다는 선전과 함께, 마지막 상하이 챔피언 결정전이 패션 퍼레이드 속에 열렸다. 비록 훼손된 형태였지만 말이다. 공공 조계는 다시 휴일을 맞았고, 보도를 보면 상점의 90%가 이날 문을 닫았다. 〈상하이 타임스〉는 영국인들의 감독 아래 열렸던 전년도 가을 챔피언 대회 때보다 적은 1만여 명이 경마장에 나왔다고 전했다. 그러나 이 관중 규모는 이전 상태를 유지한다는 인상, 그 이상을 보여주기에 충분했다.

챔피언 결정전 출발문에 나선 말은 다섯 마리뿐이었지만, 출전 말들은 '하인드헤드'와 '팰러딘'(옛 '화이트 퍼레이드') 등 수준 높은 말들이었다. T. L. 웡이라는 중국인 기수가 '클루니힐'이었던 '올드 타이머'를 몰아 생애 첫 챔피언 결정전 우승을 차지했다. 찰리 엥카르나상은 '노스우드'를 몰아 4등에 그치면서 상금을 배당받지 못했다. 관중들이 흩어진 뒤, 휴일 축하 행사의 끝을 묘사한 어떤 기사는 앞에 무엇이 기다리는지 보여줬다. 〈상하이 타임스〉는 "이들 수천 명은 6개월 뒤 가을 챔피언 스윕 경기에서 승리하리라는 불변의 희망을 품고 경마장을 떠났다."고 낙관적으로 보도했다. 이어 대조적인 어조로 "인기 있는 노래 '일하러 돌아간다!'를 부르는 일곱 난쟁이처럼, 다른 수천 명의 사무직원들과 상점 점원들은 오늘 아침 일터의 자기 자리로 줄지어 돌아갈 것이다."[15]고 썼다.

상하이 사람들은 이 비교를 고깝게 생각했겠지만, 이는 일본 점령자들이 유지하려고 애쓰던 일상을 잘 포착했다. 상하이의 많은 중국인들은 유럽과 일본의 제국주의 차이를 정확하게 집어내기 어려웠다. 영국인과 미국인 상하이정착민들에게는, 자신들의 사실상 식민지가 아직 심히 불편하지는 않은 사실상의 감옥으로 바뀌었지만 말이다.

이튿날, 점령 이후 군 당국이 통제하던 경마장의 운영권을 넘겨받을 새 일본 회사가 설립됐다. '상하이 헝찬 코퍼레이션'이라는 이 회사는 새로운 일정표와 시설을 마련하면서 일본인들의 통제 아래 경마가 계속될 것을 예고했다.

더운 여름이 지나고 1942년 9월에 추석 경마 대회와 10월 초의 추가 경마 대회가 열리던 시점에, 상하이는 전쟁에 포위된 상태를 넘어 격렬한 전쟁 한복판에 끌려 들어갔다. 경마 대회 마지막 날인 10월 10일—31년 전 벌어진 중국 혁명 기념일—에 익숙한 조랑말들이 다시 출발선에 나섰다. "어제 오후 맑은 가을 하늘 아래 경주로에 바람이 부는 가운데, 7천명 이상의 경마팬들은 [헨치먼의] '라이'가 10번째 경주에서 강력한 경쟁자들을 상대로 다가올 챔피언 자리의 영광에 도전하는 걸 구경했다. 이 말은 출발부터 선두를 차지했고, 바로 뒤를 따른 경쟁자 '미스터 버빈스'를 말 길이 1.5배 차이로 앞서 달렸다."[16] '라이', '배그숏', '로햄프턴'이 이날 경기에서 우승 또는 2등을 차지했다. 헨치먼으로서는 풍성한 성과를 거둔 날인 듯 했다.

헨치먼이 현장에 없었다는 것만 빼면 말이다.

1942년 여름 헨치먼은 샤포스컵을 차지하는 것보다 훨씬 큰 포상, 곧 중국을 떠날 차표를 얻었다. 전쟁이 터진 직후 영국과 미국은 자국민 부분 철수를 놓고 일본과 협상을 벌였다. 본국 송환을 위한 배가 600여 명의 미국인을 싣고 6월 처음으로 상하이를 출발했다. 영국인 몇 백 명은 그 다음 달에 떠났다. 중국 내 영국인을 태워 갈 두 번째 배 소식이 들리면서 상하이에서는 배표를 구하기 위한 경쟁의 광풍이 불었다. 애초에 배의 좌석은 '외항'—외국으로 바로 나갈 길이 없는 작은 도시들—에 사는 영국인들에게 대부분 배정됐지만, 막상 '가마쿠라 마루' 여객선이 8월 17일 출항할 때는 상하이 거주민들이 대부분의 자리를 차지했다. 아서와 메리 헨치먼 그리고 그들의 17살짜리 딸 캐서린도 이들 중에 있었다. 헨치먼 가족은 (중립국인) 포르투갈령 모잠비크에서 다른 배로 갈아탄 뒤 1942년 9월 리버풀에 도착했다.[17] 아서는 중국을 떠나기 전 자신들의 말을 팔았는데, "좋은 가격을 받을 수 있었던 것은 그저 우연이었다."고 말했다.[18]

에이트킨헤드는 병원에 입원했고 헨치먼은 중국을 떠났지만, 코넬 프랭클린은 여전히 남아 있었다. 그는 씁쓸한 마지막을 맞을 때까지 '팬텀'과 '실버 폭스'를 계속 출전시키며 경마에 적극 참여했다. 쿠 씨가 주인인 조랑말 '머그스 럭'이 상하이 경마 클럽이 실질적으로 주관한 마지막 경마 경기에서 우승했다. 결승선을 마지막으로 넘은 말은 '파인 커리지'였다. 이 말이 우승한다는 데 건 판돈은 단 28달러에 불과했다.[19]

1942년 10월 15일 일본 점령군은 상하이 경마장을 무기한 폐쇄한다고 발표했다. 영국인과 미국인, 기타 연합국 시민들은 한때 자신들만 회원이 될 수 있던 경마 클럽에서 이제 더는 환영 받지 못했다. 새 규정은 '적국 국적자'에 대해 바, 클럽, 영화관, 운동 경기장을 포함한 오락 시설 출입을 금지했다. 이 발표는 앞으로 경마가 다시 시작될 가능성을 열어 놓는 것이었다. 가능하면 이른 시기에 경마 대회를 다시 열 "계획을 서두르고 있으며" 당국은 '비 적국 출신 기수들'이 말들을 단련시킬 것을 분명히 했다. 그러나 헨치먼, 에이트킨헤드, 프랭클린의 상하이 경마 클럽으로서는 곧 끝을 의미했다.[20]

일본인들은 경마 클럽 폐쇄 시점부터 몇 주 사이에 '적국 국적자들'을 밀고하기 시작했다. 헨치먼은 이미 잉글랜드로 돌아간 뒤였지만, 1941년 가을 챔피언 결정전에 참가했던 다른 말 소유자들은 밀고의 표적이 됐다. 1942년 11월 5일께 일본 비밀경찰이 코넬 프랭클린, 에릭 몰레르, 거시 화이트, 에릭 큐민을 체포해 억류소에 가뒀다. 프랭클린은 장완 경마장이 있던 곳에서 멀지 않은 데 갇혔다. 봅 에이트킨헤드와 레슬리 허턴은 이때 체포를 가까스로 면했는데, 체포를 면한 건 억류소에 수용하기에는 몸이 너무 아팠기 때문이었다. 그들은 대신 병원에 입원했다.[21]

경마 클럽은 옛 상하이의 종말 시점을 선을 긋 듯이 명확하게 규정하기 어렵다는 걸 예시하는 사례다. 프랭클린, 에이트킨헤드 등은 이제 경마장에 나오지 않았지만, 경마장에 자리 잡고 싶어 하고 실제로 자리 잡은 이들도 상당히 많았다. 클럽의 비서인 알프레드 올센은 노르웨이인이었으며, 그는 조국이 독일에 점령당했기에 자유를 누렸고 경마장에서도 한 자리를 차지할 수 있었다.[22] 포르투갈인 찰리 엥카르나상은 중립국 국민이었다. 알렉스 스트라이커와 올레크 파노프처럼 나라 없는 러시아인들도 마찬가지로 구금되지 않았다. 에릭 몰레르의 상황은 좀더 복잡했다. 그의 아버지 닐스는 유럽의 사법권을 인정하

에릭 큐민이 다른 상하이정착민들과 함께 전쟁 중 수용되었던 룽화 억류소.

지 않기로 유명했으며 자신은 '상하이 시민'이라고 선언했다. 에릭도
국적에 대해 유동적인 태도를 보이는 듯 했다. 그는 1942년 11월 프
랭클린 등과 함께 체포됐지만, 자신의 해운사 운영을 계속했거나 일
시 휴업 뒤 재개한 것 같다. 그는 이후 계속 일본인들에게 배를 빌려준
듯하다. 그가 노르웨이 국적을 내세웠을 수도 있고, 어쩌면 다른 방법
으로 일본인들을 설득함으로써 사업을 계속했는지도 모른다. 1944년
미국 연방수사국의 조사를 받은 몰레르의 지인들은 그가 전쟁 중에 한
활동을 의심했다. 의심이 더 커진 것은[23] 1941년까지 몇 년 동안 일본
군에 상당한 기부를 한 전력 때문이었다.[24]

경마장은 바뀐 게 별로 없다고 과시하기 위해 1943년 1월에 다시
문을 열었다. '라이더'라는 이는 〈상하이 타임스〉에 "3개월 이상 중단
됐던 경마가 오늘 온갖 색깔을 자랑하며 재개되기에, 모든 길은 로마
가 아니라 경마장으로 통할 것이다."[25]라고 썼다. 찰리 엥카르나상이
'하인드헤드'를 몰고 돌아왔다. 이제 '상하이 헝찬 코퍼레이션이 운영
하는' 상하이 경마 클럽도 돌아왔지만 과거의 직원들은 사라졌다. 말

소유자와 기수 대부분은 중국인이었다. 일본인들도 많았고, 일부는 국적이 분명히 알려지지 않은 유럽인들이었는데 추축국이나 중립국 시민으로 추정된다. 헝가리인 레네르 가보르도 다시 말을 몰았다. '상하이 경마의 선물'이라는 말을 듣던 소니 그램은 분명히 영국인인데도 기수 생활을 재개할 수 있었다. 알프레드와 프랜시스 누트 형제 같은 인도인 기수 몇 명도 경주에 나왔다. '상하이 경마 클럽이 주최한' 가을 경마 철이 10월에 시작됐다.

경마는 일본 점령 아래서 시즌 중 거의 매 주말마다 열렸고 '하인드헤드', '노스우드', '매직 서클', 스트라이커, 누트, 엥카르나상, 레네르, 그램, C. S. 마오 같은 익숙한 이름들이 등장했다. 심지어 일본인들이 몽골에서 조랑말 수입을 재개해, 1943년 봄에는 몇 년 만에 처음으로 새 조랑말들이 상하이에 도착했다.[26] 1941년 이전까지 경마 클럽을 지배하던 영국인과 미국인이 없는 것 외에 경마장의 변화를 보여주는 또 다른 것은 물가 상승이었다. 다시 문을 연 경마장은 1943년 4월 회원과 손님 관람석 입장료로 10달러, 일반 관람석 입장료로 1.2달러를 받기 시작했다. 입장료는 딱 한 달 뒤 일반 관람석이 2달러로, 손님 관람석은 15달러로 올랐고, 회원 관람석은 5배인 50달러가 됐다.[27] 챔피언 결정전 대회는 '국제 레크리에이션 클럽' 주최로 계속 열렸지만, 시간이 지나면서 점점 더 보통의 경마 대회 날과 별 차이가 없어졌다.

어떻게든 상하이 경마 클럽도 다시 활동을 시작했지만, 1850년대 이후 그때까지 존재하던 상하이 경마 클럽은 아니었다. '상하이 레크리에이션 클럽'—중국-일본 당국의 지시로 구성된—이 1943~44년 겨울철에 구성돼 상하이 경마 클럽을 대체했다. 경마팬이자 신문 발행인인 Y. S. 풍은 대부분의 유럽인이 구금된 이후 클럽 비서가 됐다. 그는 〈상하이 타임스〉에 "상하이 경마 클럽 회원과 국제 경마[원문 그

대리] 클럽 회원 모두를 회원으로 받아들일 것"이라고 말했다. 옛 클럽 회원 대부분은 구금되거나 떠났지만 말이다.[28] 조직이 개편된 것과 함께, 경마장은 거의 상시적으로 전쟁을 위한 장소로 쓰였다.

미국의 태평양 섬 점령 작전이 1944년 12월 최고조에 달했다. 미 해병대가 필리핀에 상륙했다. 일본 본토 섬에 대한 공습도 시작됐고, 일본은 가미가제 작전(전투기를 동원한 자살 공격: 옮긴이)을 전개했다. 일본 침공 계획과 원자탄 투하 계획도 진행됐다. 유럽에서는 독일이 최후의 대반격으로 벌지 전투에 나섰다. 한편 상하이에서는 1944년 12월 30일 찰리 엥카르나상이 '하인드헤드'를 몰아 다시 한 번 승리를 거머쥐었다. 같은 마구간의 '라이'를 말 길이 한 배 차이로 물리쳤다.[29]

전쟁이 추축국에 불리하게 전개되는 동안 〈상하이 타임스〉는 마지막까지도 연합국이 패배할 것이라고 점치는 등 믿음직한 선전선동 기관 구실을 했다. 나치가 새로운 공격에 나서겠다고 다짐한 지 며칠 만에 독일 함락 소식이 들려왔다. 상황이 나빠지면서 이 신문의 경마 관련 보도는 제한됐지만, 경마 경기는 점점 더 늘었다. 1945년에는 경마 경기가 미 해군이 승전을 거듭하는 것만큼이나 자주 열렸다. 2월부터 5월까지 매 주말 경마가 진행됐고 잠깐 쉬었다가 여름—그동안은 항상 경마장이 멈추던 때—에 재개됐다. 경마 대회일 발표가 독일의 항복 소식과 나란히 실렸다. 〈상하이 타임스〉가 마지막으로 경마 소식을 전한 날은 1945년 7월 17일이었고, 우승 후보였던 '처푸 킹'이 잠재력을 발휘해 실제 우승했는지 여부는 보도되지 않았다. 〈선바오〉에는 히로시마에 첫 번째 원자탄이 떨어지기 정확히 일주일 전인 7월 29일까지 경마 광고가 실렸다.[30] 일본은 8월 15일 항복한다고 선언했다. 일본군은 경마장의 경주로 안쪽에 마련된 연병장에 정렬해 지휘관으로부터 이 소식을 들었다.[31]

몇 주 뒤 미군과 중국군이 일본군의 항복을 받으러 상하이에 도착했다.[32] 그들은 한 세기 동안 상하이의 식민주의—경마 클럽이 그 상징이었다—를 떠받치던 외국 조계와 외국인 치외법권이 사라진다는 소식도 가져왔다. 영국과 미국은 1943년 2월 충칭에서 공공 조계를 포함한 중국 내 치외법권을 포기하는 조약에 장제스 정부와 서명했지만, 이는 전쟁이 끝날 때까지는 대체로 상징적인 것에 불과했다. (일본 쪽에서는 1943년 7월 공공 조계를 상하이 시에 정식으로 편입시켰지만, 이 또한 전쟁이 끝날 때까지는 실제 효과를 발휘하지 못했다.)

영국 사령관 헤이스 장군은 9월 초 상하이 내 영국인 주민 대표들과 만난 자리에서 상하이정착민들이 자신들이 직면한 변화를 부인하는 걸 확인했다. 헤이스 장군은 "치외법권 폐지의 영향을 간과하고 상하이가 이제 본질적으로 중국인의 도시가 될 거라는 사실을 깨닫지 못하는 사람들 숫자가 상당하다는 걸 알게 됐다."고 대사관에 보고했다. 헤이스 장군은 "그들의 질문에 대한 내 답변이 심한 시련을 겪은 그들의 사기를 북돋아 주는 게 아니라 떨어뜨릴까 걱정된다. 그렇지만… 그들이 이치에 맞지 않는 환상에 빠져 있게 놔두는 건 아무 짝에도 소용이 없을 것이다."[33]라고 밝혔다.

경마 클럽의 상하이정착민 대부분은 다시 돌아오지 않았다. 헨치먼은 중국에 복귀하지 않았다. 그는 한동안 인도에 머물며 현지 사정을 평가하는 등 1945년 12월 31일 그만둘 때까지 계속 홍콩상하이은행에서 일했다.[34] 그는 은퇴 이후 서섹스주에 살다가 1965년 그곳에서 숨졌다. 메리도 3년 뒤 서섹스에서 사망했다.

봅 에이트킨헤드는 1944년 6월 병보석이 완전히 취소될 때까지 2년 동안 상하이 유대인 병원에 입원해 있었다. 그 뒤 전투요원이 아닌 적국 환자 구급 시설로 지정된, 상하이 서쪽 끝 외곽의 '링컨 애비뉴 수용소'에 갇혔다. 그는 전쟁이 끝날 때까지 여기 있다가 영국으로 돌아갔다.[35] 에이트킨헤드는 자신의 상하이 마구간 이름이기도 했던 스코틀랜드 클루니에서 여생을 보내다가 1964년 1월 사망했다.

변호사이자 '미스터 버빈스'의 주인인 레슬리 허틴은 전쟁이 끝날 때까지 버티지 못했다. 에이트킨헤드와 마찬가지로 병원에 있던 그가 1942년 12월 17일 숨졌다고 적십자가 전쟁 와중에 그의 친척들에게 통보했다. 그는 숨질 때 병원에 입원 중이었거나 어쩌면 군에 구금된 상태였다고 한다.[36]

빌리 리들과 함께 '위투' 마구간을 세워 챔피언에 올랐고 혼자서 '매직 서클'을 이끌고 챔피언에 도전했던 베라 맥베인은 사소한 선택이 얼마나 큰 차이를 가져오는지 실례를 보여줬다. 그녀는 남편과 함께 1941년 6월 상하이를 떠나 샌프란시스코로 갔으나, 그후 전쟁소문이 무성한데도 가을 경마 철에 맞춰 8월말 '프레지던트 가필드' 전함을 타고 상하이로 돌아왔다. 베라는 11월 챔피언 대회 날 이후인 12월과 이듬해 1월에 경마장에 나온 것 같지만, 그 이후 전쟁이 끝날 때까지는 기록이 남아 있지 않다. 그녀는 나중에 혼자 상하이에서 배를 타고 호놀룰루로 갔다.[37] 전쟁 기간 동안 수용소에 있었던 것으로 추정된다.

에릭 몰레르는 전쟁 뒤 상하이를 떠나 홍콩으로 갔다가 다시 남아프리카공화국과 오스트레일리아로 이동했다. 그는 1954년 싱가포르에서 항공기 추락으로 숨졌다.[38] 하지만 상하이와 홍콩에서 유명세를 얻은 그의 경마 상징색은 그 이후에도 살아남았다. 몰레르 마구간은 1980년대와 1990년대에 '로열 애스컷' 대회에서 우승하는 등 잉글랜드에서 큰 성공을 거뒀다.

잉 탕은 남편 H. L. 융과 함께 전쟁에서 살아남아 1947년 상하이에서 미국으로 이주했고, 융은 이주 후에도 에이아이지(AIG) 생명에서 계속 일했다.[39] (융은 일본 침공 전에 고객들의 보험 서류를 땅에 묻었다가 전쟁이 끝난 뒤 다시 꺼내 보험금 수령인들을 찾아낸 덕분에 회사에서 전설적인 지위를 얻었다.) 두 사람은 결국 뉴욕에 가게 됐고—잉 탕이 마침내 브로드웨이에 당도했다—, 여기서 보험사 창업자 C. V. 스타의 아파트에 거처를 잡았다. 잠시 머물 생각으로 87번가와 5번가가 만나는 이 곳에 자리를 잡았다가, 오늘날까지도 그의 가족이 여기 살고 있다.[40] H. L. 융은 1961년 숨졌고, 잉 탕은 상하이를 방문해—1970년대에 딱 한번—과거처럼 멋지고 강력한 모습을 보였다고 한다. 그녀는 1986년 뉴욕시에서 생을 마쳤다.[41]

네이츠 웡도 상하이에 머물며 전쟁에서 살아남았다. 그는 1945년 상하이의 중국어 잡지에서 일했다. 그는 뉘른베르크 나치 전범 재판 소식, 드골 장군의 프랑스 복귀 등을 다룬 〈룩〉과 〈콜리어〉의 기사를 중국어로 번역하기도 했다. 그는 영어를 배우는 이들을 대상으로 쓴 칼럼을 1947년까지 잡지에 실었고, 그 해 가을에는 불교 매체 〈계몽〉에 자신의 개종에 대한 글도 썼다.[42] 그 이후는 기록이 없다.

일본 점령기에 경마 클럽 비서를 지낸 Y. S. 풍은 공산 혁명 때까지 상하이에 있었다. 혁명 조금 뒤인 1950년 겨울, 가족과 함께 기차로 탈출해 홍콩으로 국경을 넘었다. 그는 1987년 플로리다주 올랜도에서 숨졌다.[43]

C. S. 마오는 상하이에 남아 할 수 있을 때까지 경마에 참가했고, 그의 말들은 적어도 1945년 여름까지 경주에 나섰다. 그는 일본이 항복하고 공산 혁명이 발발한 뒤에도 이 도시에 남아 있었다. 결국은 상하이에서 공산당 정부에 체포됐고 일본에 협력한 전력 때문에 재판을 받았다. 그는 유죄 판결을 받고 1951년 7월 처형됐다.[44]

다유 둥은 여기에 등장하는 다른 사람 대다수와 달리 계속 중국에 살았다. 다만 프랑스 조계 외곽에 공들여 지은 집을 놔둔 채 상하이를 떠났다. (그의 집은 1949년 이후 공장 사무실 건물로 바뀌었고, 2002년 철거됐다.)[45] 둥은 시안과 항저우에서 공장 건물과 노동자 기숙사를 설계하는 등 1949년 이후 인민공화국에서도 자신의 경력을 이어갔다. 그는 1973년 숨졌다.

리자 하둔의 유언장을 둘러싼 논쟁은 일본의 침공 이후 중단됐다. 리자와 사일러스 하둔의 무덤이 있던 아이리 정원은 1943년 불이 나면서 거의 파괴됐다. 상하이의 공산당 정부는 1953년 무덤을 도시 서쪽 끝으로 옮겼고, 하둔 가문의 집을 '중-소 우호 궁전'으로 바꿨다. 이곳은 현재 상하이 전시장으로 쓰인다. 리자의 자녀 간 분쟁은 1945년 이후에도 해결되지 않았다. (법정 밖에서 사적으로 조정이 이뤄졌다.)[46]

거시 화이트와 그의 가족은 증기선에 태워져 양쯔강을 따라 240㎞ 떨어진 양저우의 수용소로 보내졌다.[47] 이 수용소는 1943년 많은 외국인이 본국으로 송환되고 폐쇄됐으나, 화이트 가족은 운이 없어서 푸둥에 있는 수용소로 이감됐다. 거시 화이트는 전쟁 내내 이 수용소에 있다가 옛 상하이와 가장 비슷한 도시인 홍콩으로 건너가 해피밸리 경마장에서 경마에 참가했고, 빌리 리들, 엘리스 앤드루스, 에릭 큐민도 여기에 합류했다. 화이트는 금융계에서 계속 일하다가 은퇴해 오스트레일리아로 갔으며 거기서 1981년 숨졌다.

그리고 챔피언 결정전 날 미래에 대한 통찰력을 보여준 마담 헬렌 파이퍼 곧 베라 허친슨은 어떻게 됐을까? 그녀가 지닌 재능이 무엇이었든, 세계가 상하이 주변에 내려앉는 와중에는 충분한 힘이 되지 못했다. 그녀는 전쟁 기간 거의 내내 수용소에 있다가 일본이 항복하기 두 달 전에 상하이의 세인트 루크 병원에서 결핵으로 숨졌다.[48]

에필로그
◇◇◇◇◇◇◇◇◇
옛 상하이의 유령

　1943년 영국 사령관 헤이스 장군이 말한, 상하이의 미래에 대한 '이치에 맞지 않는 환상'을 몸소 구현한 상하이정착민이 하나 있다. 옛 시절이 끝났음을 결코 인정하지 않은 것으로 보이는 코넬 프랭클린이 그 주인공이다. 1942년 체포돼 수용소에 수감된 그는 아서 헨치먼처럼 수용소 생활 1년 뒤 포로 교환을 통해 본국으로 돌아갔다. 코넬은 자신이 사랑한 경마가 일본의 지시로 재개된 시점에 부인 댈러스, 두 명의 딸과 함께 일본 국적 선반 '테라 마루'를 타고 상하이를 떠났다. 이들은 본국으로 송환되는 선박을 타고 두 달 뒤인 1943년 12월 2일 뉴욕시 산 카를로스 호텔에 투숙하게 된다.[1]

　그러나 2년 뒤 전쟁이 끝나자 프랭클린은 남겨둔 것들을 챙기려고 다시 상하이로 돌아왔다. 이런 발상은 어리석었다. 상하이는 전쟁 기간 중 다른 점령지들보다 고통을 덜 겪었지만, 중국은 몇 십 년 동안 계속된 전투에서 이제 막 회복하고 있었다. 은폐되어 있던 국민당과 공산당의 갈등이 막 내전으로 폭발할 즈음이었다. 물가 폭등과 물자 부족이 도시 주민들을 위협했다. 이 모든 것이 프랭클린—그는 어찌 되었든 성공한 미국 변호사였다—에게는 타격을 덜 줬지만, 상하이정

상하이 경마 클럽 앞에 몇십 년 동안 서 있던 황금상들이 교통 방해 때문에 1948년 철거됐다.

착민으로 그가 누린 삶을 지탱하던 두 가지 요소, 곧 치외법권과 경마
는 사라지고 없었다. 그럼에도 그는 돌아가서 변호사 일을 재개했고,
그 의미가 무엇이든 상하이 경마 클럽 비서 자리를 차지했다.

프랭클린은 경마장 재개장을 놓고 시 정부와 협상을 벌였지만, 재개
장은 실행 가능한 선택지가 아니었다.[2] 특히 시 전체가 전쟁의 폐허에
서 다시 자리를 잡으려고 분투하는 상황에서 경마 클럽은 부활을 고려
하기엔 너무나 강한 제국주의 아이콘이었다. 중국 정부는 치외법권을
폐지하려고 애써왔고, 파시즘을 물리치기 위해 과거 식민주의자들과
함께 싸웠으며, 이제 승전국의 일원이자 유엔 안전보장이사회의 상임
이사국이 됐다. 중국은 외국 식민주의의 재등장을 용납하지 않을 참이
었다. 식민주의 상징으로 가득한 경마장은 더더욱 말이다.

상하이의 중국인들 사이에는 그동안에도 경마를 대체로 도박 측면

에서 주목하며 경마에 반대하는 목소리들이 있었다. 그럼에도 경마장이 운영되던 동안 수천 명의 중국인이 자주 경마장을 찾았고, 경마 구경이 인기 있었다는 건 부인할 수 없는 사실이다. 이제 중국이 목소리를 높이는 가운데 많은 상하이 주민은 상하이 경마 클럽이 의미하는 바에 분개하게 됐다. 시 토지 관리청은 한 세기 전에 농민들에게 땅 임대료를 주지 않거나 헐값에 강제로 사들인 기록을 갖고 있었고, 제값을 받지 못한 가정 수백 가구를 찾아냈다.[3] 〈선바오〉는 경마장 역사를 우호적이지 않은 논조로 집중 보도했다. 신문은 "영국인들의 말 한 마리는 농민 두 명의 눈물을 뜻한다."는 당시 흔하던 속담을 인용해 보도했다.[4] 장제스 중국 대통령은 1946년 경마장에서 20만 명의 청중에게 연설을 하면서 이런 모임이 가능해진 것은 외국 조계를 제거했기 때문이라고 강조했다.[5]

상하이 시 정부는 절실하게 필요한 세금 수입을 위해 경마 허용을 고려했다. 상하이 시의회는 1946년 가을 이 문제를 논의했다. 경마 허용을 찬성한 한 의원은 "돈이 없으면 상하이가 개선될 수 없다."고 주장했고 반대하는 의원들은 도박 같은 사회적 폐해 문제에 주로 집중했다. 또 말들이 경주를 한 뒤의 청소 비용 같은 현실적인 문제들도 거론했다.[6] 도심 한복판의 넓은 녹지대는 상하이를 살기 좋은 곳으로 만드는 데 꼭 필요하다고 인식됐지만, 그 녹지대에 경마장이 들어선다면 사정은 달랐다. 〈선바오〉는 "공원이 경마에 이용된다면, 상하이 심장부에 놓인 종양 같은 존재가 될 것이다."고 썼다.[7] 대다수 의원들은 공원을 유지하고 건물들은 도서관, 박물관, 전시 공간 등으로 쓸 '문화 도시'로 바꾸는 데 찬성했다.[8] 천궁다 의원은 많은 이들이 느끼는 바를 이렇게 요약했다. "나는 지난 50년 동안 경마장 바로 옆에 살았다… 나는 경마를 혐오한다. 외국 말 경주에 휴일을 줄 때가 왔다." 상하이 시의회는 상하이 경마 클럽의 경마 재개를 1225 대 59로 부결시켰다.[9] 다만 미래에 장완 경마장에서 경마를 재개할 가능성은 열어 뒀다. (전쟁으로 이미 십년 전에 경마장이 파괴된 만큼, 이 계획은 좋게 봐도 미심쩍은 방안이다.)

일본 점령기에 경마를 하던 것처럼, 경마 클럽 재개장을 둘러싼 논쟁은 더 큰 힘들이 중국의 미래를 형성해가고 있는 현장 바로 옆에서 벌이는 익살스런 행위처럼 보였다. 시의회가 경마 허용 여부와 마권 구입이 도박인지를 놓고 표결 하는 와중에도, 공산당과 국민당의 전투가 온 나라로 번지고 있었다. 내전이 국민당에 불리해지면서 도시들이 하나씩 마오쩌둥의 인민해방군에게 넘어갔다. 공산당은 1949년 5월 25일 상하이를 점령하고 경마장 바로 건너편에 처음으로 적기를 게양했다.[10] 마오쩌둥은 10월 1일 베이징의 천안문 위에 우뚝 서서 중국인민공화국 건국을 선포했다. 코넬 프랭클린은 인민공화국의 국기가 옛 경마장 위로 나부끼던 날로부터 다섯 달 뒤까지 상하이에 머물렀다.

인민공화국 건국이 상하이 경마 클럽 이야기를 완전히 끝내지는 않았다. 이제 건축 100주년을 바라보는 클럽 건물은 주변 고층 건물들의 그림자에 가린 채 상하이 중심부에 남아 있다. 한때는 상하이가 어떻게 변하든 그 중심에 있던 이 건물은 이제 유령의 집이자 지난 과거의 유물이다.

1949년 이후 새 상하이 인민 정부는 경마 클럽이 경마장을 만들기 위해 땅을 불법으로 취득했다는 판단을 내렸다. 과거 경마 클럽 회원이자 무역 회사 자딘매디슨 간부였던 존 케직 경은 질 것 같은 투쟁을 계속하는 대신 호의를 기대하면서 클럽의 최후를 위해 협상했다. 케직은 1951년 봄 경마 클럽의 빚과 세금을 일부 납부하는 의미에서 클럽 자산을 공익에 사용하는 조건으로 정부에 기부하는 데—선택의 여지가 없어서—합의했다. 시는 광활한 공터를 퍼레이드 같은 공공 모임과 기타 국가 행사나 여가 활동 공간으로 쓰기로 했다.[11]

상하이 공부국은 도시 내 제국주의 유물을 해체하기 위해 조사를 벌인 뒤, 경마장 관람석과 여러 부속 건물을 부수기로 했지만 경마 클럽은 거의 그대로 두기로 했다.[12] 경마 클럽 공간이 빠르게 미술관으로 바뀌었고, 새 주인들은 지체 없이 옛 클럽하우스에 외국 제국주의의 악행과 이를 무찌르는 중국인의 승리를 묘사한 혁명 예술을 전시함으로써 옛 건물주들의 눈을 손가락으로 찔렀다. 헨치먼과 코넬 프랭클린이 10년 전 점심을 즐기던 방에 '미국 침략자들이 한국에서 저지른 잔악 행위' 그림이 걸렸다.[13]

프랭클린이 자신의 과거 경마장 시절을 조롱하는 전시물을 직접 봤는지는 모르지만, 미술관 개장 당시에 상하이에 있었다. 그는 1951년 1월에 신청한 출국 사증 발급을 기다리고 있었다. 그 해 12월에 사증이 나왔고, 프랭클린은 한때 챔피언을 꿈꾸던 상하이정착민들 중 마지막으로 중국을 영원히 떠났다.[14] 코넬과 댈러스 프랭클린은 은퇴한 뒤 버지니아로 갔고, 코넬은 1959년에 그리고 댈러스는 1975년에 거기서 생을 마감했다.

신문들은 한 때 조랑말들이 점령했던 공간에 붙일 새 이름을 공모했다. 제안된 이름 중에는 '민주주의 광장', '평화 광장', '해방 광장', '승리 광장' 등이 있었고 시 지도자들은 '인민 광장'을 선택했다.[15] 1952년 국경절—세 번째 건국기념일—에 상하이 인민 정부는 경마장 공간을 인민 거리를 기준으로 둘로 나눠(인민 광장과 인민 공원) 재개장했다. 이 공간은 이제 더는 식민주의자들의 놀이터가 아니라 도시 내 일반 주민들의 모임 장소가 됐다. 한동안 공원에는 뱃전에 바퀴가 달린 외륜선을 띄운 인공 호수도 있었다.

옛 경마 클럽은 단정하지 못한 품행의 도박꾼들, 현지 법을 존중하지 않고 중국의 복지를 법보다 더 등한시한 채 앞날 걱정이라곤 하지 않은 '대반'(상사 지배인을 뜻함: 옮긴이)들의 은신처로 비판받았다. 이는 과장된 묘사였지만 거짓은 아니었고, 공산당의 반자본주의 이념에도 맞았다. 1960년대와 1970년대의 문화혁명기에 학생을 대상으로 글을 쓴 작가 루보는 이렇게 지적했다. "젊은 친구들이여, 우리 상하이 중심부에 있는 인민 광장과 인민 공원의 과거를 아는가? 해방 전에는 '경마장'으로 불렸고 제국주의자들이 중국에 건설한 가장 큰 도박 소굴이었다···[16] 잔인하고 교활한 착취와 기만에 [근거해]··· 그들이 소유한 수백만은 중국 인민의 피와 눈물이다."[17] 시 한편은 이제 챔피언 대회 날—아서 헨치먼, 코넬 프랭클린, 잉 탕, 네이츠 윙의 과거 세계—을 매력적으로 묘사하는 대신 기생충처럼 묘사한다.

챔피언 대회 날 마권, 온 사방에 퍼지고
중국 인민의 피를 빨며
제국주의자들의 주머니를 채우도다[18]

단지 이것만은 아니었다. 경마장은 시설 운영자인 유럽인은 물론 수천 중국인의 사교 중심지였지만, 챔피언 대회 날의 시대가 착취의 시절이었음을 부정하는 이는 없다. 상하이정착민들은 잘살았다. 상하이에 사는 중산층 유럽인조차 하인 한 명쯤은 거느렸고 많은 이들은 3~4명까지 거느렸다. 몇몇 중국인들—네이츠 윙, 다유 둥, 잉 탕 같은 이들—도 잘살았다. 하지만 이 도시는 극단의 공간이었다. 경마 클럽(그리고 장완의 국제 레크리에이션 클럽)은 상하이 상류층의 부를 과시했지만, 상하이정착민들이 먹고 살도록 이윤을 창출하느라 일한 이들은 도시

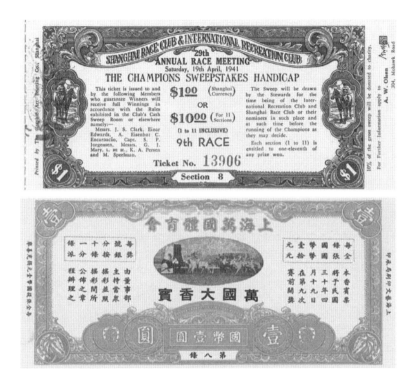

한 편의 시에서 비판 대상으로 언급되었던 복권형 챔피언 경마 마권(앞면과 뒷면). 개별 말에 판돈을 걸 수도 있었지만, 이 마권처럼 챔피언 결정전 용도로 '스윕스 마권'을 살 수도 있었다. 이 마권은 무작위로 말이 배정되기 때문에 복권과 같다.

주민 대부분, 특히 중국인들이었다.

공산당—1921년 상하이의 이런 극단적 상황에서 탄생한—은 자신들이 홀로 중국의 존엄성과 위대한 나라의 힘을 회복했음을 보여주려고 상하이 경마 클럽 시절을 이용했다. 그리고 경마 클럽이 선전선동 도구로 유용하게 쓰였다는 사실이, 일찍이 1915년 중국인들이 '굴욕의 세기'라고 불렀던 시절의 본질적 진실을 손상시키지는 않는다. 1839년부터 1945년까지의 그 시절은 유럽인, 미국인, 일본인이 중국을 초라한 처지로 추락시켰고 청나라와 두 개의 중국 공화국은 효과적으로 저항할 능력이 없던 시절이다. 중국이 일본 점령 아래서 불타는 동안 외국인들은 중국 농민들에게서 빼앗은 땅에서 말을 탔다. 상하이는 일본이 공격하던 때에도, 난징 학살이 잔인함의 개념 자체를 새롭게 정의하던 와중에도, 심지어 일본이 경마장을 점령했을 때도 계속 경마를 했다. 공산당이 권력을 잡자 비로소 경마가 영원히 중단됐다.

마오쩌둥이 1949년 인민공화국을 선포했을 때 그는 이 나라를 새로운 중국이라고 했다. 제국주의—상하이 경마 클럽으로 예시됐다—는 허약한 중국을 착취했다. 마오는 세계적인 힘을 꿈꾸며 이런 시대가 끝났다고 선언했다. 중국은 이제 더는 법률과 세관이 무시당하거나 제국주의 외세에게 당하거나 내부의 허약함 탓에 손해를 보는 땅이 아니었다.

중국 근대 역사는 상하이로서는 훨씬 더 복잡한 이야기다. 마오가 깔본 세기는 많은 면에서 상하이의 절정기였고, 비록 외세에 지배당한 시대지만 상하이 주민—공공 조계 내 주민도 포함해—의 절대 다수는 늘 중국인이었다. 상하이의 식당과 나이트클럽—그리고 경마 클럽의 관람석—은 현지인과 외국인 고객으로 가득 찼다. 식민주의가 상하이의 황금 시기의 틀을 형성하고 실현했지만, 오늘날 상하이 주민들(더는 상하이정착민이 아니다) 다수는 이 도시가 다시 그 시절로 돌아가는 걸 목격하고 있다. 덩샤오핑은 1980년대에 개혁과 개방 시기를 열면서 "부유해지는 것은 영예로운 것!"이라고 선언했고, 상하이는 이 말을 가슴 속 깊이 품었다.

상하이는 중국 본토에서—20세기 초와 마찬가지로—가장 부유하고 가장 세계시민적인 도시다. 그리고 상하이의 많은 중국인은 이런 번영의 뿌리를 중국과 서양의 문화·사회 융합에서 찾는다. 이 융합은 '상하이 스타일'을 규정했고 지금까지도 이어지고 있다. 조약항 시절에 대한 향수도 남아 있는데, 이는 유럽인과 미국인에 한정된 이야기가 아니다. 많은 주민들은 다시 한 번 세계의 거대 중심 도시가 됐고 이제 중국인이 지배하는 이 도시의 모델을 장밋빛 색안경을 통해 돌아본다. 그런데 이와 동시에 상하이는 많은 사람은 엄두도 못 낼 만큼 세계적으로도 생활비가 아주 비싼 도시다. 급증하는 불평등, 재개발로 밀려나는 원주민들, 소비 만능주의도 상하이의 부상과 함께 나타나고 있다.

이런 관점에서 보면—엄밀한 사실 관계를 따지면 상하이는 식민지가 아니었다는 점을 주의해야 하지만—, 중화인민공화국 아래 상하이는 탈식민지화의 대표 사례(아마도 최고 사례)로 볼 수 있다. 오늘날 상하이는 철저히 중국인의 도시다. 한때 서양 지배를 상징하던 상하이의 요소요소는 길들여져 중국화됐다. 붉은 중국 국기는 번드 거리에 있는 모든 건물 옥상에서 눈에 띄게 휘날리고 있으며, 외국인들이 건설한 도시 경관은 강 건너 푸둥의 새로운 고층 건물들 탓에 보잘것없이 보인다.

네이츠 웡, 다유 둥, 잉 탕 같은 중국인들을 상기해보면, 오늘날의 중국은 과거에 그랬듯이 서양의 영향(과 풍요로움)을 끌어들이길 바라지만 이번에는 자신들의 조건에 맞추려 한다. 영국 기업가 바이런 컨스터블은 이런 향수를 이용하려고 21세기 초반에 '상하이 경마 클럽' 상표권을 사들여 '상하이 경마 클럽, 설립 1862년'을 내세우며 사업을 했다.[19] 새 상하이 경마 클럽은 "경마 문화와 생활양식에 끌리는 새로운 소비자 집단을 대상으로 영국 경마에 관한 강력한 국제적 상업 수요를 만들어내는 데 집중했다." 이 기업의 인터넷 사이트는 2019년 여름 운영을 중단하기 전까지 1862년으로 거슬러 올라가는 경마 클럽 정보와 사진들을 제공했다. 하지만 실제로 경마장을 운영한 적도, 경마 대회를 개최한 적도, 말을 소유한 적도 없다. 이 클럽은 로열 애스컷 같은 영국의 유명 경마장 관광에 관심이 있는 본토 중국인들을 겨냥했고, 상하이 경마 클럽의 '재즈 시대'를 연상시키는 파티를 상하이에서 주최했다.[20]

물론 상하이가 세계적인 도시로 재부상하며 외국인들이 돌아왔다. 1970년대 초에 70명뿐이던 외국인은 이제 장단기 거주자 수만 명으로 늘었고, 그들 중에는 이 도시의 과거를 낭만화해서 탐닉하는 이도 있다. 역사가 루한차오는 이를 '미래를 향한 향수'라고 불렀다. 상하이가 국제적 성격을 띠던 식민 시대를 뿌리로 삼아 세계화 시대의 진정한 세계시민적 도시로 정착하는 미래를 상상하는 향수라는 것이다. '새 시대의 상하이정착민들'은 과거 세대 외국인들이 살고 일하던 공간과 거의 같은 곳에서 때로는 쉽지 않은 삶을 살며 일한다. 그들은 과거 상하이의 몇몇 요소를 선택적으로 기억, 장려, 반대, 보존, 무시한다. 이런 가운데 '상하이 향수' 산업은 비록 규모는 작지만 번성하고 있다.[21]

상하이 경마 클럽은 1970년대 루보 같은 작가나 1940년대 천궁다 의원 같은 이들이 혐오한 착취를 구현한 동시에 코넬 프랭클린, 아서 헨치먼, 다유 둥, 잉 탕을 끌어들인 매력을 구현했다. 경마가 전쟁 중에도 계속됐지만, 1941년 11월 12일은 세계의 중심이던 상하이 경마 클럽이 종말을 고한 날이다. 다시는 서양 권력이 도전받지 않고 상하이 위에 군림하는 날은 오지 않았다.

경마장은 사라졌지만 부속 건물로 지어진 클럽하우스는 번드에서 난킹 거리로 올라오는 길 끝에 여전히 남아 있다. 이 건물은 거의 한 세기 동안 같은 곳에 있지만, 이제 주변 환경과 어울리지 않는 불편한 존재이자 지나간 시절의 유령처럼 보인다.

1951년 잠깐 미술관으로 쓰였던 경마 클럽은 상하이 시립 도서관으로 용도가 바뀌었고, 중국 역사를 수없이 공격한 문화혁명을 거치면서도 살아남았다. 1990년대에 시작된 무분별한 경제 성장이 과거 상하이의 많은 유산을 압도했고 옛 클럽하우스도 잠식했다. 도서관은 1997년에 옛 프랑스 조계 자리에 지은 근대적인 건물로 옮겨갔고, 상하이 미술관이 대신 들어와 2012년까지 있었다. (미술관 시절 꽤 오랫동안 서양식 식당이 옥상에서 영업하며 손님들에게 옛 경마장을 내려다보는 경관을 제공했다.) 이 건물은 그로부터 5년 이상 거의 비어 있었다.

2018년 봄 클럽하우스는 상하이 역사박물관으로 새롭게 문을 열었다. 한 때 에릭 몰레르와 베라 맥베인이 드나들던 버블링웰 거리—이제는 난징서로로 불린다—쪽으로 난 탑의 입구로 지금은 박물관 관람객들이 드나든다. 봅 에이트킨헤드와 거시 화이트가 중간층으로 올라가던 계단은 그대로 남아 있고, 다유 둥과 잉 탕이 경마꾼들 수천 명과 함께 판돈을 걸던 옛 마권 창구도 그대로다. 헨치먼과 프랭클린이 경마 철마다 챔피언 결정전 날을 준비하던 2층의 커피방은, 경마가 관심거리가 되기 한참 전부터 존재하던 상하이의 역사 유물을 전시하는 곳이 됐다.

박물관 설계자들은 이 유령의 집을 정화할 기회를 포착했다. 많은 역사적 건물들—서양인이 지었든, 중국인이 지었든—이 상하이와 중국 전역에서 파괴되고 해체됐다. 적어도 여기는 그렇지 않았다. 클럽하우스에는 식민 시대 장식이 세부 철제와 공들인 장치까지 고스란히 남아 있다. 계단 난간의 말머리 장식, 벽난로 철망의 'S-R-C' 장식 문자까지도 말이다. 새로 들어선 옥상 식당은 말타기를 주제로 한 이 건물의 과거 역사를 수용해 이익을 볼 기회로 활용했다.

박물관은 식민 시대라는 배경과 날카롭게 충돌하는 상하이 역사 이야기를 이런 틀 속에서 표현하고 있다. 외세, 상하이정착민들의 세계, 그리고 심지어 경마 클럽 그 자체도 그저 작은 일부분에 불과하다. 박물관은 이 도시의 역사 이전 고고학 유물들에 더 많은 공간을 할애하고 있다. 이는 기묘한 병치다. 박물관 전시물들이 제시하는 공인된 이야기 곧 근대 상하이의 많은 부분을 규정한 조약항 시대의 중요성을 최소화하는 이야기 속에 어색하게 나란히 있는 식민 시대 장식이라는 배치가 말이다. 전시물은 이 건물을 새로 방문하는 이들에게 말을 걸지만, 배경은 건물의 과거에 고개를 숙인다.

옛 상하이는 이제 이 건물 3층에서 볼 수 있다. 조약항 시대를 주제로 한 전시실에는 옛 상하이의 종말에 대한 우리 이야기에 마침표를 찍는 전시물이 있다. 그것은 홍콩상하이은행의 역할을 보여주기 위해 전시된 은행 지점장의 책상이다. 이 책상은 번드에 있던 홍콩상하이은행 건물의 구석방에서 옮겨와 보존한 것이다. 헨치먼의 책상이다. 이 책상 앞에서 그는 1930년대에 통화 위기 대응을 위해 협상을 벌였고, 1937년 '피의 토요일'에 벌어진 파괴상을 묘사하는 편지를 동료들에게 보내기 위해 썼으며, 챔피언 결정전 날 대응 전략을 수십 번 짰고, 언제 어떻게 중국을 떠날지 궁리하느라 고심했다.

이제 수천 명의 방문객이 매일 책상 옆을 지나간다. 그 중 일부는 한 층 위로 올라가 고층 건물들에 둘러싸인 경마장의 흔적이 내려다보이는 옥상 식당에서 식사나 음료를 즐길 것이다. 상하이 과거의 유물을 들여다보면서 방문객들이 마주치게 되는 건 무엇일까? 힘 있는 외국인들이 별난 의상과 더 빨리 달리는 말에 집중하려고 주변 상황을 무시한 과거일까? 아니면 중국인과 외국인의 에너지가 강하게 융합해 극도로 개방적인 도시를 건설한 과정일까? 악과 빈곤의 소굴일까? 그도 아니면 첨단 기술과 패션이 존재하는 근대 거대 도시일까? 이 모든

경주로가 호수와 공원으로 바뀐 1961년의 옛 경마장 모습.

것이 주목받기를 기대하며 여기에 있다.

이 모순되는 단면들은, 오늘날 다수에게 전례 없는 경제적 기회를 제공하는 동시에 날로 커가는 불평등을 안고 있는 도시, 정치적으로 엄격하게 통제되지만 창조적인 에너지가 폭발하는 도시 속에서 서로 공명한다. 상하이는 다시 한 번 세계의 중심이 됐고, 이 세계는 챔피언 결정전 날을 낳은 도시보다 훨씬 더 세계적이고 세계시민적이다. 정치, 경제, 사회, 문화 세력은 이 세계를 규정지으려고 매일 싸우고 있다. 경마 클럽은 힘 있는 세력이 전쟁과 혁명을 초래하며 자신들의 환경을 착취할 때 어떤 일이 벌어지는지 경계하는 이야기를 담고 있다. 동시에 사람과 사상, 돈이 흘러들어와 상하이를 세계 최대 도시 중 하나로 만든 시절에 대해 더 많은 시간을 할애해 주길 바라는 희망 섞인 요청을 담고 있다.

1941년 챔피언 결정전 다음날, 헨치먼은 자신의 사무실 책상에 앉아 황푸강 너머를 바라봤을 것이다. 여기서 몇 구역 떨어진 곳에서 일어나 하루를 시작한 네이츠 윙은 번드에 있는 헨치먼 사무실 창문 아래를 지나갔을 수도 있다. 아니면 거리에서 헨치먼을 스쳐 지나갔거나. 어쩌면 잉 탕이 브로드웨이에 갈 수 있는 유일한 기회를 놓친 걸까 궁금해 하며 거리에서 두 사람과 섞였을지도 모른다. 밥 에이트킨헤드는 마침내 우승자 무리에 복귀한 데 만족했을 게 분명하다. 이들 모두는, 그리고 다른 수백만 명의 사람들은 상하이가 마련해둔 게 과연 무엇인지, 어디서 와서 어디로 가는지 궁금해 했을 것이다. 그들이 제대로 짐작했을 가능성은 희박하다.

옛 경마장 외곽은 쉽게 지나칠 수 있지만 보이지 않는 존재는 아니다. 외국인과 중국인이 상하이에 끼친 영향력이 뒤섞인 결과에 대해서도 똑같이 말할 수 있다. 한때 외국인들이 지배했으나 중국의 도시였기에 도드라졌던 이 도시는 이제 이국적이어서 도드라지는 중국의 도시다. 상하이는 세계에서 한 자리를 차지하려 지금도 애쓰고 있다. (마담 파이퍼가 몇십 년 전에 그랬던 것처럼) 이 도시가 궁금증을 갖는 것도 당연한 일이다. "당신의 운, 당신의 가족, 당신 자신의 삶은 어떻게 될까?… 인류가 미래를 엿볼 필요가 있다면, 바로 지금이 그때다."

감사의 말씀

◇◇◇◇◇◇◇◇◇◇◇◇◇◇

이 책은 10여 년 전 아이디어를 구상하면서 시작됐다. 그 과정에서 많은 사람이 아이디어를 발전시키고 고쳐서 결국 이 책으로 탄생하도록 도왔다. 아래 언급할 모든 사람에게 감사를 전하는 동시에, 내가 간과하거나 잊은 이들이 있다면 그들에게는 깊은 사과의 말씀을 드린다. 잘못된 사실이나 해석이 책에 남아 있다면 그건 모두 내 책임이라는 건 말할 필요도 없다.

나는 오랜 기간 중국을 연구하고 중국에 대해 글을 썼지만, 상하이는 또 다른 그 자신만의 세계다. 많은 전문가의 도움과 안내가 없었으면 나는 결코 상하이 땅을 제대로 탐색하지 못했을 것이다. 도움을 준 전문가들 중에는 특히 로버트 비커스, 모라 엘리자베스 커닝햄, 제프 워서스트롬이 있다. 세 사람은 전문성은 물론이고 친절과 너그러움에 있어서도 타의 추종을 불허한다. 그들이 사람들, 자료, 학문적 성과에 대해 소개해주지 않았다면, 이 책은 나오지 못했을 것이다. 모라는 책의 초고를 두 번 이상 읽어줬고, 상하이에서 그리고 상하이에 대해 연구하고 글 쓰면서 맞닥뜨리게 되는 어려움에 대해 위로해줬다. 이 책은 그녀가 기여한 덕분에 훨씬 더 좋은 책이 됐다. 나는 그녀의 우정, 상하이에 대한 안내, 그리고 작가와 역사가, 여행 안내자로서의 그녀의 솜씨와 너그러움을 언제나 고맙게 생각할 것이다.

영국 브리스틀대학 '중국 역사 사진' 프로젝트의 제이미 카스테어스 그리고 '시간 속 스냅샷: 근대 중국의 사진과 역사' 심포지엄 참석자들께도 특별히 감사한다.

패트릭 크랜리, 테스 존스턴, 티나 카나가라트남, 그레그 렉, 켄트 맥키버, 빌 새버도브는 질문에 답하고, 정보와 자료를 제공하거나 조언을 해준 상하이 전문가들이다. 폴 프렌치는 상하이의 과거를 출판물로 재창조하며 겪는 기회와 도전에 대해 더 잘 생각하게 할 조언을 해 줬다. 내가 그의 조언을 항상 꾸준히 따르지는 못했지만 말이다.

피터 로와 세라 몰러스는 내가 직접 갈 수 없을 때 상하이에서 자료와 사진을 구하는 걸 도왔다. 샌디에이고 캘리포니아대학의 폴 피코비치와 천시, 그리고 옥시덴털 칼리지의 앤 마는 두 대학 도서관이 보유한 사진들을 검색해 찾는 데 도움이 됐다.

리사 애덤스, 스티브 플랫, 헤더 콕스 리처드슨은 출판과 글쓰기 과정에 대해 대화를 나누는 상대였고, 오래 남는 결과물을 만들 새로운 방법을 궁리하게 도왔다.

내가 바탕으로 삼은 상하이 역사 관련 작품들의 저자들 외에, 몇몇 하위 분과 전문가들에게도 고마움을 표해야 한다. 그들은 자신들의 연구 분과 고유의 걸림돌들을 헤쳐 나갈 수 있게 도와줬다. 경마에 대해서는 테리사 제나로와 캔디스 헤어가 많은 질문에 답을 해줬고, 테리사는 경마장에서 벌어진 일을 묘사한 부분에 대해 자문을 해줬다. 이들과 연락할 수 있게 해준 샌드라 파히도 고맙다. 불교에 대해 소중한 도움을 준 전문가들로는 브룩스 제섭과 에릭 해머스트롬이 있다. 상하이의 유대인과 하둔 가문에 대해서는 조지프 사순이 도와줬고, 건축은 에드워드 데니슨, 썽콴, 콜 라스캠, 런광위의 도움을 받았다. 상하이의 스포츠와 클럽에 대해서는 사이먼 드레이크퍼드와 존 슬러서가 도왔고, 상하이의 패션과 지식인 사회에 대한 도움은 앤드루 데이비드 필드와 폴 베번(그는 잉 탕의 사진이 어디에 있는지 찾는 것도 도왔다)이 제공했다. 조너선 하울릿과 이저벨라 잭슨은 영국에서 연구할 때 어떻게 접근하는 게 좋을지 도움을 줬다.

대만 타이베이의 중앙연구원 소속 제니퍼 N. J. 창은 상하이 경마에 대한 대화를 나누면서 맛있는 점심 식사를 대접해줬다. 리디아 천, 이저벨 쑨 차오, 클레어 차오는 전화 통화, 전자우편, 개별 인터뷰를 통해 자신과 자기 가족들의 기억을 공유해 줬다.

나는 많은 곳에 있는 자료 보관소와 도서관에서 연구할 수 있는 행운을 얻었다. 워싱턴의 미국 의회도서관, 메릴랜드주 칼리지 파크의 미국 국립문서기록관리청, 영국 런던 큐에 위치한 영국 국가 기록 보관소, 영국 왕립아시아학회, 상하이 시 기록 보관소, 상하이 도서관 중에서도 특히 쉬자후이 분소 사람들에게 고마움을 전해야 한다. 홍콩에서는 C. M. 예가 홍콩 기수 클럽과 기수 클럽 기록 보관소에서 자료를 접하는 걸 도왔다. 미국 의회도서관의 에린 시드웰과 세인트 조지프 대학 드렉셀 도서관의 세라 보이스와 다른 직원들에게도 특별히 감사함을 전한다.

세인트 조지프 대학 아시아학 연구소의 닐리스 프로그램이 제공한 지원은 이 책이 나올 수 있게 해준 자료들을 구하는 데 도움이 됐다. 이 프로그램 후원자인 짐과 버나뎃 닐리스에게 감사한다.

홍콩 그리고 특히 영국 런던에 있는 홍콩상하이은행 기록 보관소는 아주 소중한 자료소였다. 런던 보관소의 대니얼 앤드루린치, 야나 파울, 티나 스테이플스 그리고 홍콩 보관소의 제니 위에게 고마움을 전하고 싶다. 내 제자 캐서린 앤서니는 런던에서 조사하는 동안 열심으로 빈틈없이 지원했다. '세인트 조지프 대학의 매는 결코 죽지 않는

다!'(세인트 조지프 대학의 모토: 옮긴이)

세라 도드, 프랜시스 웨이트먼, 그리고 특히 펑치파오는 영국 리즈 대학이 보유한 독특한 자료에 접근할 수 있게 도왔다.

트위터는 머리를 식히는 도구였지만, 더 중요한 건 재능 있는 학자, 저자, 그리고 심지어 친구들과 접촉할 수 있게 해줬다는 점이다. 오드리 배스천, 메레디스 힌들리, 빌 래셔는 이 과정에서 열정적으로 격려해준 이들이다. 리사 먼로와 켈시 우트니는 모를지언정, 그들은 많은 방법으로 나를 도왔다. 테리사 카민스키, 드루 맥키빗, 아리사 오는 제안서 초안과 원고의 몇몇 부분을 아주 친절하게 읽어줬다. 도움에 보답하기를 고대한다.

캐서린 플린은 이 책을 맡아서 W. W. 노턴 출판사에서 책이 나올수 있게 했다. 책이 어떤 모습이 될지 내가 생각한 바를 캐서린이 검증한 것은 필수적인 작업이었다. 그녀가 제안 과정에서 보여준 열정, 통찰력, 솜씨에 대해서는 아무리 감사해도 부족하다.

W. W. 노턴 출판사의 내 담당 편집자 알레인 샐리어노 메이슨보다 이 책에 더 큰 영향을 끼친 개인은 없었다. 그녀가 열심히 일하고 편집자로서 솜씨와 작업 열정을 보여준 동시에 내게 인내심을 발휘함으로써, 이 책은 헤아릴 수 없을 만큼 좋아졌다. 중요한 비평을 통해 큰 도움을 준 레기 후이도 고마운 사람이다. 스테파니 히버트는 원고 마무리 과정에서 '퇴고 작업'을 시작으로 아주 많은 일을 해냈다. 모 크라이스트를 비롯한 출판사의 다른 팀원들에게도 감사한다. 내가 알지 못하고 넘어간 작업을 맡아준 다른 많은 이들에게도 감사의 마음을 전해야 마땅하다.

세인트 조지프 대학의 동료들, 특히 앰버 아바스, 멜리사 차카스, 크리스 클로스, 에밀리 헤이지, 캐서린 휴스, 수전 리벨, 엘리자베스 모건, 레슬리 로니 슈마허, 리치 워런, 브라이언 예이츠는 제안서 초안과 책의 몇몇 부분을 읽어준 이들이다. 그들에게 감사한다. 알렉스 굴드와 데니즈 토마스는 내가 일을 할 수 있게 지원해줬고, 그들이 없었다면 이 책은 아주 오래도록 완성되지 못했을 것이다. 세인트 조지프 대학의 교무처에서 제공한 여름 연구 지원금 덕분에 이 연구를 할 수 있었으며, 내 지원 신청을 승인해준 교원 연구·개발 위원회에 감사를 전한다.

신시아 페이시스의 지원과 격려가 없었으면 여러 해 동안 이 책을 위한 연구 작업을 수행하지 못했을 것이다.

잉그리드 크레펄, 에이미 플레밍, 조너선 플레밍, 진 멀로이, 밥 머지, 빌 월터는 작업 중에 동료애와 우정을 제공했고, 때때로 연구차 여행을 갈 때 묵을 장소도 마련해줬다! 초기 원고를 읽음으로써 도와준 조너선이 특별히 고맙다. 이 작업에 대한 그들의 관심과 열정은 매 단계마다 나를 안심시켜줬다. 메리 앤 클로니는 기억하지 못하겠지만, 여러 해 전 이 작업이 아이디어 수준일 때 그녀가 보여준 열정은 내게 이 작업을 추진할 용기를 줬다. 줄리아와 애덤은 '말에 대한 책' 이야기를 반복해 들으면서도 늘 인내해줬다!

내가 상하이 경마 클럽 건물을 처음 방문했을 때 동행해준 2018년 미국 의회의 중국 대표단 단원들에게 특별히 고맙다. 그중에서도 이 여행이 가능하도록 주선한 제스 비셋에게 특히 감사하다. 미중 관계 전국 위원회의 잰 베리스, 마고 랜드먼, 존 로윗 그리고 물론 '공공 지식인 프로그램'(PIP) 친구들과 동료들은 그들의 관심과 열정으로 내게 용기를 북돋웠다.

이 책은 수전 리벨이 없었다면 존재하지 않았을 것이다 그는 내가 이 책을 위해 연구하고 글을 쓰는 동안 사랑스럽고 인내심 있는 동료였고, 좋을 때나 어려울 때나 늘 격려와 열정을 제공했다. 그녀의 문체와 이야기 감각 덕분에 이 책이 더욱 좋아졌고, 동료애 덕분에 종종 외로울 수밖에 없는 글쓰기 작업이 생기를 얻었다. 새러토가와 해피밸리 경마장으로 '연구 여행'을 갈 때도 완벽한 동료였다!

부모님인 짐과 수잔 카터가 지원해주고 자신감을 불어넣어 주지 않았다면 나는 이런 책을 쓸 능력이 없다고 생각했을 것이다. 고맙습니다!

누구보다 샬럿과 마리엘이 고맙다. 두 사람은 "나는 책 작업을 해야해"라는 말을 과도할 만큼 많이 들었고, 책을 쓰는 것보다 더 중요한 일들이 있다는 걸 늘 상기시켰다.

부록

◇◇◇◇◇

상하이 경마 클럽 챔피언 스테이크 수상 말 명단

1869~1942년

(1927년부터 1941년은 '샤포스 챌린지 컵'이자 챔피언 스테이크)

연도	시즌	우승	2위	3위
1869	가을	모로당	베르튀가댕	아타발
1870	봄	CWMRW 글랜	베르튀가댕	라스트 오브 더 모히칸스
	가을	러프 다이아몬드	스카이트	스켈프
1871	봄	서머 클라우드	피들 드 디	라타판
	가을	리치래프트	라스트 오브 더 모히칸스	제레날
1872	봄	줄리어스 시저	스폰듈릭	누베롱
	가을	스노드리프트	앨머릭	슬리피 할로
1873	봄	그래스호퍼	쿽푸쥐	페이웬
	가을	레이븐슈	수브니르	서 란슬럿
1874	봄	레이븐슈	수브니르	사이니큐어
	가을	루블	탤러푸사	무제키위스
1875	봄	틴광	레이븐슈	안단테
	가을	틴광	와일드 오츠	푸로레
1876	봄	블랙 새틴	솔다넬라	라이히스그라프
	가을	블랙 새틴	와일드 웜	와일드 러시
1877	봄	수아비타	피에스코	블랙 새틴
	가을	블랙 새틴	스트래스클라이드	에그몬트
1878	봄	스트레이븐	블랙 새틴	얼 브라이언
	가을	톨러레이션	블랙 새틴	이제그림

1879	봄	스트레이븐	졸리 프라이어	와일드 보어
	가을	졸리 프라이어	스트레이븐	타지마할
1880	봄	타지마할	레드 로빈	스트레이븐
	가을	프레주디스	블랙 새틴	스트레이븐
1881	봄	프레주디스	얼 해럴드	와일드 대시
	가을	프레주디스	퍼스트 코넷	졸리 프라이어
1882	봄	타지마할	드라이빙 클라우드	와일드 대시
	가을	퍼스트 코넷	프레주디스	로즈
1883	봄	토피도	프레주디스	오리올
	가을	세컨드 바이올린	피카딜리	허셜
1884	봄	와일드 대시	던켈리	올랴완다
	가을	와일드 대시	타이쿤	M. A.
1885	봄	피카딜리	밴즈먼	허셜
	가을	카운실러	레드 곤틀릿	게임스터
1886	봄	카운실러	쿠쿠	슬립어웨이
	가을	카운실러	미슬토	딩켈
1887	봄	하빈저	몽블랑	타이오가
	가을	수퍼스티션	덩켈	타이쿤
1888	봄	수스윈드	실큰 미드	카리올
	가을	올랜도	유레카	불리언
1889	봄	제퍼	엘리건트	수스윈드
	가을	제퍼	홈 가드	올랜도
1890	봄	바티카네이터	제퍼	누아르몽
	가을	히어로	홈 가드	제퍼
1891	봄	히어로	제퍼	누아르몽
	가을	히어로	메리 소트	홈 가드
1892	봄	로열리스트	호엔촐레른	라이트닝
	가을	히어로	머제스틱	보브릴
1893	봄	히어로	블랙베리	토치라이트
	가을	히어로	보브릴	파이어플라이
1894	봄	상 파레이	데어 데빌	에로스
	가을	블랙베리	'에너지' 오킨스	베이그런트
1895	봄	블랙베리	미시시피	상 두트
	가을	인베이더	메네지	오리온
1896	봄	인베이더	바케로	블랙 앤드 화이트
	가을	블랙베리	더 브로커	홀스토머
1897	봄	블랙베리	아이올루스	더 브로커
	가을	차저	홀스토머	오웰
1898	봄	새미	버글러	더 브로커
	가을	다마스쿠스	로열티	섀넌

1899	봄	로열티	칼리스토	비치너트
	가을	다마스쿠스	로열티	섀넌
1900	봄	로열티	리오그란데	데저트 킹
	가을	더 딜러	세트	로열티
1901	봄	더 딜러	세트	이치무라
	가을	더 딜러	세트	이치무라
1902	봄	더 딜러	히스 엑셀런시	리오그란데
	가을	암피온	알제린	더 딜러
1903	봄	갯플라이	더 딜러	플롯섬
	가을[a]	갯플라이	밴쿠퍼/젯섬	
1904	봄	젯섬	갯플라이	스피어
	가을	잠베지	갯플라이	코러넷 로즈
1905	봄	아드 패트릭	잠베지	갯플라이
	가을	셀틱	코츠월드	오하이오
1906	봄	세드릭	브록턴	아르강
	가을	모리악	브록턴	아드 패트릭
1907	봄	모리악	브록턴	루리에
	가을[a]	브록턴	스프링 로즈/시 폼	
1908	봄	모리악	브록턴	만추 킹
	가을	제미니	사기타리우스	모리악
1909	봄	제미니	차이나	우스터
	가을	사기타리우스	스프링 로즈	리틀 젬
1910	봄[b]	스프링 로즈	사기타리우스	—
	가을	퍼시먼 트리	스콰이어 맥걸퍼	세실 로즈
1911	봄	포먼	한커우	스타다코나
	가을	체리 트리	머렝고	로열 로즈
1912	봄	윌로 트리	머렝고	체리 트리
	가을	머렝고	버우드	배틀필드
1913	봄	캐슬필드	프레지던트	아임 오프
	가을	서 펠리카스	캐슬필드	팰러딘
1914	봄	팰러딘	피지안 치프	콘필드
	가을	캐슬필드	컨셉션	서퍽
1915	봄[a]	비컨스필드	로즈우드/서 빅터	—
	가을	캐슬필드	비컨스필드	퍼펙션 달리아
1916	봄	비컨스필드	헤이즐너트	패러건
	가을	블랙 다이아몬드	캐슬필드	윈섬 달리아
1917	봄	캐슬필드	글래디에이터	오시리스
	가을	더 오리올	실버 스트리크	글래디에이터
1918	봄[c]	캐슬우드	캐슬필드	글래디에이터/더 오리올
	가을	캐슬필드	캐슬우드	실버 스트리크

1919	봄	로즈우드	실버 스트리크	캐슬필드
	가을	실버 스트리크	더 오리올	할로윈
1920	봄	바이댄드	올드 빌	우댄드
	가을	더 호크	바이댄드	타투이야르
1921	봄	올드 빌	실버 스트리크	더 호크
	가을	더 호크	메어스필드	올드 빌
1922	봄	메어스필드	올드 빌	셴콜란드
	가을	메어스필드	샐베이션	내셔널리스트
1923	봄	셴콜란드	올드 빌	코크 오트 노스
	가을	애비필드	화이트 나이트	올드 빌
1924	봄	컬럼비아	주아브	뉴질랜드
	가을	보니 스코틀랜드	보더랜드	주아브
1925	봄	워런필드	뉴질랜드	소시
	가을	워런필드	보니 스코틀랜드	휘트크로프트
1926	봄	보더랜드	올드 빌	파이어스톤
	가을	휘트크로프트	모닝 플라이트	피콜로
1927	봄	뉴질랜드	마크 오버	모닝 플라이트
	가을	차콜	영 빌	휘트크로프트
1928	봄	휘트크로프트	화이트 로즈마리	앨리게이터
	가을	비지 비	휘트크로프트	앨리게이터
1929	봄	패트	휘트크로프트	포피랜드
	가을	휘트크로프트	비지 비	앨리게이터
1930	봄	비지 비	휘트크로프트	앨리게이터
	가을	휘트크로프트	일렉션 이브	파이어플래시
1931	봄	자를란트	비지 비	미스터 신더스
	가을	자를란트	파이어플래시	헤이지 몬
1932	봄	미스터 신더스	다우어 버드	앨리게이터
	가을	슬리피 몬	앨리게이터	부트 블랙
1933	봄	내셔널리스트 3	부트 블랙	베체록
	가을	오페라 이브	새라토가	트랙션 버드
1934	봄	오페라 이브	캐슬리본	포 에이시스
	가을	캐슬리본	오페라 이브	웰컴 몬
1935	봄	오페라 이브	로체스터	사일러스 웨그
	가을	레이디언트 몬	로체스터	보스턴 드릴
1936	봄	레이디언트 몬	스톱 로스	로체스터
	가을	레이디언트 몬	로체스터	돈 페드로
1937	봄	스파클링 몬	로햄프턴	스모키라이트
	가을	레이디언트 몬	워터루비	네이밍 몬
1938	봄	레이디언트 몬	로햄프턴	메리라이트
	가을	메리라이트	골드 베이즈	화이트 퍼레이드

1939	봄	레인	하인드헤드	화이트 윌리
	가을	화이트 퍼레이드	배그숏	조이라이트
1940	봄	클루니하우스	배그숏	돈 엔리코
	가을	하인드헤드	클루니하우스	노스우드
1941	봄	하인드헤드	실버 폭스	클루니힐
	가을	클루니하우스	화이트 퍼레이드	매직 서클(옛 스파클링 몬)
1942	봄	올드 타이머(옛 클루니힐)	코퀴네(옛 화이트 나이트)	팰러딘(옛 화이트 퍼레이드)

a. 1903년 가을, 1907년 가을, 1915년 봄 경기에서는 2위과 3위 격차가 거의 없어 둘 다 2위가 됐다.

b. 1910년 봄 우승 말(마블스)이 경주로를 벗어나면서 실격 처리돼, 2위와 3위의 순위가 하나씩 올라가면서 3위는 없었다.

c. 1918년 봄 경기에서는 3위와 4위의 격차가 거의 없어 둘 다 3위가 됐다.

주석

◇◇◇◇◇

프롤로그

1. Lu Hanchao, *Beyond the Neon Lights*, 43.
2. Yang and Ye, *Jiu Shanghai fengyun renwu*, 202-9, Lu Hanchao, *Beyond the Neon Lights*, 48에서 직접 재인용.

1장 · 상하이의 아침

1. 광고, *The China Press*(이하 TCP), 1941년 11월 12일, 5.
2. 광고, *Shanghai Times*, 1941년 11월 12일.
3. 베라 허친슨과 관련된 소송 사건을 통해 헬렌 파이퍼가 그녀의 가명임이 드러났다. "Madame Piper Holds Her Own in Word Battle," *North-China Daily News*(이하 NCDN), 1933년 10월 14일을 보라
4. "Shanghai", *Fortune*, 40.
5. "Liza Hardoon Dies at 78 Leaving Huge Estate," *Shanghai Times*, 1941년 10월 4일.
6. *Racing Record*, vol. 24.
7. "Crowds Must Stay Off Roofs," *North-China Herald*(이하 NCH), 1937년 8월 25일.
8. Arthur Henchman to Vandeleur Grayburn, 1941년 10월 25일, HQ SHGII 0124, HSBC Archives, London.
9. Shanghai Consular Correspondence, 1941년 8월 14일, 그리고 1941년 11월 8일, Record Group 58 310, *Repatriation of American Citizens*, vol. 2959, National Archives (US).
10. Cover, *Pei-yang Pictorial News*, 1927년 4월 27일.
11. Lu Hanchao, *Beyond the Neon Lights*, 146-48.

12. Ibid., 138.

13. Fang Yifeng, *Yizhongji* [A Collection], 5. Also, interview with Lydia Chen, Philadelphia, 2019년 11월 18일.

14. Chang, *Cultural Translation*, 208.

1부 · 상하이 시민(1843~1937년)

2장 · 유배의 즐거움

1. "Ponies in Shanghai," *North-China Herald*, 1893년 11월 24일.

2. Coates, *China Races*.

3. Platt, *Imperial Twilight*, 245.

4. Qianlong to George III, [1793], Backhouse and Bland, *Annals & Memoirs*, 322-31에서 간접 재인용.

5. Harrison, "Qianlong Emperor's Letter to George III."

6. 이 논쟁에 대한 최근의 면밀한 논의는 Platt, *Imperial Twilight*.

7. Cushing, *Opinion of the Attorney General*, 5.

8. Coates, *China Races*, 27.

9. *Shanghai Race Club Rules 1930*, 1.

10. 경마장이 서쪽으로 옮겨간 것에 대한 간결하고 믿을 만한 설명으로는 Xiong, "From Racecourse to People's Park and People's Square," 477.

11. 1845년의 토지 규정은 Morse, *International Relations of the Chinese Empire*, I:350 등 많은 자료에 나와 있다.

12. *What Remains*에서 Tobie Meyer-Fong이 이 전쟁의 결과를 분석했다.

13. Bickers, "Shanghailanders," 165-66.

14. Isabella Jackson, *Shaping Modern Shanghai*, 16-17.

15. Hawks Pott, *Short History of Shanghai*, 30.

16. 보수적인 추정치는 난민 규모를 20만 명 이하로 보지만, 정확한 것은 알기 어렵다. Lu Hanchao, *Beyond the Neon Lights*, 139.

17. Lu Bo, "Cong paomating dao renmin guangchang."

18. *China Races*에서 오스틴 코츠는 세 번째 경주로가 1860년 티벳 거리와 씨쩌 거리 사이에 있는 곳에서 개장했다고 주장한다. 하지만 여기서는 (1860년 가을부터 1861년 사이에) 딱 4번의 경마 대회만 열렸고, 현재의 경마장이 네 번째로 건설된 경마 시설이라고 그는 주장한다. 신문 보도 기록에는 세 번째 경마장 기록이 없고, 코츠의 주장을 뒷받침할 다른 기록도 없다.

19. "Shanghai Races," *NCH*, 1862년 5월 3일. 1850년에 창간한 〈노스차이나 헤럴드〉는 중국에서 가장 오래된 영자 신문이며 영국 영사관과 중국·일본 관할 영국 법원의 공식 기록이기도 하다. 이 매체의 일간지 형태인 〈노스차이나 데일리 뉴스〉는 1864년부터 발행됐다.

20. Ibid.

21. D. H., "Clubland in Shanghai," *NCH*, 1893년 11월 24일.

22. "History of the Shanghai Paper Hunt Club," Coates, *China Races*, 24 에서 직접 재인용.

23. Carl Sowerby, "What is a China Pony," *NCH*, 1923년 10월 20일.

3장 · 상하이정착민들

1. Bickers, *Scramble for China*, chapter 10.

2. Wang, *Portuguese in Shanghai*, 6-7.

3. Bickers, "Shanghailanders," 202. 역사가 로버트 비커스는 '상하이정착민' 이라는 용어가 오직 영국인들, 그 중에서도 자신의 뿌리를 상하이에 두고 국가보다 지역 공동체에 더 충실한 영국인들을 지칭하는 것이라고 설득력 있게 주장한다.

4. "Law Reports," *NCH*, 1876년 8월 19일.

5. "Mr. Nils Moller Explains," *NCH*, 1891년 7월 10일.

6. Ibid.

7. "Public Meeting," *NCH*, 1880년 8월 3일.

8. Various consulates, China, Registers of births, deaths, and marriages, Class FO 681, Piece I, National Archives (UK), Kew.

9. Probate of Augustus Harold White, FO 917/1855, National Archives (UK), Kew.

10. Teng, *Eurasian: Mixed Identities*, 147.

11. D. H., "Clubland in Shanghai," *NCH*, 1893년 11월 24일.

12. Ibid.

13. Ibid.

14. Bickers and Wasserstrom, "Shanghai's 'Dogs and Chinese Not Admitted' Sign."

15. 사설, *NCH*, 1862년 11월 15일. 강조는 원문.

16. A. L. Robertson, "Ponies in Shanghai: The Pleasures of Exile," *NCH*, 1893년 11월 24일.

17. "News of the Week," *NCH*, 1869년 9월 25일.

18. "Autumn Race Meeting," *NCH*, 1869년 11월 6일.

19. Stanley Jackson, *The Sassoons*.

20. "The Races," *NCH*, 1890년 5월 2일.

21. Fairplay, "The Last Race for the Champions," *NCH*, 1893년 7월 7일.

22. Coates, *China Races*, 126-27.

23. "Death," *NCH*, 1893년 11월 10일, 752.

24. "Hero," *NCH*, 1893년 11월 16일.

25. "Deaths," *NCH*, 1905년 2월 17일.

26. "Amusements," *NCH*, 1894년 11월 2일.

4장 · 경마와 경마 대회

1. "Paoma leiji" [The horserace], *Shenbao*, 1875년 5월 5일.

2. Wang Tao, *Seaside Jottings* (Shanghai, 1989), 121-22, Xiong, "From Racecourse to People's Park"에서 간접 재인용.

3. Chang, "To See and Be Seen," 96.

4. *Rules of the Shanghai Race Club 1930*, 27.

5. Nield, *China's Foreign Places*, 173-74.

6. Susan Mann Jones, "Ningpo Pang and Financial Power," 74-75.

7. Juliet Bredon, *Sir Robert Hart: The Romance of a Great Career*, 2nd ed. (London: Hutchinson, 1910), Nield, *China's Foreign Places*, 175에서 간접 재인용.

8. Goodman, *Native Place, City, and Nation*.

9. Ibid., 226.

10. "The Shanghai Race Club," *NCH*, 1897년 1월 29일.

11. Ibid.

12. Chang, "To See and Be Seen," 100.

13. Qiong Lu, "Paoma" [Horse racing], *Shenbao*, 1914년 5월 7일, 14, Chang, "To See and Be Seen," 101에서 간접 재인용.

14. Chang, "To See and Be Seen," 100.

15. "Amusements: Shanghai Autumn Race Meeting," *NCH*, 1897년 11월 5일.

16. "International Recreation Club," *NCH*, 1910년 6월 3일.

17. "International Recreation Club," *NCH*, 1911년 4월 22일.

18. "International Recreation Club: Kiangwan Meeting," *NCH*, 1911년 6

월 3일.

19. "Wanguo tiyuhui chuzhi" [The International Recreation Club opening], *Shishi xinbao*, 1911년 6월 2일.

20. Coates, *China Races*, 162.

21. "Kiangwan New Year Meeting: Opening of the New Grand Stand," *NCH*, 1923년 3월 3일.

22. "Turned Down," *Shanghai Times*, 1919년 2월 14일.

23. "Chinese and the Races," *Canton Times*, 1919년 2월 11일.

24. "Shanghai News," *NCH*, 1923년 5월 19일.

25. "Zuori fanri chubing dahui ji xiang" [Yesterday's demonstration opposing the mobilization of Japanese troops], *Shenbao*, 1927년 6월 13일.

26. "Da lao rentou" [Assault on an old man], *Shishi xinbao*, 1925년 9월 1일.

27. "Attack on Racing at Kiangwan: Chapei Merchants Protest to Paoshan Assembly," *NCH*, 1924년 5월 31일.

28. "Racing at Yangtszepoo," *NCH*, 1924년 11월 15일.

29. Chang, *Cultural Translation*, 204.

30. "Zhongguo saimahui zhi jinxing" [The opening of the Chinese Jockey Club], *Shishi xinbao*, 1926년 3월 8일.

31. "First Official Race Meeting on Yangtsepoo Course Sunday; Program," *TCP*, 1926년 3월 14일.

32. "Chinese Jockey Club: Inaugural Race Meeting," *NCH*, 1926년 3월 27일, 582.

33. Ibid.

34. "The I. R. C's New Club Building," *NCH*, 1929년 5월 4일.

35. Ibid.

36. Ibid.

37. "Large Gathering Attends Opening Ceremony," *TCP*, 1929년 5월 2일, 5.

38. "Where Ponies Could Mean Sino-Foreign Amity," TCP, 1929년 12월 6일.

5장 · 중국인 상하이정착민?

1. *Rules of the Shanghai Race Club 1930*, 40.

2. "Amusements: Shanghai Spring Race Meeting," *NCH*, 1890년 5월 2일.

3. *Rules of the Shanghai Race Club 1930*, 6.

4. "Shanghai Race Meeting, Autumn 1941" [program].

5. "Obituary (1): Dr. N. A. Tang," *NCH*, 1929년 8월 17일.

6. *Director & Chronicle for China*, 890; *Comacrib Directory of China for 1925*, 11.

7. *Who's Who of the Chinese Students*, 67.

8. Mo, "Hong xiu," 183.

9. Chao and Chao, *Remembering Shanghai*, 153.

10. 쑹 자매의 놀라운 삶에 대한 자세한 서술은 Jung Chang, *Big Sister, Little Sister, Red Sister*를 보라.

11. 이 문단의 상당 부분은 인용한 매체들에서 가져온 것이지만, Bevan, *Modern Miscellany*, 71-75에서도 인용했다.

12. "Shanghai Fall Fashion, Motor Car Show to Be Given for Ten Days Starting at End of October," *TCP*, 1927년 9월 25일.

13. A Lady Correspondent, "Frocks on the Race Course," *NCH*, 1926년 5월 8일, 283.

14. Louise B. Wilson, [First article, no title], *TCP*, 1925년 11월 8일.

15. 전화 인터뷰, Isabel Sun Chao, 2019년 10월 28일.

16. Zhang Zhongli, *Jindai Shanghai chengshi yanjiu*, 724에서 자료를 수집한 Lu Hanchao in *Beyond the Neon Lights*, 64에서 인용한 수치. 그리고 Zhu Bangxing et al., *Shanghai chanye yu Shanghai zhigong*, 701-2.

17. 웡의 글은 기독교청년회 회보인 〈상하이 칭녠〉에 실렸다. 예컨대, Wang Naizhi, "Huayang bupingdeng lishi de yiye" [A word on the unequal history of China and the West], *Shanghai qingnian* 45 (1930): 7-9. 그는 나중에 쓴 글에서 1940년대에 불교도가 되기 전에 기독교도였다고 밝혔다. Wang Naizhi, "Wo zhi xinyang zhuanyi zishu" [My change of faith], *Jueyouqing* [Enlightment], 날짜 미상.

18. Mu Shiying, "Shanghai de hu bu wu" [Shanghai foxtrot], trans. Andrew David Field, in *Mu Shiying*, ed. Field, 109.

19. Liu Na'ou, "Two People Impervious to Time," in *Dushi fengjing xian* [Urban skyline] (Shanghai: Shuimo shudian, 1930; repr., Shanghai shudian, 1988), 91-92. Braester, "Shanghai's Economy of the Spectacle," 43의 번역문 직접 인용.

20. "Black Dominates the Fashions," *NCH*, 1936년 11월 18일, 275.

21. Miriam Holloway, "Fashion Parade Gay with Color at Champions," *TCP*, 1933년 5월 11일, 9.

22. Lady Correspondent, "Frocks on the Race Course."

23. Holloway, "Fashion Parade Gay with Color."

24. Yu Loo Tang, "Causerie Chinoise: On an Old Battlefield," *TCP*, 1926년 5월 9일.

25. "Mr. N. A. Tang," *NCH*, 1929년 8월 24일, 293.

26. Fitzgerald and Kuo, "Diaspora Charity."

27. William Yinson Lee, "Letter to the Editor," *NCH*, 1924년 4월 12일, 64.

28. Ibid. 리에 대한 더 자세한 것은 Fitzgerald and Kuo, "Diaspora Charity."

29. William Yinson Lee, "Letter to the Editor," *NCH*, 1925년 8월 8일, 137.

30. "Chinese Membership in the Foreign Clubs," *China Weekly Review* (이하 CWR), 1925년 8월 15일, 209.

31. "Shanghai Merchant Prince Mr. Chu Pao-san, Is Dead," *TCP*, 1926년 9월 3일, 1; "Downtown Streets to Be Closed While Cortege of Mr. Chu Pao-san Is Passing," *TCP*, 1926년 11월 4일, 1; "The Mourning Ceremonies for Mr. Chu Pao-San," NCH, 1926년 11월 6일, 257.

32. Shen Zhirui, *Need for the Club*, 46.

33. Ibid.

34. Reed, *Gutenberg in Shanghai*, 186.

35. Lin Heqin, "The City and the Club," in *Need for the Club*, by Shen Zhirui, 40.

36. 량치차오와 옌푸는 중국이 개혁을 하고 새롭게 적용하지 못하면 도태될 것이라고 생각한 인물들이다. Delury and Schell, *Wealth and Power*, 98, 101.

37. "Anglo-Chinese Garden Party," *NCH*, 1918년 6월 15일.

38. Lin, "City and the Club."

39. Yu-loo Tang, "Causerie Chinoise," *TCP*, 1926년 5월 7일.

40. Ibid.

41. Yu-loo Tang, "Causerie Chinoise: An Autumn Dirge," *TCP*, 1926년 8월 29일.

6장 · 중국인의 상하이 창조하기

1. Du Yangeng, "Kaipi dongfang dagang de zhongyao ji qishi shi buzhou (1)" [The importance and implementation of opening an eastern port], *Shenbao*, 1933년 1월 17일, Roskam, *The Improvised City*, 179에서 직접 재인용.

2. Isabella Jackson, *Shaping Modern Shanghai*, 73-77.

3. Coates, *China Races*, 162.

4. Roskam, *Improvised City*, 179.

5. Musgrove, *China's Contested Capital*이 가장 확실한 설명을 제공한다.

6. Cody, *Building in China*에서 파악한 내용.

7. Ibid., 42.

8. Ibid., 161.

9. "Henry Killam Murphy Will Draw Plans for Rebuilding of Nanking," *CWR*, 1928년 12월 22일.

10. Denison and Ren, *Modernism in China*, 116.

11. Hibbard, *All about Shanghai and Environs*, 67.

12. 다유 둥의 상세한 전기는 Seng, "Between Beaux-Arts and Modernism." 에서 볼 수 있다.

13. Doon, "Greater Shanghai—Greater Vision."

14. "Plans Are Outlined by Commission for Building the Future Greater Shanghai Municipal Center," *TCP*, 1929년 11월 10일, C4.

15. Asa E. Phillips, "American Engineer Gives His View on Plans for Local Port," *TCP*, 1929년 12월 3일, 2.

16. "The Shanghai Dream City," *NCH*, 1929년 11월 16일, 254.

17. "City Government Building: Foundation Stone Laying Ceremony Performed by Mayor," *NCH*, 1931년 7월 14일, 49.

18. "Civic Center Is Reflection of New China," *TCP*, 1935년 11월 2일.

19. "Planning Commission Awards Prizes on Civic Center Designs," *CWR*, 1930년 3월 22일, 150.

20. "City Government Building," *NCH*.

21. "Shanghai shi zhengfu xin wudianji li ji" [Ceremony for foundation of New Shanghai government building], *Shenbao*,1931년 7월 8일.

22. Du Yangeng, "Kaipi dongfang dagang de zhongyao ji qishi shi buzhou" (3) [The importance and implementation of opening an eastern port],

Shenbao, 1933년 2월 14일. Roskam, *Improvised City*, 194에서 직접 재인용.

23. "City Government Building," *NCH*.

24. "Slain Secretary Lives to Give Graphic Story of Battle in Station," *TCP*, 1931년 7월 24일, 1.

25. "Mr. Yu-loo Tang Passes Away," *NCH*, 1931년 7월 28일, 120.

26. "Scenes of Desolation," *NCH*, 1932년 3월 15일.

27. "Work on Buildings at Civic Center to Be Resumed Soon," *TCP*, 1932년 6월 16일, 1.

28. "Sports of All Sorts," *TCP*, 1932년 2월 14일, B1.

29. Chang, *Cultural Translation*, 204.

7장 · 상하이 경마

1. "New Race Club Building," *NCH*, 1934년 3월 7일.

2. "Burkill [sic] Opens New Race Club with Gold Key," *TCP*, 1934년 3월 1일.

3. Bickers, "Settlers and Diplomats," 230.

4. 비커스는 최근에 정착한 이주민들이 어떻게 기존 정착민들과 거리를 뒀는지 설명하지만, 위기를 겪게 되자 둘의 구분이 흐려졌다는 점도 분명히 지적한다. 나는 부분적으로는 이 때문에 두 집단을 크게 구분하지 않는다.

5. "Shanghai," *Fortune*, 40.

6. Ibid., 102.

7. "Burkhill [sic] Opens New Race Club," *TCP*.

8. "New Race Club Building," *NCH*.

9. Ibid.

10. Jerome W. Ephraim, "Experts Gives Good Advice on Hangovers: Morning after the Night Before," *TCP*, 1936년 12월 14일.

11. "Over the Tea Cup: Looking on the Bright Side: Activities of Some of Shanghai's Bright Young Things," *NCH*, 1932년 3월 22일.

12. Ephraim, "Experts Gives Good Advice."

13. Yu-loo Tang, "Causerie Chinoise," *TCP*, 1926년 5월 2일.

14. "Shanghai," *Fortune*.

15. Sensibar, *Faulkner and Love*, 415.

16. "What Part Patriotism Plays in the Life of a Nation Is Told in U. S.

Memorial Day Address," *TCP*, 1927년 6월 5일.

17. Sensibar, *Faulkner and Love*, 242.

18. Sensibar, *Faulkner and Love*에 근거한 이야기.

19. Sensibar, *Faulkner and Love*, 395.

20. Ibid., 407.

21. Estelle Oldham (Faulkner), "Star-Spangled Banner Stuff," in Sensibar, "Introductory Note to 'Star-Spangled Banner Stuff.'"

22. Sensibar, "Introductory Note to 'Star-Spangled Banner Stuff,'" 379.

23. Sensibar, *Faulkner and Love*, 242.

24. Ibid., 469.

25. "Personal Notes," *NCH*, 1925년 8월 22일.

26. 헨치먼의 홍콩상하이은행 경력과 관련된 정보는 King, *Hongkong Bank between the Wars*, 특히 301-2에서 가져왔다.

27. Ibid., 411.

28. "Here and There," *NCH*, 1933년 12월 27일.

29. "Shanghai as Others See It," *NCH*, 1927년 11월 19일.

30. "Popular Bowler's Farewell: Mr. R. C. Aitkenhead Leaving China," *NCH*, 1932년 7월 20일, 98.

31. "Weddings," *NCH*, 1912년 9월 10일.

32. "Passenger List," *NCH*, 1933년 2월 15일.

33. "Shanghai," *Fortune*, 102.

34. "Flight of Fancy," English.eastday.com, 2005년 10월 3일, http://english.eastday.com/eastday/englishedition/node20665/node20667/node22808/node45576/node45577/userobject1ai925032.html.

35. Coates, *China Races*, 251-53.

36. Jane Ram, "A Lover of Horses," Recollections (series), *South China Morning Post*, 1974년 4월 28일, 26.

37. *Rules of the Shanghai Race Club 1930*, 42.

38. "Marriage Announcement," *NCH*, 1918년 5월 18일, 413.

39. "Shanghai Law Reports," *NCH*, 1937년 2월 10일, 251.

40. "Marriage Announcement," *NCH*, 1937년 2월 17일, 308.

41. Wearing, *London Stage: 1910-1919*.

42. Coates, *China Races*.

43. M. M. P., "Lady Race Pony Owners," *NCH*, 1933년 5월 10일, 239.

44. "Liddell-Coutts Wedding Held," *TCP*, 1927년 11월 22일.

45. Don Warrin, "Antonio M. Jorge da Silva: An Oral History," 2014년 인터뷰. (Berkeley: Oral History Center, Bancroft Library, University of California, 2015).

46. "Young Architect Welcomed," *NCH*, 1928년 6월 16일.

47. "The Denis Apartments," *TCP*, 1930년 1월 30일, A58.

48. Ibid.

8장 · 세계시민들

1. *The China Directory for 1863*, 46.

2. "Optants 1872," Ancestry.com, 2019년 9월 16일 접속.

3. Betta, "Silas Aaron Hardoon (1851-1931)," 71-73.

4. Ibid., 74.

5. 사순 가문 그리고 상하이의 또 다른 유명 유대인 가문인 카두리 가문 이야기는 Jonathan Kaufman, *The Last Kings of Shanghai*에 실려 있다.

6. Betta, "Silas Aaron Hardoon"의 3장에 이 시기에 대한 자세한 설명이 있다.

7. Betta, "Silas Aaron Hardoon," 68.

8. Ibid., 102.

9. Xu, *Hatong woizhuan*.

10. Betta, "Silas Aaron Hardoon," 77에 근거한 묘사.

11. "Huge Beth Aharon Synagogue, Donated by S. A. Hardoon, Is Opened with Impressive Rites," *TCP*, 1927년 7월 1일.

12. "A Notable Chinese Woman," *Millard's Review of the Far East*, 1919년 8월 9일.

13. "Local and General News," *NCH*, 1912년 5월 25일.

14. "The Garden Fete: Splendid Show for Allies' Relief Funds," *NCH*, 1915년 5월 29일.

15. "Anglo-Chinese Garden Party," *NCH*, 1918년 6월 15일.

16. "Charity Fete in Mr. Hardoon's Garden," *NCH*, 1917년 11월 10일.

17. "Modern 'Women of Tang'," *TCP*, 1928년 4월 8일.

18. Betta, "Silas Aaron Hardoon," 110, 270.

19. 복잡한 하둔 가문에 대한 가장 상세한 설명은 Doron, "Silas Aaron Hardoon," 76에서 볼 수 있다. Maisie J. Meyer, *From the Rivers of Babylon*, 252의 주석 100도 보라.

20. Doron, "Silas Aaron Hardoon," 79.

21. Maisie Meyer, "Sephardi Jewish Community," 32.

22. Ibid., 42.

23. 이 사례는 Maisie J. Meyer, "Silas Aaron Hardoon Will Case," *Shanghai's Baghdadi Jews*, 460-68에서 면밀하게 논의된다.

24. "Mrs. Hardoon's Birthday," *NCH*, 1933년 8월 30일.

25. "Hardoon's Widow Celebrates 70th Birthday Here Today," *TCP*, 1933년 8월 27일.

26. "Here & There," *NCH*, 1935년 5월 8일.

27. Stein, "Protected Persons?" 80.

28. Diana Yeh, *Happy Hsiungs*, 22-28.

29. Max Chaichek, "Shanghai Show World," *TCP*, 1934년 4월 6일, 8.

30. Yeh, *Happy Hsiungs*, 39-40.

31. "'Lady Precious Stream' Starts Vogue for Things Chinese," *TCP*, 1935년 6월 7일, 1.

32. "Rehearsals Go Well Here on Chinese Play," *TCP*, 1935년 6월 5일, 14.

33. "Here & There," *NCH*, 1935년 5월 8일.

34. "Shanghai News," *NCH*, 1923년 5월 12일.

35. "Ing Tang Lee Making Grapes When N. Y. Stage Offer Comes," *TCP*, 1935년 12월 15일, 9.

36. "'Lady Precious Stream': Shanghai's Presentation at Carlton Theatre," *NCH*, 1935년 7월 3일.

37. "Re ren zhumu zhi yingwen ming ju" [Eye-catching English drama], *Shishi xinbao*, 1935년 6월 26일.

38. "Society Turns Out for Play," *TCP*,1935년 6월 26일.

39. "Tang ying jiang fu mei bin Wang Baochuan" [Tang Ying will go to the United States to play Lady Precious Stream], *Tiebao*, 1935년 12월 15일.

40. "Miss Tang Ing," *TCP*, 1935년 12월 20일.

41. "Here & There," *NCH*, 1936년 8월 26일.

42. Allen Wu, "Chinese Social Notes," *NCH*, 1936년 11월 11일.

43. Bevan, *Modern Miscellany*, 70의 주석 69.

44. "Meiguo ren bu ai kan Wang Baochuan" [Americans don't like Lady Precious Stream], *Tiebao*, 1936년 3월 16일.

45. *Shanghai Grand*에서 Taras Grescoe가 국제 아트 시어터 스튜디오와 에밀리

한, 빅터 사순의 관계를 논한다.

46. "'Millionaire Playboy' Comes Home, Seeks Mother's Pardon," *TCP*, 1937년 7월 12일에서 조지 하둔은 자신이 생후 16주 때 리자 하둔에게 입양됐다고 진술한다. 1937년에 그의 나이는 17, 19, 20살로 서로 다르게 제시됐다.

47. "Hardoon Scion Missing, May Be Disowned," *TCP*, 1937년 7월 10일.

48. "She Loves Me Now: Prodigal Son Is Forgiven, Mrs. Hardoon Pays," *TCP*, 1937년 7월 13일, 9.

49. "Miss Homjakoff Wins 'Miss Shanghai' Title," *TCP*, 1937년 7월 16일.

50. Lamson, "Eurasian in Shanghai," 648.

51. Reuters, "Hybrid as a Sociological Type"; Reuters, *Race Mixture*, 183-204.

52. Teng, *Eurasian: Mixed Identities*, 142-43.

53. Lamson, "Eurasian in Shanghai," 642.

54. Ibid., 646.

55. Hahn, *China to Me*, 70.

9장 · 새로운 상하이

1. "Civic Center Is Reflection of New China," *TCP*, 1935년 11월 2일.

2. "Shuang shi ji juxing luocheng li" [Double-ten festivals], *Shenbao*, 1933년 10월 7일.

3. "Shifu xinsha jinri luocheng" [Completion of the new city government building], *Shenbao*, 1933년 10월 10일.

4. "Inauguration of New Municipal Building," *TCP*, 1933년 10월 11일.

5. "The Civil Centre," *NCH*, 1933년 10월 18일.

6. "Zongli danchen jinian" [Premier's birthday yesterday], *Shenbao*, 1933년 11월 13일. (〈선바오〉는 군중 6만 명이 모인 것으로 추정한 반면 영어 매체들은 그 절반으로 평가했다.)

7. "Scenes of Desolation," *NCH*, 1932년 3월 15일, 419.

8. "Towering Bronze Image Symbolises Homage to Sun Yat-Sen," *TCP*, 1933년 11월 13일.

9. "Mingri zongli danchen jinian" [Commemoration of the birthday of the premier], *Shenbao*, 1933년 11월 11일.

10. "Party Leader's Birthday: Fascist Leaflets at Kiangwan Meet," *NCH*, 1933년 11월 15일, 258.

11. "Cornerstones at Civic Center Laid by Mayor," *TCP*, 1934년 12월 2일.

12. "New Million Dollar Stadium at Civic Center Is Important Addition," *TCP*, 1935년 6월 16일.

13. "Buildings at Kiangwan Open Mar. 1," *TCP*, 1935년 12월 15일.

14. Seng, "Between Beaux-Arts and Modernism."

15. "Civic Centre Celebrations," *NCH*, 1937년 7월 14일, 62.

16. "Shifu shi zhoujinian" [Tenth anniversary of city government], *Shenbao*, 1937년 6월 25일, 16.

17. "Civic Centre Celebrations," *NCH*.

18. "Colorful Procession Last Night Preludes Show," *TCP*, 1937년 7월 7일, 2.

19. "Civic Centre Celebrations," *NCH*.

20. Wu Tiecheng, "Shanghai shi de huigu yu zhanwang" [Looking back and forward at the city of Shanghai], *Shenbao*, 1937년 7월 7일, 11.

21. "Shifu shi zhoujinianhui qimu" [Yesterday morning grand ceremony city hall 10th anniversary meeting], *Shenbao*, 1937년 7월 8일.

22. "A Decade of Progress," *TCP*, 1937년 7월 8일, 10.

23. "Civic Centre Celebrations," *NCH*.

24. Harmsen, *Shanghai 1937*, introduction.

2부 · 고독한 섬 (1937~1941)

10장 · 종말의 시작

1. Harmsen, *Shanghai 1937*, 31-32.

2. "Mayor Yui Rejects Japanese Demand for Paoantui Withdrawal," *TCP*, 1937년 8월 12일, 1.

3. Harmsen, *Shanghai 1937*, 55.

4. Hauser, *Shanghai: City for Sale*, 311. 하우저는 아서 헨치먼이 폭격을 지켜본 이들에 섞여 있었다고 암시한다.

5. Henchman to Grayburn (전보), 1937년 8월 14일, HQ SHGII 0272, HSBC Archives, London.

6. James D. Hammond, "Ghastly Scene Witnessed in Air Bombing," *TCP*, 1937년 8월 15일.

7. Ibid.

8. Ibid.

9. Ibid.

10. French, *Bloody Saturday*.

11. Harmsen, *Shanghai 1937*, 60. 호니그스버그 부인이 *NCH*, 1937년 8월 18일의 "사망자" 명단에 포함되어 있다.

12. Henchman to Grayburn (전보), 1937년 8월 15일, HQ SHGII 0272, HSBC Archives, London.

13. Henchman to Hong Kong (전보), 1937년 8월 18일, HQ SHGII 0272, HSBC Archives, London.

14. Henchman to Grayburn (전보), 1937년 8월 18일, HQ SHGII 0272, HSBC Archives, London.

15. Henchman to Hong Kong (전보), 1937년 8월 27일, HQ SHGII 0272, HSBC Archives, London.

16. "Volunteers and Foreign Troops Called Out," *NCH*, 1937년 8월 18일.

17. James A. Mills, "War Rips Finest Civic Center in Orient to Pieces," *NCH*, 1937년 9월 16일.

18. "Damaged Civic Center to Be Rebuilt on Grandest Scale," *TCP*, 1937년 9월 16일.

19. "Civic Centre Terribly Smashed: Main Structure Holed and Fire-Blackened," *NCH*, 1937년 9월 22일.

20. "Liulian zhang xuezhan xunnan" [The flowing blood of martyrs], *Shishi xinbao*, 1937년 10월 3일.

21. "Foreigners Shown Kiangwan," *NCH*, 1937년 11월 3일.

22. "Shanghai News and Notes," *NCH*, 1938년 1월 12일.

23. "Foreigners Shown Kiangwan," *NCH*.

24. F. Tillman Durdin, "All Captives Slain," *New York Times*, 1937년 12월 18일.

25. Ibid.

26. "Wild Acts of Nippon Army Confirmed," *TCP*, 1937년 12월 25일.

27. "How Lieutenants Mukai and Noda Exceeded Murder Quotas," *CWR*, 1938년 1월 1일.

28. "Foreigners Crowd over Bridge to Have Look-See in Hongkew," *TCP*, 1937년 12월 28일.

29. "Pork Drops in Price from 80 to 35 Cents," *TCP*, 1938년 1월 5일.

30. "Roads Renamed in Kiangwan Area," *NCH*, 1938년 2월 23일.

31. "Hata Reviews Nippon Troops at Kiangwan," *TCP*, 1938년 3월 11일.

32. South Manchuria Railway Company, *Japanese Spirit in Full Bloom*, 1.

33. "The New 'Mayor'," *TCP*, 1938년 10월 19일.

34. Timothy Brook은 "Shanghai Great Way Government"에서 쑤시원과 그가 내세운 '위대한 길' 정부의 짧고도 기이한 역사를 설명한다.

35. "New 'Mayor'," *TCP*.

11장 · 교차로

1. 영화 〈교차로〉에 대한 더 자세한 논의는 Lee, "Urban Milieu of Shanghai Cinema," 95를 보라.

2. *Shizi jietou* [Crossroads] (Shen Xiling 감독, 1937).

3. Ibid., 137.

4. Si Ying, "Tingzijian de shenghuo" [Life in the pavilion room], *Shanghai shenghuo* 1, no. 1 (1937년 3월): 24-25. Lu Hanchao, *Beyond the Neon Lights*, 171에서 직접 재인용.

5. Wang Naizhi, "Huayang bupingdeng lishi de yiye" [A word on the unequal history of China and the West], *Shanghai qingnian* 45 (1930): 7-9.

6. Police Report, June 20, 1938, *Files on Noulens Associates: Chinese Newspapers—Anti-Japanese Publications In*, pp. 63-67, Shanghai Municipal Police Files, 1894-1945, National Archives (US), State Papers Online, https://go.gale.com/gdsc.

7. Ibid., pp. 61-64. 강조는 원문.

8. Ibid.

9. Shanghai Municipal Police Commissioner's Files, 1940년 7월 9일, Shanghai Municipal Archives, 1990년대 로버트 비커스가 입수.

10. Records of US Consul Shanghai, [Telegraph from Shanghai, 1941년 7월], RG 84, 891.1, National Archives (US).

11. "The Problem of Safety in Foreign Settlements," *China Critic*, 1939년 4월 6일.

12. "S. M. C. Suspends Chinese Newspaper," *CWR*, 1939년 5월 6일.

13. "S. M. C. Attitude on Flag Question," *NCH*, 1939년 5월 3일.

14. "Reserve Unit Clears Yates Rd.," *NCH*, 1939년 5월 10일.

12장 · 재개된 경마

1. 이 장 이후에는 따로 언급하지 않는 한, 경마 장면 묘사는 〈노스차이나 테일리 뉴스〉, 〈노스차이나 헤럴드〉, 〈차이나 프레스〉, 〈차이나 위클리 리뷰〉, 〈상하이 타임스〉 신문의 당시 보도에서 가져온 것이다.

2. "Shanghai's Wealthiest Champions Classic in Ten Years Chases Away War-Time Blues," *TCP*, 1938년 5월 12일.

3. Ibid.

4. "David Sassoon Passes Quietly at Age of 73," *TCP*, 1938년 5월 23일.

5. "A Leader of the House of Sassoon: Veteran Sportsman of Shanghai Buried near Scene of Victories," *TCP*, 1938년 5월 24일.

6. "Champions Today Most Open Race in Years," *TCP*, 1938년 11월 9일, A1.

7. David Zentner, "Sports Reflections: Biggest Champions' Crowd for Seven Years," *TCP*, 1938년 11월 11일.

8. "Shanghai Horse Bazaar," *Shanghai Times*, 1914년 5월 19일.

9. "From Daily News Ads," *NCH*, 1937년 5월 26일.

10. "Mr. E. Moller Makes Gift to Japanese Forces," *NCH*, 1939년 12월 20일.

11. Kathryn Meyer and Terry Parssinen, *Webs of Smoke*, 267.

12. "Communication Dated 25.1.27 from the Secretary of the Administrative Commission, Peiping, concerning Victor Strijevsky," 1937년 2월 2일, p. 2, Shanghai Municipal Police Files, National Archives (US).

13. Ibid.

14. J. B. P., "The American Automobile in China," *Millard's Review of the Far East*, 1917년 9월 29일.

15. "Cars Registered in 2 Concessions Hit 10,598 Mark," TCP, 1932년 4월 3일.

16. "Mark L. Moody Co. Celebrates Fifteenth Anniversary Today," *TCP*, 1935년 7월 4일.

17. "Alexej Viktorovich Strijevsky," 1932년 8월 14일, Shanghai Municipal Police Files, National Archives (US).

18. King, *Hongkong Bank between the Wars*, 302.

19. "Jockey Sportsmanship," *NCH*, 1936년 6월 10일.

20. 하얼빈이 러시아의 지배를 받다가 중국으로 지배권이 넘어간 것에 대해서는

James Carter, *Creating a Chinese Harbin*에서 자세히 소개된다.

21. "Hindhead Wins the Champions," *NCH*, 1940년 11월 20일.

22. Isabella Jackson, *Shaping Modern Shanghai*, 89.

23. Bickers, *Out of China*, 194-95.

24. Allman and Clark, *Shanghai Lawyer*, 281.

25. American Consular Service Shanghai, Memorandum, 1941년 1월 23 일, RG59, National Archives (US).

26. Wakeman, *Shanghai Badlands*, 특히 8장.

27. Ibid., 99.

28. "Cluniehouse Should Win Champions Today," *NCDN*, 1941년 5월 7일.

29. "Huge Crowd Sees Hindhead Crowned King of the Turf," *NCDN*, 1941 년 5월 8일.

13장 · 마지막 가을

1. "Cluniehill Runs Off with First Race of Season," *NCH*, 1941년 10월 8일.

2. "Large Crowd Sees Hindhead Qualify for Champions," *NCH*, 1941년 10월 8일.

3. "Shanghai Race Meeting, Autumn 1941" [program].

4. Lu Hanchao, *Beyond the Neon Lights*, 135.

5. 오래 전 상하이에 흡수된 쉬자후이 마을의 도서관은 이제 상하이 시립 도서관에 소속된 분소로 운영되며, 타의 추종을 불허하는 이 도서관의 상하이 역사 관련 기록물들은 상하이 경마 이야기를 재구축하는 데 절대적인 구실을 했다.

3부 · 경마 대회 날

14장 · 챔피언 결정전 날

1. Ann Sterling, "Romance and Reality," *NCH*, 1941년 11월 19일, 299.

2. Ibid.

3. The Chaser, "Cluniehouse Picked to Beat Hindhead in Champions; Hindhead May Provide Upset," *NCDN*, 1941년 11월 12일, 6.

4. "Dagal's Call Over" [광고], *NCDN*, 1941년 11월 11일, 6.

15장 · 국부

1. "Mayor Fu Siao-en Murdered," *NCH*, 1940년 10월 16일, 90. Wakeman,

*Shanghai Badlands*는 이 시기 상하이 상황을 가장 완벽하게 묘사하고 있다.

2. "Funeral of Mayor Fu Siao-en," *NCH*, 1940년 10월 30일.

3. Zanasi, "Globalizing Hanjian."

4. "Men and Events," *CWR*, 1941년 7월 19일.

5. "Qìngzhù guófù dànchén" [Celebrating the birthday of the founding father], *Shenbao*, 1941년 11월 12일.

6. "Birthday of Dr. Sun Observed Quietly," *NCH*, 1941년 11월 19일.

7. "Shier chan jiaofen" [Twelve battles], *Shenbao*, 1941년 11월 11일, 7.

8. Police Reports, 1938년 11월 11일 그리고 1941년 11월 12일, *Files in Noulens Associates: Buses Operated by the China General Omnibus Company Detained by Japanese Gendarmerie*, p. 38, Shanghai Municipal Police Files, 1894-1945, National Archives (US), State Paper Online, https://go.gale.com/gdsc.

9. Morning Translation, 1938년 11월 12일, *Files on Noulens Associates: Buses Operated by the China General Omnibus Company*, p. 31.

10. Crime Diary, Enclosure A, 1938년 11월 12일, *Files on Noulens Associates: Buses Operated by the China General Omnibus Company*, p. 37.

11. Crime Diary, 1939년 11월 12일, and Police Reports, 1941년 11월 12일, *Files on Noulens Associates: Buses Operated by the China General Omnibus Company*, p. 23.

12. Police Report, 1939년 11월 12일, *Files on Noulens Associates: Buses Operated by the China General Omnibus Company*, p. 27.

13. Crime Diary, 1939년 11월 12일, *Files on Noulens Associates: Buses Operated by the China General Omnibus Company*, pp. 24-26.

14. Ibid., p. 26.

15. Enclosure A, 1939년 11월 13일, *Files on Noulens Associates: Buses Operated by the China General Omnibus Company*, p. 17.

16. Enclosure B, 1939년 11월 13일, *Files on Noulens Associates: Buses Operated by the China General Omnibus Company*, p. 20.

17. Police Report, 1941년 11월 12일, *Files on Noulens Associates: Buses Operated by the China General Omnibus Company*, p. 3.

18. Ibid. Martin Hugues가 1930년대 상하이 버스 노선을 지도로 작성했으며, 이는 "Old Shanghai Full Bus Schedule 1931," *Shanghailander* (블로그),

2017년 8월 20일에서 확인할 수 있다. http://shanghailander.net/2017/08/old-shanghai-full-bus-schedule-1931.

16장 · 후베이 스테이크와 쓰쿵 스테이크

1. "14,000 See Cluniehouse Clinch Autumn Champions," *TCP*, 1941년 11월 14일, 6.
2. 광고, *NCDN*, 1941년 11월 12일, 6.
3. Lu Hanchao, *Beyond the Neon Lights*, 170.

17장 · 중국에서 가장 부유한 여성

1. "Mrs. S. A. Hardoon Dies after a Brief Illness," *NCH*, 1941년 10월 8일, 3.
2. "Liza Hardoon Dies at 78 Leaving Huge Estate," *Shanghai Times*, 1941년 10월 4일.
3. "Hardoon Bldg. Space Reported as All Taken: Scaffolding on 6-Story Structure Is Now Being Removed," *TCP*, 1936년 10월 9일.
4. "Men and Events," *CWR*, 1938년 2월 26일.
5. "'Millionaire Playboy' Comes Home, Seeks Mother's Pardon," *TCP*, 1937년 7월 12일.
6. "Hardoon Burial Is Postponed," *Shanghai Times*, 1941년 10월 7일.
7. "10,000 at Hardoon Estate to See Funeral of Late Multi-millionaire," *TCP*, 1941년 11월 13일.
8. "Crowds See Last Rites for Mrs. L. Hardoon," *NCH*, 1941년 11월 19일.
9. "Liza Hardoon Personal Effects," Liza Hardoon Will Case, FO 917/3970, National Archives (UK).
10. "Probate Proceedings in Matter of Will of the Late Mrs. Liza Hardoon," *NCH*, 1941년 11월 19일.
11. "Liza Hardoon 1931 Will," Liza Hardoon Will Case, FO 917/3970, National Archives (UK).
12. "Liza Hardoon 1937 Will," Liza Hardoon Will Case, FO 917/3970, National Archives (UK).
13. "Hardoon Burial Is Postponed," *Shanghai Times*.
14. "Liza Hardoon 1937 Will," p. 9.
15. "The Hardoon Estate Should Be Donated to Shanghai," *CWR*, 1941년 10월 25일, 217.

16. "Agitation: Use Hardoon Fortune for City," *NCH*, 1941년 10월 15일, 92.

18장 · 우드나다타 컵, 신장 스테이크, 그리고 기수 컵

1. Seng, "Between Beaux-Arts and Modernism," 181.
2. Park Hotel, 1941년 5월 17일 메뉴에 근거한 것. Bill Savadove 제공.
3. Ann Sterling, "Romance and Reality," *NCH*, 1941년 11월 19일, 299.
4. Chao and Chao, *Remembering Shanghai*, 110.
5. Ibid., 104.
6. Lu Hanchao, *Beyond the Neon Lights*, 200-201.
7. Ibid., 274-75.
8. Ibid., 259-60.
9. Ibid., 274-75.
10. "Huge Crowd Throngs Race Course for Champions," *NCDN*, 1941년 11월 13일, 1.
11. Chang, *Cultural Translation*, 201.

19장 · 뉴욕을 덮친 살인

1. Fu, *Between Shanghai and Hong Kong*, 36.
2. Ibid., 38.
3. Ibid., 37-38.
4. Ibid.
5. Ibid., 35의 주석 89.
6. Xiao and Zhang, *Encyclopedia of Chinese Film*, 178.
7. 영화 목록의 출처는 *Shenbao*, 1941년 11월 11일, 12.
8. 광고, *NCDN*, 1941년 11월 12일.
9. Yunte Huang의 *Charlie Chan*은 찰리 챈의 모든 면에 대한 완벽한 해설이다.
10. Paul French는 *Destination Shanghai* 4장에서 올런드의 상하이 방문을 논한다.
11. "Mr. Warner Oland in Shanghai," *NCH*, 1936년 3월 25일.
12. "Shanghai Made Clamorous Spot in Chan Film," *TCP*, 1936년 5월 3일.
13. "The Cinema: 'Murder Over New York'," *NCDN*, 1941년 11월 13일, 2; "Movie Review: 'Murder over New York'," *TCP*, 1941년 11월 13일, 2.

20장 · 세계 끝에서 연 파티

1. "Huge Crowd Throngs Race Course for Champions," *NCDN*, 1941년 11월 13일, 1.
2. Ibid.
3. Ann Sterling, "Romance and Reality," *NCH*, 1941년 11월 19일, 299.
4. Ibid.
5. Adeline Gray, "Gorgeous Display of Fall Fashion Seen at Races," *TCP*, 1941년 11월 14일, 7.
6. 캐리어의 복장은 Gray, "Gorgeous Display of Fall Fashion"에 묘사되어 있다. 그녀가 스탠퍼드대학 입학 예정이라는 것은 Sterling, "Romance and Reality"에 언급되어 있다.
7. The Chaser, "Cluniehouse Picked to Beat Hindhead in Champions; Hindhead May Provide Upset," *NCDN*, 1941년 11월 12일, 6.
8. Arcana, "Gram's Four Wins Reward of Keenness," *TCP*, 1938년 3월 16일, 6.
9. "Huge Crowd Throngs Race Course," *NCDN*.
10. "Yingren yipima-nongren liangxing lei" [One Englishman's horse—two peasant's tears], *Shenbao*, 1946년 9월 15일.
11. "Widow's Monument Restored," *NCH*, 1941년 4월 9일.

21장 · 캐세이 무도장의 총격전

1. 상하이 나이트클럽 풍경에 대한 믿을 만한 연구는 Field, *Shanghai's Dancing World*. Farrer and Field, *Shanghai Nightscapes*도 보라.
2. "Chinese Dance Hall Raided by Hooligans," *NCH*, 1941년 11월 19일.

4부 · 끝 (1942~1945)

22장 · 마지막 바퀴

1. Mark Felton, "War Zone—City of Terror: The Japanese Takeover of Shanghai," *Military History Matters*, 2013년 2월 8일, https://www.military-history.org/articles/war-zone-city-of-terror-the-japanese-takeover-of-shanghai.htm.
2. Bickers, *Out of China*, 198-99.
3. Frederick B. Opper, "Post's Editor Tells How War Came to Shanghai,"

Shanghai Evening Post and Mercury, 1943년 1월 1일, 3.

4. Zia, *Last Boat Out of Shanghai*, 109.

5. King, *Hongkong Bank between the Wars*, 575-76.

6. Foreign Office to Washington, 1942년 3월 13일, National Archives (US).

7. Chao and Chao, *Remembering Shanghai*, 139-45.

8. "Sports to be Resumed Here Saturday," *Shanghai Times*, 1941년 12월 12일, 7.

9. "Results of the S. R. C. Extra Race Meeting," *Shanghai Times*, 1941년 12월 21일, 7.

10. "Pictorial Parade: Fireworks at the Race Course," *Shanghai Times*, 1942년 2월 22일, 7.

11. 진주만 공격 이전과 이후, 상하이정착민들에 대한 영국의 태도는 Bickers, "Settlers and Diplomats"가 상세히 논한다.

12. Woodhead, *My Experiences*.

13. "Preface," in Henriot and Yeh, *In the Shadow of the Rising Sun*, xi.

14. Bickers, *Out of China*, 205-6.

15. "City Takes Holiday on Champions," *Shanghai Times*, 1942년 5월 7일, 5.

16. "7,000 Racing Fans See Rye Triumph in Well-Earned Victory," *Shanghai Times*, 1942년 10월 11일.

17. Leck, *Captives of Empire*, 292-94.

18. Ibid., 294.

19. "Race Results," *Shanghai Times*, 1942년 10월 11일, 7.

20. "Race Course Is Closed to Racing Indefinitely," *Shanghai Times*, 1942년 10월 16일, 7.

21. Greg Leck, 개인 서신, 2018년 7월 그리고 2019년 6월.

22. "Internment News," *Shanghai Evening Post and Mercury*, 1944년 4월 14일, 6.

23. National Archives (US), "Record Group 65," 490/61/13/06 box 1053, National Archives (US). Greg Leck 제공.

24. "Mr. E. Moller Makes Gift to Japanese Forces," *NCH*, 1939년 12월 20일.

25. Ryder, "IRC First Day Race Meeting to Start 1 p.m. Today," *Shanghai Times*, 1943년 1월 16일, 6.

26. "New Arrivals from Mongolia Will Get Racing Test Today," *Shanghai*

Times, 1943년 5월 15일, 6.

27. 광고, *Shanghai Times*, 1943년 4월 4일 그리고 5월 15일.

28. "Athletic Body to Make Race Course City's Sports Center," *Shanghai Times*, 1944년 1월 19일, 4.

29. "Hindhead Garners One Mile New Year Stakes," *Shanghai Times*, 1944년 12월 31일, 6.

30. "Jinri Shanghai xiaji saima di er tian" [Today's Shanghai summer horse racing: day two], *Shenbao*, 1945년 7월 29일.

31. Zia, *Last Boat Out of Shanghai*, 258.

32. 〈선바오〉는 1945년 8월 하순 일본의 항복을 기념하기 위해 경마가 계획됐다고 보도했으나, 이 경마 경기는 열리지 않은 듯하다. "Benshi qingzhu shengli banfa" [The city's victory celebrations], *Shenbao*, 1945년 8월 23일.

33. [E. C. Hayes], Major General, Commanding British Troops in China, to H. M. Ambassador and Lt. Gen Sir Adrian Carton de Wiart, 1945년 9월 13일, 3, http://news.bbc.co.uk/2/shared/bsp/hi/pdfs/02_09_15_hayes_report.pdf.

34. Henchman to [Arthur] Morse (전보), 1945년 12월 16일, HQ LOHII 0327, HSBC Archives, London.

35. Leck, 개인 서신. Leck, *Captives of Empire*, 456-57, 561.

36. "England, Andrews Newspaper Index Cards, 1790-1976," Ancestry.com, 2019년 10월 4일에 접속, https://www.ancestry.com/search/collections/andrewsindex.

37. US Department of Justice, List or Manifest of Alien Passengers for United States, S. S. Swede, Passengers Sailing from Shanghai, China, 1946년 7월 19일, *Records of the Immigration and Naturalization Service*, 1787-2004, Record Group 85, National Archives (US), Ancestry.com, https://www.ancestry.com.

38. "Plane from Sydney Crashes," *[Sydney] Sun-Herald*, 1954년 3월 14일, 1.

39. Aronson, *Ming Cho Lee*, 24.

40. Ibid., 90.

41. 잉 탕이 첫 번째 남편 추파 리와 사이에서 낳은 아들은 토니상을 수상한 세트 디자이너가 됐고 예일대학 드라마 대학원 교수로 재직했다.

42. "Waiguo cien: Shanghai xingbutong" [Foreign mercy: doesn't work in Shanghai], *Jueyouqing* [Enlightenment], 1947년 10월 1일.

43. Lydia Chen, Philadelphia, 2019년 11월 18일 인터뷰.

44. Chang, *Cultural Translation*, 216의 주석 220.

45. Seng Kuan, "Between Beaux-Arts and Modernism," 188.

46. Doron, "Silas Aaron Hardoon."

47. Leck, 개인 서신.

48. Berne to Foreign Office, 1945년 7월 7일, RG 32: Piece 31, National Archives (UK).

에필로그 · 옛 상하이의 유령

1. "News Chop Suey," *Shanghai Evening Post and Mercury*, 1943년 12월 3일, 2.

2. Bickers, *Out of China*, 265.

3. "Paomating shouhui fangshi" [How to recover the racecourse], *Shenbao*, 1947년 1월 1일.

4. "Paomating panhua zhanggu yiye yangren qinzhan shi" [History of the Shanghai Race Club and foreign invasion], *Shenbao*, 1946년 9월 15일, 4.

5. *Shenbao*, ed., *Shanghai shi renmin shouce* [Shanghai resident handbook] (Shanghai: Shenbao chubanshe, 1946년 11월), 4-5. Smith and Sun, "Building 'New Shanghai,'" 61에서 직접 재인용.

6. Jie Ren, "Saima haicheng wenti Zhong" [On the horseracing question], *Libao*, 1946년 9월 13일.

7. "Jinzhi paoma keyi bubi yi wang jiaoqu zhide zantong" [Forbidden horseracing could possibly be moved to suburbs], *Shenbao*, 1946년 9월 21일.

8. "Shouhui paomating gaijian wenhuacheng" [Convert the recovered racecourse into a Culture City], *Shenbao*, 1946년 9월 14일.

9. "Paoma mai caipiao shifou suan dubo" [Are horseracing sweepstakes gambling?], *Shenbao*, 1946년 9월 25일.

10. Sun and Smith, "Building 'New Shanghai,'" 62.

11. Ibid., 63.

12. Ibid.

13. John Muller, "East China Fine Arts Exhibition," *China Monthly Review*, 1951년 6월 1일, 28.

14. Cornell S. Franklin의 의회 진술서, *House Reports*, vol. 2, *Miscellaneous II*, 83rd Cong., 2nd Sess. (Washington, DC: US Government Printing Office, 1954), 101, https://hdl.handle.net/2027/mdp.39015087680800.

15. Chang, "From Racetrack to People's Square," 126.

16. Lu Bo, "Cong paomating dao renmin guangchang," 24.

17. Ibid., 30.

18. Ibid., 28.

19. Charley Lanyon, "British Entrepreneur Revives Shanghai Race Club for China's Aspiring Classes," *South China Morning Post*, 2013년 10월 24일, https://www.scmp.com/lifestyle/article/1338860/british-entre-preneur-revives-shanghai-race-club-chinas-aspiring-classes.

20. Wayback Machine, "Shanghai Race Club," 2019년 9월 30일에 접속, https://web.archive.org/web/20190327152839/http://www.theshang-hairaceclub.com.

21. James Farrer는 "'New Shanghailanders' or 'New Shanghainese'"에서 '새로운 상하이정착민들'이 느끼는 향수의 복잡한 성격을 분석하고 기술한다.

참고문헌

◇◇◇◇◇◇◇◇◇

기록 보관소

홍콩 기수 클럽 기록보관소

홍콩상하이은행 기록보관소, 런던

국가 기록 보관소 (영국)

국립문서기록관리청 (미국)

상하이 시 기록보관소

역사 뉴스 출처

The China Press (주석에서 약자 TCP로 표시)

The China Weekly Review (CWR)

Le journal de Shanghai. Shanghai, 1872-1949

Libao. Shanghai, 1929-1946

Liangyou huabao. Shanghai, 1926-1945

North-China Daily News (NCDN). Shanghai, 1864-1951

North-China Herald (NCH). Shanghai, 1850-1941

Shanghai Evening Post and Mercury

The Shanghai Times

Shenbao. Shanghai, 1872-1949

Shishi xinbao. Shanghai, 1911-1949

Tiebao. Shanghai, 1929-1949

출판물

Allman, Norwood F., and Douglas Clark. *Shanghai Lawyer: The Memoirs of America's China Spymaster.* Hong Kong: Earnshaw Books, 2017.

Aronson, Arnold. *Ming Cho Lee: A Life in Design*. New York: Theatre Communications Group, 2014.

Backhouse, E., and J. O. P. Bland. *Annals & Memoirs of the Court of Peking (From the 16th to the 20th Century)*. Boston: Houghton Mifflin, 1914.

Barr, Ruth Hill. *Ruth's Record: The Diary of an American in Japanese-Occupied Shanghai, 1941-1945*. Hong Kong: Earnshaw Books, 2016.

Barrett, David P., and Larry N. Shyu, eds. *Chinese Collaboration with Japan, 1932-1945: The Limits of Accommodation*. Stanford, CA: Stanford University Press, 2001.

Bergère, Marie-Claire. *Shanghai: China's Gateway to Modernity*. Stanford, CA: Stanford University Press, 2009.

Betta, Chiara. "From Orientals to Imagined Britons: Baghdadi Jews in Shanghai." *Modern Asian Studies* 37, no. 4 (October 2003): 999-1023.

———. "Silas Aaron Hardoon (1851-1931), Marginality and Adaptation in Shanghai." PhD diss., School of Oriental and African Studies, 1997.

Bevan, Paul. *A Modern Miscellany: Shanghai Cartoon Artists, Shao Xunmei's Circle, and the Travels of Jack Chen, 1926-1938*. Leiden, Netherlands: Brill, 2015.

Bickers, Robert. *Britain in China: Community, Culture and Colonialism, 1900-49*. Manchester, UK: Manchester University Press, 1999.

———. *Out of China: How China Ended the Era of Western Domination*. Cambridge, MA: Harvard University Press, 2017.

———. *The Scramble for China: Foreign Devils in the Qing Empire, 1832-1914*. London: Lane Allen, 2011.

———. "Settlers and Diplomats: The End of British Hegemony in the International Settlement, 1937-1945." In *In the Shadow of the Rising Sun*, edited by Christian Henriot and Wen-hsin Yeh, 229-56. Cambridge: Cambridge University Press, 2004.

———. "Shanghailanders: The Formation and Identity of the British Settler Community in Shanghai, 1843-1937." *Past and Present* 159 (May 1998): 161-211. http://www.jstor.org.ezproxy.sju.edu/stable/651233.

Bickers, Robert, and Isabella Jackson, eds. *Treaty Ports in Modern China: Law, Land & Power*. London: Routledge, 2016.

Bickers, Robert, and Jeffrey N. Wasserstrom. "Shanghai's 'Dogs and Chinese Not Admitted' Sign: Legend, History and Contemporary Symbol." *China Quarterly*, no. 142 (1995): 444-66. http://www.jstor.org/stable/655423.

Braester, Yomi. "Shanghai's Economy of the Spectacle: The Shanghai Race Club in Liu Na'ou's and Mu Shiying's Stories." *Modern Chinese Literature* 9, no. 1 (Spring 1995): 39-57.

Brook, Timothy. *Collaboration: Japanese Agents and Local Elites in Wartime China*. Cambridge, MA: Harvard University Press, 2005.

———. "The Shanghai Great Way Government." In *In the Shadow of the Rising Sun: Shanghai under Japanese Occupation*, edited by Christian Henriot and Wen-hsin Yeh, 157-86. Cambridge: Cambridge University Press, 2004.

Burt, A. R., J. B. Powell, and Carl Crow, eds. *Biographies of Prominent Chinese*. Shanghai: Biographical Publishing, n.d. [1925?].

Carter, James. *Creating a Chinese Harbin: Nationalism in an International City, 1916-1932*. Ithaca, NY: Cornell University Press, 2002.

Chang, Jung. *Big Sister, Little Sister, Red Sister: Three Women at the Heart of Twentieth-Century China*. New York: Knopf, 2019.

Chang, Ning Jennifer (as Chang Ning). *Cultural Translation: Horse Racing, Greyhound Racing, and Jai Alai in Modern Shanghai [Wanguo shiwu de zhuanyi: jindai Shanghai de paoma, paogou, yu huiliqiusai]*. Taipei: Institute of Modern History, Academia Sinica, 2019.

———. "From Racetrack to People's Squre: The Movement to Recover the Shanghai Horseracing Track, 1946-1951." *Bulletin of the Institute of Modern History, Academia Sinica* 48 (July 2005): 97-136.

———. "Pure Sport or a Gambling Disgrace?: Dog-Racing and the Formation of Modern Shanghai." In *Creating Chinese Modernity: Knowledge and Everyday Life, 1900-1940*, edited by Peter Zarrow, 147-82. New York: Peter Lang, 2006.

———. "To See and Be Seen: Horse Racing in Shanghai, 1848-1945." In *The Habitable City in China: Urban History in the Twentieth Century*, edited by Toby Lincoln and Xu Tao, 91-111. New York: Springer, 2016.

Chao, Claire, and Isabel Sun Chao. *Remembering Shanghai: A Memoir of Socialites, Scholars and Scoundrels.* Honolulu: Plum Brook, 2018.

The China Directory for 1863. Hong Kong: A. Shortrede, 1863.

Clifford, Nicholas R. *Spoilt Children of Empire: Westerners in Shanghai and the Chinese Revolution of the 1920s.* Middlebury, VT: Middlebury College Press, 1991.

Coates, Austin. *China Races.* London: Oxford University Press, 1983.

Coble, Parks M. *Chinese Capitalists in Japan's New Order: The Occupied Lower Yangzi, 1937-1945.* Berkeley: University of California Press, 2003.

Cochran, Sherman, ed. *Inventing Nanking Road: Commercial Culture in Shanghai, 1900-1945.* Ithaca, NY: East Asia Program, Cornell University, 1999.

Cody, Jeffrey W. *Building in China: Henry K. Murphy's "Adaptive Architecture," 1914-1935.* Hong Kong: Chinese University Press, 2001.

Cody, Jeffrey W., Nancy S. Steinhardt, and Tony Atkin. *Chinese Architecture and the Beaux-Arts.* Honolulu: University of Hawaii Press, 2011.

Collis, Maurice. *Wayfoong: The Hong Kong and Shanghai Banking Corporation.* London: Faber and Faber, 1965.

The Comacrib Directory of China for 1925. Shanghai: Kelly & Walsh, 1925.

Crow, Carl. *Foreign Devils in the Flowery Kingdom.* 1940. Reprinted with a new foreword by Paul French. Hong Kong: Earnshaw Books, 2007.

Cushing, Caleb. *Opinion of the Attorney General: Concerning the Judicial Authority of the Commissioner or Minister of Consuls of the United States in China and Turkey.* Washington, DC: AOP Nicholson, 1855.

Darwent, Charles Ewart. *Shanghai: A Handbook for Travellers and Residents to the Chief Objects of Interest in and around the Foreign Settlements and Native City.* Shanghai: Kelly & Walsh, 1920.

Delury, John, and Orville Schell. *Wealth and Power: China's Long March to the Twentieth Century.* New York: Random House, 2013.

Denison, Edward, and Guang Yu Ren. *Building Shanghai: The Story of*

China's Gateway. Chichester, UK: Wiley-Academy, 2006.

———. Modernism in China: Architectural Visions and Revolutions. London: Wiley, 2008.

Dillon, Nara, and Jean C. Oi, eds. At the Crossroads of Empires: Middlemen, Social Networks, and State-Building in Republican Shanghai. Stanford, CA: Stanford University Press, 2008.

The Directory & Chronicle for China, Japan, Corea, Indo-China, Straits. London: Hongkong Daily Press Office, 1912.

Dong, Stella. Shanghai: The Rise and Fall of a Decadent City. New York: William Morrow, 2000.

Doon, Dayoo. "Greater Shanghai—Greater Vision." China Critic 10, no. 5 (1935년 8월 1일): 103-6.

Doron, Maple Hardoon. "Silas Aaron Hardoon (1851-1931) and Family." In Shanghai's Baghdadi Jews: A Collection of Biographical Reflections, edited by Maisie J. Meyer, 77-87. Hong Kong: Blacksmith Books, 2015.

Eber, Irene. Wartime Shanghai and the Jewish Refugees from Central Europe—Survival, Co-existence, and Identity in a Multi-ethnic City. Boston: De Gruyter, 2012.

Fang Yifeng. Yizhongji [A Collection]. Shanghai: Shanghai Far Eastern Publishing House, 2017.

Farrer, James. "'New Shanghailanders' or 'New Shanghainese': Western Expatriates' Narratives of Emplacement in Shanghai." Journal of Ethnic and Migration Studies 36, no. 8 (2010): 1211-28. https://doi.org/10.1080/13691831003687675.

Farrer, James, and Andrew David Field. Shanghai Nightscapes: A Nocturnal Biography of a Global City. Chicago: University of Chicago Press, 2015.

Felton, Mark. "War Zone—City of Terror: The Japanese Takeover of Shanghai," Military History Matters, 2013년 2월 8일, https://www.military-history.org/articles/war-zone-city-of-terror-the-japanese-takeover-of-shanghai.htm.

Field, Andrew David. Mu Shiying: China's Lost Modernist. Hong Kong: Hong Kong University Press, 2014.

———. *Shanghai's Dancing World*. Hong Kong: Chinese University Press, 2011.

Finnane, Antonia, *Changing Clothes in China—Fashion, History, Nation*. New York: Columbia University Press, 2008.

Firpo, Christina Elizabeth. *The Uprooted: Race, Children, and Imperialism in French Indochina, 1890-1980*. Honolulu: University of Hawaii Press, 2016.

Fitzgerald, John, and Mei-fen Kuo. "Diaspora Charity and Welfare Sovereignty in the Chinese Republic: Shanghai Charity Innovator William Yinson Lee (Li Yuanxin, 1884-1965)." *Twentieth-Century China* 42, no 1 (2017): 72-96.

French, Paul. *Bloody Saturday: Shanghai's Darkest Day*. New York: Penguin Specials, 2017.

———. *City of Devils: The Two Men Who Ruled the Underworld of Old Shanghai*. New York: Picador, 2018.

———. *Destination Shanghai*. Hong Kong: Blacksmith Books, 2018.

———. *The Old Shanghai A—Z*. Hong Kong: Hong Kong University Press, 2010.

Fu, Poshek. *Between Shanghai and Hong Kong: The Politics of Chinese Cinemas*. Stanford, CA: Stanford University Press, 2003.

———. *Passivity, Resistance, and Collaboration: Intellectual Choices in Occupied Shanghai, 1937-1945*. Stanford, CA: Stanford University Press, 1993.

Gong Jin. "Jewish Past and Colonial Shanghai: Trade, Treaty-Port, and Transitive Modernity." PhD diss., University of Illinois, 2016.

Goodman, Bryna. *Native Place, City, and Nation: Regional Networks and Identities in Shanghai, 1853-1937*. Berkeley: University of California Press, 1995.

Grescoe, Taras. *Shanghai Grand: Forbidden Love and International Intrigue in a Doomed World*. New York: St. Martin's Press, 2016.

Hahn, Emily. *China to Me: A Partial Autobiography*. New York: Doubleday, 1944.

Harmsen, Peter. *Shanghai 1937: Stalingrad on the Yangtze*. Havertown, PA: Casemate, 2013.

Harrison, Henrietta, "The Qinglong Emperor's Letter to George III and the Early-Twentieth-Century Origins of Ideas about Traditional China's Foreign Relations," *American Historical Review* 122, no. 3 (June 2017): 680-701.

Hauser, Ernest O. *Shanghai: City for Sale.* New York: Harcourt Brace, 1940.

Hawks Pott, F. L. A *Short History of Shanghai: Being an Account of the Growth and Development of the International Settlement.* Shanghai: Kelly & Walsh, 1928.

Henning, Stefan. "God's Translator: Qu'ran Translation and the Struggle over a Written National Language in 1930s China." *Modern China* 41, no. 6 (November 2014): 631-55.

Henriot, Christian. *Shanghai 1927-1937: Municipal Power, Locality, and Modernization.* Berkeley: University of California Press, 1993.

Henriot, Christian, and Wen-hsin Yeh, eds. *In the Shadow of the Rising Sun: Shanghai under Japanese Occupation.* Cambridge: Cambridge University Press, 2004.

Hibbard, Peter. *All about Shanghai and Environs: The 1934-35 Standard Guide Book.* Hong Kong: Earnshaw Books, 2008.

———. *The Bund, Shanghai: China Faces West.* Hong Kong: Odyssey Books and Guides, 2008.

Huang Xuelei. *Shanghai Filmmaking: Crossing Borders, Connecting to the Globe, 1922-1938.* Leiden, Netherlands: Brill, 2014.

Huang, Yunte. *Charlie Chan: The Untold Story of the Honorable Detective and His Rendezvous with American History.* New York: W. W. Norton, 2010.

Huskey, James L. "The Cosmopolitan Connection: Americans and Chinese in Shanghai during the Interwar Years." *Diplomatic History* 11, no. 3 (Summer 1987): 227-42.

Izumi, Kuroishi, ed. *Constructing the Colonized Land: Entwined Perspectives of East Asia around WWII.* New York: Routledge, 2016.

Jackson, Isabella. *Shaping Modern Shanghai: Colonialism in China's Global City.* Cambridge: Cambridge University Press, 2018.

Jackson, Stanley. *The Sassoons: Portrait of a Dynasty.* London: Arrow

Books, 1989.

Jiu Shanghai de gushi [Stories of Old Shanghai]. Shanghai: Shanghai Renmin Chubanshe, 1974.

Jones, Andrew F. *Yellow Music: Media Culture and Colonial Modernity in the Chinese Jazz Age.* Durham, NC: Duke University Press, 2001.

Jones, Susan Mann. "The Ningpo Pang and Financial Power at Shanghai." In *The Chinese City between Two Worlds,* edited by Mark Elvin and G. William Skinner, 73-96. Stanford, CA: Stanford University Press, 1974.

Kaufman, Jonathan. *The Last Kings of Shanghai: The Rival Jewish Dynasties That Helped Create Modern China.* New York: Viking, 2020.

King, Frank H. H. *A Concise Economic History of Modern China (1840-1961).* New York: Praeger, 1968.

———. *The Hongkong Bank between the Wars and the Bank Interned, 1919-1945: Return from Grandeur.* New York: Cambridge University Press, 1988.

Lamson, Herbert Day. "The Eurasian in Shanghai." *American Journal of Sociology* 41, no. 5 (March 1936): 642-48.

Leck, Greg. *Captives of Empire: The Japanese Internment of Allied Civilians in China (1941-1945).* Bangor, PA: Shandy Press, 2006.

Lee, Leo Ou-fan. *Shanghai Modern: The Flowering of a New Urban Culture in China, 1930-1945.* Cambridge, MA: Harvard University Press, 1999.

———. "The Urban Milieu of Shanghai Cinema, 1930-40: Some Explorations of Film Audience, Film Culture, and Narrative Conventions." In *Cinema and Urban Culture in Shanghai, 1922-1943,* edited by Zhang Yingjin, 74-96. Stanford, CA: Stanford University Press, 1999.

Li Enji. *Ai li yuan meng ying lu* [A dream record of the Aili Garden]. Beijing: Sanlian Shudian, 1984.

Li Tiangang. *Nanking Road: The Emergence of Eastern Globalism.* Shanghai: Shanghai Renmin Chubanshe, 2009.

Lu Bo. "Cong paomating dao renmin guangchang" [From racetrack to People's Squre]. In *Jiu Shanghai de gushi* [Stories of Old Shanghai],

24-33. Shanghai: Shanghai Renmin Chubanshe, 1974.

Lu Hanchao. *Beyond the Neon Lights: Everyday Shanghai in the Early Twentieth Century*. Berkeley: University of California Press, 2004.

———. "Nostalgia for the Future: The Resurgence of an Alienated Culture in China." *Pacific Affairs* 75, no. 2 (2002): 169-86.

Lu Yongyi and Li Dehua. "Shanghai: Cosmopolitanism as Its Identity?" In *Architecture and Identity*, edited by Peter Herrle and Erik Weggerhoff, 335-46. Berling: Lit, 2008.

MacKinnon, Stephen R., Diana Lary, and Ezra F. Vogel, eds. *China at War: Regions of China, 1937-1945*. Stanford, CA: Stanford University Press, 2007.

Malik, Roman, ed. *From Kaifeng··· to Shanghai: Jews in China*. Monumenta Serica Monograph Series 46. Nettetal, Germany: Steyler, 2000.

Meyer, Kathryn, and Terry Parssinen. *Webs of Smoke: Smugglers, Warlords, Spies, and the History of the International Drug Trade*. New York: Rowman and Littlefield, 2002.

Meyer, Maisie J. *From the Rivers of Babylon to the Whangpoo: A Century of Sephardi Jewish Life in Shanghai*. Lanham, MD: University Press of American, 2003.

———. "Sephardi Jewish Community of Shanghai 1845-1939 and the Question of Identity." PhD diss., London School of Economics, 1990.

———. *Shanghai's Baghdadi Jews: A Collection of Biographical Reflections*. Hong Kong: Blacksmith Books, 2017.

Meyer-Fong, Tobie. *What Remains: Coming to Terms with Civil War in 19th-Century China*. Stanford, CA: Stanford University Press, 2013.

Mo Mo. "Hóng xiù—20 shìjì dôngfâng xiânfçng nǔxìng chuánqí" [Red beauty: Eastern women pioneers of the 20th century]. Beijing: China Democracy and Legal Publishing House, 2016.

Morse, H. B. *The International Relations of the Chinese Empire*, vol. 1. London: Longmans, Green, 1910.

Musgrove, Charles D. *China's Contested Capital: Architecture, Ritual, and Response in Nanjing*. Honolulu: University of Hawaii Press, 2013.

Nield, Robert. *China's Foreign Places: The Foreign Presence in China in the Treaty Port Era, 1940-1943*. Hong Kong: Hong Kong University

Press, 2015.

Oi, Jean, and Dillon, Nara, eds. *At the Crossroads of Empires: Middlemen, Social Networks, and State-Building in Republican Shanghai.* Stanford, CA: Stanford University Press, 2007.

Pan, Lynn. *Old Shanghai: Gangsters in Paradise.* Singapore: Marshall Cavendish, 2011.

———. *Shanghai Style: Art and Design between the Wars.* San Francisco: Long River Press, 2007.

Platt, Stephen R. *Imperial Twilight: The Opium War and the End of China's Last Golden Age.* New York: Vintage, 2018.

The Racing Record, vol. 24, *A Complete Record of Racing at Shanghai for 1941.* Shanghai: Kelly & Walsh, 1942.

Reed, Christopher. *Gutenberg in Shanghai: Chinese Print Capitalism, 1876-1937.* Vancouver: University of British Columbia Press, 2004.

Reuter, Edward Byron. "The Hybrid as a Sociological Type." *Publications of the American Sociological Society* 19 (1925): 59-68.

———. *Race Mixture; Studies in Intermarriage and Miscegenation.* New York: Whittlesey House, 1931.

Ristaino, Marcia Reynders. *Ports of Last Resort: The Diaspora Communities of Shanghai.* Stanford, CA: Stanford University Press, 2001.

Rojas, Carlos, and Cheng-Yin-Chow, Eileen, eds. *The Oxford Handbook of Chinese Cinemas.* Oxford: Oxford University Press, 2013.

Roskam, Cole. *Improvised City: Architecture and Governance in Shanghai, 1843-1937.* Seattle: University of Washington Press, 2019.

———. "Recentering the City: Municipal Architecture in Shanghai, 1927-1937." In *Constructing the Colonized Land: Entwined Perspectives of East Asia around WWII,* edited by Kuroishi Izumi, 43-70. New York: Routledge, 2016. *Rules of the Shanghai Race Club 1930.* Shanghai: Kelly & Walsh, 1930.

Schoppa, R. Keith. *In a Sea of Bitterness: Refugees during the Sino-Japanese War.* Cambridge, MA: Harvard University Press, 2011.

Seng Kuan. "Between Beaux-Arts and Modernism: Dong Dayou and the Architecture of 1930s Shanghai," In *Chinese Architecture and the*

Beaux-Arts, edited by Jeffrey W. Cody, Nancy S. Steinhardt, and Tony Atkin, 169-92. Honolulu: University of Hawaii Press, 2011.

Sensibar, Judith L. *Faulkner and Love: The Women Who Shaped His Art, a Biography.* New Haven, CT: Yale University Press, 2009.

———. "Introductory Note to 'Star Spangled Banner Stuff,' by Estelle Oldham (Faulkner)." *Prospects* 22 (1997): 379-417.

———. "Writing for Faulkner, Writing for Herself: Estelle Oldham's Anticolonial Fiction." *Prospects* 22 (1997): 357-78. https://doi.org/10.1017/S0361233300000168.

"Shanghai." *Fortune* 11, no. 1. (January 1935): 30-40, 99-120.

Shanghai Race Rules 1930. Shanghai: Kelly & Walsh, 1930.

Shen Ji. *Shanghai Boss: Silas Hardoon.* Shanghai: Xuelin Chubanshe, 2002.

Shen Zhirui. *The Need for the Club*, Lok. ed. Shanghai Race Club Staff Club 10 Year Anniversary Volume. Shanghai, 1937.

Shih Shu-Mei. "Gender, Race, and Semicolonialism: Liu Na'ou's Urban Shanghai Landscape." *Journal of Asian Studies* 55, no. 4 (November 1996): 934-56.

Smith, Whitey, and C. L. McDermott. *I Didn't Make a Million: How Jazz Came to China.* Hong Kong: Earnshaw Books, 2017.

South Manchuria Railway Company, *Japanese Spirit in Full Bloom: A Collection of Episodes.* Tokyo: Herald Press, 1937.

Stein, Sarah Abrevaya, "Protected Persons? The Baghdadi Jewish Diaspora, the British State, and the Persistence of Empire." *American Historical Review* 116, no. 1 (February 2011): 80-108. https://doi.org/10.1086/ahr.116.1.80.

Sun Peidong and Aminda Smith. "Building 'New Shanghai': Political Rhetoric and the Reconstruction of the Shanghai Racecourse, 1949-65." *Chinese Historical Review* 26, no. 1 (2019): 55-79. https://doi.org/10.1080/1547402X.2019.1583923.

Taylor, Jeremy E. "The Bund: Littoral Space of Empire in the Treaty Ports of East Asia." *Social History* 27, no. 2 (2002): 125-42. http://www.jstor.org/stable/4286873.

Teng, Emma Jinhua. *Eurasians: Mixed Identities in the United States,*

China, and Hong Kong, 1842-1943. Berkeley: University of California Press, 2013.

Wakeman, Frederick. "Hanjian (Traitor)! Collaboration and Retribution in Wartime Shanghai." In *Becoming Chinese: Passages to Modernity and Beyond,* 323-24. Berkeley: University of California Press, 2000.

———. *Policing Shanghai, 1927-1937.* Berkeley: University of California Press, 1995.

———. *The Shanghai Badlands: Wartime Terrorism and Urban Crime, 1937-1941.* Cambridge: Cambridge University Press, 1996.

Wang Zhicheng. *Portuguese in Shanghai.* Macau: Macau Foundation, 2004.

Wasserstein, Bernard. *Secret War in Shanghai.* New York: Profile Books, 2005.

Wasserstrom, Jeffrey. *Global Shanghai, 1850-2010: A History in Fragments.* New York: Routledge, 2009.

Wearing, J. P. *The London Stage 1910-1919: A Calendar of Productions, Performers, and Personnel,* 2nd ed. Lanham, MD: Rowman and Littlefield, 2014.

White, Cameron. "Exploring Shanghai Space: From Racecourse to People's Square and Beyond." *Princeton Journal of East Asian Studies,* special ed., *Anxious Megalopolis: Shanghai,* April 2013, 16-27.

Who's Who of the Chinese Students in America. Berkeley, CA: Lederer, Zeus, 1921.

Witchard, Anne. *British Modernism and Chinoiserie.* Edinburgh: Edinburgh University Press, 2015.

Wood, Frances. *No Dogs and Not Many Chinese: Treaty Port Life in China 1843-1943.* London: John Murray, 1998.

Woodhead, H. G. W. *My Experiences in the Japanese Occupation of Shanghai.* China Society Occasional Papers 4. London: China Society, 1943.

Wu, Ellen. *The Color of Success: Asian Americans and the Origins of the Model Minority.* Princeton, NJ: Princeton University Press, 2013.

Xiao Zhiwei and Zhang Yingjin, eds. *Encyclopedia of Chinese Film.* New York: Routledge, 2002.

Xiong Yuezhi. "From Racecourse to People's Park and People's Square: Historical Transformation and Symbolic Significance." *Urban History* 38, no. 3 (2011): 475-90.

Xiong, Yeuzhi, Ma Xueqiang, and Yan Kejia, eds. *Shanghai de waiguoren, 1842-1949* [Foreigners in Shanghai, 1842-1949]. Shanghai: Shanghai Guji Chubanshe, 2003.

Xu Zhucheng. *Hatong woizhuan* [Unofficial biography of Hardoon]. Shanghai: Shanghai Wenhua Chubanshe, 1983.

Xue, Charlie Qiuli. *Hong Kong Architecture 1945-2015: From Colonial to Global.* Singapore: Springer, 2016.

Yang Hao and Ye Lan, eds. *Jiu Shanghai feng yun ren wu* [Men of the hour in Shanghai]. Shanghai: Shanghai renmin chubanshe, 1992.

Yeh, Diana. *The Happy Hsiungs: Performing China and the Struggle for Modernity.* Hong Kong: Hong Kong University Press, 2014.

Yeh, Wen-hsin. *Shanghai Splendor: A Cultural History, 1843-1949.* Berkeley: University of California Press, 2007.

———. *Wartime Shanghai.* New York: Routledge, 1998.

Zanasi, Margherita. "Globalizing Hanjian: The Suzhou Trials and the Post-World War II Discourse on Collaboration." *American Historical Review* 113, no. 3 (June 1, 2008): 731-51.

Zhang Yingjin, ed. *Cinema and Urban Culture in Shanghai, 1922-1943.* Stanford, CA: Stanford University Press, 1999.

Zhang Zhongli, ed. *Jindai Shanghai chengshi yanjiu* [Research on modern Shanghai city]. Shanghai: Shanghai renmin chubanshe, 1990.

Zhu Bangxing et al. *Shanghai chanye yu Shanghai zhigong* [Industries and workers in Shanghai]. Hong Kong: Yuandong chubanshe, 1939. Reprint, Shanghai: Shanghai renmin chubanshe, 1990.

Zia, Helen. *Last Boat Out of Shanghai: The Epic Story of the Chinese Who Fled Mao's Revolution.* New York: Ballantine, 2019.

시각물 출처

9쪽. Norman B. Leventhal Map & Education Center at the Boston Public Library 제공 자료를 바탕으로 지도 재구성.

13쪽. CriticalPast

20쪽. Historical Photographs of China, University of Bristol

27쪽. "Joseffo" 촬영 사진. George Nellist, ed., *Men of Shanghai and North China* (Shanghai: The Oriental Press, 1935), p. 141.

33쪽. Alamy

39쪽. TimeLife Pictures/Getty Images

47쪽. Getty Images

50쪽. David Hutton-Potts and Historical Photographs of China, University of Bristol 제공

67쪽. Illustrated London News/Mary Evans Picture Library

79쪽. CriticalPast

86쪽. CriticalPast

92쪽. University of California San Diego Libraries 제공

105쪽. Everett Collection/Alamy

127쪽. Getty Images

131쪽. Isabel Sun Chao 제공

138쪽. CriticalPast

143쪽. Kent McKeever 제공

156쪽. Alamy

167쪽. CriticalPast

169쪽. Getty Images

173쪽. Mary Evans Picture Library

181쪽. Alamy

191쪽. Getty Images

196쪽. Historical Photographs of China, University of Bristol

206쪽. HSBC Archives 제공

209쪽. Historical Photographs of China, University of Bristol

216쪽. Historical Photographs of China, University of Bristol

223쪽. HSBC Archives 제공

230쪽. Illustrated London News/Mary Evans Picture Library

249쪽. CriticalPast

251쪽. Kent McKeever 제공

252쪽. Kent McKeever 제공

258쪽. Illustrated London News/Mary Evans Picture Library

269쪽. Yad Vashem Photo Archive, Jerusalem. 4648/11

277쪽. Doreen Stoneham and Historical Photographs of China, University
of Bristol 제공

286쪽. Historical Photographs of China, University of Bristol

297쪽. Yad Vashem Photo Archive, Jerusalem. 4648/6

303쪽. Illustrated London News/Mary Evans Picture Library

313쪽. TCD/Prod.DB/Alamy

320쪽. Illustrated London News/Mary Evans Picture Library

322쪽. Illustrated London News/Mary Evans Picture Library

325쪽. Illustrated London News/Mary Evans Picture Library

335쪽. CriticalPast

346쪽. Oscar Seepol. 이미지 Susannah Stapleton and Historical
Photographs of China, University of Bristol 제공

354쪽. Wide World Photo/AP Images

359쪽. Kent McKeever 제공

365쪽. PA Images/Alamy Stock Photo (identifier: G7T4K6)

챔피언의 날

Champions Day: The End of Old Shanghai

1판 1쇄 찍음 2023년 2월 28일

지은이 　제임스 카터
옮긴이 　신기섭
편집 　김효진
디자인 　최주호
펴낸곳 　마르코폴로
등록 　제2021-000005호
주소 　세종시 다솜1로9
이메일 　laissez@gmail.com
페이스북 　www.facebook.com/marco.polo.livre

ISBN 　979-11-92667-12-6 　03910